Margot Schubert

Wohnen mit Blumen

Der umfassende BLV Ratgeber für mehr als 500 Zimmerpflanzen

Bearbeitung: Elisabeth Manke

Fotos: Friedrich Strauß
und andere

BLV

Inhaltsübersicht

6 Pflanzen in der Wohnung

8 Was Pflanzen zum Leben brauchen

- Licht 8
- Temperatur 14
- Wasser 15
- Luftfeuchtigkeit 19
- Ernährung 20
- Die Erde 21
- Wann und wie umtopfen? 21

24 Es geht auch ohne Erde – Hydrokultur

- Gefäße 25
- Das Substrat 25
- Nährlösung 25
- Hydropflanzen selbst umgestellt 26
- Pflege der Hydropflanzen 26

27 Vermehrung – Glück mit Pflanzenkinderstuben

- Verschiedene Arten der Pflanzenvermehrung 27
- Generative Vermehrung 28
- Vegetative Vermehrung 29

32 Die Pflanzen sind krank

- Kulturfehler 32
- Tierische Schädlinge 32
- Pilzkrankheiten 35

36 In Form gebracht

37 Pflanzen richtig in Szene gesetzt

- Der Topf macht's 37
- Pflanzen am Arbeitsplatz 39
- Das Blumenfenster 40
- Der Epiphytenstamm 41
- Die Vitrine 42
- Der Flaschengarten 43

44 Blumenpflege im Jahreslauf

46 Blütenpflanzen

150 Blattpflanzen

234 Palmen

252 Kakteen und andere Sukkulenten

286 Orchideen

300 Farne

317 Wichtige Fachbegriffe kurz erklärt

318 Register

Pflanzen in der Wohnung

Jeder Raum ohne lebendes Grün - mag er auch sonst seinen Zweck erfüllen - erscheint trist und nüchtern. Pflanzen bringen Leben und Atmosphäre in jeden Wohnbereich und sind mehr als nur Zimmerschmuck, da sie dem Raum neue Dimensionen geben. Sie wirken klimaverbessernd und fordern zugleich Aktivitäten heraus, die entspannend sein können. Die Wohnung ist gewissermaßen der Rahmen für die Pflanzen. Form und Farbe des Mobiliars, Muster und Farbe der Tapeten, der Vorhänge sowie der Fliesen in Bad und Küche spielen eine wichtige Rolle für die Auswahl von Zimmerpflanzen. Denn sie sollen ja richtig in Szene gesetzt werden und nicht in einem Sammelsurium von Einrichtungsgegenständen untergehen. Es müssen also stets ästhetische und dem Wohnraum entsprechende funktionale Aspekte zusammenklingen.
Bei der Gestaltung eines Zimmers mit Pflanzen darf ein Aspekt nicht unerwähnt bleiben: Pflanzen wachsen, werden größer und brauchen mitunter viel Platz um sich herum. Hier liegt auch der große Reiz für das Halten von Zimmerpflanzen, denn man kann beobachten, pflegen, aktiv eingreifen und formen. Das kleine Stück Natur im Zimmer fordert uns heraus, beansprucht uns täglich neu. Die beabsichtigte Wirkung der Pflanzen hängt aber nicht nur von der Pflege ab - obwohl diese entscheidend ist, sondern auch vom geschickten Arrangieren. Jede Pflanze soll für sich und in der Gruppe zum Blickfang werden. Doch dabei ist weniger stets besser als zuviel. Die Pflanzen müssen dem Gesamtcharakter der Wohnung angepaßt sein. So sind geräumige und hohe Zimmer oft die geeignete Umgebung für groß werdende Zimmerpflanzen wie Gummibaum, Palme, Zimmertanne, Palmlilie, Drachenbaum u. a. Kleinblättrige Pflanzen wie Efeu, Zimmerwein, Samtpappel, Birkenfeige und Kletterfeige passen gut in moderne, kleine Räume. Die

klaren neuzeitlichen Konturen moderner Innenarchitektur sind der ideale Rahmen für festumrissene Formen ausdrucksvoller Blattpflanzen wie Fensterblatt, Dieffenbachie, Wunderstrauch, Baumfreund u. a. Die meisten Pflanzen wirken vor einem ganz schlichten Hintergrund mit zurückhaltenden Farben am besten.

Doch alles bisher Gesagte bleibt wirkungslos, wenn die Wünsche der Pflanzen nicht beachtet werden. Denn Zimmerpflanzen sind nicht nur ein Element der Gestaltung in einer Wohnung, sondern vor allem lebendige Wesen mit jeweils spezifischen Ansprüchen. Sie benötigen zum Wachstum Licht, Wasser, Wärme und Nährstoffe, und das in einem gut aufeinander abgestimmten Verhältnis, das je nach Pflanzenart, Jahreszeit und Alter schwanken kann. Wie gut es eine Pflanze in der Wohnung aushält, hängt vom harmonischen Verhältnis zwischen diesen Faktoren ab, die in bestimmten Wechselbeziehungen zueinander stehen. Bei der Pflege richtet man sich nach dem Grundsatz, daß die einzelnen Wachstumsfaktoren in optimaler Quantität und Qualität nicht austauschbar sind. Man kann also nicht dauernd die geringere Wirksamkeit oder das Fehlen eines Faktors durch die Steigerung eines anderen ersetzen. Z. B. würden Kakteen oder andere Pflanzen in der winterlichen Ruheperiode schwache Triebe entwickeln, die zudem sehr lang und dünn wachsen, wenn man den Lichtmangel durch Wärme und Wassergaben wieder wettmachen will.

Bei der Beurteilung der Verhältnisse eines Raumes wird man sich vor allem auf das Licht und die Temperatur beschränken. Wichtig ist allerdings noch, welche Möglichkeiten man zur Erhöhung der Luftfeuchtigkeit hat. Die anderen Faktoren, Wasser und Nährstoffe, lassen sich dagegen leicht regulieren. Nur sollte man die Pflanzen mit ihren Bedürfnissen auch kennen.

Pflanzen bringen Leben und Atmosphäre in jeden Wohnraum.

Was Pflanzen zum Leben brauchen

Zimmerpflanzen reagieren ganz spontan auf gute oder mangelhafte Pflege. Das gelungene Eingliedern von Pflanzen in das Interieur einer Wohnung ist ein hohes gestalterisches Ziel, das jedoch ganz grundlegend von den Wachstumsbedingungen der Pflanzen abhängig ist.

Licht

Das Licht ist für gutes Gedeihen besonders wichtig, ohne Licht lassen sich Pflanzen über längere Zeit nicht halten. Für das optimale Wachstum der Pflanzen sind vor allem Lichtintensität, Lichtzusammensetzung und die tägliche Einwirkungsdauer entscheidend. Die grünen Pflanzen bilden unter Ausnutzung der Lichtenergie in einem Prozeß, der Fotosynthese genannt wird, organische Stoffe. Man könnte also annehmen, daß die Pflanzen um so besser wachsen, je höher die Lichtintensität ist. Das trifft aber nicht zu. Die einzelnen Arten sind sehr verschieden lichtbedürftig.
Wirkt zu wenig Licht auf die Pflanzen ein, so führt das nicht nur zu unnatürlichen Wuchsformen, sondern es geht auf die Dauer auch mehr Pflanzensubstanz durch Abbauvorgänge verloren, als durch die Fotosynthese aufgebaut werden konnte. Man teilt daher die Zimmerpflanzen generell in zwei große Gruppen ein: In sonnenliebende und schattenliebende Pflanzen. Dazwischen gibt es natürliche Übergänge, also Pflanzen, die den sogenannten Halbschatten mögen oder auch kurzzeitig Sonne vertragen.

Lichtansprüche einiger Zimmerpflanzen

Außer der Lichtintensität ist für die Entwicklung der Pflanzen auch die tägliche Beleuchtungsdauer wichtig. Unter unseren geo-

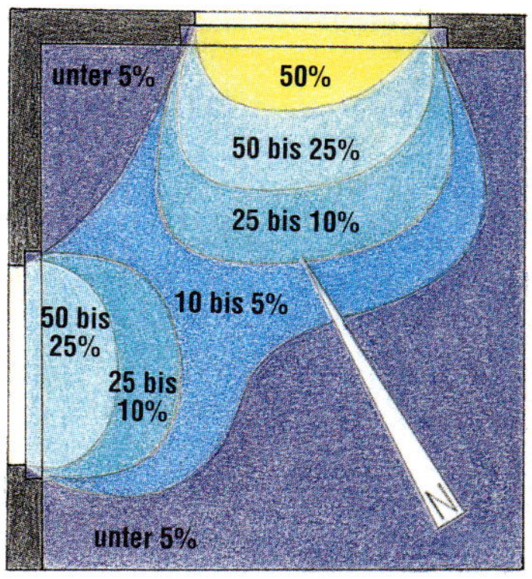

Licht und Schatten sind im Raum bei objektiver Messung fast immer anders, als das menschliche Auge sie wahrnimmt, und die Lichtintensität nimmt bereits einen Meter vom Fenster entfernt um die Hälfte ab.

graphischen Bedingungen ist der Tag im Sommer lang, im Winter hingegen kurz. Die Belichtungsdauer übt eine direkte Wirkung auf die Intensität der Fotosynthese aus und gibt bei manchen Pflanzenarten den Anstoß zum Übergang von der Phase des Längen- und Dickenwachstums (die vegetative Phase) in die Phase des Blühens (die generative Phase). Es gibt Kurztagspflanzen, die im Herbst und Frühjahr blühen (*Chrysanthemum*, Elatior-Begonien, *Euphorbia pulcherrima* u. a.) und Langtagspflanzen, die im Sommer blühen (*Aechmea*, Knollenbegonien u. a.). Dazwischen liegen wieder Pflanzen, die eigentlich zu jeder Jahreszeit Blüten ausbilden, z. B. *Sinningia, Hydrangea* und *Aphelandra*.

Das Licht im Raum

Wenn aber das Licht so ausschlaggebend für die Daseinskräfte der Pflanzen ist, dann sollte man es ihnen nicht in oft geradezu widersinniger Weise vorenthalten. Vielmehr sollten wir uns immer wieder klarmachen, daß unser Eindruck vom Grad der Helligkeit im Raum sehr ungenau ist. Wir finden es auch in einiger Entfernung vom Fenster wohl noch »ganz schön hell«, während dort – vom Assimilationsvermögen einer Wachsblume, einer Klivie, einer Zimmerlinde aus betrachtet – bei-

nahe schon atemberaubende Finsternis herrscht. Denn bereits nur einen Meter vom Fenster entfernt steht den Pflanzen nur noch die Hälfte des einfallenden Lichts zur Verfügung (siehe Grafik); gegenüberliegende Gebäude, Bäume oder Gardinen tun ein übriges, den Lichteinfall zu mindern. Diese Punkte sollten Sie bei der Auswahl der Pflanzen unbedingt berücksichtigen.
Sonnenliebende Pflanzen benötigen in der Wohnung etwa 1500 bis 2000 Lux, schattenliebende dagegen 800 bis 1000. Blütenpflanzen möchten im Durchschnitt mehr Licht als Blattpflanzen. Dazwischen gibt es eine große Anzahl von Pflanzen, die beide Bereiche partizipieren.

Hier stehen lichthungrige Pflanzen (*Crossandra, Dracaena*) am Fenster zusammen mit *Selaginella, Scirpus* und *Vriesea,* die eigentlich Halbschatten lieben – eine Kombination also, die nicht ideal ist.

Standort und Himmelsrichtung der Fenster

Nordseite
(etwa Nord-Nordwest bis Nord-Nordost)

Vorzüge: Ohne abdunkelndes Gegenüber alle Vorzüge des »lichten Schattens« und ausgeglichene Temperatur. Beste Lage für Schattenpflanzen einschließlich der Bewohner des tropischen Regenwaldes. Leichte Pflege: keine Verbrennungs- oder Trockenschäden durch unterlassenes Gießen oder Schattieren. Keine Schattierung erforderlich – Rolläden oder Gitter nur zum Hausschutz.
Nachteile: Zu tiefer Schatten durch dichte Bäume oder hohe Häuser kann Tageslichteinfall pflanzenschädigend vermindern – Ausgleich durch Kunstlicht ist möglich. In ausgesetzten Lagen als Wetterseite kälteanfällig – Nachtfrostgefahr. Ausgleich durch beste Isolierung von Mauerwerk und Frontscheibe: Als Schutz gegen Wind und Strahlungskälte sind Rolladen ratsam. Gegen zu starke Abkühlung des Füllsubstrates von Pflanzenwannen (Blumenfenster!) thermostatisch geregelte Kabelheizung anbringen; Topfgewächse vor Unterkühlungsschäden durch »kalte Füße« schützen.

Die Himmelsrichtung des Lichteinfalls durch ein Fenster ist wichtig für die richtige Auswahl der Zimmerpflanzen.

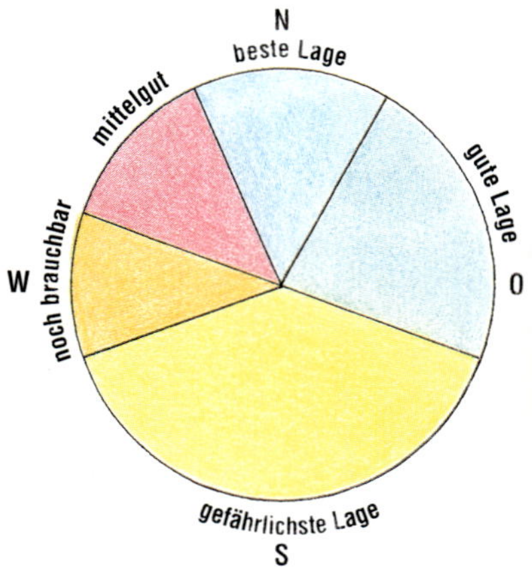

Am Südfenster kann man unbedenklich Kakteen und andere Sukkulenten unterbringen, doch auch sie sollten nicht direkt am Fensterglas stehen.

Westseite
(etwa West-Südwest bis Nord-Nordwest)

Vorzüge: Nur die mehr der Nordrichtung angenäherten Lagen bieten mit den langen Strahlen der Spätnachmittags- und Abendsonne leidlich gute Pflegemöglichkeiten für Pflanzen mit hohem Licht- und Wärmebedarf.
Nachteile: Reine Westlage und Westlage mit südlichem Einschlag ergeben bei voller Sonneneinstrahlung ungefähr die gleichen Mißhelligkeiten durch Aufheizen der Scheiben und nächtliche Abkühlung wie die Südlagen. Die der Nordrichtung angenäherten Westlagen sind wie die Nordlagen häufig auch Wetterseiten.

Südseite
(etwa Ost-Südost bis West-Südwest)

Vorzüge: Außer der längsten Tageslichtdauer und der größten Helligkeit keine.
Nachteile: Ohne eine pünktlichst bediente Schattenvorrichtung nur bei bedecktem Himmel ungefährlich für die Pflanzen. Volle Besonnung selbst für Kakteen und andere Sukkulenten aus Wüstenklima wegen zu starken Aufheizens der Scheiben unerträglich; Schäden durch Lufttrockenheit und Gießfehler (Ballentrockenheit, Blattverbrennungen) wirken sich besonders nachteilig aus.
Bei Winterwetter sehr hohe Spanne zwischen Tages- und Nachttemperaturen.
Wichtig: Schattenvorrichtungen unbedingt außen anbringen; für Regulierbarkeit der Lichtdurchlässigkeit sorgen. Ständige zu dichte Schattierung ist ungünstiger als Nordlage mit tiefem Schatten.

Am Westfenster fühlen sich Grünpflanzen (*Schefflera, Dracaena*) und Blütenpflanzen (*Abutilon*) gleichermaßen wohl.

Ostseite
(etwa Nord-Nordost bis Ost-Südost)

Vorzüge: Fenster der milden, wachstumsfördernden Morgensonne. Bietet in der mehr nördlichen wie in der mehr südlichen Hauptrichtung weiteren Spielraum für die Zusammenstellung schöner und dauerhafter Gruppen. Gut für alle Pflanzen mit Neigung zum halbschattigen Standort. Gefahr von Verbrennungs- oder Trockenschäden gering.
Nachteile: Bei nördlichem Einschlag manchmal als Wetterseite kälteanfällig. Bei stärkerem Sonneneinfall Schattierung nötig. Schutz gegen scharfe Wintersonne, so lange die schattenspendende, nur sommergrüne Außenbepflanzung unbelaubt ist.

Ob eine Pflanze im Einzelfall genügend hell steht oder nicht, erkennt man vor allem an ihrem Aussehen. Extremste Beispiele für schwersten Lichtmangel: die im dunklen Keller vergeilten, fast weißen Austriebe überwinternder Pelargonien. Aber auch ein an sich lichtgenügsamer *Philodendron* zeigt durch größere Abstände zwischen den durch helleres Grün auffälligen Blättern sein Unbehagen am zu lichtarmen Standort. Schäden durch Lichtüberschuß können vor allem bei plötzlichem Platzwechsel vom Dunkeln ins Helle desselben Raumes oder von einem Raum zum andern entstehen. Da fragte zum Beispiel eine Leserin: »Weil meine Kamelie vor der Blüte etwas Sonne haben sollte, trug ich sie jeden Morgen von ihrem Platz am Nordfenster in das von Morgensonne durchflutete Ostzimmer. Warum sind trotzdem fast alle Blütenknospen und auch schon Blätter abgefallen?«
Sehr einfach: Pflanzen sind »standortgebundene Wesen«. Daraus ergibt sich die als Lichtwendigkeit oder Fototropismus bezeichnete Eigenschaft, stets dem hellsten Licht entgegenzuwachsen, dabei nicht selten ein wenig aus der Form zu geraten und ihren Betreuern die oft weniger schöne, weniger mit Blüten besetzte Kehrseite zu zeigen. Zwingt man nun Fensterpflanzen durch Platzwechsel oder auch nur durch Drehen zu Richtungsänderungen, so wird das unter Umständen schlecht vertragen. Robustere Grünpflanzen haben gegen vorsichtiges Drehen zum Ausgleich von einseitigem Wuchs meist nichts einzuwenden. Auch gibt es sonst noch Anlässe, die sogar erhebliche Standortänderungen unvermeidlich machen: z. B. der Wechsel vom Zimmerplatz zum Übersommern im Freien und das freilich fast immer mit spürbaren Rückschlägen verbundene Wiedereinräumen im Herbst – ebenso das Einsetzen von Ruhezeiten, die keinesfalls im vollbeheizten Wohnraum zugebracht werden dürfen. Große Empfindlichkeit gegen Drehen und Bewegen zeigen jedoch etliche unserer beliebtesten Blütenpflanzen - voran die Azalee, die Gardenie, viele Kakteen (Weihnachtskaktus, Osterkaktus!), die Kamelie sowie die Wachsblume während der Entwicklung ihrer Blütenknospen und im Aufblühen. Auch bereits voll erblühte

Im lichten Schatten, vielleicht mit etwas Morgensonne, gedeihen *Camellia* und *Livistona* sehr gut.

Topfrosen können Blüten- und Laubblätter fallenlassen, und Klivien nehmen es sehr übel, wenn sie ab dem Frühstadium der Entwicklung ihrer Blütenstände noch bewegt oder gedreht werden.

Diese zwei luftfeuchtigkeitsliebenden Pflanzen, *Cattleya* und *Alocasia,* gehören eigentlich in ein Tropenfenster (oben).

Sollte das Tageslicht nicht ausreichen, ist Kunstlicht eine ergänzende Alternative (links).

Kunstlicht

Will man die Lichtintensität und Lichtdauer steigern, kann man gezielt Zusatzlicht einsetzen. Außerdem ist es so möglich, die Lichtzusammensetzung günstig zu beeinflussen. Glühlampen sind aber ungeeignet. Besser sind Leuchtstoffröhren. Die Beleuchtungsstärke einer Leuchte mit 240-Watt-Röhren und Reflektor beträgt in 30 cm Entfernung etwa 1100 Lux auf einer Fläche von etwa 30 x 120 cm. Mit einer sechsröhrigen Leuchte lassen sich somit Pflanzen auch ohne ausreichende Einwirkung von Tageslicht zufriedenstellend pflegen, z. B. in einer Vitrine im Zimmerinneren. Obwohl Leuchtstoffröhren mit überwiegend rotviolettem oder rotem Licht das Pflanzenwachstum günstig beeinflussen, sollten wenigstens im Wohnbereich wegen des als unangenehm empfundenen Farbtons und der verfälschten Farben Leuchten mit Tageslicht-Effekt Verwendung finden. Hier gibt es die Leuchte »Warmton de luxe« oder spezielle Pflanzenlampen, wie »Osram-L-Fluora« und »Sylvania Gro-Lux«.

Temperatur

Zum Ablauf der Stoffwechselvorgänge in der Pflanze ist eine bestimmte Temperatur – also Wärme – nötig. Dieser Bedarf ist aber je nach Gattung und Art sehr unterschiedlich. Pflanzen aus tropischen Gebieten ohne größere Temperaturschwankungen, z. B. aus Regen- und Bergregenwäldern benötigen auch in der Wohnung ähnlich gleichförmig warme Bedingungen. Demgegenüber sind Pflanzen aus dem Bereich tropischen Monsunklimas meist mehr oder weniger streng an einen periodischen Wechsel der Temperatur im Jahresverlauf angepaßt und ohne Nachahmung dieser Änderungen schwer im Zimmer zu halten. Häufig ist auch die Blütenbildung temperaturabhängig (z. B. bei *Agapanthus, Dendrobium, Columnea*). Kritische Temperaturbereiche sind für die meisten Zimmerpflanzen Minusgrade und Maximaltemperaturen um etwa 40° C.

Die am heimatlichen Standort herrschenden Temperaturen sollten so weit eingehalten werden, daß sie ein normales Gedeihen gestatten. Tropische Pflanzen kommen bei uns ohnehin selten zu der Riesengröße und Fülle wie in ihrer Heimat, und das hat seine Ursache nicht nur in der Temperatur. Beachten sollte man, daß die Nachttemperaturen bei Zimmerpflanzen in der Regel um 3° C niedriger liegen sollten als die Tagestemperaturen, sonst werden die am Tage gebildeten Reservestoffe in zu starkem Maße aufgebraucht und dadurch der Zuwachs der Pflanzen in Frage gestellt. Allerdings sollte man einen »kalten Fuß« vermeiden, denn dann kommt es oft zu Wachstumsstörungen. Wenn wir von Temperatur sprechen, meinen wir immer die umgebende Lufttemperatur. Die Temperatur für den Wurzelballen dagegen wird allgemein als Bodenwärme bezeichnet.

Im schattigen Bad ist *Nephrolepis* gut aufgehoben.

Bodenwärme

Ausreichende Bodenwärme gehört mit zu den wichtigsten Voraussetzungen vor allem einer gedeihlichen Winterpflege. Leider machen viele Blumenfreunde gerade auf diesem Gebiet große Fehler: Sie prüfen allenfalls die Lufttemperatur, kümmern sich aber wenig darum, wie es mit der Bodenwärme beschaffen ist.

Dabei ergibt sich immer wieder, daß die gegenüber Unterkühlungsschäden empfindlichen Pflanzen eher geringere Luftwärme als einen »kalten Fuß« und womöglich noch Bodennässe vertragen.

Auch möge man durch Messungen einmal selbst nachprüfen, welche großen Unterschiede oft zwischen Lufttemperatur und Bodenwärme bestehen: Es können bei schlecht isolierten Fenstern ohne weiteres 8-10° C sein. Schwere Wurzelschäden bis zum Eingehen sind die Folge. Besonders Tropenpflanzen leiden leicht unter »kalten Füßen«, weil sie auch bei gemindertem Wachstum im Winter eine Bodenwärme von mindestens 15° C brauchen. Freilich muß man auch vor Ballentrockenheit auf der Hut sein und seine Zimmerpflanzen vor zu warmen Füßen bewahren.

Heute sorgt die Zentralheizung für eine gleichmäßige Zimmertemperatur, die meist zwischen 19 und 23° C liegt. Deshalb macht es uns keine Schwierigkeiten, tropische Pflanzen in der Wohnung zu halten, wenn man von ihrem hohen Bedarf nach Luftfeuchtigkeit absieht.

Viel problematischer ist es, Pflanzen für längere Zeit zu pflegen, die kühlere Temperaturen benötigen, z. B. Azaleen, *Camellia, Cyclamen, Clivia, Myrtus, Primula,* oder *Calceolaria*-Hybriden. Diese Pflanzen haben in modern beheizten Räumen oft nur eine kurze Lebenschance. Knospig oder blühend gekaufte Azaleen, Alpenveilchen oder Fiederprimeln überstehen nur mühsam die Blütezeit, Kamelien lassen die Knospen fallen und kommen erst gar nicht zum Blühen.

Am einfachsten zu halten sind Pflanzen, die sowohl hohe als auch niedrige Temperaturen ver-

Eine grüne Gardine schaffen diese Ranker, jedoch gibt es zumeist Probleme beim Lüften. Auch sollten die Pflanzen nicht zu dicht an der Scheibe hängen. Südfenster sind für eine solche Lösung gar nicht geeignet.

tragen: *Calla, Fatsia, Philodendron, Monstera, Cissus, Chlorophytum, Passiflora* und *Ledebouria*. Dies bedeutet jedoch nicht, daß diese Pflanzen Temperaturschwankungen vertragen. Die Rede ist immer von gleichmäßigen Temperaturen; Temperaturschwankungen oder gar Zugluft ist für alle Pflanzen Gift!
Dann gibt es noch eine Vielzahl von Pflanzen, die unbedingt Wärme brauchen: *Syngonium, Dieffenbachia, Maranta, Calathea,* Kakteen (aber nicht im Winter!), *Nerium, Bougainvillea, Callistemon, Plumbago* u. a. Allerdings benötigen diese Pflanzen zugleich eine hohe Luftfeuchtigkeit.
Im allgemeinen kann man sagen, daß die meisten Zimmerpflanzen bei 15–20° C gut gedeihen. Diejenigen, die es kühler mögen, z. B. *Sansevieria, Cissus* u. a., bringt man am besten im Flur, Schlafzimmer oder Vorraum unter. Dies gilt auch für all jene Pflanzen, die eine Ruheperiode durchmachen müssen, ehe sie zur Blüte kommen, z. B. Kakteen. Wichtig ist auch noch, daß junge Pflanzen, Stecklinge und Sämlinge auf jeden Fall höhere Temperaturen benötigen als die gleiche »erwachsene« Pflanze.

Wasser

Das Wasser ist ein Lebenselixier für die Pflanzen. Doch außer der Wassermenge spielt auch die Wasserzusammensetzung eine wichtige Rolle für das Gedeihen der Pflanzen. Das unter unseren Bedingungen verwendete Leitungswasser ist bereits eine verdünnte Lösung verschiedenster Salze und anderer Stoffe, auf deren Anwesenheit die Pflanzen mit unterschiedlicher Empfindlichkeit reagieren. So führen z. B. die Härtebildner Calcium und

Magnesium früher oder später zur Aufkalkung des Substrates und damit zur Erhöhung des pH-Wertes (Säuregrad) und wirken für manche Pflanzen schädlich; z. B. möchten *Camellia, Rhododendron, Erica* und auch viele Orchideenarten und Farne kein kalkreiches Wasser. Elektrolytreiches Wasser führt außerdem schnell zur Versalzung des Substrates, was früher oder später die normale Nährstoffversorgung der Pflanzen erschwert und schließlich sogar Krankheiten verursacht.
Wasser kann man enthärten, wenn man eine Handvoll Torf in Mull über Nacht in einen Eimer Wasser hängt. Konnte man früher Regenwasser bedenkenlos auffangen, so ist dieses heute vielerorts stark mit Schadstoffen belastet. Aus diesem Grunde sollte man es erst einige Zeit regnen lassen, ehe man beginnt, Wasser aufzufangen, denn die Schadstoffe sind dann weitgehend aus der Atmosphäre ausgewaschen.

Das richtige Gießen

Viel mehr Zimmerpflanzen werden durch zu gut gemeinte Pflege als durch Nachlässigkeit geschädigt. Ohne Wasser kann keine Pflanze leben, aber die meisten Pflanzenfreunde neigen dazu, zuviel zu gießen. Die Folge ist, daß die Pflanzen die Nährstoffe in zu schwacher Konzentration aufnehmen, sie zeigen Mangelerscheinungen. Im Extremfall beginnen die Wurzeln zu faulen. Es gibt Zeiten im Jahr, in denen Pflanzen wenig Wasser brauchen, z. B. in

Streptocarpus gießt man wie die meisten Gesneriengewächse von unten (oben links).

Bromelien bekommen außerdem noch etwas Wasser in die Rosettenmitte (oben rechts).

der Ruhezeit und bei kühleren Temperaturen. Und es gibt Zeiten, in denen sie viel Wasser brauchen, z. B. in der Blüte und bei hoher Raumwärme. Sobald die Blätter ausgebildet sind, muß stark gegossen werden. Denn die Blattflächen verdunsten viel Wasser. Der umgekehrte Vorgang findet statt, wenn die Pflanze zurückgeschnitten wird: Die Blattfläche ist stark vermindert, wodurch die Verdunstung abnimmt. Wird diese Pflanze dann genauso reichlich gegossen wie bisher, beginnen die Wurzeln zu faulen. Ebenso faulen die Wurzeln, wenn überschüssiges Wasser nicht abfließen kann, denn nur wenige Pflanzen (z. B. *Cyperus*) wollen ständig im Wasser stehen. Einige Scherben oder Steine auf dem Boden des Blumentopfes verhindern, daß sich das Wasserabzugsloch zusetzt. Stehen die Pflanzen im Übertopf, werden sie oft unbeabsichtigt zu regelrechten Wasserpflanzen, weil das überschüssige Wasser aus dem Übertopf nicht abfließen kann. Deshalb ruhig mehrmals in der Woche nachschauen und das überschüssige Wasser abgießen. Es sollte niemals erst dann gegossen werden, wenn die Blätter bereits zu schlappen beginnen. Beim Gießen gründlich vorgehen: *Cyclamen, Sinningia, Streptocarpus* und *Saintpaulia* werden von unten bewässert, da ihre Stengel und Blätter leicht faulen, wenn sie benetzt werden.
Pflanzen mit dickfleischigen, lederartigen und harten Blättern und Sproßteilen verlangen weniger Wasser als Pflanzen mit zarten Blättern. Zu den wasserspeichernden Pflanzen zählen: *Beaucarnea*, Sukkulenten, *Kalanchoë*, *Sansevieria* u. a. Palmen werden erst dann gegossen, wenn die Erdoberfläche trocken ist. Dann allerdings reichlich und durchdringend, weil sich ihre Hauptwurzeln unten im Topfgrund befinden. Überschüssiges Wasser weggießen.

Platycerium sollte einmal wöchentlich »getaucht« werden, bis sich der Wurzelballen völlig mit Wasser vollgesogen hat (unten links).

Urlaub - was tun?

Alljährlich stellt sich vor Urlaubsantritt die Frage: Wohin mit den Zimmerpflanzen? Am besten ist es immer noch, Freunde oder Nachbarn erklären sich bereit, das Gießen zu übernehmen. Ist das nicht möglich, muß man alternative Lösungen finden, damit die Pflanzen nicht vertrocknen. Eine Ausnahme sind viele Sukkulenten, besonders die Kakteen und die unverwüstlichen Bogenhanf-Arten. Sie können, wenn sie vom sonnigen zum schattigen Platz geräumt werden, schon einmal bis zu zehn Tage ohne zusätzliche Gießhilfe auskommen.
Im Sommer kann ein schattiger, windgeschützter Platz im Garten für viele Zimmerpflanzen der »Urlaubsstandort« sein. Palmen, Gummibaumarten, Zimmertanne, Farne und die meisten Grünpflanzen werden mit ihren Töpfen etwas in den Gartenboden eingesenkt. Topfblumen mit sehr weichen oder auch behaarten Blättern vertragen jedoch den Standort im Freien nicht. Sie würden bei starken Regenfällen bald faulen. Für diese Pflanzen müssen andere Varianten gewählt werden. Und wer keinen Garten hat, muß ohnehin nach anderen Möglichkeiten suchen.
Bei nur wenigen Tagen Abwesenheit hilft schon der mit Wasser gefüllte Übertopf. Dauert der Urlaub länger, sollte man für die Pflanzen eine provisorische Pflanzenwanne bauen. Die Töpfe werden noch einmal kräftig und durchdringend gegossen und dann in die Pflanzenwanne gestellt. Bis zur halben Höhe des Topfes kann Wasser in die Wanne als Vorrat eingefüllt werden. So lassen sich besonders alle feuchtigkeitsliebenden Pflanzen, wie Farne und Zypergras, versorgen. Als Pflanzenwanne kann jedes größere wasserdichte Gefäß dienen, auch die Badewanne, wenn sie mit Folie ausgelegt wurde.
Für etwa zehn Tage Urlaub hilft ein ganz einfaches Provisorium: Man hüllt den vorher in Wasser reichlich getauchten Blumentopf in eine wasserdichte Plastiktüte, füllt auf den Boden noch etwas Wasser und bindet die Tüte rings um die Pflanze locker zusammen. Auch hier gilt wieder, daß die Pflanzen einen schattigen Platz bekommen. Aus Großmutters Zeiten stammt die Methode mit den Baumwollfäden. Man rückt die Pflanzen ein wenig zusammen und stellt eine Schüssel Wasser in die Mitte. Nun wird in jeden Topf ein dicker nasser Wollfaden zwischen Topfwand und Substrat gesteckt. Das andere Ende des Fadens liegt in der Wasserschüssel. Über die Wollfäden wird so das Wasser in die Erde geleitet. Eine Variante ist eine Vlies-Matte, die in das mit Wasser gefüllte Spülbecken hängt und auf der die Pflanzen stehen. Diese Methode sollte man zuvor aber ausprobieren, nicht immer klappt es!
Noch eine Möglichkeit: Mit Wasser gefüllte Flaschen mit der Öff-

Überschüssiges Wasser aus dem Untersatz wegschütten. Nur sehr wenige Pflanzen, z. B. *Cyperus*, mögen einen nassen Fuß.

Drei Möglichkeiten der Wasserversorgung im Urlaub: Mit Wollfäden (oben), in die Erde gesteckten Wasserflaschen (oben rechts) oder einer Vlies- oder Filzunterlage, die ins Wasser reicht (unten).

nung nach unten in die Erde des Blumentopfes stecken; so kann Wasser je nach Bedarf in die Erde nachsickern. Auch bei dieser Methode empfiehlt sich ein »Probelauf« vor dem Urlaub.
Wenig Sorgen bereiten uns während längerer Abwesenheit Zimmerpflanzen, die in Hydrotöpfen wachsen; sie kommen ohne weiteres bis zu vier Wochen ohne Pflege aus. Es ist aber ratsam, sie vor dem Urlaub schon längere Zeit hindurch zu beobachten, um festzustellen, wie oft Wassernachschub notwenig ist. Falls der Wasserbedarf sehr hoch ist, werden sie in ein größeres Gefäß gestellt. Außerdem kann man den Wasserbedarf zeitweilig etwas drosseln, indem man die Pflanze lose zusammenbindet und schattig stellt. Vor der Abreise alle Pflanzen noch kräftig gießen!

Luftfeuchtigkeit

Eine der wichtigsten Ursachen für schlechtes Gedeihen der Pflanzen im Zimmer ist der Mangel an ausreichender Luftfeuchtigkeit. Luft ist unter natürlichen Bedingungen niemals vollkommen trocken, sondern enthält eine bestimmte Menge Wasser in der Gasphase, das bei 100 % Luftfeuchtigkeit kondensiert und niederschlägt (Nebel, Tau). Sehr hohe Luftfeuchtigkeit herrscht vor allem in den tropischen Regenwäldern, und sehr viele unserer Zimmerpflanzen stammen eben aus diesen Regionen. Und damit fängt das Dilemma an. Je mehr wir unsere Wohnungen beheizen und isolieren, um kostbare Energie nicht zu verschwenden, um so weniger Luftfeuchtigkeit herrscht in unseren Räumen. Man kann sagen, daß ein vollbeheizter Raum nur etwa 30–40 % relativer Luftfeuchte aufweist, aber die Pflanzen benötigen 60–80 %! Hier muß man zu Maßnahmen greifen, die die Luftfeuchtigkeit in Pflanzennähe erhöhen. Dies ist auch in zweiter Hinsicht gut, da ein zu trockenes Raumklima auch für unsere Atemorgane nicht gesund ist.

Folgende Maßnahmen dienen zur Erhöhung der Luftfeuchtigkeit:

1. Besprühen oder Einnebeln der Pflanzen mit temperiertem Wasser: Die Wirkung ist nur von kurzer Dauer, man muß ständig besprühen.
2. Aufstellen des Topfes in ein feuchtes Substrat, z. B. in Perlit. Dadurch steht zwar der Wurzelballen nicht im Fußbad, aber das Tonsubstrat verdunstet nach oben die Feuchtigkeit.
3. Eine mit Wasser gefüllte Schale hat die gleiche Wirkung, wenn man den Topf auf einen umgedrehten Untersatz stellt, so daß die Wurzeln nicht ins Wasser hineinreichen.
4. Zimmerspringbrunnen sind dekorativ, oft kostspielig und bringen eine Luftverbesserung nur in der unmittelbaren Umgebung.

Zur Erhöhung der Luftfeuchtigkeit, z. B. bei *Adiantum*, trägt eine feuchte Schicht aus Tonkügelchen bei (oben). Eine *Camellia* muß häufig besprüht werden, doch Vorsicht bei den völlig aufgeblühten Blumen (links)!

5. An die Heizkörper sollte man Wasserverdunster hängen.
6. Ein häufiges feuchtes Abwischen der Blätter erhöht nicht nur deren Assimilationsleistung, sondern zugleich auch die Luftfeuchtigkeit in direkter Pflanzennähe. Die Wirkung ist allerdings nur kurzzeitig und für kleinblättrige Pflanzen sicherlich zu aufwendig.
7. Empfindliche Pflanzen wie Farne und Orchideen fühlen sich in einer geschlossenen Vitrine oder in einem sogenannten Tropenfenster wohl, weil hier ein eigenes Mikroklima herrscht, das sich selbst reguliert. Das gleiche ist auch beim Flaschengarten zu beobachten.
8. Handelsübliche elektrische Luftbefeuchter bewirken eine nachhaltige Steigerung der Luftfeuchtigkeit im Raum.

Übrigens kann man einer Pflanze auch ansehen, ob sie eine hohe Luftfeuchtigkeit benötigt oder nicht: Weiche Blätter sind zumeist ein Zeichen für einen hohen Bedarf, dicke, ledrige Blätter kommen auch mit trockener Luft zurecht. Stecklinge, Sämlinge und Jungpflanzen benötigen im allgemeinen mehr Luftfeuchtigkeit als »erwachsene« Pflanzen.

Ernährung

Luft, Wasser und Licht sowie Wärme brauchen alle Pflanzen, um gedeihen zu können. Das genügt aber noch nicht. Sie benötigen außerdem verschiedene chemische Substanzen, die sogenannten Pflanzennährstoffe. Die wichtigsten davon sind Stickstoff, Phosphor und Kalium. Stickstoff ist unentbehrlich für die Blattentwicklung, Phosphor wirkt auf die Wurzelbildung und die Entwicklung von Blüten und Früchten. Ebenfalls für Blüten und Früchte ist Kalium verantwortlich, zugleich werden die Pflanzen widerstandsfähig gegenüber Krankheiten gemacht. All diese Stoffe sind Teil eines komplizierten Systems biochemischer Reaktionen – dem Stoffwechsel der Pflanzen. Normalerweise enthält das Substrat diese Nährstoffe; stehen aber die Pflanzen lange im gleichen Topf, erschöpft sich der Nährstoffvorrat. Die Nährstoffe sind schon nach wenigen Monaten aufgebraucht. Also muß durch Düngen nachgeholfen werden. Der Zeitpunkt der Düngung hängt vom Entwicklungsstadium der Pflanzen, von der Lichtintensität und der Wärme ab.

Wann und wie düngen?

Dünger sollte vornehmlich in der Hauptwachstumszeit, also in der Regel im Frühjahr und im Sommer gegeben werden. Gewächse, die eine Ruheperiode durchmachen, dürfen in dieser Zeit auf keinen Fall gedüngt werden, außerdem werden sie nur sparsam gegossen. Je üppiger das Wachstum, um so reichlicher kann gedüngt werden.

Als Zimmerpflanzendünger werden sogenannte Volldünger angeboten. Sie sind in flüssiger Form erhältlich und lassen sich leicht dosieren. Auch enthalten sie meistens die lebensnotwendigen Spurenelemente. Epiphyten werden über das Laub gedüngt, das heißt man sprüht eine halbe Konzentration auf die Blätter.
Außerdem sollte man sowieso lieber weniger Dünger nehmen, dafür aber häufiger düngen. Bei den meisten Pflanzen reicht es, wenn man von April bis Juni einmal wöchentlich düngt. Nicht selber Dünger zusammenstellen, sondern auf Spezialzimmerpflanzendünger zurückgreifen.
Gedüngt wird nicht auf den trockenen Wurzelballen, sondern nur, wenn er ausreichend feucht ist. Nach dem Umtopfen braucht man etwa acht Wochen nicht zu düngen, erst wenn das Substrat richtig durchwurzelt ist, sollte man mit dem Düngen beginnen.

Ganz wichtig ist beim Düngen die richtige Dosierung, deshalb sollte man immer die Verpackungsaufschrift beachten.

Düngestäbchen halten zwar eine lange Weile vor, verleiten aber zum Vernachlässigen der Pflanzen.

Die Erde

Substrate sind mineralische, organische und künstliche Stoffe, in denen die Pflanzen wurzeln. Bei der Hydrokultur verleiht das Substrat der Pflanze lediglich den Halt, bei den übrigen Substraten handelt es sich um Nährstofflieferanten. Die Beschaffenheit der Substrate muß auf die speziellen Ansprüche der jeweiligen Pflanzen abgestimmt sein, vor allem in bezug auf Korngröße, Humusgehalt, Wasserhaltevermögen, Luftdurchlässigkeit, Nährstoffgehalt und pH-Wert. Die wichtigsten Substratgruppen sind Erden, Sande, organische Substrate und künstliche Substrate.
Bei den Erden unterscheidet man Komposterde (aus verrotteten Pflanzenteilen); sie ist auch allein verwendbar und hat einen guten Nährstoffgehalt. Misterde besteht aus verrottetem Mist. Sie ist sehr nährstoffreich, aber nicht allein verwendbar, muß also immer mit einem anderen Substrat gemischt werden. Lauberde aus verrottetem Buchen- oder Eichenlaub ist relativ nährstoffarm, aber auch allein verwendbar. Sie eignet sich vor allem für jene Pflanzen, die kalkfreies Substrat benötigen (Rhododendron, Orchideen). Rasenerde aus zersetztem Rasensoden ist lehmreich und besitzt ein gutes Speichervermögen; sie ist auch allein verwendbar. Lehmerde hat eine feste Konsistenz, weshalb sie nicht allein zu verwenden ist. Sie ist eine schwere, bündige Kulturerde. Nadelerde aus der oberen, bereits zersetzten Bodenschicht der Nadelwälder ist nährstoffarm, hat eine saure Bodenreaktion und gutes Wasserleitungsvermögen. Sie ist sehr gut geeignet für Farne, Orchideen, Rhododendron, Kamelien und Gesneriengewächse. Maulwurfshügelerde ist die ideale Aussaaterde, weil sie nährstoffarm ist, aber eine äußerst feine Krümelstruktur besitzt.
Es gibt jetzt im Fachhandel auch eine Vielzahl von Spezialerden, die den spezifischen Pflanzenansprüchen durchaus gerecht werden.
Hüten sollte man sich vor sogenannten »Billigerden«; sie erfüllen nicht die Qualitätskriterien, die der Gartenfachhandel bietet.
Will man die Substrate selbst mischen, so kann man bestimmte Zusatzstoffe ganz gezielt einsetzen. Sand ist für Kakteen und einige Palmen ein wichtiger Zusatz. Er erhöht die Durchlässigkeit des Substrates gewaltig. Sand enthält aber kaum Nährstoffe. Torf gilt zwar noch immer als wichtiges Substrat. Man sollte aber seinen Torfbedarf aus Verantwortungsbewußtsein gegenüber der Natur stark einschränken und dafür Nadelerde aus dem Wald verwenden. Der Torfabbau hat in unserem Land die Schmerzgrenze erreicht, er ist ein Rohstoff, der nicht unbegrenzt zur Verfügung steht. Fachbetriebe, die sich der Erdherstellung widmen, haben sogenannte Ökosubstrate entwickelt, die frei von Torf sind, aber dessen Eigenschaften hinsichtlich der Bodenreaktion und der Konsistenz besitzen.
Holzkohle ist wegen der fäulnishemmenden Wirkung als Zusatz zur Erde für die Vermehrung und im Flaschengarten gefragt.
Kiefernschälrinde wird oft zum Mulchen verwendet und wirkt auch als Beigabe zum Substrat wegen ihrer hohen Gerbstoffanteile fäulnishemmend.

Zum Umtopfen benötigt man einige Materialien, beispielsweise saubere Töpfe, eine kleine Schippe und frische Blumenerde.

Wann und wie umtopfen?

Im allgemeinen hält man sich Zimmerpflanzen zum Vergnügen und behandelt sie ohne Rücksicht auf ihr Fortkommen mehr oder minder »nach Gutdünken«. Das gilt leider nicht nur fürs Gießen und ähnliche häufiger notwendige Pflegemaßnahmen, sondern auch für ein so wichtiges Unternehmen wie das Umtopfen, auch Umpflanzen oder Umsetzen genannt.
Ich habe schon oft – und immer mit großem Erfolg – zur Anlage eines Notizbüchleins geraten, wo die vorhandenen Zimmerpflanzen mit ihren wichtigsten Lebensdaten eingetragen werden. Jedes Porträt beginnt mit ihrem »persönlichen Steckbrief«, ihrem Standort, ihren Wachstums- und Ruhezeiten, der mehr oder minder erfolgreichen Blüte. Ja, und dann vor allem der Umpflanzungstermin nebst den bei zunehmendem Alter immer größeren Intervallen für den Wechsel des Pflanzgefäßes. Auch die Frage, ob es viel oder nur wenig größer als der alte Topf zu wählen ist, könnte mit ein paar Worten gestreift werden. Pflanzen, die zur normalen Zeit vor Austriebsbeginn – also meist Ende Februar – umgetopft werden, könnte man zusammenordnen; andere Pflanzen mit Ausnahmeterminen – beispielsweise »nach der Blüte« – wären gesondert zu halten. Oder man könnte auch speziell für die Umptopfzeiten eine

Vor dem Umtopfen gebrochene Scherben auf das Abzugsloch legen ...

... dann folgt etwas frische Erde ...

Tabelle anlegen, wo Angekreuztes mit einem Blick zu überschauen ist. Dadurch läßt sich die ganze, oft recht zeitraubende Umtopferei jeweils nach der Zahl der anfallenden Töpfe bestens vorausplanen; alles wird zum richtigen Zeitpunkt vorbereitet, und selbst wenn die Untersuchung der einzelnen Töpfe ergibt, daß hier oder dort noch ein Pflanzgefäß mehr den Zustand umpflanzungswürdiger Durchwurzelung erreicht hat, dann ist das keine übermäßige Arbeitsbelastung mehr.

Man soll die Pflanzen mindestens einige Stunden vor dem Austopfen gründlich durchgießen oder wie einen neuen Blumentopf über Nacht in ein größeres Gefäß mit zimmerwarmem Wasser stellen: Dann ist der Topfballen meist schon so weit vom Topfrand gelöst, daß man ihn ohne Schwierigkeit herausheben kann. Manchmal aber haftet er mit feinsten Saug- und Faserwürzelchen so fest an der Innenwandung, daß man erst mit einem langen, spitzen Messer daran entlangfahren muß, um den Wurzelballen endgültig aus seinem alten Gehäuse zu lösen.

Deckscherben verhüten Gießschäden

Ehe es soweit ist, haben wir aber erst noch die neuen Töpfe – genau den Angaben über ihre Größe entsprechend – für ihre künftigen Aufgaben vorbereitet: also nach der Entnahme aus dem Wasserbad vor allem der Reihe nach mit den nötigen Deckscherben über dem Abzugsloch ausgerüstet. Diese Deckscherben aus zerschlagenen alten Blumentöpfen sollen so übereinander geschichtet werden, daß sie keinen allzu raschen, aber doch zügigen Ablauf des überschüssigen Gießwassers ermöglichen. Wo Tonscherben fehlen, kann man sich übrigens auch mit größeren Kieselsteinen weiterhelfen, doch ist ihre Eignung sehr bedingt. Wo bereits größere Deckscherben vor dem Abzugsloch des alten Topfes liegen, kann man einen widerspenstigen Topfballen auch gut mit Hilfe eines Kochlöffelstiels oder stärkeren Blumenstabs von unten durch das Abzugsloch herausdrücken. Auf die »nach unten durchgegangenen Wurzeln« kommen wir gleich noch zu sprechen. Als übliche Methode zur Entnahme des Wurzelballens aus seinem bisherigen Pflanzgefäß gilt »das Aufstoßen mit dem Blumentopf auf der Tischkante«. Bei gut vorbereiteten Jungpflanzen mag das hingehen. Bei älteren Pflanzen und größeren Töpfen aber hat dieses »Aufstoßen« seine Schwierigkeiten, besonders wenn dabei größere Buschformen oder dicht bestachelte Kakteen zu bewältigen sind. Gut: man kann Arbeitshandschuhe anziehen. Aber was geschieht, wenn sich schon »durchgegangene Wurzeln« aus dem Abzugsloch drängen? Es gibt im Erwerbsgartenbau ebenso wie unter den Blumenfreundinnen und Zimmergärtnern solche, die gesunde, kräftige Wurzeln einfach und ohne Rücksicht wegschneiden und der Pflanze dadurch oft schwer verheilende Wunden beibringen. Der ohnedies mit mancherlei Anstrengungen belastete Vorgang des Umgewöhnens vom alten in das neue Pflanzgefäß wird durch solche Verletzungen noch mehr erschwert. Erst recht ist das Amputieren wüchsiger Wurzeln unverantwortlich, wenn etwa eine Umstellung auf Hydrokultur erfolgen soll.

Man verzichte also auf die Tischkante und greife lieber zu einem nicht zu schweren Hammer. Mit

ein paar geschickten Schlägen läßt sich der alte Blumentopf so zertrümmern, daß die aus dem Abzugsloch hervordrängenden Wurzeln nicht beschädigt werden und später, beim Wiedereinsetzen, vorsichtig mit eingetopft werden können. Kunststoffgefäße sind natürlich mit Hammerschlägen nicht zu bezwingen. Hier muß man mit der Küchenschere und einem scharfen Messer vorgehen, und wenn das nichts hilft, notfalls zu Beißzange und Blechschere greifen. Natürlich kann es Ausnahmefälle geben, wo Krankheit oder ein Sturz vom angestammten Platz oder sonstige besondere Umstände ohne Rücksicht auf den normalen Zeitplan sofortiges Eingreifen erfordern. Nach Ende Juli/Anfang August soll aber wirklich nur im alleräußersten Notfall umgetopft werden, weil Pflanzen kurz vor oder schon während der Ruhezeit kaum anwurzeln und dadurch oft so schwer geschädigt werden, daß sie den Anschluß an die nächste Wachstumsperiode nicht mehr schaffen – allenfalls sehr lange brauchen, bis sie sich einigermaßen erholen.

Der ausgetopfte Wurzelballen braucht Vorbereitung

Prüfende Betrachtung des Wurzelballens zeigt, wie es um die Gesundheit der Pflanze bestellt ist.
Sind die Wurzeln durchweg hell bräunlich gefärbt und haben noch hellere Spitzen, dann ist alles in Ordnung. Finden sich aber dunklere, womöglich mit weichen Faulstellen durchsetzte Teile, so muß bis ins gesunde Gewebe zurückgeschnitten werden. Das heißt: Der Querschnitt des Wurzelendes muß frei von dunkleren Verfärbungen und einheitlich hell sein. Im allgemeinen ist das Wurzelgewebe im Schnitt rahmweiß; soweit andere Farben vorkommen, wird dies bei den Einzeldarstellungen des Pflanzenteils vermerkt. Übrigens werden nicht nur kranke, sondern auch angeknickte Wurzeln entfernt und Bruchstellen glattgeschnitten. Glattschneiden heißt: den Schnitt ohne Risse und weitere Verletzungen ein wenig schräg abwärts weisend ausführen.

Ob bei gesunden Wurzeln der Ballen mit einem spitzen Hölzchen gelockert oder nur – bei zu dichter Verfilzung – außen aufgerauht werden soll, erkennt man eigentlich ohne weitere Schulung. Wieweit der ganze Ballen durch Auf- und Ausschneiden zu verkleinern ist, ergibt sich aus den Einzeldarstellungen. Meist kommt so etwas nur bei großen, alten Pflanzen – besonders bei Kübelpflanzen – in Frage. Nicht selten sind damit auch ein Rückschnitt der Laubkrone oder sonstige Schnittmaßnahmen verbunden. Ebenso müssen Teilung des ganzen Wurzelballens oder Wegnahme von Wurzelsprossen (»Kindel«) in Betracht gezogen werden; doch das gehört schon zum Thema Vermehrung. Auf jeden Fall wird bei Entnahme aus dem alten Pflanzgefäß die obere Erdschicht so weit abgehoben, wie dies ohne Beschädigung der Wurzeln möglich ist. Gleiches geschieht mit der Unterschicht nebst den häufig noch darin steckenden Deckscherben, die oft schon von Endwurzeln umklammert sind. Die alten Deckscherben sind vorsichtig zu entfernen.

... der ausgetopfte Wurzelballen wird in die Mitte des neuen, etwas größeren Topfes gesetzt, oben und ringsherum vorsichtig Erde auffüllen und nur wenig andrücken.

Vom Einsetzen zum Einwurzeln

Als Grundregel gilt: Das neue Gefäß soll bei Pflanzen mittlerer Größe rundum etwa 2 cm größer sein als das alte. Man soll diese Angaben nicht in den Wind schlagen, denn manche Pflanzen, z. B. Palmen, nehmen zu große Töpfe so übel, daß sie einfach keine jungen Wurzeln ins neue Erdreich schicken. Man holt sie dann kümmerlich oder schon eingegangen einige Monate später genauso wieder heraus, wie der Wurzelballen eingesetzt wurde. Andere wie-

der legen nach den verschiedenen Schnittmaßnahmen in einem zu klein gewählten Topf ein so stürmisches Wachstumstempo vor, daß die Umsetz-Prozedur wegen Sprengung der Wände alsbald wiederholt werden muß.
Unter allen sonstigen Regeln, die zu beachten bleiben, ist noch eine von besonderer Wichtigkeit: Nach dem Umsetzen muß die Pflanze im neuen Topf genauso hoch stehen, wie sie im alten Topf gestanden ist. Einer der schlimmsten Fehler beim Umtopfen ist nämlich das Zu-tief-Pflanzen, weil die meisten Gewächse solchen »Tiefstand« absolut nicht vertragen. Schließlich muß man noch wissen, ob von Fall zu Fall fest oder locker zu pflanzen ist. Ein Oleander mit schwerer Erde will anders behandelt sein als Humuswurzler aus leichtem Waldgrund. Im allgemeinen soll die vorsichtig um den Ballen herum eingebrachte Erde mit einem Holzstäbchen ringsherum »festgestupft« werden. Einheitserde wird nur durch Aufstoßen des Topfes »eingerüttelt«. Nach beendeter Umpflanzarbeit wird sanft, ohne Wegspülen des Erdreichs, eine kleine Menge zimmerwarmes Wasser gegeben, wobei die ganze Pflanze gleich mit eingesprüht werden kann. Luftfeuchtigkeit und Fernhalten von direkter Besonnung sind für die nächsten zehn Tage unerläßlich, um die zum Teil noch funktionsbehinderten Wurzeln zu entlasten. In manchen Fällen sollte man gleich zur Plastikhaube greifen. Sie läßt unverzüglich jene »gespannte Luft« entstehen, die beste Starthilfe leistet.

Es geht auch ohne Erde - Hydrokultur

Unter Hydrokultur versteht man eine Form der Pflanzenpflege, bei der entsprechende Substrate der Pflanze nur Halt geben; die Nährstoffe bezieht sie aus einer wässrigen Lösung. Der Vorteil der Hydrokultur besteht vor allem im geringeren Pflegeaufwand, da regelmäßiges Gießen entfällt und nur alle zwei bis drei Wochen Wasser nachgefüllt werden muß. In weitaus größeren Abständen allerdings müssen Salze von Substrat und Wurzeln gespült werden. Als Nachteil sei erwähnt, daß sich nicht alle Pflanzen für die Hydrokultur eignen und daß man beim Umstellen oft kleine Faserwurzeln beschädigt. Zudem ist es mitunter nicht so einfach, die Konzentration der Nährlösung genau einzuhalten. Denn werden einmal Fehler bei der Hydrokultur gemacht, so wirken sich diese schlagartig aus. Ist der Wasserstand zu hoch, so kommt es zur Wurzelfäule. Abhilfe schafft hier der überall im Handel erhältliche Wasserstandsanzeiger.
Überhaupt muß man für die Hydrokultur, wenn man seine Pflanzen von Erde auf Hydro umstellen will, einige Materialien erwerben.

Vor dem Umstellen von Erd- auf Hydrokultur sollte man sich die richtigen Gefäße und Materialien bereitlegen.

Gefäße

Wenn von den Hydrogefäßen die Rede ist, steht der Kulturtopf (in dem sich die Pflanze befindet) allen anderen voran. Denn trotz seines bescheidenen Äußeren hat der sogenannte Kulturtopf für die Hydropraxis entscheidende Bedeutung. In seinen Ausmaßen an normale Pflanztöpfe erinnernd, nur durchlässig, dient er den Pflanzenwurzeln als Wohnraum. Hauptanliegen ist ein einwandfreier Werkstoff. Mit anderen Worten: Das Ausgangsmaterial der Kulturtöpfe und die Innenwandungen der Hydrogefäße müssen dem Begriff »Lebensmittelechtheit« entsprechen. Wo diese Voraussetzung fehlt, können im Zusammenwirken mit der Nährlösung für jede Pflanze gefährliche chemische Verbindungen entstehen. Ein zweites Problem ist die Wandung mit den Schlitzen. Sind diese zu klein, haben die Wurzeln wenig Möglichkeiten, sich der Nährlösung zu bedienen. Sind sie zu groß, werden die Wurzeln beim Umsetzen verletzt, weil sie den gesamten Übertopf ausfüllen. Als Hydrotopf kann man praktisch jede Form nehmen, in die der entsprechende Kultur- oder Einsatztopf paßt. Doch auch hier gilt, daß man sich nur Qualitätsware zuwenden sollte, denn Billigware kommt dem Pflanzenfreund teuer zu stehen. Unsichtbare, feine Haarrisse in der Glasur bewirken bei Keramik ein Eindringen der Nährlösung und chemische Reaktionen durch löslich werdende Schwermetalle, die für die Pflanzen lebensgefährlich sind. Deshalb sichern einige Hersteller eine Doppelglasur zu. Gleiches gilt für Gefäße aus Messing, Kupfer oder Zinn: Sie alle setzen im Zusammenwirken mit der Nährlösung schwer giftige Stoffe frei.
Das für Kunststoff-Kulturtöpfe verwendete Polystyrol gilt in einwandfreier Qualität als unbedenklich. Allerdings dürfen dann keine Zusätze von Restprodukten enthalten sein. Am besten sind zweifellos Gefäße aus Polyethan, sie sind garantiert einwandfrei.
Bei allem sei noch der Hydrotank erwähnt; er bietet den Pflanzen eine optimale Wasser- und Nährstoffversorgung. (Näheres für Interessenten bei Hydro-Tank, Postfach 109, D-67142 Deidesheim.)

Das Substrat

Als Substrat kann man vielerlei verwenden, z. B. große Kiesel, Polyethylenborsten, Plastikkügelchen oder, was am empfehlenswertesten erscheint, Blähton »Lecaton«. Ton als uraltes, schon seit biblischen Zeiten genanntes Verwitterungsgestein ist ja nicht immer gleich, sondern seinen Herkünften entsprechend in der Zusammensetzung und in den chemischen Reaktionen sehr verschieden. Nur unser Blähton besitzt die für ihn typische Eigenschaft: Er geht, ähnlich wie ein mit Backpulver vermischter Kuchenteig, bei entsprechend hohen Temperaturen auf. Dabei bilden sich in den zunächst noch schweren Tonkügelchen zahllose Luftblasen, die dem Blähton seine für unsere Zwecke so erwünschte Teil-Kapillarität verleihen. Aus der Herstellung und dem Abbau von Rohtonschichten erweist sich, daß der Blähton eine entscheidende Rolle bei der Versorgung der Wurzeln mit Sauerstoff spielt. Er bildet eine Mischungsfähigkeit von Luft und Wasser, wie man sie zur Gesunderhaltung der Pflanzen braucht. Allerdings darf man das Gefäß nicht randvoll mit Wasser füllen, und trocken darf der Blähton auch nicht stehen.

Nährlösung

Für die Nährlösung verwendet man Spezial-Hydrodünger mit Ionenaustauscher. Diese Lösungen ermöglichen eine optimale

Ein gründliches Auswaschen der Wurzeln verhindert Fäulnis. Allerdings sollte man die Wurzeln so vorsichtig wie möglich abbrausen, damit feine Faserwurzeln nicht zerstört werden.

Die Pflanze wird in die Topfmitte gehalten und vorsichtig mit Hydrohaltesubstrat ringsherum aufgefüllt. Übrigens: eine darübergestülpte Folientüte erleichtert den Pflanzen, diesen für sie erheblichen »Eingriff« rasch zu überstehen.

Aufnahme der Nährstoffe durch die Wurzeln. Die normalen Flüssigdünger funktionieren nicht. Allerdings kann man Hydrodünger auch für Erdtöpfe verwenden. Vor jeder Neuversorgung mit Nährlösung sollten die Gefäße gründlich gesäubert werden, denn die Pflanzen entnehmen der Nährlösung zwar die Nährstoffe, zurück bleiben jedoch Salzreste, die sich mit der Zeit pflanzenschädigend auswirken.
Die Konzentration der Nährlösung richtet sich nach der Pflanzenart und ihren Ansprüchen.

Hydropflanzen selbst umgestellt

Wer von Erd- auf Hydrokultur umstellen will, sollte bedenken, daß dies bei jungen Pflanzen leichter geht als bei älteren Exemplaren. Die Erde muß in nicht zu kaltem Wasser gründlich aus den Wurzeln ausgewaschen werden, denn Erdreste bewirken Fäulnis. Diese Prozedur muß vorsichtig und zugleich sehr sorgfältig vollbracht werden. Jedes kleine Erdpartikelchen ist aus den feinen Faserwurzeln herauszulösen. Am besten weicht man den Topfballen über Nacht in Wasser ein und schneidet alle beschädigten oder muffig riechenden Wurzeln heraus.
Das Umstellen bedeutet für jede Pflanze eine Störung im Wachstum und erfolgt deshalb am besten in den Frühjahrs- und Sommermonaten. Zum Auffüllen wird erst einmal nur Wasser in das Hydrogefäß eingefüllt; die alten Wurzeln sollen allerdings nicht ins Wasser hineinreichen, sonst beginnen sie zu faulen. Je nach Pflanzenart haben sich aber in ca. 14 Tagen neue Wurzeln gebildet, und man kann mit einer schwachen Nährlösung mit dem Düngen beginnen. Durch ein vorsichtiges Umhüllen der Pflanze mit durchsichtiger Folie erleichtert man ihr die Umstellung erheblich, weil man die Luftfeuchtigkeit erhöht.
Als Faustregel kann gelten, daß jene Pflanzen, die sich einfach aus Stecklingen vermehren lassen, auch problemlos auf Hydrokultur umzustellen sind. Schwieriger ist es bei solchen wie Palmen, *Araucaria* und *Codiaeum*.
Geeignet sind dagegen *Monstera, Philodendron, Sansevieria, Dieffenbachia, Aglaonema, Syngonium, Cissus, Yucca, Pandanus* und *Ficus.*

Pflege der Hydropflanzen

Die Pflege der Hydropflanzen beschränkt sich auf die Beobachtung des Wasserstandes im Kulturgefäß. Sinkt er unter die erforderliche Höhe ab, ergänzt man die Nährlösung mit Wasser. Die meisten Pflanzen überstehen einige Tage auch ohne den erforderlichen Wasserstand recht gut.
Wenn es aus dem Hydrotopf oder der -wanne faulig riecht, liegt meist Sauerstoffmangel vor. Die Ursache dafür ist, daß die Nährlösung zu selten gewechselt wurde (Bakterien siedeln sich an) oder längere Zeit zu hoch stand. (Wurzeln bekamen zu wenig Luft und faulen). Abhilfe kann man schaffen, indem man die Pflanzen herausnimmt, abgestorbene Wurzeln entfernt und Topf sowie Substrat unter fließendem Wasser gründlich reinigt.
Wichtig ist, immer den vorgeschriebenen Stand der Nährlösung einzuhalten und anfangs die Flüssigkeit zu wechseln. An einem hellen Standort ohne Zugluft, nicht der direkten Sonnenstrahlung ausgesetzt und mit geringen Temperaturdifferenzen zwischen Tag und Nacht werden die Hydropflanzen die verhältnismäßig geringe Mühe bei der Pflege mit üppigem Wachstum danken.

Vermehrung – Glück mit Pflanzenkinderstuben

Erst wenn man auch Spaß an den mannigfachen Möglichkeiten der Zimmerpflanzen-Vermehrung bekommt, ist das »Wohnen mit Blumen« komplett. Zunächst einmal sprechen viele praktische Gründe dafür: Gibt es doch etliche sehr beliebte Topfgewächse, die schon innerhalb verhältnismäßig kurzer Zeit – Tradeskantien z. B. von einem Jahr zum anderen – viel von ihrer ursprünglichen Schönheit eingebüßt haben und deshalb der Verjüngung durch Nachzucht bedürfen. Dann wieder sind Pflanzen so groß geworden, daß man sie weggeben, zugleich aber auch Ersatz für den eigenen Bestand haben will. Oder beim Zurückschneiden sind besonders schöne Kopftriebe abgefallen: Also fügt man sich drein und steckt ein halbes Dutzend davon ab. Liebevoller Vermehrungsdrang regt sich auch, wenn irgendwo Brutzwiebelchen oder Brutblätter sprießen oder »Kindel« rund um eine Mutterpflanze erscheinen. So gibt es denn zahlreiche Gründe, unter denen echte Probierlust nicht der schlechteste ist. Außerdem bekommt man so manche Pflanze, die man gern hätte, im Blumenhandel nirgends zu kaufen, sondern nur von Hand zu Hand im Tauschwege von Gleichgesinnten.

Verschiedene Arten der Pflanzenvermehrung

Sie wissen ja: Man unterscheidet die generative oder geschlechtliche Vermehrung aus Samen, zu der auch die Vermehrung der Farne aus Sporen gezählt wird, und die vegetative oder ungeschlechtliche Vermehrung aus den verschiedensten oberirdischen und dem Wurzelsystem entsprossenen Pflanzenteilen. Dabei gilt im allgemeinen die Ansicht , daß Freilandpflanzen überwiegend aus Samen, Zimmerpflanzen – vor allem in Liebhaberhand – überwiegend aus Stecklingen gezogen werden. Wer genau hinsieht, wird bald erkennen, daß diese Ansicht nur bedingt richtig ist. Es gibt doch eine recht stattliche Anzahl von Hausblumen, die sich aus Samen vermehren lassen, und wer dabei erst einmal auf den Geschmack gekommen ist, wird

Junge Pflanzen brauchen mehr Pflege und eine höhere Luftfeuchtigkeit.

Vermehrungssubstrat sollte immer mit etwas Sand vermischt werden (oben links).

Junge Aussaaten brauchen ein Mikroklima, deshalb ist ein Aussaatgefäß mit einer durchsichtigen Abdeckung ideal (oben).

Sobald sich die ersten Blätter richtig entwickelt haben, sollte man die Pflanzen öfter »lüften« (links).

so bald nicht wieder auf dieses Vergnügen verzichten wollen. Allerdings brauchen die meisten exotischen Sämereien, deren Beschaffung durch den Samenfachhandel keine großen Schwierigkeiten mehr macht, eine oft über Wochen hinweg gleichmäßig hohe Keimtemperatur. Vermehrung aus Samen hat freilich einen Nachteil, den man nicht verschweigen darf: Sämlingspflanzen sind häufig nicht so blühwillig wie Stecklingspflanzen, zumal wenn sie von reichblühenden Mutterpflanzen abstammen. Andererseits sind die meisten Kakteen und anderen Sukkulenten auch bei Anzucht aus Samen oft schon im Jugendalter von zwei oder drei Jahren durchaus zum Blühen bereit und bleiben dabei bis ins hohe Alter. Genaue Auskunft darüber, welche Vermehrungsform im Einzelfall möglich oder ratsam ist, gibt jeweils der Abschnitt »Vermehrung« bei den Einzeldarstellungen im Pflanzenteil.

Generative Vermehrung

Normaler guter Blumenerde wird zur Hälfte Sand beigemischt. Auch Erde von Maulwurfshügeln ist als Aussaatsubstrat sehr gut geeignet. Zur Anzucht aus Samen in Saatschalen, den sehr praktischen Handkästen aus Kunststoff, »Multitopf-Baby«-Anzuchtplatten oder was immer das Fachgeschäft auf diesem reich sortierten Gebiet empfiehlt, braucht man unbedingt auch ein feines Sieb, um die Aussaat entsprechend ihrer Kornstärke statt einer Erdabdeckung mit Sand übersieben zu können. Eine Blumenspritze liefert gleich nach dem Aussäen ebenso wie während und nach der Keimung Boden- und Luftfeuchtigkeit.
Bei der sehr dünnen Aussaat Steckschildchen mit den Namen der Sämereien nicht vergessen. Saatschale mit Glasscheibe, Dunkelkeimer mit Papier abdecken. Nach Auflaufen der Samen Papier gleich, Scheibe etwas später wegnehmen. Meist setzt man nach dem Erscheinen des ersten Blattpaares über den Keimblättern die Sämlinge entweder nochmals in eine Saatschale oder gleich einzeln oder zu mehreren in kleine Töpfchen mit Anzuchterde um. Daß es auch anders geht, zeigt die stets gelingende Aussaat eines Dattelkerns (*Phoenix*): Harte Schale längs dünn schaben oder anfeilen, Kern korntief in einen kleinen Palmentopf mit feuchtem Säge-

Kleine Sämlinge werden aus dem Aussaattopf heraus in einen neuen Topf pikiert. Hierbei dürfen die zarten Wurzeln nicht verletzt werden, deshalb sollte man ein Hölzchen zur Hilfe nehmen.

mehl oder Anzuchterde legen; Bodenwärme 25°C. Der Kern keimt bald und bildet viele Wurzeln, die sehr brüchig sind.
Die Keimlinge sehen aus wie Grashalme und entfalten sich erst nach Monaten, manchmal erst nach 18 Monaten. Sollte der Sämling durchwurzelt sein, auf keinen Fall die Wurzeln abschneiden!

Pikieren

Sobald die Sämlingspflanzen ein weiteres Blattpaar zeigen, werden sie pikiert, man nennt das auch vereinzeln. Dies kann man in einer größeren Schale vornehmen oder bereits in dem künftigen Blumentopf. Die Erde sollte nicht mehr so sandhaltig sein, sondern schön nährstoffreich. Beim Herausnehmen des Sämlings sehr vorsichtig vorgehen. Die Wurzeln werden mit einem Hölzchen gelockert, ehe man die Pflanze aus dem Boden nimmt.
Beim Pikieren wird in die geglättete Erde mit einem Hölzchen oder mit dem Finger ein Loch gedrückt, und zwar so tief, daß die Wurzeln ausreichend Platz haben. Anschließend wird gegossen, und meist schon nach einem Tag richten sich die Pflänzchen wieder auf, besonders wenn man zur Erhöhung der Luftfeuchtigkeit ein Glas über den Topf gestülpt hat.

Ganz von allein wurzeln die Kindel von *Chlorophytum,* wenn man sie in einen neuen Topf führt und reichlich gießt.

Stecklingsvermehrung bei *Ficus:* Man schneidet mit einem scharfen Messer einen Kopfsteckling mit einem Blatt ab, läßt ihn im Wasserglas »ausbluten«, steckt die Schnittstelle in Bewurzelungspulver und rollt dann das Blatt ein.

Vegetative Vermehrung

Viele Pflanzen in der Wohnung lassen sich aber recht schlecht oder sehr mühsam aus Samen heranziehen. Dann greift man im Frühjahr oder Sommer zur Methode der vegetativen Vermehrung. Hierbei kann man sowohl Teile vom Stamm oder Stengel als auch Wurzeln, einzelne Blätter oder Blattstücke verwenden.
Manche Pflanzen bilden Ausläufer, die am Ende wieder neue Pflanzen entwickeln (dazu gehören *Chlorophytum, Tolmiea* u. a.). Andere Gattungen und Arten haben Knollen, die man teilen kann, oder Zwiebeln, die Brutzwiebeln ausbilden (z.B. *Ceropegia, Achimenes, Begonia, Hyacinthus, Hippeastrum*).
Sehr häufig lassen sich Pflanzen durch sogenannte Kopfstecklinge, das sind die Enden eines Triebes mit den etwa zwei bis drei ausgewachsenen Blättern oder Blattpaaren vermehren. Es ist wichtig, daß sich keine Blütenknospen an dem Steckling befinden – er wurzelt sonst nicht an! Auch sollten die Blätter in ihrer Verdunstung eingeschränkt werden; sie werden ausgelichtet, es reichen zwei Blattpaare zum Bewurzeln. Dickfleischige Stengel mit Holzkohlepulver bestäuben!
Bei vielen Pflanzen genügt es schon, die Stecklinge in einem mit Wasser gefüllten Glas bewurzeln zu lassen (z. B. Oleander, Grünlilie, Zitronenpelargonie, Passionsblume und Zimmerwein). Alle anderen Stecklinge sollten stets eine feuchte, sehr nährstoffarme Erde bekommen und an einem warmen und geschützten Platz

Saintpaulia-Blätter werden ganz einfach in die feuchte Erde gesteckt. (rechts).

Die Blätter von *Streptocarpus* werden einmal längs durchgeschnitten und auf feuchte Erde gelegt. (ganz rechts).

aufgestellt werden. Wie auch bei der Aussaat ist es günstig, den Steckling mit einer Plastiktüte oder einem Glas abzudecken. Die einfachste Methode ist die Vermehrung aus Blattstecklingen. Eine ganze Reihe von Pflanzen ist in der Lage, aus einzelnen abgebrochenen Blättern neue Pflanzen zu entwickeln. Bekannt ist dieser Vorgang beim Brutblatt. Vom Usambaraveilchen und der Drehfrucht wissen wir, daß man ein Blatt mit seinem Stiel nur in den warmen Boden zu stecken braucht, um bald ein neues Usambaraveilchen vom Stielende aufwachsen zu sehen. Ähnlich kann man auch aus einzelnen Blättern des Pfeffergesichts neue Pflanzen ziehen, indem man diese noch mit ihrem Blattstiel versehenen Blätter mit der Schnittstelle in fast senkrechter Stellung in eine Schale dicht an dicht steckt und unter feuchtwarmen Bedingungen bewurzeln läßt.
Die Lorraine-Begonie entwickelt sich aus kleinen Blättern, die man flach und ziemlich dicht nebeneinander in sandgefüllte Tonschalen steckt. Interessant ist, wie die Rex-Begonie aus einem Blatt vermehrt wird: Man trennt dazu ein nicht allzu altes Blatt von der Mutterpflanze und führt quer zu den Hauptadern einige Trennschnitte durch die Blattrippen, legt dann das Blatt mit seiner Unterseite auf eine Schale, die mit feuchter, lockerer Erde dreiviertel gefüllt ist, und beschwert die Schnittstellen mit Steinchen, so daß sie Kontakt mit dem feuchten Boden bekommen. Anschließend wird eine Glasscheibe darübergedeckt und das Ganze sehr warm plaziert. Leicht schattig sollte der Platz auch sein. Es darf nur von unten bewässert werden, damit die Blätter nicht faulen. Haben sie genug Wurzeln gebildet und ist das Pflänzchen schon erstarkt, dann wird alles so auseinandergetrennt, daß jede Pflanze mit ihrem dazugehörigen Blattstück in einen Topf gesetzt werden kann.
Bogenhanf wird auch durch Blattteilstecklinge vermehrt. Man schneidet gut entwickelte Blätter in 5 cm lange Stücke. Die gelbrandige Form »Laurentii« verliert aber dabei ihren gelben Rand und wächst als grüne Sansevierie heran.
Stecklinge von sehr fleischigen Pflanzen, wie Kakteen oder anderen Sukkulenten, oder der Blattschopf der Ananas müssen erst einmal an einem schattigen Platz abtrocknen, sie faulen sonst. Nach zwei Tagen, wenn die Schnitt- oder Bruchstelle eingetrocknet ist, wird das Pflanzenteil in die Erde gesteckt. Stecklinge haben noch keine Wurzeln, jedoch Blätter. Nur wenn die Verdunstung so gering wie möglich gehalten wird, kann der Steckling vor dem Austrocknen bewahrt werden. Beim Gummibaum rollt man daher das Blatt des Stecklings ein und stülpt einen Gummiring darüber.
Sehr viele Zimmerpflanzen lassen sich auch einfach beim Umtopfen teilen, z. B. das Zypergras oder auch Farne. Auch hierbei ist wichtig, daß man sehr vorsichtig vorgeht – manchmal ist ein scharfes

Größere Pflanzen lassen sich durch Teilen vermehren.

Die *Aloë* bildet zahlreiche Kindel, die man abnehmen kann und dann neu eintopft; zuvor einige Tage an der Luft trocknen lassen (unten).

Messer notwendig. Aber auch Kindel, wie bei der Grünlilie oder dem Judenbart, dienen der Vermehrung. Sie werden entweder im Wasser zum Bewurzeln gebracht oder gleich in feuchte Erde gesteckt. Knollen, z. B. von der Knollenbegonie, werden in so große Stücke geschnitten, daß an ihnen jeweils mindestens ein Auge sitzt. Aus ihnen – in separate Töpfe gesteckt – entwickeln sich dann neue Pflanzen.

Abmoosen und Veredeln

Wenn der Gummibaum bis zur Zimmerdecke reicht, kann man die Spitze im Sommer abschneiden und davon einen neuen Gummibaum heranziehen. Dieser Kopfsteckling wird am besten durch Abmoosen gewonnen. Der Gummibaum muß kräftig im Wuchs sein und möglichst viele Blätter besitzen. Unmittelbar unter dem Blattknoten des vierten Blattpaares (von der Spitze aus gezählt) schneidet man mit einem scharfen Messer erst waagerecht und dann mit vorsichtiger Drehung nach oben durch die Mitte des Stammes. Die Schnittfläche muß durch ein Holzstäbchen gespreizt und offen gehalten werden. Nun werden Schnittstelle und Blattstiel mit einem etwa faustgroßen, gut durchfeuchteten Moos- oder Torfballen umgeben. Diesen Ballen drückt man fest an und umhüllt ihn mit Folie, damit sich die Feuchtigkeit hält. Die Packung wird oben und unten am Stamm mit Bast zusammengebunden und immer feucht gehalten. Eventuell muß lauwarmes Wasser nachgegossen werden. Nach etwa sechs Wochen bilden sich am Einschnitt Wurzeln. Die Triebspitze kann man nun unter der Schnittstelle von der Mutterpflanze abnehmen und sofort in humusreiche Erde eintopfen. Wenn ein neuer Blatttrieb sichtbar wird, ist das abgemooste Teil gut angewachsen.

Eine weitere Vermehrungsmethode, die vor allem bei Kakteen angewendet wird, ist das Veredeln. Es gibt Kakteen, die nur schlecht Wurzeln bilden bzw. sehr langsam

Ficus läßt sich durch Abmoosen vermehren und verjüngen. Die Schnittstelle wird mit Moos umwickelt, angegossen und dann durch Folie feucht gehalten.

wachsen oder schlecht zum Blühen kommen. Um ihr Wachstum zu beschleunigen und zu einer früheren Blütenpracht zu kommen, empfiehlt sich das Veredeln, auch als Pfropfen bezeichnet. Auf eine höhere Unterlage gepfropft, wächst mancher Kaktus doppelt so schnell, und am Wurzelhals erkrankte oder beschädigte Pflanzen können durch Pfropfen gerettet werden. Die günstigste Zeit sind die Sommermonate mit trockenem und warmem Wetter. Als Pfropfunterlagen sind schnellwüchsige Kakteenarten geeignet, z. B. *Cereus*-Arten, besonders Säulenkakteen, die nur wenige Seitentriebe bilden. An technischen Hilfsmitteln braucht man ein dünnes, scharfes Messer, eine Pinzette, Gummiringe und einen Lappen. Der Schnitt wird an der Stelle der Unterlage angesetzt, an der der frischgrüne Vorjahrestrieb begann. Der Schnitt erfolgt ziehend vom Heftansatz zur Spitze hin waagerecht durch die Unterlage und sollte etwa im oberen Drittel der Unterlage liegen, in ungefähr 5 cm Höhe. Die oberen Areolenringe der Unterlage können abgekantet werden, um das Austreiben in diesem Bereich zu verhindern. Dann wird der Pfröpfling mit seiner ebenso frischen Schnittfläche auf die Unterlage so aufgelegt, daß die Leitgefäßbündel beider Kakteen zusammentreffen. Ein leichtes Drehen und Drücken beseitigt die Luftbläschen an der Schnittfläche. Der gesamte Vorgang muß rasch und bei peinlichster Sauberkeit erfolgen. Das Messer wird nach jedem Schnitt gereinigt und abgetrocknet. Zur Desinfektion kann es auch in Alkohollösung getaucht werden. Befestigt wird alles mit Gummiringen. Zuerst einen Gummi unter den Topf ziehen, dann den Ring über die Pflanze spannen und ihn vorsichtig auf den Pfröpfling gleiten lassen. Je Pflanze möglichst zwei Ringe kreuzweise verwenden. Die veredelten Kakteen werden nun bei etwa 25-30° C an einen trockenen, nicht sehr sonnigen Platz gestellt. Die Schnittflächen dürfen in den ersten zwei Wochen nicht mit Wasser in Berührung kommen. Daher vorsichtig gießen. Nach diesen 14 Tagen kann man die Gummiringe auseinanderschneiden.

Die Pflanzen sind krank

Zimmerpflanzen können von allen möglichen Schädlingen und Krankheiten befallen werden. Auch wenn sie gut aussehen und blühen, sollte man immer Ausschau nach solchen Störenfrieden halten. Vor allem in der lichtarmen Jahreszeit die Pflanzen regelmäßig kontrollieren, speziell die Blattunterseiten! Junge Pflanzen muß man besonders häufig betreuen.
Doch viele Schadbilder an unseren Pflanzen haben ihre Ursache in Kulturfehlern. Wenn wir dies rechtzeitig erkennen und die Fehler beseitigen, werden wir die Pflanze wieder retten können.
Es liegt in der Natur der Sache, daß bei Zimmerpflanzen – häufiger als im Garten – durchaus nicht jeder beobachtete Schaden von tierischem Befall oder einer Infektionskrankheit herrührt. Dies zu erkennen und die Ursache solcher Erscheinungen zu beseitigen, sollte die erste und wichtigste Aufgabe jedes Blumenfreundes sein. Doch es ist oft einigermaßen schwierig und verlangt schon einen geschärften Blick.

Kulturfehler

Nur wer die Ansprüche der Pflanzen genau kennt, kann ihnen die Umgebung bieten, die sie für ein gesundes Wachstum brauchen. So kann man auch Fehldiagnosen vermeiden. Denn abgefallene Blätter, Gelbwerden der Blattspitzen oder ähnliches müssen nicht immer ihre Ursache im Schädlingsbefall haben. Wassermangel ist z. B. am Welken der Pflanzen, am Blattfall bei Azaleen oder am Gelbwerden der Blätter zu erkennen. Beim Alpenveilchen führt er in der Knospenbildung zum »tiefen Blühen«, das heißt die Blüten strecken sich nicht übers Laub hinaus. Bei Pelargonien platzen die Stiele durch unregelmäßiges Gießen. Kamelien werfen ihre Blütenknospen ab, Gloxinienblätter krümmen sich, und die Grünlilie bekommt braune Spitzen. Braune Blattspitzen hat auch das Zypergras sehr schnell, wenn es nicht ausreichend Wasser bekommt.
Eng damit verbunden ist die mangelhafte Luftfeuchte. Unsere beheizten Wohnungen bieten für nur wenige Pflanzenarten in dieser Hinsicht optimale Bedingungen.
Aber ebenso schädlich ist Wasserüberschuß. Die Blätter werden gelb, die Wurzeln faulen, die Pflanzen sterben ab. Topfpflanzen »versauern«.

Hier kommt das Gießen fast zu spät: Die Primel signalisiert deutlich, daß sie unter starkem Wassermangel leidet.

Wärmemangel, vor allem, wenn er länger anhält, verzögert das Wachstum der Pflanzen und bietet eine Brutstätte für pilzliche Erreger. Blüten werden abgeworfen. Die Blätter vom Bogenhanf werden bei zu feuchter Erde und Temperaturen unter 10° C am Grunde glasig-weich und kippen um. Gloxinien wachsen unter 15° C nicht weiter. Die Knospenentwicklung von Azaleen wird bei Temperaturen unter 2° C behindert.
Durch zu viel Wärme entstehen aber ebenso Schäden. Starke Sonneneinstrahlung führt bei Kakteen, *Kalanchoë* und Lorraine-Begonien zu rotbraunen Verfärbungen. Man kann zu intensive Sonneneinstrahlung ein wenig dämpfen, wenn man die Pflanzen auf dem Fensterbrett in den Mittagsstunden mit Seiden- oder Zeitungspapier abdeckt.
Durch Lichtmangel verlieren Pflanzen ihre gedrungene Form und werden lang, hellgrün und dünn, sie »vergeilen«. Dies ist besonders in den Wintermonaten zu beobachten. Gleichzeitiger Wärmeüberschuß verstärkt diesen Vorgang.
Lichtüberschuß hat ähnliche Schadbilder wie Wärmeüberschuß. Nur können hier noch Verbrennungen auf den Blättern entstehen.
Zu starke Besonnung ruft besonders im Frühjahr bei lichtempfindlichen oder ungenügend abgehärteten Pflanzen Blattverbrennungen hervor. Dazu gehören Blattverfärbungen bei Gloxinie und

Usambaraveilchen, deren bekannte »Gelbfleckigkeit« die Wahl läßt zwischen relativ harmlosem Sonnenbrand und gefährlicher, höchst ansteckender Viruserkrankung. Auch die »Fensterbildung« an *Cissus*-Blättern kommt von zu viel Licht, während helle, runde Flecken auf samtigen Blättern nicht selten einfach die Folge von Wassertropfen beim Sprühen sind. Glasigwerden von Kakteen aus Wüstengegenden kommt von zu hoher Luftfeuchtigkeit. Unterkühlung während der Wachstumszeit und Fehler beim Überwintern bewirken bei sukkulenten Pflanzen (typisch für Kugel- und Säulenkakteen) eine Art von Stamm- oder Wurzelhalsfäule, die sich zunächst unbemerkt abspielt, bis ein völliger Zerfall erfolgt.

Zu viel Sonne bekam diese *Saintpaulia* ab.

Tierische Schädlinge

Eine Vielzahl von tierischen Schädlingen kann sich an Zimmerpflanzen ausbreiten. Doch zumeist sind sie die Folge falscher oder mangelnder Pflege, denn schwache und kümmernde Pflanzen werden davon leichter befallen als gesunde, kräftige Zimmerpflanzen.

Blattläuse sind kleine, weichhäutige, teils geflügelte oder ungeflügelte Insekten, die je nach Art grünlich oder schwarz gefärbt sein können. Die Pflanzenteile werden durch die Ausscheidungen der Läuse, den Honigtau, klebrig. Darauf siedeln sich dann oft sogenannte Rußtaupilze an, die die Blätter schwarz färben. Vorbeugend kann man Blattläuse – besonders an Blütenpflanzen – durch verstärkte Kaliumdüngung vermeiden. Überwinterte Kübelpflanzen kühl stellen, weil sich sonst schnell Blattläuse ausbreiten und auch andere Pflanzen befallen. Durch öfteres Abduschen kann man Blattläuse bei schwachem Befall bekämpfen. Für die biologische Bekämpfung gibt es drei Nützlinge: Marienkäfer, Florfliegenlarven und Gallmücken. Die Gallmücke und die Florfliegenlarven kann man im Gartenfachhandel bestellen (z. B. Neudorff); sie kommen mit einer Anwendungsvorschrift per Post ins Haus.

Schildläuse sind kleine runde oder ovale Insekten, die mit Ausnahme der Larven unbeweglich an verschiedenen Pflanzenteilen sitzen. Die Schildchen kann man abheben, aber die Larven fallen heraus und verbreiten sich weiter. Deshalb Topferde zuvor abdecken. Auch diese Läuse scheiden klebrigen Honigtau aus. Befallene Pflanzen müssen sofort isoliert werden, da sonst andere Pflanzen angesteckt werden. Schildläuse treten verstärkt bei zu trockener Luft und zu warmem Stand auf. Man kann sie absammeln und auch mit einer Seifenlösung abwaschen.

Woll- und Schmierläuse sind mit den Schildläusen eng verwandte Schadinsekten. Sie haben allerdings kein Rückenschild und bilden weißliche Wachsausscheidungen bzw. weiße Wattegespinste. Sie siedeln gern zwischen den Blattachseln und vermehren sich außerordentlich rasch. Man kann sie mit einem ölgetränkten Pinsel ersticken und dann abbrausen. Kranke Pflanzen sofort extra stellen, da die Larven sehr beweglich sind.

Spinnmilben werden auch als Rote Spinne bezeichnet. Sie ernähren sich vom Kraut vieler Pflanzen. Befallene Pflanzen zeigen feine Gespinste zwischen Blatt und Sproß. Spinnmilben mögen keine feuchte Luft, deshalb die Pflanzen abduschen und für einige Tage in eine Folientüte stellen. Gießen nicht vergessen. Auf diese Weise werden die Spinnmilben am Verbreiten gehindert und gehen bald ein. Man kann auch Raubmilben per Post bei Spezialfirmen für Nützlingszuchten bestellen und diese, bevor sich Schadsymptone an den Pflanzen zeigen, erfolgreich einsetzen. Die Raubmilben werden auf Bohnenblättern geliefert, die man dann ganz oder stückchenweise auf die befallene Pflanze legt.

Weiße Fliege heißt das geflügelte Insekt, das etwa 2 mm groß ist. Die Weißen Fliegen sitzen auf der Blattunterseite und fliegen auf, sobald man die Pflanze berührt. Die Blätter sind bei Befall mit klebrigen Honigtau verschmutzt. Vorbeugend kann man die Weiße Fliege durch Standortveränderung bekämpfen; der Platz sollte vor allem viel Frischluft haben. Auch lassen sich gelbe Leimtafeln aufhängen, auf denen die Weißen Fliegen kleben bleiben. Ebenso kann man die Weiße Fliege mit ihren natürlichen Feinden, den Schlupfwespen, bekämpfen, zumindest im Anfangsstadium. Bei Spezialfirmen gibt es kleine Pappkärtchen mit den Larven der Schlupfwespen, die man in die Pflanze hängt.

Springschwänze. Beim Gießen entdeckt man auf einmal kleine, meist weiße Insekten auf der Erdoberfläche. Wenn das Wasser versickert, sieht man sie auf der Erde herumhüpfen. Dies ist zwar lästig, aber zu Schäden an der Pflanze kommt es selten. Nur bei Aussaaten knabbern die Springschwänze gern an den Wurzeln.

Blattläuse zählen zu den häufigsten Schädlingen (rechts).

Schildläuse sitzen auf der Blattunterseite (unten).

Man sollte schnell die Gießmethoden ändern und die Erde auch einmal etwas trocken stehen lassen. Auch kann man den Topf über Nacht in ein Wasserbad stellen, die Springschwänze werden hochgeschwemmt.

Dickmaulrüßler sind gefräßige Käfer, die für uns unerkannt bleiben, weil sie meist nur nachts aktiv sind. Die Pflanzen, z. B. *Cyclamen,* werden von runden Fraßstellen bedeckt und gehen ein. Bei der geringsten Berührung lassen sich die Käfer fallen und bleiben dann als Ursache für den Befall und für das Eingehen der Pflanze zumeist unentdeckt. Befallene Pflanzen sollten möglichst umgetopft werden, wobei man die alte Erde völlig entfernt und die Wurzeln zudem noch abspült. Biologisch kann man den Käfer durch Nematoden bekämpfen. Diese werden mit dem Gießwasser ausgebracht. Allerdings muß eine Mindesttemperatur von 15° C herrschen. Nematoden, zumindestens diese eine nützliche Art, kann man bei Spezialfirmen bestellen.

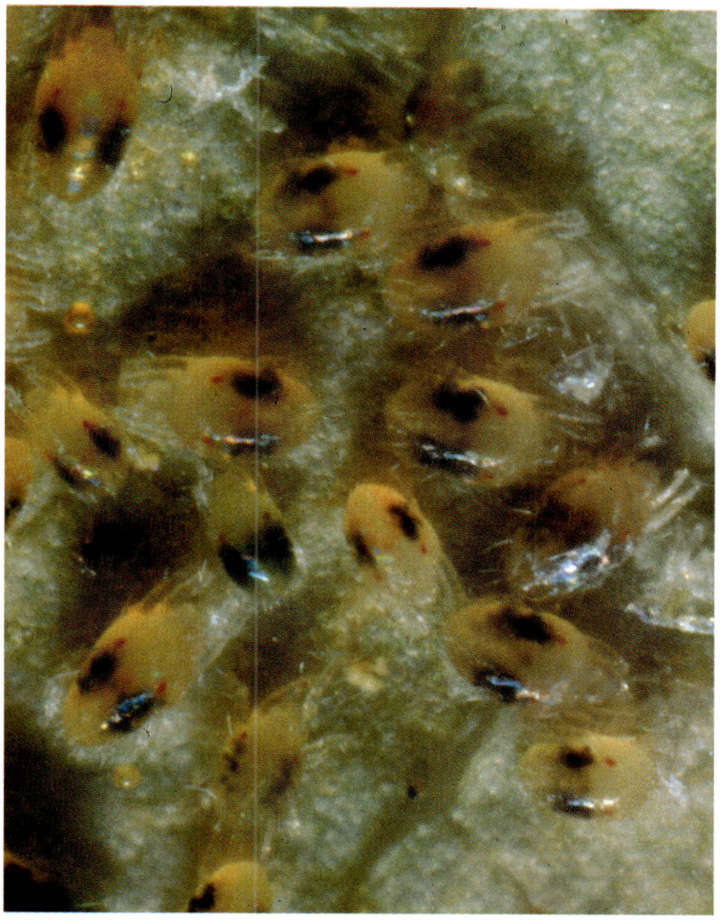

Pilzkrankheiten

Viele unserer Zimmerpflanzen werden häufig von Pilzkrankheiten befallen.
Bei hoher Luftfeuchtigkeit und geringer Luftbewegung kann sich Grauschimmel (Botrytis) entwickeln. Dieser Pilz, der wie graubrauner, pelziger Schimmel aussieht – er ist uns von den Erdbeeren bekannt –, bringt die Pflanzenteile zum Faulen. Man findet ihn bei ungünstigen Wachstumsbedingungen an Begonien, Pantoffelblumen, Primeln, Pelargonien, Gloxinien, Fuchsien und Azaleen. Als wichtigste Bekämpfungsmaßnahme gilt: Belüftung verbessern, und die Feuchtigkeit der Luft verringern. Die Pflanzen sollten nicht zu dicht stehen.
Rostpilze verursachen rötlichbraune Flecken auf den Blättern. In der Mitte der Flecken sind oft bräunliche oder schwarze Pusteln zu erkennen, dann kommt es zu Blattfall und Triebverkrümmungen. Pelargonien, Aschenblume, Eriken und Fuchsien werden am ehesten davon betroffen. Abhilfe ist zu schaffen, indem man befallene Blätter vernichtet und beim Gießen möglichst die Blätter nicht befeuchtet.
Auch eine ganze Reihe sogenannter Fußkrankheiten können an Zimmerpflanzen auftreten. Diese Pilze leben in der Topferde und an faulenden Pflanzenresten (z. B. bei ständig stauender Nässe). Sie befallen den Fuß der Pflanzen und verursachen ihr Gelbwerden und Welken. Der Stengelgrund fault. An folgenden Zimmerpflanzen treten diese Pilze besonders häufig auf: Begonien, Aschenblume, Kalanchoë und Alpenveilchen. Vorbeugend sollte stauende Nässe in den Töpfen vermieden werden. Beim Umtopfen sind die Pflanzen nicht zu tief in die frische Erde zu setzen. Auch regelmäßiges Düngen in Abständen von zwei bis drei Wochen mit einem Blumenvolldünger ist eine vorbeugende Maßnahme. Gesunde und kräftige Pflanzen werden von diesen Pilzen kaum befallen.
Pilzkrankheiten nehmen einen völlig anderen Verlauf als Schädlingsbefall. Hier liegt die Infektion oft Monate zurück, und die Zerstörungen im pflanzlichen Gewebe haben längst begonnen, ehe ihr Vorhandensein bemerkbar wird. In vielen Fällen ist es für eine wirksame Bekämpfung dann zu spät, und man trennt sich lieber von der kranken Pflanze, um etwaige Ansteckung zu verhüten.
Rostkrankheiten erkennt man an den zunächst harten, braunen Pusteln, die zahlreich auf gelbgewordene Gewebe der Blattunterseiten sitzen; meist stäuben sie später zur Vermehrung ihre unzähligen Sporen aus.
Die Blattfleckenkrankheit bildet ebenfalls Pusteln, die sich zu größeren Flecken verbinden. Später quellen daraus sehr ansteckende rosa Sporenmassen hervor. Blattfleckenkrankheiten können schlagartig selbst größere Pflanzen dahinraffen. Es bleibt dann nur noch übrig, die Pflanzen zu vernichten.

Spinnmilben (links).

Pilzkrankheit (unten).

In Form gebracht

Die tägliche Pflege von Zimmerpflanzen beschränkt sich nicht auf das Prüfen, ob sie genug Wasser haben. Kleine Handgriffe müssen getan werden, um der Natur nachzuhelfen und die Zimmerpflanzen zu üppigem Wachstum zu veranlassen. Das Entspitzen ist eine Methode, bei der von jungen Pflanzen die noch weichen Spitzen abgekniffen werden. Auf diese Weise zwingt man die Pflanze zum gewünschten stärkeren Verzweigen, beispielsweise den Hibiskus und einige Pelargonienarten (*Pelargonium graveolens*), Zimmerweine (*Cissus*), Oleander (*Nerium*), Kletterfeige (*Ficus pumila*) und Topfchrysanthemen. Wird ein ausgesprochen buschiger Wuchs erwünscht, wie bei der Myrte, so muß man einige weitere Male entspitzen. Dadurch bilden sich wesentlich mehr Triebe und nachfolgend auch mehr Blüten. Achtung: Beim Oleander verzichtet man im ersten Jahr zugunsten der Blattdichte auf die Blüte! Die Pflanzen werden auch entspitzt, um ihre Blüte zu verzögern bzw. um auch die Blütezeit zu verlängern, wie bei der Fuchsie. Aber man sollte nicht glauben, aus einer starkwüchsigen werde nun eine schwachwüchsige Pflanze: Im Gegenteil, die meisten Pflanzen reagieren mit erneutem und vor allem verstärktem Austrieb auf den Rückschnitt.

Auch der *Philodendron* läßt sich in Kranzform bringen (oben).

Abutilon läßt sich zum Kronenbäumchen heranziehen (links).

Zimmerpflanzen werden aus den verschiedensten Gründen geschnitten: Wenn sie unansehnlich geworden oder wenn sie für das Zimmer zu groß geworden sind (z. B. Zimmerlinde, Gummibaum). Geschnitten wird am Ende einer Ruheperiode, am besten gleich im Frühjahr, bevor der Austrieb einsetzt. Wenn beim Umtopfen die Wurzeln eingekürzt werden, muß das entsprechend auch beim Sproß geschehen. Zum Schneiden wird ein scharfes Gärtnermesser oder eine scharfe Gartenschere verwendet. Mit dem Schnitt wird der Wuchs der Pflanze beeinflußt und ungleiches Wachsen ausgeglichen, schwache und sich gegenseitig behindernde Pflanzen werden entfernt.

Rankende Zimmerpflanzen, soweit sie nicht aus einer Ampel frei herunterhängen, bekommen ein Rankgestell oder einen Stab in ihren Topf, so beispielsweise die Porzellanblume, die Passionsblume, die *Dipladenia* oder der Jasmin u. a.

Immer erfreut sich das Kronenbäumchen großer Beliebtheit bei Pflanzenfreunden. Solch ein Hochstämmchen kann man mit etwas Mühe und Geduld selbst heranziehen. Allerdings muß man etwa fünf Jahre warten, bis sich eine ordentliche Krone entwickelt hat.

Geeignet sind alle holzigen Zierpflanzen, z. B. Hibiskus, Gardenie, Pelargonie, Myrte, Chrysantheme, Fuchsie, Azalee, Oleander, Heliotrop, Wandelröschen, Rosmarin, Citrusgewächse, Schönmalve, Lorbeer, Bleiwurz, Birkenfeige, Strahlenaralie und auch viele Gehölze für den Garten.

Zuerst wird die Pflanze bis zur gewünschten Höhe eintriebig herangezogen. Eventuell auftretende Seitentriebe werden sofort entfernt. Vermutlich muß der Haupt-

trieb einen Stützstab bekommen. Ist die gewünschte Höhe erst einmal erreicht, wird die oberste Triebspitze gekappt. Die sich nun im Kronenbereich entwickelnden Seitentriebe werden stehengelassen und eventuell auch gestützt. Nicht vergessen, daß alle im unteren Bereich auftretenden Seitentriebe stets entfernt werden. Im Kronenbereich stutzt man nun nur noch dann, wenn man eine besondere Formung erreichen möchte. Solch ein Hochstämmchen ist in Einzelstellung am wirkungsvollsten, und die meisten von ihnen sind auch ein dekorativer Schmuck für die Terrasse, den Balkon oder den Wintergarten. Im Zimmer ist auch eine Unterbepflanzung mit Bubiköpfchen oder mit den gleichen Pflanzen wie das Hochstämmchen, aber in kleiner, buschiger Form eine Augenweide. Um einen schnelleren Wuchs zu erreichen, sollte man das Kronenbäumchen auch in der Erziehungsphase reichlich düngen und gießen. Stets ist ein warmer und heller Standort angebracht - nicht die direkte Sonne!

Pflanzen richtig in Szene gesetzt

Der Topf macht's

Wenn man bedenkt, daß die Pflanzen im allgemeinen und die Zimmerpflanzen im besonderen – anders als alle übrigen Lebewesen – standortgebunden ihr ganzes Leben am gleichen Platz, im engen Gefäß verbringen müssen, so ergibt sich daraus fast zwangsläufig, welche wichtige Rolle dabei die Pflanzgefäße spielen. Nicht auf das oberirdische Wachstum kommt es hier an, sondern auf das, was in der Erde steckt: auf die Wurzeln, die in ihrer Vielgestaltigkeit dem oberirdischen Aufwuchs kaum nachstehen. Schon in der Schule haben wir gelernt, daß es zwei Hauptgruppen von Wurzelträgern gibt; einmal die Pfahlwurzler mit ihrem tiefgehenden Wurzelstamm nebst kräftigen Seitenwurzeln, und zum andern die Flachwurzler mit einem feinen, in geringer Bodentiefe nach allen Seiten ausgebreiteten Wurzelsystem. Bei Zimmerpflanzen – insbesondere bei den Kakteen – spricht man wohl auch von »Rübenwurzeln«, die im Gefäß untergebracht werden müssen. Daß alle diese Wurzeln im engen Blumentopf ganz andere Formen annehmen und hier als ein Gewirr starker Verzweigungen, dort als verfilzte Masse in Erscheinung treten könne, weiß jeder Blumenfreund. Bekannt ist

Stehen die Pflanzen zusammen, sollte man ihnen farblich gleiche Übertöpfe geben.

auch das Streben vieler Wurzeln, sich – besonders bei porösen, in feuchtes Substrat eingebetteten Pflanzgefäßen – als oft mehrere Zentimeter starke, netzartige Schicht den Innenwandungen anzuschmiegen, weil sie dort zusätzlich Feuchtigkeit aufnehmen können. Schließlich müssen noch einige Sonderformen genannt werden, die man nicht ohne weiteres als Wurzeln im eigentlichen Sinne erkennt. Das gilt für jene unterirdischen Sprosse, die auch Wurzelstöcke oder Rhizome genannt werden. Sie dienen weniger der Nahrungsaufnahme, sondern sind meist Nährstoffspeicher, können sich auch zu Knollen verdicken oder zu Zwiebeln umformen. Dabei sind die dicht übereinanderliegenden Zwiebelschuppen in Wahrheit verwandelte Laubblätter, während die am Grunde solcher interessanten Gebilde sitzende Zwiebelscheibe ihrerseits wieder echte Wurzeln zu bilden vermag.

Dieser kleine Ausflug ins Land der »Wurzologie« aber soll nur klarstellen, daß es nicht gleichgültig ist, in was für Gefäße wir unsere Topfblumen setzen. An sich wird den wahren Bedürfnissen der Wurzeln recht wenig Rechnung getragen. Man hat zwar theoretisch bei irdenen Blumentöpfen alten Stils die zwei Grundformen des bekannten »Normaltopfes«, und die höheren, schmaleren »Palmentöpfe«, aber im Handel sind meist nur die Normaltöpfe in den gängigsten Größen ihres an sich von 5-17 reichenden Sortimentes erhältlich. Die Zahlen 5-17 bezeichnen den inneren oberen Durchmesser. Auch gibt es natürlich Größen weit über den »17er Topf« hinaus bis zum Topf mit 35 cm Durchmesser und vor allem im Reich der den Azaleentöpfen nachgebildeten Pflanzenschalen ungezählte Modelle in allen erdenklichen Formen zwischen rund, oval und eckig. Hinzu kommt die Riesenauswahl der Kästen mit oder ohne Unterbau, der Kübel und großen frei gestalteten Formen, die teils zur Direktbepflanzung, teils wie Übertöpfe zur Aufnahme kleinerer bepflanzter Gefäße bestimmt sind und vor allem auch beetartigen Anordnungen dienen.

Ob man sich für Töpfe aus Kunststoff oder Ton entschließt, ist mehr oder weniger Geschmackssache. Beide haben ihre Vor- und Nachteile. Allerdings ergeben sich beim Gießen Unterschiede.

Als Faustregel gilt: Pflanzen in Kunststoff-Gefäßen ein Drittel weniger gießen als in Tontöpfen. Auch sollte man die Anwendungsbereiche der beiden Werkstoffe etwas abgrenzen – also den guten alten Blumentopf mit seinen porösen Wandungen vor allem dort einsetzen, wo er die Vorzüge seiner Durchlässigkeit voll entfalten kann z. B. wenn er im feuchten Kultursubstrat eines Blumenfensters eingebettet wird.

Im Grünen baden ist sicherlich der Wunsch vieler Pflanzenfreunde. Doch sollte man sich auch hier vor einem Zuviel hüten.

Unabhängig vom Werkstoff unserer Pflanzgefäße ist die bisher noch unumstrittene Forderung nach dem Abzugsloch, das bei größeren Formen in der Mehrzahl vorhanden sein soll. Es darf nach wie vor als bestes und sicherstes Regulativ gegen die Unsitte des Zuviel-Gießens gelten, weil überschüssiges Wasser sich einen Weg nach draußen bahnen kann, statt im noch engeren Bodenraum des Topfes ein fäulnisförderndes Sumpfbeet zu bilden. Wo jedoch der Topf unmittelbar auf dem Boden seines Untersetzers oder Übertopfes steht, kommt die Pflanze aus dem Sumpfland ins Fußbad, was in den meisten Fällen gleich ungesund ist. Ein paar Kieselsteine helfen als äußere Dränage. Wo Abzugslöcher fehlen, sollte man sie unbedingt vor der Bepflanzung anbringen. Am Boden von Kunststoffgefäßen sind sie häufig vorgeprägt und lassen sich leicht durchstoßen. Auf völlig undurchlässige Pflanzgefäße – meist anderweitig zweckentfremdeter Art – sollte man lieber verzichten: Das Risiko lebensgefährlicher Gießfehler durch Ersticken der übernäßten Wurzeln ohne Bodenluft ist deshalb so groß, weil einfache und zugleich zuverlässige Kontrollmöglichkeiten fehlen.

Nicht zuletzt entscheidet auch das Auge mit – ein Topf mit schöner Form oder dekorativem Muster wird wohl eher seine Käufer finden, als ein schlichter grauschwarzer Plastiktopf. Dennoch kann man ja dieses Manko immer durch den richtigen Übertopf wieder wettmachen. Wobei der Übertopf mindestens drei Zentimeter Luft lassen muß. Außerdem sollte der normale Pflanztopf im Übertopf »verschwinden«, der Rand muß unter dem des Übertopfes liegen.

Auch empfiehlt es sich, bei der Wahl des Übertopfes einheitlich in einem Raum vorzugehen. Und noch etwas : Der Topf sollte die Wirkung der Pflanze betonen. Deshalb niemals stark gemusterte Töpfe verwenden und dann noch buntblättrige Pflanzen darin aufstellen. Beides konkurriert miteinander! Schlichte Übertöpfe unterstreichen die Schönheit der Pflanzen wirkungsvoll.

Pflanzen am Arbeitsplatz

Selbstverständlich umfaßt dieses Thema nicht nur den verhältnismäßig engen Kreis der »Büropflanzen«, sondern kann genauso gut einer Lehrlingswerkstätte wie dem Laden um die Ecke, der Schalterhalle eines Postamtes wie einer Tankstelle, einem Flur oder Warteraum im Krankenhaus, einer Apotheke oder einem Restaurant gelten.
Aber wie dem auch sei: Es geht grundsätzlich um alle heutzutage doch recht zahlreichen Situationen, in denen wir Zimmerpflanzen als grüne Gefährten außerhalb des privaten Wohnbereichs antreffen. Auch erkennt man auf den ersten Blick, daß die Übergänge hier fließend sind. Blumen, die beispielsweise Büroräume zieren und dort, von der sorglichen Hand der Mitarbeiter und Mitarbeiterinnen gepflegt, als gern gesehener Beweis umweltfreundlicher Gesinnung dienen, haben ohne Zweifel das Große Los gezogen. Auch »Betriebsblumen«, über denen ein ausgebildeter Betriebsgärtner wacht, leben fraglos besser als so manche echte Liebhaber-Zimmerpflanze, deren Besitzer zwar voll guten Willens, doch ohne die nötigen Sachkenntnisse ist. Weshalb denn die grundsätzlichen Betrachtungen dieses Kapitels sich keineswegs nur an den Kreis der Büropflanzen- und Blumen-am-Arbeitsplatz-Pfleger wenden. An anderer Stelle wurde gesagt, daß man manche Einsichten der Zimmerpflanzenkultur gar nicht oft genug wiederholen könne. So beginnt das Grundsätzliche auch hier mit der Feststellung, daß insgesamt fünf Faktoren zusammenwirken müssen, um den im engen Blumentopf und ähnlichen Gefäßen wurzelnden Pflanzen einigermaßen gedeihliche Lebensbedingungen zu sichern. Diese fünf Hauptfaktoren sind für die Pflanzen am Arbeitsplatz nicht anders als für die Blumen zu Hause. Sie heißen: Licht, Luft, Wärme, Wasser und Nahrung.
Wichtiger als je zuvor ist deshalb für die Pflanzen am Arbeitsplatz ihre richtige Auswahl.
Geschmackliche Fragen treten in den Hintergrund, denn das Kernproblem heißt: Was kann unter den heute gegebenen Umständen auf die Dauer noch gedeihen und was nicht? Daß Blattpflanzen, die das ganze Jahr über ansehnlich bleiben und fast immer auch einfacher zu pflegen sind als Blütenpflanzen mit ihrer Abhängigkeit von einem bestimmten Wachstumsrhythmus, für den Arbeitsplatz geeigneter sind, bedarf wohl keiner Frage.
Bei der Auswahl kommt es also darauf an, pflegeleichte und robuste Pflanzen zu verwenden: *Dracaena, Ficus, Chlorophytum, Monstera, Philodendron, Cyperus* und vor allem Kakteen und Sukkulenten sind hervorragend geeignet. Als Palmen kann man vor allem die schattenverträgliche *Howeia* und *Chamaedorea* empfehlen, auch *Yucca* und *Beaucarnea* sind die richtigen Pflanzen für den Arbeitsplatz.
Ergänzen sollte man dieses Grünpflanzensortiment durch aktuelle Blütenpflanzen.
Abgesehen davon, daß es sich an einem »grünen Arbeitsplatz« bes-

Ein »grüner Arbeitsplatz« ist nicht nur schön, sondern schafft auch ein besseres Raumklima.

ser arbeitet als an einem nüchternen, kargen Platz, hat die Begrünung noch andere Aspekte. Als vorzügliche Trennwand oder Raumteiler und Sichtschutz dienen Pflanzen in großen Räumen. Auch wird das Raumklima entscheidend verbessert. Man hat immer den Eindruck, daß in einem Raum mit großen Pflanzen die Luft frischer ist als in einem Raum ohne Pflanzen. Dies hat weniger seinen Grund in der Tatsache, daß die Pflanzen Sauerstoff an die Luft abgeben und die Luftfeuchtigkeit erhöhen – denn dies ist nicht so erheblich, daß es derart ins Gewicht fallen könnte – sondern vielmehr darin, daß die tägliche Pflege diese Wirkung hervorruft. Das Gießen, Besprühen der Blätter, Aufstellen von wassergefüllten Schalen und anderes mehr macht die Luft in einem beheizten Raum feuchter und damit frischer.
Schließlich herrscht in vielen Büros auch »dicke Luft«. Dichte Fenster verhindern den natürlichen Austausch mit der Außenluft, Kopierer und Drucker belasten die Raumluft, Klebstoffe, Filzstifte und vieles mehr dünsten Lösungsmittel aus. Pflanzen können aber verbrauchte Luft aufnehmen und zu ihrer Ernährung verwenden. Im Austauschverfahren geben sie dafür Sauerstoff ab und wirken etwas luftverbessernd.

Das Blumenfenster

Ein Blumenfenster - sei es offen oder durch eine Scheibe abgetrennt - eröffnet dem Pflanzenfreund zusätzliche Möglichkeiten: nämlich die Kultur von Pflanzen, die mehr Wärme und Luftfeuchtigkeit brauchen, als sie der normale Wohnraum bieten kann.
In jedem Fall und in jeder Variante, die uns möglich ist, sollten wir das Blumenfenster deshalb in erster Linie den Pflanzen zuliebe bauen; jenen Zimmerpflanzen, die schon von Natur aus soviel schlechter gestellt sind als ihre Artverwandten im Freien. Und halten wir uns immer vor Augen, daß ein gut ausgestattetes, richtig gepflegtes Blumenfenster noch weit mehr als Einzelpflanzen in Wohnräumen als echtes »Gärtchen ohne Land« auch und gerade für den Großstädter eine letzte Brücke zur Natur sein kann.
Damit reicht es über seine fraglos vorhandene Wirksamkeit als schmückendes Beiwerk oder als Ausdruck einer Liebhaberei seiner Besitzer weit hinaus. So können sich selbst bei der bescheidensten Variation eines Blumenenfensters Gärtnerglück und Freude einstellen. Das Gedeihen der Pflanzen ist die Bestätigung dafür, daß sich die tägliche Pflege lohnt.
Folgendes sollte man vor dem Bau eines Blumenfensters bedenken:
1. Wenn Sie wenig Zeit für Ihre Blumen haben, schaffen Sie eine einfache Anlage ohne Trennscheibe zum Raum im Nordsektor an. Begnügen Sie sich lieber mit robusten Schattenpflanzen, die auch im Winter Zimmerluft und Zimmerwärme vertragen. Farbe ins

Ein Blumenfenster ermöglicht die Pflege von Arten, die ein besonders warmes oder feuchtes Klima brauchen.

Empfindliche Pflanzen wie beispielsweise die Miltonia gehören unbedingt in eine Vitrine oder in ein Tropenfenster – sonst kann man den hohen Kulturansprüchen nicht gerecht werden.

schlichte Grün des Dauerbesatzes bringen zu jeder Jahreszeit ein paar blühende Marktpflanzen, die wechselweise an vorbestimmten Plätzen eingesetzt werden.
2. Gehen Sie immer davon aus, daß ein Blumenfenster – wie einfach es auch sei – den Zimmerpflanzen bessere Lebensbedingungen bieten soll als die Fensterbank mit ein paar Töpfen darauf und dem Heizkörper darunter.
3. Lassen Sie sich deshalb vor allem davon überzeugen, daß ein sogenanntes Blumenfenster ohne eine genügend tiefe Pflanzenwanne zur Aufnahme auch größerer Töpfe kein Blumenfenster ist. Aber halten Sie sich auch zugleich vor Augen, daß Verzicht auf Blumentöpfe und Auspflanzen in das Füllsubstrat der Pflanzenwanne zu den schlimmsten Anfängerfehlern gehört; Folge: unkontrollierbarer Wurzelsalat. Einzige Ausnahme: Kakteen und andere Sukkulenten.
4. Denken Sie immer daran, daß jede Pflanze - mit Wachstumszeit und Ruhezeit, Lichtansprüchen, Wärme- und Frischluftbedürfnis - ein ziemlich genau umschriebenes Lebensbedürfnis hat. Bauen Sie deshalb Ihr Blumenfenster von vornherein für eine in ihren Kulturbedingungen zueinander passende Pflanzengemeinschaft.
5. Vermeiden Sie den Einbau jeglicher Wohnraumheizung unter dem Blumenfenster. Selbst die kleinsten Heizkörper strahlen noch mehr Wärme ab, als den Pflanzen zuträglich ist.
Ob offenes oder geschlossenes Blumenfenster hängt sicherlich von der Wahl der Pflanzen ab, die man in einem solchen Fenster unterbringen möchte. Man sollte bei Pflanzen mit hohem Luftfeuchtigkeitsbedarf ein geschlossenes Fenster wählen, weil sich dann die Luftfeuchtigkeit selber regelt.

Der Epiphytenstamm

Ein Epiphytenstamm läßt sich wunderbar in ein Blumenfenster integrieren.

Epiphyten sind Pflanzen, die auf Baumstämmen oder Ästen leben, ohne dem Baum Nahrung zu entziehen. Sie sind also keine Schmarotzer wie beispielsweise die Mistel auf unseren Laubbäumen. Für eine Bepflanzung eignen sich sowohl kleine Holzstücke, wie Rinde, Astgabel und Wurzelteile, als auch größere Astteile. Letztere können sehr dekorativ wirken und geben einen überzeugenden Einblick in die Welt epiphytisch wachsender Pflanzen. Wichtig für das Arrangieren ist, daß ein harmonisches Verhältnis zwischen Pflanze und Holzstück gewahrt wird. Kleine Pflanzen auf einem größeren Aststück wirken dürftig, und große Pflanzen auf dünnem Holz werden bald zu schwer. Wer einen großen Epiphytenstamm aufstellt, sollte bedenken, daß sich die Pflanzen auf dem Stamm schlechter gießen lassen als Topfpflanzen. Wird der Stamm auf einem Möbelstück befestigt, kann es durch ablaufendes Gießwasser zu Wasserflecken kommen. Besser ist es, wenn der Epiphytenstamm in einen größeren Holzkübel gesetzt wird. Um ihm den notwendigen Halt zu geben, mauert man den Stamm am besten in das Gefäß ein. Auf eine Schicht aus Kies und Tonscherben kommt der Mörtel nur so hoch, daß man noch ausreichend Erde hineinbringen kann. Verschiedene bodendekkende Arten, wie Efeu (*Hedera*)

Tillandsien, Bromelien aber auch Orchideen können einen Epiphytenstamm besiedeln.

und Bubiköpfchen (*Soleirolia*), werden hineingepflanzt, damit der abgestorbene Ast aus dem grünen Boden emporragt. Übrigens: Die Äste von Birnen- und Apfelbäumen eignen sich gut für die Epiphytenecke.
Zum Bepflanzen des Epiphytenstammes gibt es verschiedene Methoden. Sind die entsprechenden Voraussetzungen – ständig feuchtwarme Luft und häufige Wassergaben – gegeben, kann man die Wurzeln der Pflanzen von der Erde befreien, mit Moos (*Sphagnum*) umwickeln und das Ganze mit plastikumschichtetem Draht befestigen. Die gut gewässerte Pflanze kommt nun in das bereits ausgehöhlte Loch des Stammes oder in die Astgabel. Ein Epiphytenstamm läßt sich aber auch herstellen, indem man die Pflanzen in ihren Töpfen beläßt und so auf den Ästen befestigt.
Bei der Pflege ist auf die ausreichende Wasserversorgung der Pflanzen zu achten. Deshalb sind das Substrat und auch die Erde sowie die Wurzeln regelmäßig mit lauwarmem Wasser zu besprühen. In den köcherförmigen Rosetten der Bromelien muß immer Wasser stehen. Von Zeit zu Zeit sollten die Pflanzen ein wenig ausgelichtet werden, so sind beispielsweise bei den Rankern und Schlingern wuchernde Triebe zu entfernen. Einzelne Pflanzen, wie die Tillandsie, die man auch auf Holzstückchen halten kann, taucht man etwa alle acht Tage mit dem Holz in angewärmtes Wasser, bis sich das Moos völlig vollgesogen hat. Durch das verdunstende Wasser entsteht gleichzeitig die für das Gedeihen unerläßliche hohe Luftfeuchtigkeit. Übrigens: Tillandsien müssen oft besprüht werden! Dies sogar mehrmals am Tag.

Bei der Pflanzenauswahl für den Epiphytenstamm sollte man sich ein sogenanntes Grundgerüst von einer Art oder Gattung schaffen; schon in ihr gibt es eine Fülle von Varianten.
So können z. B. Bromelien ein solches Grundgerüst der Bepflanzung bilden: Lanzenrosette (*Aechmea*), Zimmerhafer (*Bilbergia*), Neoregeglie, Flammendes Schwert (*Vriesea*), Tillandsie. Zur Ergänzung dieser Pflanzen wird man nur hierzu passende Gewächse verwenden, etwa den hängenden Efeu, Philodendron und Pfefferarten. Den Schwerpunkt der Bepflanzung eines Epiphytenstammes können aber auch Orchideen bilden, denn die Mehrzahl der Orchideen siedelt sich als Epiphyten in den Laubkronen der Bäume an. Dazu gehören *Cattleya, Cymbidium, Phalaenopsis* und *Dendrobium*. In der Natur haften die Wurzeln epiphytischer Orchideen auf der Baumrinde fast unlösbar fest. Auf Bäumen oder bemoosten Felsen als Aufsitzer ist übrigens auch eine Kakteengattung, *Rhipsalis*, zu Hause; sie kann man ebenfalls für den Epiphytenstamm verwenden.
Von den Farnen sind vor allem Geweihfarn, Nestfarn, Tüpfelfarn und kleine Arten geeignet.

Die Vitrine

Eine Vitrine ist aus Glas und läßt durch ihre rundherum geschlossenen Flächen eine gute Pflege für luftfeuchtigkeitsliebende Pflanzen zu. Im Handel gibt es größere Vitrinen, die transportabel sind. Mitunter ist man geneigt, diese dann als Dekorationsstück in die dunkelste Ecke zu stellen. Das ist ein kapitaler Fehler, den man nur durch entsprechendes Zusatzlicht ausmerzen kann.
Für Vitrinen sollte man jene Pflanzen wählen, die auch für den Flaschengarten geeignet sind und die nicht so rasch wachsen.

Der Flaschengarten

An sich ist der Flaschengarten eine preiswertere und kleinere Alternative zur Vitrine, und er ist ebenso attraktiv und wirkt in jeden Fall individueller für den Wohnbereich.
Auf der Suche nach einem geeigneten Behälter für den Flaschengarten kann man seiner Phantasie freien Lauf lassen: Von bauchigen Weinflaschen bis zu Weinballons, Gurkengläsern oder großen Gefäßen für chemische Flüssigkeiten - so ziemlich alle Glasbehälter lassen sich verwenden. Voraussetzung allerdings ist, daß sie ausreichend lichtdurchlässig und von allen Rückständen gründlich gereinigt worden sind.
Ist der Hals des »Minigartens im Glas« zu schmal, um mit der Hand durchzukommen, benötigt man Hilfsgeräte, die man sich leicht selbst fertigen kann. Beispielsweise befestigt man an einer Küchengabel oder einen Löffel ein Stück starken Draht, einen Stock oder einen Rohrstock – schon hat man Spaten und Harke. Für das Einführen der Pflanzen hat sich ein Stock mit einer Drahtschlinge bewährt. Mit einem Korken, der auf einen Stab gespießt wird, kann man die Erde an den Wurzeln fest andrücken. Zum Stutzen oder Abputzen welker Blätter verwendet man eine Rasierklinge, die in einen Stab geklemmt wurde. Und mit einem an einem Stock befestigten Schwamm lassen sich Verschmutzungen am Glas, die beim Einfüllen der Erde entstehen können, leicht beseitigen. Hat man Handwerkszeug und Gefäß für den »Garten im Glas« bereit, werden mit einem Trichter oder mit einer schmalen Papprolle (z. B. von Haushaltsfolie) Holzkohlestückchen eingebracht, bis auf dem Boden eine fünf Zentimeter starke Schicht entstanden ist. Diese sorgt für den Wasserablauf, verhindert Salzbildung und Algenwuchs. Als nächstes wird – wiederum mit einem Trichter – Erde aufgebracht, als zehn Zentimeter hohe Schicht. Sie sollte aus feiner humoser Erde und zu einem Drittel aus feinem Sand bestehen. Eingesetzt werden zuerst die größeren Pflanzen, entweder an einer Flascheninnenwand oder in der Mitte, je nachdem, ob der Flaschengarten vor einer Wand oder frei im Raum steht. Die Gewächse werden in eine Vertiefung gesetzt, anschließend drückt man die Erde fest ringsum an die Wurzeln. Gibt man vielleicht noch kleine Steine hinzu, entsteht eine hübsche Miniaturlandschaft.
Nach dem Pflanzen wird der Boden befeuchtet. Ist das Gefäß dann geschlossen, brauchen die Pflanzen in der Regel nicht wieder gegossen zu werden. Der Flaschengarten versorgt sich sozusagen selbst. Feuchtigkeit, die von den Blättern abgegeben wird, kondensiert auf der Innenseite des Glases, rinnt zu Boden und wird von den Wurzeln wieder aufgenommen. Daher ist so ein »Garten in der Flasche« ideal für beheizte Räume. Wichtig ist aber, daß man abgestorbene Blätter oder auch Unkraut sofort aus dem Garten entfernt. Zu groß gewordene Pflanzen lassen sich stutzen, oder man nimmt sie heraus und ersetzt sie durch neue. Geeignet für diese Art von Minigärten sind Bromelien wie *Cryptanthus*, Efeu-Arten, Grünlilie, Marante, Miniaturfarne, Begonien-Arten, Bogenhanf, Kletterfeige, Kanonierblume, *Fittonia*, Bubiköpfchen, Kullersenecio (*Senecio rowleyanus*) u. a. Man sollte vor allem solche Pflanzen auswählen, die nicht zu schnell wachsen.

Ein Flaschengarten kann auch ein »Glasgarten« sein. Kleinbleibende Bodendecker wachsen zwischen den Steinen; *Asparagus* und *Ficus* lugen schon oben heraus.

Blumenpflege im Jahreslauf

Januar

Einige Pflanzen, z. B. Azaleen, blühen um diese Zeit. Sie benötigen deshalb viel Wasser. Sogar düngen sollte man sie, mit einem kalkfreien Flüssigdünger. Vorsicht ist beim Lüften geboten! Für alle Zimmerpflanzen ist die durch ein Fenster plötzlich einfallende Kaltluft absolut schädlich! Die Pflanzen auf dem Fensterbrett sollten mit etwas Pappe oder einem Karton vor der Winterluft geschützt werden.

Februar

Nach wie vor muß die Luftfeuchtigkeit in Pflanzennähe besonders im Winter erhöht werden. Die trockene Heizungsluft schadet sonst den Pflanzen. Tägliches Besprühen ist wichtig. Jetzt sind unsere Zimmergenossen auch besonders anfällig gegenüber Schädlingen, deshalb öfter auch mal auf die Blattunterseite schauen!
Die Kakteen stehen kühl und hell, dennoch darf man die Kontrolle nicht vergessen, auch ein wenig gießen sollte man jetzt.

März

Die Pflanzen von der Terrasse oder dem Balkon, die im kühlen Raum überwinterten, können jetzt umgetopft und im warmen Zimmer hell und feucht gestellt werden. Dann sind sie im vollsten Treiben, wenn sie ihren gewohnten Platz nach den Eisheiligen im Garten einnehmen. Sonnige Tage kann man nutzen, um die Zimmerpflanzen abzuduschen und von Staub und Schmutz zu befreien.

April

Noch ist es für die meisten Zimmerpflanzen Zeit zum Umtopfen. Dabei können große Exemplare der buschig wachsenden Arten, z. B. Zypergras, Schusterpalme und Zierspargel, geteilt werden. Blumentöpfe, die man neu verwenden will, sind zuvor gründlich auszuwaschen.
An milden Tagen kann man schon einige Zimmerpflanzen zum »Luftholen« ins Freie an einen sonnigen Platz stellen.

Mai

Es ist Zeit, Zimmerpflanzen zu vermehren, damit sie in der Hauptwachstumszeit heranwachsen. Stecklinge werden geschnitten und warm aufgestellt. Auch von Erd- auf Hydrokultur kann man die Pflanzen jetzt umstellen. Aber zuerst mit klarem Wasser auffüllen, erst nach etwa zehn Tagen sollte man die Nährlösung hinzugeben. Kakteen kann man jetzt aussäen und außerdem Ende des Monats mit dem Veredeln beginnen. Balkonpflanzen sind regelmäßig zu gießen.

Juni

Alle Grünpflanzen werden öfters einmal in den warmen Regen gestellt. Auch sollte nicht vergessen werden, jetzt die Zimmerpflanzen wöchentlich zu düngen. Verblühte Blüten werden entfernt, um ein erneutes Blühen zu fördern und die Samenbildung zu verhindern, da hierbei viel Kraft verlorengeht.

Juli

Den ganzen Sommer über kann man nun Zimmerpflanzen durch Stecklinge vermehren. Eigene Nachzuchten sind ein besonderes persönliches Mitbringsel. Viel Gießen ist nun bei allen Pflanzen angesagt. Einige Pflanzen sollte man jetzt stutzen, damit sie buschig werden: Myrte, Duftpelargonie, Schönmalve, Dipladenie und Jasmin. Gelbliche Blätter und Kümmerwuchs zeigen meistens an, daß Nährstoffe fehlen – also nicht das Düngen vergessen! Auch auf Schädlinge ist zu achten. Wenn Absammeln nicht mehr hilft, kann man Schädlinge mit Seifenlösung vertreiben, ehe man zum Pflanzenschutzmittel greift.

August

Alle Pflanzen im Zimmer sollten vor der starken Sonne geschützt werden. Am besten ist es, wenn man die Pflanzen etwas ins Zimmerinnere rückt. Ein Rollo oder eine Jalousie tun ebenfalls gute Dienste. Wurzelballen, die zu stark ausgetrocknet sind, stellt

man völlig ins Wasser, damit sie sich vollsaugen.
Übrigens: Färbt sich der Pflanzenkörper rot – besonders bei Kakteen –, so ist das zumeist ein Zeichen dafür, daß sie trotz ihrer Vorliebe für Sonne zu rasch in die volle Sonne gestellt wurden.

September

Sobald die ersten kühlen Nächte einsetzen, werden die Zimmerpflanzen nur noch tagsüber im Freien belassen. Nachts sollten sie bereits ihren Platz in der Wohnung einnehmen. Zimmerpflanzen, die um Spaliere ranken, müssen ständig nachgebunden werden, z.B. Passionsblumen, Jasmin, Porzellanblumen, Dipladenie u. a.

Oktober

Zimmerpflanzen sollten nun nicht mehr gedüngt (außer blühende Pflanzen) und nicht mehr so reichlich gegossen werden. Dies ist vor allem bei verholzten Gewächsen wichtig, damit sie ausgereift in den Winter gehen, wenn man sie tagsüber noch im Freien hat. Als Faustregel gilt: Je kühler die Temperaturen, desto weniger gießen. Auch Stecklinge sollte man jetzt nicht mehr schneiden, weil sie nun schwerer Wurzeln bilden.

November

Mit den geringer werdenden Sonnenstunden läßt das Wachstum unserer Zimmerpflanzen nach. Pflanzen, die bis zum Oktober im Freien standen, sollten vor dem Einräumen in die Wohnung abgeduscht werden. Unsere Zimmerpflanzen benötigen wegen des Einsetzens der Heizperiode mehr Pflege, sie müssen auf jeden Fall täglich besprüht werden. Hyazinthenzwiebeln werden zum Treiben angesetzt. Die Kakteen erhalten einen hellen, aber kühlen (um 10° C) Überwinterungsplatz.

Dezember

Das Gießen der Pflanzen wird minimiert, wenn die Temperaturen nicht so hoch sind. Gedüngt und reichlich gegossen werden nur blühende Pflanzen, wie Alpenveilchen, Kamelie u. a. Einige Grünpflanzen, wie Dieffenbachie, Efeutute, Baumfreund und Palmen, sollte man wöchentlich einmal mit lauwarmem Wasser abbrausen. Beim Gummibaum und beim Fensterblatt genügt es, wenn man sie mit einem feuchten Schwamm abwischt, damit sie besser atmen können. Bei den Kakteen sollte man ab und zu lüften und alle 14 Tage etwas gießen. Beim Lüften Karton als Schutz vor Zugluft vor die Pflanzen stellen.

Jede Pflanze braucht eine spezielle Pflege das ganze Jahr über. Diese Fürsorge wird belohnt, wenn die Blüher immer wieder ihre Pracht entfalten oder die Grünpflanzen ständig neue Triebe zeigen.

Blütenpflanzen

Abutilon Zimmerahorn, Schönmalve

Mit der Bezeichnung »Zimmerahorn«, die es seinen ahornähnlich gezackten Blättern verdankt, und dem zärtlichen Kennwort »Samtpappel«, als Hinweis auf die Zugehörigkeit zur Familie der samtblättrigen Malvengewächse, dürfte *Abutilon* hinreichend umschrieben sein. Gut gepflegt, wächst es freudig voran.

HERKUNFT In tropischen und subtropischen Gebieten gibt es etwa 150 Arten. Was davon im Lauf der letzten 120 Jahre in gärtnerische Kultur genommen wurde, stammt aus Mittel- und Südamerika.

PFLANZENGESTALT Es gibt unzählige Arten und Sorten. Die Blätter können hellgrün durchscheinend wie bei der Zimmerlinde sein, oder sie sind gesprenkelt und gelbgefleckt. Die Blüten sind glockenförmig in den Tönen Rosa, Rot, Weiß, Gelb oder Rot, sogar zweifarbige Blüten gibt es.

PFLEGE Sommerstandort halbschattig, auch ein geschützter Platz im Freien ist willkommen. Überwinterung hell bei 12–14° C. *Abutilon* kann man ständig stutzen, um so verzweigter wird es. Gegossen wird während der Wachstumszeit März bis August reichlich, vor allem an heißen Tagen. Im Winter sparsam gießen und die Pflanzen nur gleichmäßig feucht halten.
Sprühen im Frühjahr ist günstig, sonst gibt es Schäden durch trockene Luft. Von März bis August sollte man dem *Abutilon* eine Volldüngergabe alle 14 Tage einmal verabreichen. Umgetopft wird alljährlich im Frühjahr in nährstoffreiche, durchlässige Erde.

VERMEHRUNG Stecklingsvermehrung im April/Mai.

Rotblühende *Abutilon*-Hybride als Hochstämmchen.

Abutilon-Hybride 'Goldglocke', Schönmalve, Familie Malvaceae/ Malvengewächse.

PFLANZENSCHUTZ Durch jähen Temperaturwechsel im Frühjahr kommt es zum Abwerfen von Blättern und Blüten. Zuviel Sonne bringt Rote Spinne; Blattläuse stellen sich durch Zugluft ein.

Acalypha Nesselschön, Katzenschwanz

Der aus dem Griechischen stammende botanische Name und ebenso die deutsche Bezeichnung sind ein Irrtum, denn tatsächlich hat dieses Wolfsmilchgewächs mit Nesseln nichts zu tun. Es gibt inzwischen reizende Sorten und Arten, die als Ampelpflanze sehr beliebt sind und lange blühen.

Herkunft Die Acalyphen sind mit rund 500 Arten in vielen tropischen und subtropischen Gebieten der Erde verbreitet. Die engere Heimat der Hauptart *Acalypha hispida* ist vermutlich der Malaiische Archipel, dort wurde die *Acalypha* bereits im 18. Jahrhundert von dem Holländer Johannes Burman (1706–1799) entdeckt.
Pflanzengestalt *A. hispida,* der »Katzenschwanz«, hat grüne Blätter und leuchtend rote, lang herabhängende Fuchsschwanz-Blütenstände. Die hängende Form *A. hispaniolae* wächst insgesamt zierlicher, besitzt aber auffallend leuchtend rote Blütenstände.

Acalypha hispida, Nesselschön, Familie Euphorbiaceae/ Wolfsmilchgewächse.

Acalypha hispaniolae 'Bode's Feuerzauber'.

Inzwischen ist auch eine Sorte mit cremeweißen Blüten im Angebot ('Alba'). Bei allen anderen Arten und Zuchtformen sind die Blüten unscheinbar; man hält die Pflanzen wegen ihrer herrlich bunten Belaubung als Blattgewächse. Dies gilt besonders für die aus der Südsee-Insulanerin *A. wilkesiana* gezüchteten *Wilkesiana*-Hybriden. Da gibt es Farbenspiele in grünbraun-schwarzroter Fleckung mit weißem Rand, während andere Blätter »nur« in braunen, grünen und rosaroten Tönen schwelgen.
Pflege Wie bei vielen buntblättrigen Pflanzen, die durch Lichtmangel verblassen und vergrünen, gilt auch bei *Acalypha* die Mahnung: Sehr heller, doch nicht prallsonniger Standort und ganzjährig viel Wärme sind Voraussetzungen für ein gutes Gedeihen. Die Temperatur darf bei diesen Tropengewächsen auch im Winter nicht unter 16° C absinken. Ebenso ist eine hohe Luftfeuchtigkeit ganzjährig, auch während der Ruhezeit von September bis Februar, unerläßlich. Während der Wachstumszeit, die auch zugleich die Blütezeit ist, die Pflanze ohne Staunässe gut feucht halten; über Winter etwas sparsamer gießen. Auch das Sprühen nach der Jahreszeit richten. Die Kalkempfindlichkeit ist gering. Während der Wachstumszeit alle 2 Wochen düngen.
Vermehrung Aus Stecklingen kann man im Frühjahr bei etwa 20-22° C Bodenwärme neue Pflanzen heranziehen. Fallen die Blätter, so braucht man sie nicht wegzuwerfen, der Stengel treibt bald wieder aus. Verblühtes immer gleich wegnehmen, weil sich sonst Schädlinge einstellen.
Pflanzenschutz Lufttrockenheit bewirkt Befall mit Schildläusen und Roter Spinne. Fallen plötzlich die Blätter, so sind Temperaturschwankungen daran schuld. Nährstoffmangel bewirkt ein Vergilben der Blätter.

Achimenes-Hybriden Schiefteller, Familie Gesneriaceae/Gesneriengewächse.

Achimenes Schiefteller

Als dankbare sommerliche Blütenpflanze in sehr vielen Farbvarianten haben sich *Achimenes*-Hybriden den Markt erobert. Sie sind wohl auch die »Robusten« aus der Familie der Gesneriengewächse. Unentwegt, vom Juli bis zum November, bilden sie ständig neue Blüten.

Herkunft Aus Mittel- und Südamerika kam diese reizende Pflanzengattung zu uns. Man zählt 26 Arten; im Handel sind allerdings nur Hybriden.
Pflanzengestalt Die Blätter dieser kleinen Warmhauspflanze erinnern an Taubnesseln, sie sind eiförmig, gezähnt, behaart und dunkelgrün oder rötlich gefärbt. Die Blüten erscheinen einzeln oder zu mehreren in den Achseln in den Farben Rot, Rosa, Violett, Weiß und Blau. Die Kronenröhre ist lang und dünn und hängt schief nach unten, ihr sitzt ebenfalls schief ein breiter Kronenteller mit fünfteilig verwachsenen Kronenblättern an. In der Ruhezeit ziehen die Pflanzen ein und überdauern mit kleinen schuppenförmigen Rhizomen.
Pflege Das aparte Gesneriengewächs verlangt während seiner gesamten Wachstumszeit von Frühling bis Herbst einen warmen, hellen, jedoch unbesonnten Platz. Nach der Blüte und dem Abwelken des Laubes sollte man die trockenen Stengel erdgleich abschneiden, später die wie winzige Tannenzapfen aussehenden »Erdstämme« (Rhizome) wegnehmen und am warmen Platz in trockenem Sand überwintern. Wie Gloxinienknollen dann von Februar bis April in sehr humose, kalkfreie Erde legen. Nur mit enthärtetem, angewärmtem Wasser gießen und ab Knospenbildung sprühen.
Vermehrung *Achimenes* lassen sich leicht im Frühsommer durch Kopfstecklinge vermehren, sie blühen im gleichen Jahr. Durch kleine Brutrhizome kann man *Achimenes* auch vermehren und im zweiten Jahr zur Blüte bringen.

Adenium obesum Wüstenrose

Zu den erstaunlichsten sukkulenten Blütenpflanzen gehört *Adenium obesum*, im englischen Sprachraum »Desert Rose« – zu deutsch »Wüstenrose« – genannt. Früher sah man den seltsamen Dickfuß nur in botanischen Gärten.

Herkunft Der Name soll von der einst unweit Aden erfolgten Entdeckung herrühren. Sonstige Vorkommen der Wildform in vielen Trockengebieten des tropischen Afrika, auch auf der wegen ihrer Pflanzen berühmten Insel Sokotra.
Pflanzengestalt Die Blütenfarben reichen von Rosa über Dunkelpurpur bis Violett. Aus der botanischen Rarität wurde eine Zimmerpflanze von internationaler Geltung: Dem deutschen Gärtner Dipl. Ing. Reinhard Schäfer aus Weinheim gelang die Um-

pfropfung des »Dickfußes« auf den nahe verwandten Oleander. Beide sind giftig. Neuer Name: *Adenium obesum* 'Multiflorum', eine Veredelungspflanze mit besten Eigenschaften. Die Blüte erscheint im Frühjahr und im Herbst.

PFLEGE Eine Blütenpflanze, die das ganze Jahr über volle Sonne verträgt. Im Winter sollte man sie allerdings kühler stellen (12° C), dann wird auch weniger gegossen. Wie der Oleander möchte die Wüstenrose im Sommer reichlich Wasser und alle 2 Wochen eine Volldüngergabe. Umgetopft werden jüngere Pflanzen in lehmhaltige, nährstoffreiche Erde alljährlich im Frühjahr.

VERMEHRUNG Kopfstecklinge werden im Frühjahr auf Oleandertriebe veredelt, aber diese Veredlungen blühen zwar reichlich, entwickeln jedoch nicht die für die Wüstenrose typische Sproßknolle. Diese wird nur durch wurzelechte Pflanzen, die man aus Samen oder einfachen Kopfstecklingen gewinnt, gebildet.

Adenium obesum, Wüstenrose, Familie Apocynaceae/ Hundsgiftgewächse.

Aechmea Lanzenrosette

Die Gattung *Aechmea* gehört zur ebenso zahlreichen wie vielgestaltigen Familie der Bromeliaceen oder Ananasgewächse, der wir eine Reihe der schönsten, dabei verhältnismäßig anspruchslosen Zimmerpflanzen verdanken – daneben aber auch ungewöhnliche Bewohner für Blumen- und Tropenfenster.

HERKUNFT Rund 150 Arten von Aechmeen sind in Mittel- und Südamerika zu Hause. Einige Dutzend befinden sich seit Anfang des 19. Jahrhunderts in gärtnerischer Kultur und ergaben schöne Zuchtformen.

PFLANZENGESTALT Alle als Topfblumen und in Blumenfenstern verwendeten Aechmeen sind Epiphyten oder Aufsitzerpflanzen. Als Erbteil des Wohnens im Geäst der Urwaldbäume haben sie schwache Wurzeln, die mehr zum

Blüte der *Aechmea fasciata,* Lanzenrosette, Familie Bromeliaceae/ Ananasgewächse.

Festhalten als zur Nahrungsaufnahme dienen. Dafür tragen die grundständigen, rosettenförmig angeordneten, als Wassersammler rinnig gebogenen Blätter am Grund Saugschuppen und bilden geradezu eine Art von Auffanggefäß. Bromelien mit solchen Eigenschaften heißen deshalb auch »Zisternenpflanzen«.
Man kennt anspruchsvollere grünlaubige Arten wie *Aechmea fulgens* mit purpurvioletten Blüten über korallenroten Fruchtknoten an einer verzweigten Rispe; oder *A. miniata* mit insgesamt rotem Blütenstand: Beide gedeihen nur gut in Warmhauskultur. Robustere buntblättrige Arten für die Zimmerkultur sind vor allem *A. chantinii* und *A. fasciata*, die Lanzenrosette: bedeutendste Vertreterin der Gattung und heute fast eine Modeblume. Ihre bis 60 cm langen, etwa 8 cm breiten Blätter sind silbergrau quergebändert. Die bläulichen, wenig haltbaren Blütchen verteilen sich über einen dicken Puschel aus rosigen Hoch- und Tragblättern, der auf starkem Schaft oberhalb des Blätterkranzes erscheint. Dieser Teil des Blütenstandes ist monatelang haltbar und überdauert die eigentliche Blütezeit im Herbst oft sogar weit über das Winterhalbjahr hinaus – so lange nämlich, wie die Mutterpflanze, deren Wachstum mit der Blüte abgeschlossen ist, nun aus dem Wurzelbereich bis zu einem halben Dutzend und mehr Seitensprosse oder »Kindel« treibt.

Pflege Standort im Sommer wie im Winter warm, aber nicht zu sonnig, keinesfalls pralle Sonne. Als eine der Bromelien mit graubunten, harten Blättern ist *A. fasciata* wenig empfindlich gegen Lufttrockenheit. Sie eignet sich daher zum Aufenthalt in voll beheizten Räumen. Mindesttemperatur im Winter 12–15° C; das ist aber für Daueraufenthalt schon die untere Grenze, von der ab es zu Unterkühlungsschäden (braune Blattränder, Fäulnis im Inneren) kommt. Bei Wohnwärme mit Lufttrockenheit wird durch regelmäßiges Sprühen der Blütenstand gesichert. Auf Epiphytenbäumen und Aststücken oder in Orchideenkörbchen wachsende Aechmeen in trockener Zimmerluft müssen noch öfter gesprüht werden. Beim Gießen wird zimmerwarmes, stets voll enthärtetes Wasser auch zum Sprühen verwendet. Über Sommer gießt man vorab in die »Zisterne« und hält den Topfballen nur eben feucht. Für die Ruhezeit die Zisterne ab September nicht mehr nachfüllen. Ob dieser Wassersammler für die Ruhezeit völlig entleert werden muß, hängt von der Überwinterungstemperatur ab. Im warmen Raum (22–24° C) ist ein kleiner Wasserrest in der Zisterne zu empfehlen. Über Sommer wird eine schwache Volldüngerlösung oder entsprechend schwache Nährlösung der Hydrokultur alle 2–3 Wochen in die Zisterne gegeben.

Vermehrung Kindel erst abnehmen, wenn sie halb so groß sind wie die Mutter. Vorher schon einige Wochen in die eigene kleine Blattrosette gießen. Dann die Austriebsstelle freilegen, mit möglichst großem, schon bewurzeltem Verbindungsstück abtrennen. In kleine Töpfe mit Bromelienerde setzen. Bei der Hydrokultur blüht *Aechmea* oft schon im ersten Jahr.

Aechmea fasciata.

Aeschynanthus Schamblume

Das dekorative Gesneriengewächs ähnelt in vielem der nah verwandten *Columnea*. Wo ihm feuchtwarme Lebensbedingungen geboten werden, entwickelt es sich – als Epiphyt – mit lang herabhängenden Trieben zur prachtvollen, reich blühenden Ampelpflanze im Tropenfenster.

Aeschynanthus radicans, Schamblume, Familie Gesneriaceae/ Gesneriengewächse (oben).

Herkunft Von der Insel Borneo im Malaiischen Archipel über Java bis nach Hinterindien, China und Neuguinea reicht die Verbreitung dieser schönen Pflanze.

Pflanzengestalt *Aeschynanthus* ist ein epiphytisch lebender Halbstrauch, er kommt auch als Kletterpflanze vor mit immergrünem, ledrigem Laub und schönen Blüten in Orange, Gelb, Rot und Dunkelpurpur.

A. speciosus bildet Büschel mit 20 Blüten, die am Blütengrund gelblich und am Blütenausgang leuchtend rot gefärbt sind.

A. radicans hat lange, röhrenförmige Blüten, die dunkler, manchmal fast schwarz gefärbt sind.

Pflege Licht, aber keine Sonne ist die Grundbedingung für ein gutes Wachstum. Wärme und Luftfeuchtigkeit während des Wachstums (März bis August) sind Voraussetzung für das Gedeihen. Die Ruhezeit (von Oktober bis Januar) ist etwas unbequem, denn hier sollen bei ohnedies kühleren Temperaturen (16–18° C) zur Blütenbildung an den Triebspitzen noch 4 Wochen »Lauwarmhaus-Klima« mit nur 12–15° C eingeschaltet werden.

Ehrlich: Ich habe das nie gemacht, dennoch blühte mein *A. speciosus* jedes Frühjahr bis weit in den Sommer und wurde so groß, daß er im botanischen Garten landete. Gegossen und besprüht wird nur mit zimmerwarmem, voll enthärtetem Wasser. Von März bis August ist einmal wöchentlich zu düngen. Zum Umtopfen im Februar oder März sollte man Bromelienerde verwenden.

Vermehrung Noch nicht verholzte Stecklinge bewurzeln im Frühsommer bei einer Bodentemperatur von 25° C und hoher Luftfeuchtigkeit (also Folientüte oder Glas darüber stülpen).

Aeschynanthus speciosus (links).

Allamanda Allamande

Dieses tropische Hundsgiftgewächs – nahe verwandt mit Oleander und Immergrün – ist so aufregend schön, daß man die leider beschränkte Eignung des starkwüchsigen Kletterstrauches für Heimkultur immer wieder nur bedauern kann. Aber wer hat schon soviel Platz mit Warmhausklima?

Herkunft Die bekannten 12 Arten stammen mit einer Ausnahme aus Brasilien. Auch *Allamanda cathartica* kommt dorther.
Pflanzengestalt Schlingstrauch, der bis 6 m hoch klettert. Format etwa wie *Passiflora quadrangularis*, die Riesengranadilla. Blätter eirund-länglich, an beiden Enden zugespitzt, zu dritt oder zu viert beisammensitzend, 10–14 cm lang. Blüten trichterförmig, goldgelb, im Grund weiß, duftend, Durchmesser 5–7 cm. Sie erscheinen zu mehreren in endständigen Trugdolden.
Häufiger als die Art finden sich Zuchtformen wie *A. cathartica* var. *grandiflora* mit noch größeren zitronengelben Blüten; *A.c.* var. *nobilis* mit unterseits behaarten Blättern und ebenfalls sehr großen Blüten (10–12 cm); *A.c.* var. *schottii*, noch stärker wachsend, ihre Zweige sind behaart, Blüten sehr groß, gelb, im Schlund dunkler und braun gestreift.
Von Juni bis Oktober blüht die Allamande in ununterbrochener Folge.
Pflege Sommers wie winters sollte die Pflanze hell bis halbschattig stehen. Man zieht die Triebe möglichst frei im Raum an Drähten, so daß die Knospen und Blüten ohne Einengung voll der Sonne zugewandt sind. Bei Topfkultur die stärker wachsenden Kulturformen an Drahtgestellen mit entsprechendem Rückschnitt lenken; bei schwächer wachsenden Formen durch Rückschnitt der Langtriebe Erziehung zu mehr buschigem Wuchs möglich. Während der Wachstumszeit von April bis September wird reichlich gegossen; im Winter sparsam gießen, nicht sprühen. Die Ruhezeit liegt im November bis Ende Februar. Starker Wuchs und lange Blütezeit erfordern gute Ernährung: deshalb von April bis August wöchentlich einmal eine Volldüngergabe verabreichen. Nach Triebabschluß im November zur Bildung vieler blühwilliger Jungtriebe kräftig einkürzen. Umgetopft wird nach Bedarf und Möglichkeit vor Austriebsbeginn im Februar bis März: dabei nicht stutzen, um keine Blütenansätze zu verlieren.
Vermehrung Aus Stecklingen nur im geschlossenen Warmbeet; Anzucht aus Samen bedingt möglich.
Pflanzenschutz Zugluft und Sonne meiden; beides bringt Befall mit Woll- und Schildläusen.

Allamanda cathartica, Allamande, Familie Apocynaceae/Hundsgiftgewächse.

Anigozanthos flavidus Känguruhblume

Der französiche Botaniker und Forschungsreisende Jacques de La Billardière (1755–1834) entdeckte diese reizende Gattung. Doch erst jetzt hält *Anigozanthos* als Zimmerpflanze bei uns Einzug. Auch als Schnittblume ist er sehr beliebt und verbreitet. Diese Gattung ist in ihren Arten geschützt und darf nicht aus den Heimatstandorten entnommen werden; sie gehört zur Familie der Haemodoragewächse.

Herkunft *Anigozanthos flavidus* kommt aus dem westlichen Australien.
Pflanzengestalt Die grasähnlichen Blätter sind bläulich und auch ohne Blüte attraktiv. Lange Blütenstiele tragen rötliche, bräunliche oder gelbe wollige Blüten, die im Sommer sehr üppig erscheinen und besonders dekorativ sind. Sie ähneln üblichen Blüten überhaupt nicht.
Pflege Den ganzen Sommer über kann die Pflanze im Freien stehen. Sie möchte einen hellen und warmen Platz, im Winter allerdings reichen 10–12° C aus. Im Sommer muß reichlich gegossen und auch alle 10 Tage eine Düngergabe verabreicht werden. Im Winter bei kühlem Standort weniger gießen und gar nicht düngen. Jedes Jahr im Frühling wird die Pflanze in ein lehmhaltiges, nährstoffreiches Substrat umgetopft. Kommt sie nicht oder nur spärlich zum Blühen, so liegt das an der fehlenden Helligkeit. Auch der kompakte Blattwuchs läßt dann nach.
Vermehrung *Anigozanthos* läßt sich durch Aussaat vermehren. Ältere Pflanzen kann man beim Umtopfen teilen.

Anigozanthos manglesii (rechts) und *A. flavidus* (unten), Känguruhblume, Familie Haemondoraceae/ Haemodoragewächse.

Anisodontea capensis
Scheinmalve, Fleißiges Lieschen

Schon um 1800 gab es in Norddeutschland dieses schöne Gewächs, das überreich im Sommer blühte und deshalb den Beinamen »Fleißiges Lieschen« erhielt. 1789 gelangte die Pflanze aus der Familie der Malvengewächse nach England.

Herkunft *Anisodontea* ist in Südafrika zu Hause.
Pflanzengestalt Dieser Strauch blüht von Juni bis November und kann auch im Freien stehen. Die Blätter und vor allem die rosafarbenen Blüten verraten die Verwandschaft mit den Malven. *Anisodontea* ist ein Gehölz, das bis 1,50 m hoch werden kann.

Pflege Einen sonnigen Platz möchte diese Pflanze besonders in der Blütezeit, dann braucht sie auch viel Wasser und reichlich Nährstoffe. Wöchentlich einmal sollte gedüngt werden. Als Substrat reicht normale Blumenerde aus. Im Frühjahr sollte die Pflanze zurückgeschnitten werden, um ein Verzweigen anzuregen, und in frische Erde umgetopft werden. Hierbei ist wichtig, durch Steine, Scherben oder Kiesel für eine gute Drainage zu sorgen.
Im Winter steht die Pflanze hell, frostfrei und kühl. Dann sollte auch sehr wenig gegossen werden. Es reicht aus, den Topf alle 10 Tage wenig zu befeuchten, wenn im Winterraum 10° C herrschen.

Vermehrung *Anisodontea* kann im Sommer durch Aussaat oder auch durch noch nicht verholzte Kopfstecklinge vermehrt werden.

Anisodontea capensis, Scheinmalve, Familie Malvaceae/Malvengewächse.

Anthurium Flamingoblume

Unter den Zimmerpflanzen, die durch systematische Züchtung aus exotischer Isolation den Wünschen der Blumenfreunde immer näher gebracht wurden, steht das schöne Aronstabgewächs mit seinen dekorativen Blüten in vorderster Reihe. Denn es gibt nur wenige Blütenpflanzen, die auch im Schatten ihre Pracht entfalten: Anthurien gehören dazu.

Herkunft Mit über 500 Arten ist die Gattung *Anthurium* über das verhältnismäßig kleine Gebiet tropischer Regenwälder in Mittel- und Südamerika verbreitet. Dort wurden erste Vertreter der auch als »Teufelszunge« und »Schweineschwänzchen« volkstümlich gewordenen Flamingoblume um 1850 von dem österreichischen Arzt und Botaniker Dr. Karl von Scherzer entdeckt. Diese Ursprungsart erhielt den Namen *Anthurium scherzerianum.*

Pflanzengestalt *A. scherzerianum* verschwand immer mehr aus dem Sortiment und wurde durch die kräftigeren und reicher blühenden *A.-Scherzerianum*-Hybriden ersetzt. Unter ihnen gibt es auch als reizende Zwergform die »kleine Flamingoblume«. Alle diese Hybridsorten haben schmale, gestielte, dunkelgrüne Blätter. Blütenstände mittelgroß; Scheide (Spatha) rot, rosa, weiß, auch gesprenkelt, stets seidig matt; Kolben meist in gleicher Farbe, dünn, oft spiralig gedreht (»Schweineschwänzchen«). Insgesamt wesentlich größer sind die aus dem kolumbischen *A. andreanum* vor allem zum Schnitt gezüchteten *A.-Andreanum*-Hybriden. Hochstielige, breitere Blätter bis 40 cm lang; Kolben kürzer, dicker, gerade oder leicht gebogen. Spatha in vielen Farben, stets deutlich glänzend. Außer diesen beiden Züchtungs-Gruppen, bei denen die Blütenschönheit im Vordergrund steht, gibt es eine dritte Gruppe mit besonders schönen Blättern, die jedoch so starkwüchsig sind, daß sie als Heimpflanzen ausscheiden.
Eine vierte Gruppe enthält Arten mit grünen geteilten oder unge-

Anthurium-Scherzerianum-Hybride 'Arabella', Flamingoblume, Familie Araceae/Aronstabgewächse.

Anthurium-Andreanum-Hybride 'Avo-Margaretha'.

teilten Blättern, darunter eine epiphytische Kletterform *A. scandens* nebst ihrer Variante 'Violaceum', deren Kolben sich zu einem Fruchtstand mit rotvioletten Beeren entwickelt. Blätter schmal, glänzend-lederartig. Die beiden Hybridgruppen aus 'Scherzerianum' und 'Andreanum' können bei guter Pflege fast das ganze Jahr blühen; die Blattpflanzen blühen – wenn überhaupt – im Frühjahr.

Pflege Am härtesten, daher auch noch für einfache Zimmerkultur geeignet, sind die *A.-Scherzerianum*-Hybriden; etwas Luftfeuchtigkeit während der Hauptwachstumszeit (März bis August) ist erwünscht. Alle anderen Sorten und Arten brauchen warmen, hellen Stand ohne direkte Besonnung (Nordost- bis Ostlage) im klimatisierten Blumenfenster. Hybridsorten brauchen auch im Winter 18° C Bodenwärme und 15° C Luftwärme. Das tägliche Gießen und wöchentliche Besprühen sollte man nur mit temperiertem, voll enthärtetem Wasser vornehmen, während der Wachstumszeit reichlicher als sonst gießen. Blühende Pflanzen werden nur indirekt besprüht, eine Benetzung der Blütenstände gibt Flecke.

Wie die meisten Pflanzen aus dem tropischen Regenwald, reagieren auch Anthurien empfindlich auf eine zu hohe Salzkonzentration beim Düngen, daher ist es ratsam, nur in der Hauptwachstumszeit einen Flüssig-Volldünger alle 2 Wochen einmal zu verabreichen. Umgetopft wird im zeitigen Frühjahr in sehr leichte und durchlässige Erde.

Vermehrung Ältere Pflanzen werden durch Teilen vermehrt, die Anzucht aus Samen ist zwar leicht, dauert aber oft Monate.

Pflanzenschutz Blattrollen bedeutet Abwehr gegen zu trockene Luft und Sonne. Rote Spinne, Thrips und Schnecken können großen Schaden anrichten.

Anthurium-Andreanum-Hybride.

Aphelandra Glanzkölbchen

Wenn Blumenfreunde das liebenswürdige Glanzkölbchen als undankbar schelten, so sind sie fast immer selbst schuld daran. Sie vergessen vielleicht rechtzeitiges Gießen – dann gibt es Laubfall infolge Ballentrockenheit; oder sie sprühen nicht genug im lufttrockenen Raum – dann werden die Blattränder braun.

Herkunft Das Akanthusgewächs stammt aus dem tropischen bis subtropischen Amerika und stellt deshalb gewisse Anforderungen an seine Betreuer.

Aphelandra squarrosa, Glanzkölbchen, Familie Acanthaceae/Akanthusgewächse.

Pflanzengestalt Die heute angebotenen Kulturformen stammen durchweg aus der Gruppe gelbblühender Arten mit weiß geäderten Blättern. Unter den Neuzüchtungen, die alte Fehler abgelegt haben, gilt *Aphelandra squarrosa* var. *leopoldii* 'Fritz Prinsler' als beste, die Arten *A. sinclairiana* und *A. tetragona* blühen rot. Normalerweise blüht das Glanzkölbchen von Juni bis Oktober, doch durch gärtnerische Eingriffe ist es auch zu anderen Jahreszeiten blühend im Angebot.

Pflege Bei einfacher Zimmerpflege so warm und hell wie möglich stellen, jedoch direkte Besonnung meiden.
Gegossen wird ab Austrieb bis nach der Blüte sehr reichlich mit lauwarmem, enthärtetem Wasser; alle 2–3 Tage oder öfter sollte man sprühen. Im Winter sind die Pflanzen insgesamt trockner zu halten. Über Sommer sollte man jede Woche düngen.
Im März wird in geräumige Töpfe umgetopft, die Erde muß nahrhaft, humos sein. Verblühte Blütenstände mit 2 Blättchen herausschneiden. Im Winter sollte das Glanzkölbchen etwa 8 Wochen kühl (bei 10° C), sehr hell und relativ trocken stehen. Nur so

kommt die Pflanze zum erneuten Blühen.

Vermehrung Kopfstecklinge werden sehr warm (22–25° C) und stets feucht gehalten.

Pflanzenschutz Ballentrockenheit und Lufttrockenheit (siehe oben!) bewirken auch Befall mit Schild- und Wolläusen. Zu sonniger oder zu kühler Stand verursacht Laubfall. Aber: Nur vollbelaubte, auch noch nach der Blüte als Blattpflanzen ansehnliche Exemplare der *Aphelandra* lohnen die Weiterkultur.

Ardisia crenata, Spitzblume, Familie Myrsinaceae/Myrsinengewächse.

Ardisia crenata Spitzblume

Der Name kommt von *ardis* – Pfeil und gehört einem zierlichen Bäumchen, dessen Heimatländer von Japan bis Südasien reichen. Die dunkelgrünen Blätter überragen die leuchtendroten Beeren wie ein Dach. Die im Handel angebotene Spitzblume ist *Ardisia crenata* mit weißgrüner Blattmitte und roter Blattunterseite.

Herkunft *Ardisia* kommt aus Japan, China, Korea, Taiwan und Nordindien. Dort wird diese immergrüne Pflanze bis zu 1 m hoch.

Pflanzengestalt Die weißlichen Blüten erscheinen in endständigen Trauben ab Juli und entwickeln sich rasch zu erbsengroßen Beerenfrüchten, die allmählich korallen- bis purpurrot werden und in ihrer monatelangen Haltbarkeit den eigentlichen Schmuckreiz der liebenswürdig-bescheidenen Pflanze ausmachen. Da die Früchte oft länger als ein halbes Jahr hängen bleiben, kommt es auch vor, daß gleichzeitig schon wieder neue Blüten treiben. Aus den Beeren wachsen die neuen Keimlinge hervor. Interressant ist auch, daß in den verdickten Blatträndern Bakterien leben, ohne die die *Ardisia* nicht existieren kann. Also nicht entfernen!

Pflege Ganzjährig sollte die Spitzblume einen hellen, aber nicht sonnigen Platz bekommen. Der Wurzelballen sollte nur mäßig feucht gehalten werden. Von März bis August kann man alle 3 Wochen einmal düngen.
Vor der Blüte sollte man unbedingt für hohe Luftfeuchtigkeit sorgen. In der Blütezeit auf keinen Fall besprühen, dadurch wird die Bildung der Früchte beeinträchtigt. Übrigens bilden sich mehr Beeren, wenn man mit einem feinen Pinsel den Pollen von einer Blüte auf die andere überträgt. Beste Überwinterungstemperatur 12–15° C. Mehr Wärme bewirkt weniger Haltbarkeit der Beeren, die auch bei trockener Zimmerluft rasch runzelig werden. Regelmäßiges Sprühen mit lauwarmem Wasser nach der Blüte erweist sich als eine der wichtigsten Pflegemaßnahmen für gutes Gedeihen und Erhaltung des Schmuckwertes. Im Frühjahr kann man die Pflanzen stutzen.

Vermehrung Durch Samen oder Kopfstecklinge bei hoher Bodentemperatur. Samen keimen bereits bei 22° C, Stecklinge brauchen zum Bewurzeln mindestens 25° C.

Pflanzenschutz Ardisien werden bei zu hohen Temperaturen leicht von Schild- und Wolläusen befallen. Auch fallen dann die Beeren ab. Bei zu trockener Luft verschrumpeln sie.

Aristolochia Pfeifenblume

Dieses reizende Kletterpflanzengewächs, von dem 2 Arten für das Zimmer durchaus geeignet sind, hat seine gefleckten Blüten zur Insektenfalle ausgebildet. Die Blüten schließen sich, sobald sich ein Insekt darin gefangen hat und öffnen sich erst wieder, wenn die Bestäubung erfolgt ist.

Herkunft *Aristolochia grandiflora* stammt von den Antillen, *A. littoralis* hingegen aus Brasilien. Etwa 35 Arten gibt es in den Tropen und Subtropen.

Pflanzengestalt Die Blätter dieser Schlingpflanze sind dreifach gelappt, die Blüten hängen an einem langen Stengel herunter und haben die Form eines Pfeifenkopfes. Die Blüten haben eine auffällige Färbung aus roten oder braunen Flecken auf weißem Grund. Bei *A. grandiflora* werden die Blüten bis zu 10 cm groß.

Pflege Einen warmen und hellen – aber nicht sonnigen Platz – brauchen die Pfeifenblumen. Nachts darf die Temperatur nicht unter 10° C absinken. In der Blütezeit, das heißt von April bis Oktober, muß die *Aristolochia* ständig feucht gehalten werden und benötigt alle 10 Tage eine Volldüngergabe. Wichtig ist, daß die Wurzeln genügend Raum zum Ausbreiten finden, deshalb beim Umtopfen immer einen ausreichend großen Topf verwenden. Auch eine Rankhilfe ist wichtig.

Die langen Ranken sind regelmäßig hochzubinden. Alljährlich im Dezember kann man ältere Pflanzen kräftig zurückschneiden. Als Substrat verwendet man eine normale Blumenerde, der etwas Sand und etwas Lehm beigemischt wird.
VERMEHRUNG Pfeifenblumen lassen sich durch Stecklinge relativ leicht vermehren. Unter einem Glas oder einer Folientüte bewurzeln sie in feuchter sandiger Erde den ganzen Sommer über. Sie brauchen allerdings viel Wärme zur Wurzelbildung, ca. 25° C.

Asclepias curassavica, Seidenpflanze, Familie Asclepiadaceae/ Seidenpflanzengewächse (rechts).

Aristolochia littoralis, Pfeifenblume, Familie Aristolochiaceae/ Pfeifenblumengewächse (unten).

Asclepias curassavica Seidenpflanze

Von dieser Gattung gibt es auch Arten, die als Stauden für den Garten verbreitet sind. Carl von Linné benannte die Gattung zu Ehren des griechischen Gottes der Heilkunst, Asklepios. Und das nicht zu Unrecht, denn einige Arten werden tatsächlich als Heilpflanzen gehandelt. Interessant ist auch, daß man die Porzellanblume, *Hoya carnosa*, ursprünglich dieser Gattung zuordnete.

HERKUNFT *Asclepias* ist in Mittel- und Südamerika zu Hause. Dort entwickelt sie sich zu einem Halbstrauch.
PFLANZENGESTALT Bis zu 80 cm hoch kann die Seidenpflanze werden. Ihre Blätter sind dunkelgrün und eiförmig schmal. Unterseits sind sie bläulich schimmernd. Den ganzen Sommer über erscheinen die Trugdolden mit den roten und gelben Blüten. Die Blüten werden von Insekten befruchtet.
PFLEGE Seidenpflanzen benötigen zum Wachstum und Blühen außerordentlich viel Licht und vertragen sogar volle Sonne. Auch bekommt es den Pflanzen gut, wenn sie über Sommer einen Platz im Freien bekommen. Im Winter allerdings möchte die Pflanze einen kühlen Platz, 12° C sind ausreichend. Doch auch dann sollte für soviel Helligkeit wie möglich gesorgt werden.
In der Hauptwachstumszeit – von Mai bis Ende August – wird die

Pflanze alle 2 Wochen einmal schwach gedüngt.
Wird die Pflanze zu lang und verliert ihr buschiges Wachstum, kann man sie im März zurückschneiden.
Vermehrung *Asclepias* wird durch Aussaat vermehrt. Im März werden die Samen bei einer Bodentemperatur von 25° C zum Keimen gebracht. Die jungen Pflanzen blühen schon im ersten Jahr, allerdings erst im Spätsommer.
Pflanzenschutz Bei zu warmer Überwinterung stellt sich leicht die Weiße Fliege ein.

Begonia Schiefblatt

Begonien gehören zu unseren vielseitigsten und schönsten Schmuckpflanzen. Botanisch werden sie als ein- oder mehrjährige Stauden und nichtverholzende Halbsträucher eingestuft. Typisch für alle sind die meist ungleichhälftigen »Schiefblätter«, denen die ganze Familie zu Recht ihren Namen verdankt.

Herkunft Ihrer Herkunft nach sind alle Begonien Schattenpflanzen, die am Boden oder als Epiphyten des tropischen Regenwaldes Südamerikas, aber auch in subtropischen Gebieten wachsen und in Gebirgswäldern sogar bis zu 4000 m Höhe aufsteigen. Pflanzengestalt, Blütenformen und Blütenfarben wurden im Lauf von rund 2 Jahrhunderten durch Züchtung zahlloser Hybriden und immer neuer Sorten stark verändert. Geblieben sind jedoch bestimmte Grundeigenschaften der Ursprungspflanzen, so daß Herkunft und Heimat der Ausgangsarten auch heute noch wichtige Fingerzeige für die Pflege als Zimmerpflanzen geben.

Blütenbegonien

Pflanzengestalt
Man versteht darunter meist einjährige krautige Pflanzen aus 3 verschiedenen Züchtungskreisen: ***Begonia* 'Gloire de Lorraine'**, kurz Lorraine-Begonie genannt, ist eine Schöpfung des französischen Züchters Victor Lemoine in

Begonia-Elatior-Hybride 'Oronia', Schiefblatt, Begonie, Familie Begoniaceae/Begoniengewächse.

Hängende Knollenbegonie 'Illumination Orange'.

Nancy. Sie erschien 1893 auf dem internationalen Blumenmarkt und hat seitdem dank bedeutsamer Weiterentwicklung, vor allem in Deutschland und in den USA, fast die ganze Welt erobert. Unzählige Hybriden des Urtyps in vielen Farbschlägen zwischen Hell- und Dunkelrosa blühen etwa vom Herbst bis zum Jahresanfang, bei uns vor allem als beliebte Geschenkpflanze während der Weihnachtszeit.

Begonia-Elatior-Hybriden aus englischer Züchtung sind seit 1907 im Handel. Zahllose ständig veränderte und verbesserte Sorten mit einfachen und gefüllten Blüten in vielen Farben zwischen Weiß, Gelb, Rosa und Hell- bis Dunkelrot. Auch ziemlich großblumige Formen.

Begonia semperflorens, Immerblühende Begonie. Gilt eigentlich als Beetbegonie fürs Freiland, stellt aber zunehmend auch ein stattliches Sortiment für Topf- und Zimmerkultur – darunter als Ausnahme von der Regel sonnenverträgliche Züchtungen. Blüte je nach Anzuchtbeginn fast das ganze Jahr.

Pflanzenschutz Typische Erkrankungen der Blütenbegonien sind Echter Mehltau (Befall der Blätter, die zunächst fleckenweise mehlartigen Belag zeigen; Gewebe darunter zuerst mißfarbig-durchscheinend, dann bräunlich; Befall auch an Blattstielen und Blütenstengeln möglich) und eine durch Pilzinfektion hervorgerufene Stengelfäule (zerstörtes Gewebe an dunklen Flecken im oberen Teil der Stengel erkennbar; Stengel knicken um, brechen ab). In beiden Fällen keine Heilung. Da diese Infektionen ansteckend sind, erkrankte Pflanzen mit Topf und Erde entfernen.

Strauchbegonien

Diese »halbstrauchigen, aufrechten Arten« stammen fast durchweg aus tropischen Gebieten Mittel- und Südamerikas. Viele werden bis meterhoch; die schon im Stecklingsalter reich blühenden

Elatior-Begonien, von links nach rechts: 'Arosa', 'Talia', 'Rosita' und 'Kalita'.

Elatior-Begonie 'Paloma'.

Elatior-Begonie 'Heidrun'.

Begonia-Corallina-Hybriden erreichen bei guter Pflege fast 2 m Höhe und blühen unentwegt. Alle Strauchbegonien sind reich verzweigt, bilden jedoch kein echtes Holz, auch wenn die wurzelnahen alten Triebe wie Holz aussehen. Die in hängenden Trauben erscheinenden Blüten sind ziemlich groß, meist rot oder rosa, einige auch duftend; Blattformen und Laubfärbung zeigen die ganze Vielfalt dessen, was die Gattung *Begonia* zu bieten vermag, auch wenn dabei die Pracht und Schönheit der Blattbegonien nicht erreicht wird.
Übrigens: Vom »aufrechten Wuchs« gibt es Ausnahmen. *B. foliosa* ist eine strauchartige Begonie mit vielverästelten Trieben, die in älteren Jahren herunterhängen und dadurch die Eignung als aufregend schöne Ampelpflanze begründen. Auch *B. limmingheana* (nur März bis Mai blühend) hat hängende Stengel und hängende, dicht mit hell- bis korallenroten Blumen besetzte Blütenstände.
Weitere Strauchbegonien sind: *B. serratipetala, B. metallica*, . *B. egregia* und *B. coccinea*.

Elatior-Begonie 'Ilona'.

Blattbegonien

An der Spitze dieser Gruppe kaum mehr zählbarer Arten und Züchtungen schönster, apartester Pflanzengestalten steht zweifellos das Sortiment der *Begonia-Rex*-Hybriden.
Die Grundart *B. rex:* Als Königbegonie, Rexbegonie oder Schiefblatt den Blumenfreunden in aller Welt über hundert Jahre lang vertraut gewesen, ist sie in reiner Form heute kaum noch zu finden. Sie war eine aus Ostindien stammende Waldbodenpflanze mit dicken Wurzelstöcken und schiefeiförmigen, bis 30 cm langen Blättern, die auf schwarz-grün-metallisch glänzendem Grund in der Mitte eine breite, ausgezackte, silberne Binde zeigten und am Rand purpurrot gefärbt waren. Die nicht sehr zahlreichen, aber ziemlich großen rosa Blüten erschienen im Frühsommer. Aus Kreuzungen von *B. rex* mit der angeblich aus Borneo importierten, als Art ebenfalls kaum noch geführten *B. diadema* entstanden dann die noch mannigfaltiger gezeichneten, in ihrer Eignung als Zimmerpflanzen wesentlich verbesserten Rex-Hybriden, bei denen übrigens Blühwilligkeit und Blütengröße häufig hinter der Blätterpracht zurücktreten.

Begonia-Rex-Hybride.

Pflege Blattbegonien möchten lieber etwas absonniger als Strauchbegonien stehen. Strauch- und Blütenbegonien mögen Zugluft gar nicht.
Die Hauptwachstumszeit ist vom Februar/März bis zum Frühherbst. Begonien haben keine eigentliche Ruhezeit, jedoch erscheint kein neuer Blattaustrieb während der dunkleren Jahreszeit. Abstoßen eines Teils der Blätter ist kein Alarmzeichen: Solche Verluste werden von gesunden Pflanzen bald wieder aufgeholt. Begonien werden grundsätzlich nur mit zimmerwarmem, enthärtetem Wasser gegossen. Nur indirekt sprühen, da Benetzung der Blätter Flecken hervorrufen kann. Ballentrockenheit und zu trockene Luft sind unbedingt zu vermeiden.
Umgetopft wird nach Bedarf im Frühjahr; Pflanzgefäße sollte man möglichst breit und flach wählen; Spezialerde, auch einfache Blumenerde mit etwas Sand und mit ein paar desinfizierenden Holzkohlestückchen vermischen und reiche Scherbeneinlage im Topf verbessert die Wasserführung. Stauende Nässe ist für alle Begonien Gift. Luftfeuchtigkeit ist vor allem für die Triebentwicklung wichtig. Allen gemeinsam ist die Vorliebe für feinkörnige Erde, in der sich die feinen Faserwurzeln gut ausbreiten können.
Vermehrung Begonien lassen sich ganz einfach durch Blattteilstecklinge zum Bewurzeln bringen.

Begonia masoniana 'Iron Cross'.

Beloperone guttata Zimmerhopfen

Beloperone guttata, der niedliche Halbstrauch aus Mexiko, wird allgemein weit unterschätzt. Man kauft ihn im Frühjahr als billige Marktpflanze meist für Balkon und Gartenbeete in Südlagen, ohne seine Tugenden als reichblühende, jahrelang haltbare Zimmerpflanze zu kennen – geschweige denn zu nutzen.

Herkunft Aus Mexiko stammt der Zimmerhopfen, wo er einen hübschen Strauch abgibt. Diese Pflanze ist erst seit gut 60 Jahren bekannt und gehört zur Familie der Akanthusgewächse. *Beloperone guttata* ist der übliche Handelsname, die korrekte botanische Bezeichnung lautet *Justicia brandegeana.*

Beloperone guttata, Zimmerhopfen, Familie Acanthaceae/ Akanthusgewächse.

Pflanzengestalt Der Zimmerhopfen ist ein kleiner, reichverzweigter Strauch mit weichen, behaarten Blättern. Am Ende der überhängenden Triebe erscheinen bei hellem Stand nahezu das ganze Jahr über die mehr als 10 cm langen Ähren. Aber uns gefallen weniger die nicht sehr lange haltbaren weißen Blüten, sondern mehr die kräftig rotbraun gefärbten Deckblätter. Inzwischen gibt es auch Sorten mit gelben Deckblättern.

Pflege Standort hell, doch nicht zu sonnig. Bei Freilandverwendung Töpfe am halbschattigen Platz einsenken, wegen Kälteempfindlichkeit im Herbst rechtzeitig einräumen. Ab Austriebsbeginn bis August reichlich, dann sparsamer gießen, doch nie ballentrocken werden lassen. Alle 8–10 Tage düngen. Um buschigen Wuchs zu erhalten, im Februar kräftig zurückstutzen. Überwinterung hell, mäßig warm (12–15° C), keinesfalls über hitzespuckenden Heizkörpern!

An sonnigen Standorten haben die Pflanzen einen erhöhten Wasserbedarf. Vom Frühjahr bis zum Herbst jede Woche ein- bis zweimal mit einem Guano-haltigen Flüssigdünger düngen. Es ist interessant, eine Pflanze als sogenanntes Hochstämmchen heranzuziehen.

Vermehrung Im Frühjahr lassen sich Stecklinge des Zimmerhopfens leicht im feuchtwarmen Substrat bewurzeln.

Billbergia nutans Zimmerhafer

Von allen Bromelien oder Ananasgewächsen ist die ihres ährigen Blütenstandes wegen auch »Zimmerhafer« genannte *Billbergia nutans* bei großer Blühwilligkeit am einfachsten – und oft über viele Jahre hinweg – am Zimmerfenster zu halten. Es gibt mehrere Typen mit schmaleren und breiteren Blättern.

Herkunft Ihre Heimatgebiete reichen von Mexiko bis Südbrasilien; ihren Namen erhielt die *Billbergia* zu Ehren des schwedischen Botanikers Gustaf Joh. Billberg (1772-1844). Von über 60 bekannten Arten ist *B. nutans* die einzige mit dem überragend guten Ruf für Zimmerkultur.

Pflanzengestalt Im Unterschied zu fast allen anderen Bromelien, die in tropischen Regenwäldern als Epiphyten auf Bäumen wachsen, ist der Zimmerhafer – wie die Ananas selbst – eine terrestrische oder Erdbromelie. Jahrelang weiterwachsend, bildet sie umfangreiche Büsche, die aus vielen kleinen Einzelpflanzen bestehen und 40-60 cm hoch werden. Die Blätter der Art sind grasähnlich, schmal, rinnenförmig, lederartig, hell- bis dunkelgrün; die Blätter der zahlreichen Zuchtformen sind breiter und graugrün.
Die Blüten am Ende des gebogenen Blütenschaftes sind hängend (»Nickende Billbergie«), mit weit herausragenden Staubfäden und von großen roten oder rosa Hochblättern umgeben. Die Blütezeit liegt je nach Kulturverlauf zwischen Spätsommer und Nachwinter.

Pflege Der Sommerstandort sollte hell, ohne direkte Besonnung sein, auch sehr geschützt im Freien kann die Billbergia stehen. Im

Winter verträgt sie volle Wohnwärme, fühlt sich aber bei 16° C wohler. Der Zimmerhafer ist unempfindlich gegen Lufttrockenheit. Unterkühlungsschäden treten ab 14° C auf.
Gegossen wird normal in Topf oder Pflanzschale; in der sommerlichen Wachstumszeit reichlich, im Winter je nach Raumtemperatur mehr oder weniger sparsam. Sprühen nur bei Zimmerkultur im Sommer.
Von Mai bis September wird einmal wöchentlich auf den Topfballen eine Düngerlösung gegeben. Die optimale Umtopfzeit ist Juni/Juli in reichlich bemessene, mehr flache Pflanzgefäße. Bis zum Anwurzeln 2–3 Wochen lang knapp wässern, nicht düngen. Beim Umtopfen sollte man keine Bromelienerde, sondern normale Blumenerde verwenden.
Vermehrung Beim Umtopfen kann man ältere Pflanzen teilen, sie blühen bereits im Folgejahr. Die Vermehrung aus Samen ist mühselig und bleibt Sache von Spezialisten.

Billbergia nutans, Zimmerhafer, Familie Bromeliaceae/Ananasgewächse.

Bougainvillea Bougainvillee

Sie ist zwar gebürtige Brasilianerin, führt ihren Namen aber zu Ehren des französischen Admirals Louis Antoine de Bougainville (1729–1811). Er soll auf einer Weltreise zuerst in Südamerika die Pflanze und dann in der Südsee eine gleichfalls nach ihm benannte Insel der Salomonsgruppe entdeckt haben.

Herkunft Es gibt etwa 14 Arten, die alle aus den tropischen Regionen Mittel- und Südamerikas stammen. Dort wachsen sie als kleine Bäume oder Sträucher heran.
Pflanzengestalt Immergrüner oder sommergrüner Kletterstrauch, im Freiland 3–4 m hoch. Bedornte Zweige mit kräftig grünen Blättern. Unscheinbare Blütchen zu dritt, von 3 großen, je nach Art oder Züchtung violetten, roten, gelben, weißen, orangefarbenen Hochblättern umgeben; diese machen die Schauwirkung dieser herrlichen Pflanze aus. Als kleinere Variante hat sich die Sorte 'Mini Thai' aus den Arten *Bougainvillea glabra* und *B. peruviana* bewährt. Ihre Hochblätter sind hellrosa. Die Pflanze bleibt buschig. Es gibt auch Hybriden mit orangefarbenen Hochblättern.
Pflege Bougainvilleen benötigen einen hellen bis vollsonnigen Platz. Es kann der Pflanze über Sommer auch nicht warm genug sein. Im Winter sollte sie kühl und trocken stehen. Laubabwurf ist kein Drama. Die *Bougainvillea* treibt bei Sonne, Wärme und Feuchtigkeit wieder aus. Sie braucht über Sommer viel Wasser und wöchentlich viel Dünger mit hohem Phosphatanteil. Im Angebot sind *B. glabra* und *B. spectabilis,* die größer wird.
Vermehrung Diese Pflanzen brauchen zum Bewurzeln 25°C Boden-

wärme. Man stellt die Kopfstecklinge von nicht verholzten Trieben etwa 2 Stunden in warmes Wasser, taucht sie dann in ein Bewurzelungspulver und steckt sie erst danach in feuchtwarme Erde.
PFLANZENSCHUTZ Zu nasser Fuß bei gleichzeitiger Kühle bewirkt ein Vergilben der Blätter. Im Schatten bilden sich nicht die schönen Farben der Hochblätter aus. Nährstoffmangel führt ebenfalls zum »Vergrünen«.

Bougainvillea glabra, Bougainvillee (oben links), Familie Nyctaginaceae/Wunderblumengewächse. *Bougainvillea*-Hybriden (oben und unten), *B. spectabilis* 'Daria' (Mitte).

Browallia Browallie

Dieses tropische Nachtschattengewächs heißt nach einem lutherischen Bischof Johan Browallius, der nicht nur ein hoher finnländischer Kirchenfürst, sondern auch ein kenntnisreicher Botaniker und Freund Carl von Linnés war, mit dem er das Geburtsjahr 1707 teilte. Sein Patenkind, die Browallie, dürfte er nicht mehr gekannt haben.

HERKUNFT *Browallia speciosa,* die heute vorwiegend kultivierte Art, soll um 1830 in Peru entdeckt worden sein. Man kennt 9 Arten, von denen einige es auch schon zu Hybridformen gebracht haben.
PFLANZENGESTALT 8 davon sind einjährige Kräuter, von denen *B. grandiflora* und *B. viscosa* als Sommerblumen mit Vorkultur neben anderen Nachtschattengewächsen gern auf sonnig-warmen Gartenbeeten stehen. Nur *B. speciosa* ist ein bis 50 cm hoher Halbstrauch mit reicher Verzweigung und dunkelgrünen Blättern, zwischen denen sich die zahlreichen violettblauen oder auch weißen Blüten mit weißem Schlund sehr hübsch ausnehmen. Die Blütezeit hängt vom Aussaattermin ab: Zur Verwendung als Sommerflor von Februar bis März. Will der Gärtner Topfblumen für die Nachwintersaison heranziehen, so wird nicht vor Juli bis August (im Kalthaus) ausgesät.

Browallia speciosa, Browallie, Familie Solanaceae/Nachtschattengewächse.

PFLEGE An sich ist die *Browallia* nicht temperaturempfindlich. Winterblüher können ohne weiteres im Zimmer eingestellt werden, halten allerdings nicht so lange wie die Frühjahrsblüher, an denen man bis zum Herbst Freude haben kann.
Nicht prallsonnig stellen, normal gießen und düngen, Verblühtes immer gleich entfernen – das ist alles.
Umtopfen entfällt, da die Browallie meist nur einjährig gezogen wird.
VERMEHRUNG Im Februar kann man Samen am hellen, bodenwarmen Fenster aussäen.
Nach 14 Tagen zeigen sich die Keimlinge.

Brunfelsia pauciflora Brunfelsie

Otto Brunfels – Arzt, Theologe, Botaniker, Professor zu Mainz und Straßburg, vor allem aber Verfasser eines der ersten großen Kräuterbücher mit dem Titel »Contrafayt Kreuterbuch« – lebte von 1489 bis 1534: rund 200 Jahre bevor Linné ihm den Ehrentitel »Vater der Botanik« und die Patenschaft der *Brunfelsia* verlieh.

HERKUNFT Diese Pflanzengattung mit etwa 30 Arten kleiner Bäume und Sträucher gehört zur großen Gruppe interessanter Solanaceen oder Nachtschattengewächse in Mittel- und Südamerika. Ihr Gehölzcharakter kennzeichnet sie eindeutig als ausdauernd.
PFLANZENGESTALT Die an sich sparrigen Sträuchlein verzweigen sich auch bei mehrfachem Stutzen nicht gern. Die dunkelgrünen, lederartigen Blätter sind immergrün. Im Handel ist bei uns nur *Brunfelsia pauciflora* var. *calycina.* Bei guter Pflege – auch in einfacher Zimmerkultur – bringt sie fast ganzjährig, mindestens aber von März bis September, viele große Blüten. Bei der nur winterblühenden Sorte 'Floribunda' zeigen die veilchenblauen Blüten ein kleines weißes Auge, ansonsten reichen die Blütenfarben vom tiefen Blau bis Gelb, Hellviolett und Dunkelviolett. Sie blühen zwar nicht lange, schieben aber immer neue Blüten nach.
PFLEGE Halbschattiger Stand, im Winter etwas heller. Während der Wachstumszeit von März bis September normal gießen, etwas Luftfeuchtigkeit ist erwünscht; alle 2 Wochen normal düngen; während der Ruhezeit von Oktober bis Januar sparsamer gießen, nicht düngen, dann aber öfter besprühen, denn trockene Zimmerluft mag die Brunfelsie gar nicht. Umgetopft wird im Frühjahr in normale Blumenerde.

VERMEHRUNG Man kann Brunfelsien durch Kopfstecklinge vermehren, allerdings gelingt dies nur selten.
WICHTIG Sehr empfindlich gegen Temperaturschwankungen; normale Zimmerwärme wird vertragen. Zu trockene Luft und zuviel Sonne bringen Schädlingsbefall.

Brunfelsia pauciflora var. *calycina,* Brunfelsie, Familie Solanaceae/ Nachtschattengewächse (unten).

Calceolaria-Hybriden, Pantoffelblume, Familie Scrophulariaceae/Braunwurzgewächse.

Callistemon citrinus Zylinderputzer

Mit wunderschön leuchtenden, zylindrischen Blütenständen wartet dieses Gewächs aus der Familie der Myrtengewächse auf. Im Handel sind auch viele nichtblühende Bastarde. Man sollte nur jene Pflanzen kaufen, die noch Samenkapseln tragen, denn diese bleiben jahrelang an der Pflanze.

Herkunft Es gibt ungefähr 25 Arten, die alle in Australien und auf der südlich des fünften Kontinents gelegenen, mit frischem Klima bedachten Insel Tasmanien zu Hause sind. Als Kulturpflanze hat aber nur *Callistemon citrinus* (früher *C. lanceolatus*) im europäischen Bereich Fuß gefaßt.
Pflanzengestalt In der Heimat ist er ein immergrüner Strauch oder kleiner Baum bis 3 m Höhe. In Topf- und später Kübelkultur kann er etwa ein Drittel davon erreichen. Blätter derb, hart federnervig, 4–5 cm und mehr, meist lanzettlich. Immer wieder überraschend sind die schon bei Jungpflanzen und stets nur im oberen Drittel der Krone erscheinenden, wie steife Puschel nach allen Seiten aufwärts ragenden Blütenstände. Sie werden bis 10 cm lang, wobei die Einzelblütchen jeweils dicht bei dicht um eine Mittelachse geordnet sind. Sie fallen außerdem durch ihre überlangen roten Staubfäden auf. Daher kommt der weitere deutsche Name »Schönfaden«.
Pflege Standort über Sommer möglichst im Freien, sonst hell und luftig im Zimmer; kühle Über-

Calceolaria Pantoffelblume

Feuchte Kühle ist das Lebenselement der effektvollen Einjahrsblüherin, die zu den gängigsten Marktpflanzen der Osterzeit gehört. In bunter Farbenvielfalt präsentieren sich die »aufgeblasenen Pantoffelchen«.

Herkunft Aus den Gebirgswäldern der südamerikanischen Anden stammt dieses reizende Gewächs aus der Familie der Braunwurzgewächse.
Pflanzengestalt *Calceolaria*-Hybriden gibt es in ständig vermehrten Sorten. Die buschigen Kräuter sind in niedrigen, halbhohen und hohen Formen zu haben. Ihre eigenartigen »Rachenblüten« mit der zu einem breiten »Schuh« aufgeblasenen Unterlippe präsentieren sich einfarbig, getigert und zweifarbig.
Pflege Sie kommen fix und fertig ins Haus und halten um so länger, je weniger man ihnen Wärme und Sonne zumutet. Am besten ist das treue alte Doppelfenster nach Norden mit 10–12° C. Immer reichlich gießen, engen Stand meiden, doch auch beim Gießen sollte man Vorsicht walten lassen. Denn gegen stauende Nässe sind *Calceolaria*-Hybriden sehr empfindlich, die Wurzeln beginnen zu faulen. Man erkennt dies an den aufhellenden Blüten und Blättern. Gedüngt wird alle 14 Tage mit einem Blumenvolldünger.
Vermehrung Gelegentliche Versuche, Stecklinge aus überwinternden Mutterpflanzen nachzuziehen, haben sich für den Blumenfreund immer als zu umständliche Zufallstreffer erwiesen. Auch im Juli begonnene Anzucht aus Samen mit allen Unsicherheiten der Überwinterung ist Gärtnersache.

Callistemon citrinus, Zylinderputzer, Familie Myrtaceae/Myrtengewächse.

winterung bei 6–8° C ist Voraussetzung für gutes Gedeihen und Wiederblüte. Ab März bis zum Verbringen ins Freie nach Maimitte hell im warmen Zimmer halten; verträgt Lufttrockenheit.
Gegossen wird mit enthärtetem Wasser, im Sommer reichlich, im Winter bei kühlem Stand sehr sparsam. Von Austriebsbeginn bis Mitte August alle 2 Wochen einen kalkarmen Dünger geben. Im Frühjahr sollte man *Callistemon* zurückschneiden. Man kann auch Stämmchen heranziehen.
Vermehrung Durch noch nicht verholzte Stecklinge ist eine Vermehrung bei Bodentemperaturen von 20° C möglich. Übrigens: Die Stecklinge werden nicht abgeschnitten, sondern mit einem Stück Rinde vom Stamm abgerissen. Die Bewurzelung dauert oft 4–5 Wochen. Auch aus Samen ist eine langwierige Vermehrung möglich.

Camellia sasaquana 'Cleopatra'.

Camellia japonica Kamelie

Sie gehört zu jenen Pflanzen, die immer wieder einmal als Königinnen gefeiert werden. Denn die »Teerose des Winters«, wie sie auch genannt wird, hat bezaubernde rosenähnliche Blüten im Winter.

Herkunft Als Teegewächs zählt die Kamelie zu den ältesten Kulturpflanzen Ostasiens. Unsere Kamelie stammt aus den tiefen, kühlen Gebirgswäldern Japans, kommt aber auch in Nordchina und Korea vor.
Die europäische Kamelienkultur begann bald nach 1800 bei englischen Gärtnern, dehnte sich dann aufs Festland aus – zunächst auf Belgien, von da auf Frankreich und Deutschland.
Pflanzengestalt Immergrüner Strauch mit glänzend dunkelgrünen, lederartigen Blättern, deren Typus an sich auf Anspruchslosigkeit und Widerstandsfähigkeit der Pflanze hindeutet. Verkaufsgröße meist 40–60 cm, setzt mehrjährige gärtnerische Kultur voraus; bei erfreulich langsamem Wachstum erreichen sie stattliches Kübelpflanzenformat. Alle sind Zuchtformen.
Die Blüte ist weit geöffnet, Durchmesser sortenverschieden, bis 6 cm und mehr; einfach, halboder ganz gefüllt, rosenähnlich, doch ohne Duft; Blütenfarbe je nach Sorte zwischen einem nicht sehr gefragten Weiß über Zartrosa und das wohl häufigste kräftige Rosenrot bis zum samtig glühenden Dunkelrot, auch rosa und weiß gefleckt wie die immer noch kultivierte 'Chandleri Elegans' von 1824. Normale Blütezeit Januar bis März, jedoch so sortenverschieden, daß man mit einigem Geschick von November bis April blühende Kamelien haben kann.
Pflege Es gibt ein Grundrezept für ihre richtige Behandlung: Gleichmäßigkeit in allen Dingen. Jeder Wechsel des Standorts und der Temperatur, jeder plötzliche Übergang von feuchter in trockene Luft, jede Unregelmäßigkeit beim Gießen bringt die Blütenknospen in Gefahr. Daher kommen dann all die Enttäuschungen bei der Übernahme einer blühenden, mit Knospen besetzten Pflanze aus dem Blumengeschäft in die Wohnung – womöglich in ein vollbeheiztes Zimmer mit trockener Luft: Dann fallen Knospen und Blätter ab, und man wird eine so fehlbehandelte Pflanze nur mühsam wieder in Ordnung bringen.
Richtig ist: Bis zum Öffnen der Knospen die Kamelie bei 10–12° C halten. Wer es dann gar nicht lassen kann, mag sie mit aller Vorsicht (gleicher Lichteinfall wie bisher!) in einen etwas wärmeren Raum bringen. Höchsttemperatur 16° C. Beibehalten des ersten Standorts ist auf jeden Fall sicherer. Nach der Blüte sollte die Temperatur nicht über 6–10° C betragen. Das dient der Gesundheit vor allem des Laubes.
Von Mitte Mai bis Mitte/Ende September Töpfe möglichst an einem luftigen, halbschattigen Platz im Garten einsenken. Zugfreier Balkon reicht allenfalls aus, aber Übersommern im Zimmer ist nicht ratsam.
Gegossen wird immer mit temperiertem, enthärtetem Wasser. Über Winter gleichmäßig feucht halten; im Sommer bis Juli normal gießen, ab Ende Juli zum Ausreifen der Triebe und zur Bildung der Knospen trockener halten. Durch Abwaschen der Blätter kann man im Winter zusätzlich

Camellia japonica 'Inspiration', Kamelie, Familie Theaceae/ Teegewächse.

für Luftfeuchtigkeit sorgen. Gut verrotteter Eichenlaubkompost gibt übrigens ein hervorragendes Kamelien-Substrat ab.
Von Dezember bis Juli mit einem kalkfreien Dünger einmal wöchentlich düngen.
Vermehrung Nur im Warmbeet beim Gärtner durch Stecklinge.

Campanula isophylla, Glockenblume, Familie Campanulaceae/ Glockenblumengewächse (rechts).

Camellia japonica 'Red Ensign' (unten).

Campanula Glockenblume

Es ist eine bekannte Tatsache: Die große Mehrzahl aller Zimmerpflanzen verträgt kein hartes Wasser. Zu den wenigen Ausnahmen von dieser Regel gehören zwei Glockenblumengewächse, die sich seit Generationen als Ampelpflanzen und Spalierberanker bei den Blumenfreunden großer Beliebtheit erfreuen.

Herkunft *Campanula fragilis,* die »Brüchige Glockenblume«, und *C. isophylla,* die »Gleichblättrige Glockenblume«, stammen beide aus Kalkgebirgen Italiens und verschiedener anderer Gebiete des Mittelmeerraumes, wo sie auch heute noch wild angetroffen werden.
Pflanzengestalt *C. fragilis* hat niederliegende oder hängende Stengel mit glatten, hellgrünen Blättern und blaue Blüten, die ab Juni bis weit in den Sommer erscheinen. *C. isophylla* wirkt durch mehr oder weniger dichte Behaarung graugrün bis weißlich, sie blüht etwas später. Schön ist die Zuchtform 'Mayi' mit noch größeren, wie Sterne aufgeschlagenen blauen Glocken. Dazu gibt es noch eine allerliebste weiße Sorte 'Alba'. Beide zusammen werden gern als »Bräutigam und Braut« am Spalier gezogen.
Alle diese Topfglockenblumen haben sehr brüchige Triebe, die bei jeder Verletzung viel weißen Milchsaft absondern (ungiftig!). Sie sind Stauden, die bei richtiger Behandlung jahrelang wiederkommen und so reich blühen, daß kaum noch Laub zu sehen ist.
C. pyramidalis, die in diesem Zusammenhang öfter erwähnte »Jakobsleiter« ist zwar im vollen Flor bei 1,5 m Höhe hinreißend schön anzusehen, aber nur zweireihig und auch am reifenförmig gebogenen Spalier für die Zimmerkultur zu groß.
C. mediax 'Pink Uniform' hat rosafarbene, nach außen aufgeschlagene Blüten. Die Schönste aber ist *C. cochlearifolia* 'Elisabeth Oliver' mit hellblauen, gefüllten Blüten; sie gehört zu den Minis und blüht wochenlang.
Pflege Über Sommer heller, doch vor praller Sonne geschützter Platz im Zimmer, ab Ende Mai zugfrei auch auf dem Balkon oder im Garten unterzubringen. Da sehr frostempfindlich, unbedingt

Verschiedene *Campanula*-Arten, rechts die Hybride 'Puck', eine Neuheit.

vor den ersten Nachtfrösten einräumen. Dann Ruhezeit bis Anfang Februar bei 6–8° C und möglichst hellem Stand. Ab März wieder wärmer stellen, alte Triebe kräftig einstutzen, nach Bedarf in nur wenig größere Töpfe umpflanzen. Erde humos, nahrhaft, etwas Sand beigeben. Während der Wachstumszeit und Blüte gleichmäßig feucht halten; Ballentrockenheit ist besonders bei der glatten *C. fragilis* sehr schädlich. Allerdings vertragen Glockenblumen auch stauende Nässe nicht. Sie beginnen dann zu faulen und verkahlen.
In der Ruhezeit sparsam gießen. Über Sommer alle 2 Wochen mit normaler Volldüngerlösung düngen.
Vermehrung Stecklinge im Frühjahr; *C. fragilis* auch aus Samen, die im Exotenhandel erhältlich sind.

Capsicum annuum Zierpaprika

Um es vorab klarzustellen: *Capsicum annuum* – zu deutsch Zierpfeffer oder Zierpaprika – ist mit der als Gemüsepaprika oder Spanischer Pfeffer weit verbreiteten Nutzpflanze eng verwandt. Auch die beschriebenen Spielarten des Korallenbäumchens gehören dazu: Alle sind Nachtschattengewächse.

Herkunft Die reizenden, immer vielgestaltiger gewordenen Züchtungen für Zimmerkultur stammen in ihren Ursprungsarten natürlich ebenfalls aus Mittel- und Südamerika, wo sie bis 2 m hohe Sträucher bilden oder als einjährige Kräuter etwa Halbmeterhöhe erreichen. Für die Weiterzucht zu europäischem Gebrauch wurden nur einjährige Arten verwendet.
Pflanzengestalt Was da in Topfkultur angeboten wird, sind buschige Sträuchlein verschiedener Größenordnung. Am beliebtesten scheint gegenwärtig die Zwergform 'Gnom' zu sein: ein Winzling von nur 20 cm Höhe, der aber bis zu 50 Früchtchen bildet, so daß man vor lauter Fruchtschmuck die hellgrünen Blättchen kaum noch sieht.
Von den meist weißen oder gelblichen, gelegentlich auch ins Violette spielenden Blütchen bekommt der Blumenfreund in diesem Fall nichts zu sehen. Die Form der Früchte ist sehr verschieden: Es gibt Kugeln und kleine Walzen, aufrecht stehende Spitzkegel und hängende Formen in leuchtenden Farben.
Sind nun die Früchtchen des Zierpaprika ebenso scharf und würzig wie die Früchte der Nutzpflanze, so daß man den kleinen Busch in seinem Topf zum Abernten nur auf den Abendbrottisch zu stellen braucht? Man könnte es jedem Leser überlassen, selber die Probe

Capsicum annuum, Zierpaprika, Familie Solanaceae/Nachtschattengewächse.

aufs Exempel zu machen. Wenn dazu aber auch die Frage gleich noch bejaht wird, so hat das seinen guten Grund. Als Nachtschattengewächse sind alle Paprikasorten, klein und groß, leicht giftig. Für Kinder sind sie eben ihrer Schärfe wegen kaum gefährlich. Und Erwachsene werden ja kaum den ganzen Segen auf einmal vertilgen. Wer es versuchen will, entferne auf jeden Fall nach dem Aufschneiden des Früchtchens die Samenkörner – genauso, wie man es bei den großen auch macht.

Pflege Trockenheit und Wärme führen jedenfalls zu rascherem Einschrumpfen der bunten Zier. Ein kühler Standort und gleichmäßige Bodenfeuchtigkeit tragen zur längeren Haltbarkeit bei. Alle 2 Wochen sollte man eine Düngerlösung verabreichen. Und dann bleibt nur noch die Konsequenz der »Wegwerfpflanze«, denn *Capsicum annuum* – der Name sagt es – ist wirklich einjährig.

Vermehrung Man kann von den reifen Früchten selbst den Samen entnehmen und aussäen. Im späten Winter (Februar) ist die beste Zeit dafür. In feuchtwarmer Erde keimt er bei 18° C. Die Sämlinge brauchen einen sehr hellen Platz, eventuell muß Zusatzlicht verabreicht werden.

Catharanthus Catharanthus

Die hübsche Pflanze wird sogleich ihrer Fremdartigkeit entkleidet, wenn man ihren alten botanischen Namen *Vinca rosea* nennt. Dann ist nämlich *Catharanthus roseus* nichts anderes als der überall in den Tropen beheimatete exotische Vetter unserer traulichen Gartenpflanze *Vinca minor,* zu deutsch Immergrün.

Herkunft *Catharanthus* stammt aus Madagaskar, ist inzwischen aber in fast allen tropischen Ländern heimisch.

Pflanzengestalt Die dunkelgrünen, oval geformten Blätter sind etwa 9 cm lang und 3 cm breit. Die ganze Pflanze ist ein Halbstrauch und wächst – entgegen unseres Garten-Immergrüns – aufrecht und buschig. Die rosafarbenen Blüten erscheinen zu zweit oder zu dritt in trugdoldigen Büscheln. Es gibt noch Sorten, 'Alba' mit weißen Blüten, 'Ocellatus' hat eine weiße Blütenkrone mit rotem Auge. Sie alle blühen vom frühen Sommer bis zum späten Herbst.

Pflege Bei uns wird diese hübsche Pflanze einjährig herangezogen. Ab Februar beginnt die Aussaat bei 25° C Bodenwärme. Diese Pflanzen blühen dann bis zum Herbst. *Catharanthus* möchte einen nicht zu warmen, recht hellen Platz. Im Garten kann man die Pflanzen über Sommer an geschützter Stelle plazieren. Der Topfballen muß regelmäßig feucht gehalten werden. Öfteres Besprühen ist auch angebracht und tut der Pflanze gut. Alle 2 Wochen sollte eine Volldüngerlösung verabreicht werden.

Vermehrung Überwinterung ist möglich und dient vor allem der Stecklingsvermehrung, die – ebenso wie Anzucht aus Samen – im Februar vorgenommen werden soll. Übrigens ist Samen von *C. roseus* auch im Samenfachhandel erhältlich, so daß Blumenfreunde sich selbst damit versuchen können.

Catharanthus roseus, Catharanthus, Familie Apocynaceae/ Hundsgiftgewächse.

Chamelaucium uncinatum
Wachsblume

Als Schnittbeiwerk, das lange hält und unter dem Namen »Waxflower« gehandelt wird, hat sich *Chamelaucium* aus der Familie der Myrtengewächse schon lange einen Namen gemacht. Benannt wurde diese Pflanze von dem französischen Botaniker René Louiche Desfontaines (1750–1833), der auch als Professor am Jardin des Plantes in Paris tätig war.

Herkunft *Chamelaucium* kommt aus Westaustralien.
Pflanzengestalt Dieser immergrüne Halbstrauch erinnert mit seinen kleinen rosafarbenen Blüten wahrlich an ein Myrtengewächs. Die Blüten erscheinen von März bis Juni und halten sehr lange. Die dicken, kugelfömigen Knospen sind auch sehr dekorativ. Die Blätter sind nadelförmig und klein. Besonders intensiv rosa gefärbt ist die Sorte 'Pink Gracia'.
Pflege *Chamelaucium* braucht einen hellen und luftigen Platz. Im Sommer kann die Pflanze an einem geschützten und sonnigen Standort im Freien stehen. Die reiche Blüte kommt nur, wenn die Wachsblume im Winter kühl und relativ trocken steht, es reichen 5–10° C völlig aus. Im Sommer wird reichlich gegossen und alle 2 Wochen mit einem kalkfreien Dünger gedüngt. Alle 2 Jahre wird *Chamelaucium* umgetopft. Man verwendet ein Gemisch aus Lauberde und Azaleenerde. Dann kann man die Pflanze auch stutzen, um sie zum weiteren Verzweigen anzuregen. Die Wachsblume läßt sich auch als Kronenbäumchen heranziehen.
Vermehrung Die Vermehrung geschieht am besten durch Triebstecklinge, die noch nicht völlig verholzt sind. Achtung, zu weiche Spitzen bewurzeln nicht so leicht. Die Triebe werden in feuchte Erde gesteckt und bewurzeln bei einer Bodenwärme von 25° C.

Chamelaucium uncinatum, Wachsblume, Familie Myrtaceae/Myrtengewächse.

Chrysanthemum Chrysantheme

Ihre Ureltern waren in China und Japan zu Hause; dennoch heißt die Pflanze *Chrysanthemum indicum* und gehört mit ihrem gewaltigen Nachwuchs an Zuchtformen – den *C.-Indicum*-Hybriden oder Gärtner-Chrysanthemen – zu den besten Herbstblühern. Die Botaniker bezeichnen *Chrysanthemum* seit kurzem allerdings als *Dendranthema*. Der alte Name ist jedoch im Handel der gängige.

Herkunft Im Jahre 1789 kamen die ersten Chrysanthemen aus China nach Europa. In ihrer Heimat, in Japan und China, gibt es eine Fülle von Formen, Größen und Farben.
Pflanzengestalt Chrysanthemen sind Korbblütler, die durch üppige Blüte über grün-graue Blätter auffallen. Die Blüten sind mitunter vieltriebig und klein, aber auch eintriebig und groß. Ihre Farben durchspielen das gesamte Spektrum.
Pflege Sie füllen Töpfe, Schalen, Balkonkästen, dienen als Grab-

Chrysanthemum-Indicum-Hybriden, Chrysantheme, Familie Compositae/Korbblütler.

bepflanzung, Beetschmuck und beweisen damit einmal mehr, daß sie nur »unter anderem« auch am Zimmerfenster stehen können. Man soll sie nicht ballentrocken werden lassen, Verblühtes immer gleich entfernen und daran denken, daß der Flor am kühlen Platz länger hält als im vollbeheizten Raum. Nach der Blüte ergibt sich die Frage, ob sich Weiterkultur – zunächst mit Rückschnitt auf Fingerlänge und Ruhezeit bei 4–6° C – lohnt. Man kann sie auch in den Garten pflanzen. Viele der *Chrysanthemum-Indicum*-Hybriden überstehen sogar den Winter und treiben neu aus.

Vermehrung Chrysanthemen lassen sich problemlos aus Stecklingen, die man von nicht verholzten Triebspitzen nimmt, vermehren.

Pflanzenschutz Manchmal befällt Mehltau Chrysanthemen. Dann hilft es nur noch, die Pflanzen wegzuwerfen und in Zukunft den Standort luftiger zu halten.

Chrysothemis pulchella
Sonnenglocke

Dieses kleine Gesneriengewächs leuchtet wirklich wie eine Sonnenglocke über dem dunklen Laub. Benannt wurde sie von dem belgischen Botaniker Joseph Decaisne (1807–1882), der als Professor am Jardin des Plantes in Paris tätig war.

Herkunft Die *Chrysothemis* ist mit 7 Arten in Mittel- und Südamerika beheimatet.

Pflanzengestalt Wie alle Gesneriengewächse besitzt auch die Sonnenglocke behaarte Blätter, die auf kräftigen vierkantigen Stielen sitzen. Die Blätter sind gezähnt und eirund. In den Blattachseln entwickeln sich im Frühjahr die zahlreichen Blüten, die als kleine Büschel erscheinen. *C. pulchella* hat rote Kelchblüten mit gelber Krone, *C. friedrichsthaliana* ist dazu im Unterschied leicht an dem gelben oder grünen Kelch zu erkennen.

Pflege Auch am Standort macht dieses Gesneriengewächs keine Ausnahme, denn es möchte einen hellen, aber auf gar keinen Fall sonnigen Platz. Die Temperatur sollte nicht unter 15° C liegen. *Chrysothemis* braucht stets einen feuchten Wurzelballen, allerdings ist sie gegenüber Staunässe empfindlich, zumal, wenn sie von unten her kalt steht. Auch Zugluft ist zu vermeiden. Gedüngt wird in der Hauptwachstumszeit bis zum August alle 10 Tage mit einer Düngerlösung für Zimmerpflanzen. Sobald die Blätter im Herbst einziehen, muß man das Gießen reduzieren. Die Knollen werden frostfrei und trocken überwintert

Chrysanthemum-Indicum-Hybriden, links 'Applause', rechts 'Royal Accent'.

und im Frühjahr in nährstoffreiche Blumenerde gelegt.
Vermehrung In den Blattachseln bilden sich kleine Knöllchen, die man zur Vermehrung nutzen kann; auch die im Boden entstehenden Brutknöllchen lassen sich zu blühfähigen Pflanzen heranziehen. Außerdem kann man aus den Triebspitzen Stecklinge schneiden, die bei 20° C Bodentemperatur und guter Feuchte rasch bewurzeln und auch relativ schnell schöne Pflanzen entwickeln.

Chrysothemis pulchella, Sonnenglocke, Familie Gesneriaceae/Gesneriengewächse.

Citrus Orangenbäumchen und andere

Zwei Wege gibt es, um Blumenfreunde zu den verschiedensten »Zitrusgewächsen« hinzuführen. Der eine: man steckt selbstgeerntete Kerne; der andere: man geht ins Blumengeschäft, wo schon seit einer Reihe von Jahren allerliebste Spezialzüchtungen kleiner Bäumchen voll goldener Früchte für Zimmerkultur auf die sprichwörtliche »Liebe zu den Orangen« warten.

Herkunft Von ihrer Heimat Ostasien verbreiteten sich die Zitrusgewächse über die gesamte alte Kulturwelt bis zum Mittelmeerraum. Erste Exemplare in westeuropäischen Herrschaftsgärten gibt es jedoch erst seit der Frührenaissance. Man bezeichnete sie mit dem Sammelbegriff »Agrumen«, pflegte sie über Sommer in »Hesperidengärten« und schützte sie vor Winterkälte in Orangerien und Pomeranzenhäusern. In gärtnerischer Kultur waren vor allem *Citrus sinensis,* die Apfelsine oder Orange, und *Citrus limon,* die Zitrone.
Pflanzengestalt Da die Fruchtentwicklung ein volles Jahr beansprucht, gibt es auch bei den »Mini-Bäumchen« der Blumenfreunde häufig zu gleicher Zeit die bittersüß duftenden Blüten und reifenden Früchte. Anders ist es mit den aus Apfelsinen-, Mandarinen-, Zitronen- oder Grapefruit-Kernen gezogenen Pflanzen. Diese Wildlinge wachsen zu sperrigen, teils auch bedornten Sträuchern heran und kommen kaum zum Blühen oder gar Fruchten. Man muß sie genau wie jeden als Sämling herangezogenen Apfel- oder Birnbaum veredeln – vorausgesetzt, daß Edelreiser zu beschaffen sind. Dann ist auch die Bildung von Hochstämmen mit normaler Kronenerziehung möglich, als Unterlagen werden oft Pomeranzen verwendet. Aller-

dings werden solche Exemplare trotz langsamen Wachstums mit der Zeit doch zu groß, und man hält sich für Liebhaberfreuden besser an die gärtnerisch kultivierten Kleinformen: Die Calamondine (x *Citrofortunella microcarpa*), einer Kreuzung zwischen Mandarine und Kumquat. Sie ist von allen die anspruchsloseste und verträgt im Winter auch Zimmerwärme. Die Otaheite-Orange (*C. x limunia*) ist eine Kreuzung aus Mandarine und Zitrone, sie wird im Topf meterhoch. Die Kumquat (*Fortunella japonica*) sitzt voller kleiner orangefarbener Früchte.

Pflege Natürlich ergibt sich das alte Problem: Zitrusgewächse kann man nur halten, wenn ein heller, sehr kühler Überwinterungsraum mit höchstens 4–6° C vorhanden ist. Den Sommer sollen sie möglichst im Freien verbringen, doch kann man da allenfalls auch mit einem Platz auf dem Balkon oder am häufig offen gehaltenen Fenster zurechtkommen. Gegossen wird bis Mitte August reichlich, ohne Rücksicht auf die Wasserhärte; während der winterlichen Ruhezeit den Topfballen mehr trocken als feucht halten. Düngung über Sommer reichlich, dann einstellen. Im zeitigen Frühjahr Rückschnitt nach Bedarf – er kostet allerdings meist etliche Blütenknospen. Sollten die Blätter fallen, so ist der Platz im Winter zumeist zu warm und der Ballen zu feucht. Ein Rückschnitt bringt aber bald neues Grün. Umgetopft wird alljährlich im Frühjahr in lehmhaltige, nährstoffreiche Erde. Im Sommer reichlich mit eisenhaltigem Dünger düngen, um einem Vergilben der Blätter vorzubeugen.

Vermehrung Man kann *Citrus* aus Samen vermehren, besser aber ist es, sie über Kopfstecklinge bei Bodentemperaturen von über 25° C zu vermehren. Auch durch Abmoosen oder Veredeln (auf *Poncirus*) ist eine Vermehrung möglich.

Citrofortunella microcarpa (syn. *Citrus mitis*), Calamondine, Familie Rutaceae/Rautengewächse.

Clerodendrum Losbaum

»Losbaum« heißt – genau der griechischen Grundform des botanischen Namens entsprechend – soviel wie »Schicksalsbaum«. Worin das Schicksalhafte der Pflanze besteht, ließ sich leider nicht ergründen. Allerdings trug sie noch zu Anfang unseres Jahrhunderts den deutschen Namen »Liebe in Unschuld«.

Herkunft Die Gattung *Clerodendrum* umfaßt rund 400 Arten, davon die meisten im tropischen Asien und Afrika. Nur 3 oder 4 kamen zu uns in gärtnerische Kultur und gelten vorab als prächtige Schaustücke.

Pflanzengestalt Am bekanntesten dürfte *Clerodendrum thomsoniae* sein: ein bis 4 m hoher Kletterstrauch, der im Kongo zu Hause ist. Seine windenden Stengel tragen länglich-herzförmige Blätter. Die rasch vergänglichen scharlachroten Blüten erscheinen ab April in dichten Trugdolden; sie sind von aufgeblasenen rahmweißen Kelchen umgeben, die ihrerseits – ähnlich wie manche Hochblätter – sehr lange halten und den eigentlichen Schmuck der Pflanze ausmachen. Afrikanischer Herkunft ist auch das ebenfalls schlingende *C. splendens*, von Dezember bis Mai in feuerroten Doldentrauben blühend. Aufrecht wächst *C. fragrans* (früher *C. philippinum*) aus Ostasien. Neu im Zimmerpflanzenangebot ist

Clerodendrum speciosissimum 'Starshine', Losbaum, Familie Verbenaceae/Verbenengewächse.

C. ugandense mit veilchenblauen Blüten. Ebenfalls bekannt ist *C. speciosissimum*.
Pflege *C. thomsoniae* braucht von Oktober bis Februar eine streng durchgeführte Ruhezeit bei 10–12° C, er verliert dabei meist sein Laub. Im Frühjahr alte Triebe stutzen, um den blühenden Neutrieben Platz zu machen. Formierung zu Kronenbäumchen ist auch für eine Zimmerkultur möglich. Das ganze Jahr über sollte *Clerodendrum* mäßig feucht gehalten werden, nur im Winter darf es trocken stehen. In der Hauptwachstumszeit wird einmal wöchentlich mit einem Volldünger gedüngt.
Vermehrung *Clerodendrum* läßt sich durch Aussaat vermehren. Dies ist aber mühselig. Einfacher ist es, Kopf- und Triebstecklinge in feuchte Erde zu stecken und bei guter Bodenwärme (25° C) bewurzeln zu lassen.

Clerodendrum thomsoniae.

Clerodendrum speciosissimum.

Clivia miniata Riemenblatt, Klivie

Bei richtiger Pflege ist diese schon seit über 100 Jahren bekannte und beliebte Zimmerpflanze ein wahres Blütenwunder. Mit zunehmendem Alter wird sie immer schöner.

Herkunft Die Gattung *Clivia* hat 3 Arten, die alle in Südafrika beheimatet sind. In gärtnerischer Kultur ist lediglich *Clivia miniata*, die man im Gebiet von Natal an Hängen und in Gebirgstälern findet, wo es lehmigen Boden mit durchlässigem Untergrund und einer fruchtbaren Humusauflage gibt. Als Ausnahme kommt auch *C. nobilis* aus dem Kapland vor. Sie ist im ganzen bescheidener und ebenso anspruchslos wie die prunkvollere große Schwester.
Pflanzengestalt Sie ist keine echte Zwiebelblume, sondern besitzt einen sogenannten Zwiebelstamm, der von dicken, zwiebeligen Blattscheiden eingehüllt und Zentrum der dichtfaserigen, fleischigen Wurzeln ist. Der Blattform wegen heißt die Klivie auch 'Riemenblatt'. Das Laub ist immergrün, bodenständig, treibt inmitten der mehrjährigen dicken Blattscheiden stets paarig aus, so daß mit der Zeit über der Erde ein starker Grundstamm aus weiter oben auseinanderfallenden Blättern entsteht. Höhe um 60 cm. Der stabile, mindestens handbreit die Blätter überragende Blütenschaft ist etwas flachgedrückt; er treibt oben eine große Dolde aus 10–20 mennigroten, gelegentlich auch etwas helleren oder dunkleren, immer sehr ansehnlichen Einzelblüten. Der Schaft treibt im zeitigen Frühjahr dicht neben oder zwischen den Blättern, jedoch nie aus dem Wachstumszentrum. Die manchmal geäußerte Sorge, daß eine Klivie nach der Blüte eingehen könnte, ist biologisch gesehen gegenstandslos. Vielmehr kommt es bei guter Pflege nicht selten zu einer zweiten Blüte im Herbst. Und wer die nach der Blüte erscheinenden »Kindel« nicht in übertriebenem Vermehrungswunsch sogleich wegnimmt, kann mit den Jahren prächtige Familien mit einem Dutzend und mehr Blütenständen auf einmal erzielen.
Pflege Klivien gedeihen ausgezeichnet bei Zimmertemperaturen um 15–20 °C. Wichtig ist, daß sie in der Hauptwachstumszeit stets einen feuchten Wurzelballen haben; dabei öfter das überschüssige Wasser wegschütten. Umgetopft werden Klivien nur alle 2–3 Jahre nach der Blüte, etwa im Mai bis Juni. Dann setzt man sie in möglichst nur wenig größere Gefäße. Beim Umtopfen dürfen die fleischigen Wurzeln nicht verletzt werden. Als Substrat verwendet man eine humusreiche, wasserdurchlässige Erde. Hauptanliegen: Jahrein, jahraus, Sommer und Winter denselben

Standort beibehalten. Nicht drehen (Lichtmarke!). Helles Fenster mit Morgensonne ist sehr bekömmlich. Beste Temperatur Oktober bis Januar nicht über 10–12° C. Das entspricht in etwa einem Fensterplatz hinter dem zugezogenen Store im vollbeheizten Raum, wobei selbstverständlich keine Heizquelle unter dem Fenster liegen darf. Keine Empfindlichkeit gegen trockene Luft. Die Wurzeln vertragen keine stauende Nässe. Deshalb über Sommer zwar reichlich gießen, aber Fußbäder vermeiden und bis zum nächsten Mal Abtrocknen der Erdoberfläche abwarten; während der Ruhezeit September bis Januar je nach Raumtemperatur möglichst trocken halten. Am kühlen Platz braucht man so gut wie gar nicht zu gießen. Sprühen allenfalls während des ersten Blattwachstums und des Treibens der Blüte erwünscht; Blätter gelegentlich mit dem feuchten Wattebäuschchen vom Staub befreien. Alte Erde zwischen den Wurzeln vorsichtig mit Stäbchen entfernen; große Pflanzen sollten eine Vorratsdüngung wie Kübelpflanzen erhalten.

Übrigens entwickeln sich die Blüten nach der Ruhezeit unter den Blättern, man kann etwas nachhelfen, indem man mit Wasser gießt, das eine Temperatur über 40 °C hat. Meistens gelingt es und die Blütenschäfte strecken sich und ragen bald über die Blätter hinaus.

Wer Klivien einmal erfolgreich wieder zum Blühen gebracht hat, wird sie nicht mehr missen wollen. Denn eigentlich gehören diese langlebigen Pflanzen zu den problemlosen Zimmerblühern, wenn man die hier beschriebenen Grundregeln einhält.

VERMEHRUNG Seitensprosse (Kindel) nicht vor dem 2. Jahr mit mindestens 4–5 Blättern und bei guter Wüchsigkeit vorsichtig, nach Freilegen der Wurzeln, von der Mutterpflanze abtrennen, in kleine Töpfchen mit Anzuchterde setzen. Sobald sich ein kleiner Topfballen gebildet hat, in größeren Topf mit Blumenerde umsetzen. Ob man die Kindel überhaupt wegnehmen soll, ist eine Grundsatzfrage, die zum Teil auch von den Unterbringungsmöglichkeiten einer immer größer werdenden »Klivien-Familie« – zuletzt von Kübelausmaßen! – abhängt. Gut ausgereift abgenommene Kindel blühen oft schon im 2. Jahr.

PFLANZENSCHUTZ Befall mit Schmier- und Schildläusen ist meist eine Folge des zu warmen Winterstandorts und wegen der Hartnäckigkeit des Übels recht unangenehm. Die in den Blattachseln eingenisteten Läuse vermehren sich ständig weiter und sind nur durch äußerst konsequent durchgeführte Maßnahmen nebst erstarkender Gesundheit der Pflanze allmählich auszurotten.

WICHTIG Klivien, die nicht blühen wollen, sind meist durch Vorenthaltung ihrer notwendigen Ruhezeit mangelhaft ausgereift. Zu kurze, »sitzengebliebene« Blütenschäfte sind eine Folge mangelnder Wärme während der Blütenbildung bis Oktober. Nach der Blüte bilden sich nicht selten mennigrote Samenkapseln. Sie zu belassen, hat wenig Zweck und kostet die Pflanze nur unnötig Kraft. Die »selbstgezogenen« Samen sind meist nicht keimfähig. Zwar ist Anzucht aus Samen an sich möglich, jedoch recht langwierig: Bei bester Pflege dauert es von der Aussaat bis zur 1. Blüte mindestens 3 Jahre, in Liebhaberkultur noch länger.

Clivia miniata, Riemenblatt oder Klivie, Familie Amaryllidaceae/ Amaryllisgewächse.

Coleonema calycinum Götterduft

Die Blätter dieser myrtenähnlichen Pflanze strömen einen würzigen Duft aus. Benannt wurde sie von Ernst Gottlieb von Steudel (1783–1856), Oberamtsarzt und Botaniker, der Mitbegründer des Württembergischen Naturhistorischen Reisevereins war.

Herkunft Diese schöne Pflanze ist in Südafrika zu Hause.
Pflanzengestalt Die immergrünen Blätter sind schmal und spitz auslaufend, fast nadelähnlich. Die kleinen rosafarbenen Blütchen haben 5 Blütenblätter. Sie ähneln Sternchen, zumal sie auch in großer Vielzahl an der Pflanze stehen. Die Blüte hält von März bis Mai. Die ganze Pflanze ist ein Strauch, die ähnlich wie bei der Myrte in Form gebracht werden kann, so daß der verholzte Stamm sichtbar wird.
Pflege Öfteres Zurückstutzen fördert die Verzweigung dieser Pflanze. *Coleonema* möchte es hell und luftig, auch steht sie lieber zu kühl als zu warm. Ständiges Gießen ist besonders in der Blütezeit wichtig. Im Sommer kann man die Pflanze durchaus ins Freie bringen. Sonne schadet ihr nicht. Allwöchentlich wird ein kalkfreier Dünger verabreicht. Umgetopft wird *Coleonema* vor dem Austrieb im Frühjahr in kalkfreie Erde (Azaleenerde). Im Winter sollte der Platz kühl sein, 10° C sind völlig ausreichend. Dann darf auch nicht so reichlich gegossen werden.
Vermehrung Wie die Myrte, so kann man auch *Coleonema* aus Triebstecklingen heranziehen. Hierzu werden kräftige, aber noch nicht verholzte Spitzen verwendet, die man in feuchter Erde bei guter Bodenwärme bewurzeln läßt.

Coleonema calycinum, Götterduft, Familie Rutaceae/Rautengewächse.

Columnea microphylla, Kolumnee, Familie Gesneriaceae/Gesneriengewächse.

Columnea Kolumnee

Ähnlich wie der Weihnachtsstern hat auch die *Columnea* mit dem weithin unbekannten deutschen Namen »Rachenrebe« den Blumenfreunden immer ein wenig Kummer bereitet. In Zimmerluft und manchmal sogar im Blumenfenster verkahlten die Triebe, und die Wiederblüte blieb aus. Jetzt gibt es neue, bessere Sorten.

Herkunft Im botanischen Namen *Columnea* steckt der latinisierte italienische Botaniker Fabio Colonna (1567–1640). Es gibt an die 160 Arten, die in Regenwäldern des tropischen Mittelamerika (Costa Rica, Panama, auch Mexiko sowie auf Haiti und Puerto Rico) gefunden wurden. Die meisten heute kultivierten Arten waren noch vor 1900 unbekannt.
Pflanzengestalt Epiphytisch – als »Aufsitzerpflanzen« – in den Kronen der Urwaldbäume lebende Sträucher und Halbsträucher, auch kletternde, hängende oder kriechende Kräuter. Bei den in Kultur befindlichen Arten bilden sich lang herabhängende Triebe mit immergrünen, unterschiedlich geformten und strukturierten, gegenständigen kleinen Blättern. Die Blüten erscheinen meist einzeln, an kurzen Stielen in den Blattachseln; auch büschelförmige Anordnung kommt vor. Farbe zinnoberrot oder orangerot, auch mit gelbem Schlund, Blütezeit Herbst oder Nachwinter, manchmal auch zweite Blüte. Die alten Hauptarten sind *C. gloriosa* als schönste und anspruchsvollste mit Zuchtform 'Purpurea'; *C. hirta* mit sehr großen Rachenblüten und sehr langer Blütezeit von Spätwinter bis Frühjahr; *C. microphylla* als

hübsche Kleinform; *C. schiedeana* wächst am stärksten und blüht von März bis Mai bräunlich, innen gelb und netzartig geadert.
Pflege Aufhängung halbschattig-hell, ohne direkte Besonnung. Wintertemperatur 15–18° C; kühlste Zeit: 10–15° C im Herbst. Ständig hohe Luftfeuchtigkeit ohne direkte Benetzung. Gießen nur mit temperiertem, enthärtetem Wasser. Düngen während der Wachstumszeit wöchentlich mit einem kalkfreien Flüssigdünger. Nach dem Blühen wird in größere Pflanzgefäße in leichte, nährstoffreiche Erde eingetopft.
Vermehrung *Columnea* wird durch Triebstecklinge vermehrt, die bei 25° C Bodentemperatur in leichter und feuchter Erde rasch bewurzeln. Günstig ist es, zur Erhöhung der Luftfeuchtigkeit ein Glas über den Steckling zu stülpen.

Columnea hirta 'Merkur'.

Crossandra Crossandre

Wie viele andere Akanthusgewächse galt sie zunächst als heikle Warmhauspflanze und nur für Tropenfenster geeignet. Heute aber gibt es härtere Kulturformen, die fast schon Allgemeingut sind.

Herkunft *Crossandra* kam erstmals 1817 aus Indien nach Europa, geriet dann in Vergessenheit und wurde 1950 »neu entdeckt«. In ihrer Heimat in Vorderindien und Sri Lanka erreicht der krautige Halbstrauch bis zu 1 m Höhe und bringt ganzjährig, ohne Unterbrechung, seine aparten lachsrosa Blüten hervor.
Pflanzengestalt Die Blüten erscheinen zu mehreren an langen, schuppig mit Deckblättern besetzten Stielen, die aus den Blattachseln entspringen. Gerühmt wurde an der Topfblume auch die lange Haltbarkeit des Flors von Frühjahr bis Herbst. Beklagt wurde an der Ursprungsart ihre Empfindlichkeit gegen Temperaturen unter 20° C und gegen Lufttrockenheit, die sogleich mit Blattrollen und Nachlassen der Blütenfülle beantwortet wurde. Aber dann erschien die schwedische Züchtung *C. infundibuliformis* 'Mona Wallhed' am Markt und zeigte so viele Vorzüge, daß sie bald weltweite Geltung erlangte. Mit aparter lachsfarbener Blüte wartet diese *Crossandra* auf. Aber auch gelbe Sorten sind im Angebot.
Pflege Über Sommer halbschattig, im Winter recht hell ohne direkte Besonnung. Ganzjährig im geschlossenen Raum halten. Überwinterungstemperatur nicht unter 18° C, auf entsprechende Bodenwärme achten. Beim Gießen nur enthärtetes Wasser mit Zimmertemperatur verwenden. Während der Wachstums- und Blütezeit reichlich, während der Ruhezeit (etwa Oktober/November bis Januar/Februar) sparsam gießen, jedoch Ballentrockenheit unbedingt vermeiden. Während der Blütezeit nur bei Lufttrockenheit ohne Benetzung der Blumenblätter, sonst allgemein öfter sprühen, da Blattrollen auch heute noch vorkommt und meist vom Nachlassen der Blühwilligkeit begleitet wird.
Gedüngt wird von Februar bis August mit einem Flüssigdünger einmal wöchentlich. Umgetopft wird vor Erscheinen der ersten Blütenknospen im Frühjahr, die Erde sollte leicht und humos sein. Jungpflanzen zur besseren Verzweigung stutzen; auch ältere vertragen Rückschnitt.
Vermehrung *C. infundibuliformis* kann sogar aus selbstgezogenen Samen herangezogen werden. Auch aus Stecklingen im Mai/Juni ist eine Vermehrung bei 20° C Bodenwärme möglich. Die neuen Zuchtsorten lassen sich nur aus Stecklingen vermehren.
Pflanzenschutz Trockene Luft bringt Rote Spinne und Weiße Fliege.

Crossandra infundibuliformis 'Mona Wallhead', Crossandre, Familie Acanthaceae/Akanthusgewächse.

Cyclamen persicum Alpenveilchen

Es gilt heutzutage nicht nur als eine der gängigsten Marktpflanzen, sondern leider auch als »Wegwerfpflanze Nummer eins«. Züchterische Überforderung und unser moderner Wohnstil wirken zusammen, um sachgemäße Pflege und erst recht eine Weiterkultur über viele Jahre fast unmöglich zu machen. Doch sollten echte Blumenfreunde es immer wieder versuchen.

Herkunft Ursprünglich stammt das *Cyclamen* aus bergigen Regionen. Heute ist es weit verbreitet am Mittelmeer und nimmt dort mit trockenen Bedingungen vorlieb.

Pflanzengestalt *Cyclamen* besitzen eine dicke Knolle, die zu einem Viertel aus der Erde herausragt. Mit dieser Knolle überdauern sie die trockenwarme Zeit. Die Blätter kommen aus der Knollenoberseite, ebenso die Blüten. Beide sind langgestielt. Die Blätter sind herz- bis nierenförmig und dunkelgrün bis rötlich gefärbt, oft mit silbrigem Muster oder Nervatur. Die fünfblättrige Blüte strebt nach oben und öffnet sich leicht. Sie steht über dem rundlichen Blattdach. Die Blütenfarbe reicht von Weiß, zweifarbig (mit Auge) über Rosa und Violett bis hin zu Rottönen. Es gibt auch Sorten mit gefransten und gewellten Blüten.

Pflege Die Züchtungen, die bei uns im Handel sind, bedürfen anderer Pflege als die Urformen am Mittelmeer. Wo die Wiederblüte einmal gelungen ist, kommt das Alpenveilchen unter gleichen Bedingungen meist getreulich

Cyclamen persicum, gefranste Blüten (unten), verschiedene F_1-Hybriden (oben und rechts unten), Alpenveilchen, Familie Primulaceae/Primelgewächse.

Cyclamen persicum (oben).

Cytisus x *racemosus,* Geißklee, Familie Leguminosae/Hülsenfrüchtler (rechts).

immer wieder. Alpenveilchen kommen ab Herbst als vollerblühte Pflanze ins Haus. Bei richtiger Pflege können sie weiterblühend bis zum nächsten Frühjahr durchhalten. Der Platz sollte kühl (im Winter 10 bis 12° C) sein, und es sollte lichter Schatten vorherrschen. Als ideal galt früher der Platz zwischen Doppelfenstern an der Nordseite. Ein sonniger Platz im warmen Zimmer bringt die Pflanzen in kürzester Zeit zum Erliegen. Blühende Alpenveilchen brauchen auch am kühlen Platz verhältnismäßig viel zimmerwarmes, enthärtetes Wasser. Knolle und junge Knospen dürfen nicht benetzt werden. Bei tiefsitzenden Knollen ist deshalb Gießen in den Untersetzer sicherer. Überschüssiges Wasser nach 1/2 Stunde wegschütten. Pflanzen mit vielen Blüten und vielen großen Blättern lieber mehrmals täglich gießen. Für die Weiterkultur wird das ganze Jahr gedüngt, da *Cyclamen* keine Ruhezeit hat. Während der Blüte alle 2 Wochen; während Wachstumszeit von Knolle und Laub jede Woche düngen. Abgeblühte und schlechte Blätter laufend am Stengelgrund auszupfen; keine Samenbildung dulden. Zur Weiterkultur die abgeblühte Pflanze umtopfen; warm, schattig stellen. Altes Laub muß bleiben, bis der Neuaustrieb beginnt. Ab Maimitte übersommern *Cyclamen* im Freien; Einräumen erst vor stärkeren Nachtfrösten; bis Erscheinen der Blütenknospen kühl und luftig halten (8–10° C).

VERMEHRUNG Selbst unter Wohnraumbedingungen bildet sich an den Pflanzen Samen, wenn man verblühte Blumen nicht herauszupft. Man sät den Samen dann im Februar oder August aus, hält ihn feucht und warm und pflegt die Sämlinge bei etwa 15° C weiter.

Cytisus Ginster, Geißklee

Als Gartenstrauch ist der brave Ginster oder Geißklee weitbekannt. Unter den nicht winterharten Formen steht *Cytisus* x *racemosus* als reichblühende, anspruchslose Zimmerpflanze an erster Stelle. Gerade in den ersten Frühjahrsmonaten fällt die duftend gelbe Topfpflanze auf.

HERKUNFT *Cytisus* gibt es auf den Kanarischen Inseln ebenso wie im Mittelmeerraum und auf den Azoren.

PFLANZENGESTALT Die gelben Schmetterlingsblüten stehen an den Triebenden. Die kleeähnlichen Blätter verteilen sich dicht

auf den dünnen Zweigen. Der *Cytisus* verholzt, man kann ihn als Stämmchen heranziehen.
Pflege Geißklee braucht viel Wasser und darf nicht zu warm stehen. Besonders im Winter reichen 8° C aus. Wer das nicht bieten kann, soll auf den reizenden Hülsenfrüchtler mit seiner Fülle leuchtend gelber Schmetterlingsblüten lieber verzichten, obwohl seine Vorliebe für kalkhaltige Erde und somit auch kalkhaltiges Gießwasser ein wichtiges Problem ausschaltet. Es ist genau umgekehrt wie sonst: Gelbfärben der Blätter und Kümmern der Triebe sind die Reaktion auf zu sauren Boden! Zum Umtopfen im Januar sollte man etwas Kalk unter die Erde mischen. Über Sommer kann die Pflanze an einem halbschattigen Platz im Freien stehen. Man darf dann nur nicht das Gießen und Düngen vergessen. Ginster ist schnellwüchsig und kann daher in Form geschnitten werden.
Vermehrung Durch Aussaat möglich, dauert aber lange bis zur Blüte.

Dipladenia sanderi 'Rosea'.

Dipladenia Dipladenie

Diese lianenartig schlingende Verwandte des Oleanders, des Immergrüns und einiger anderer, zur gleichen Familie der Apocynaceen oder Hundsgiftgewächse zählenden Zimmerpflanzen hat in den letzten Jahren ohne Zweifel Karriere gemacht. Ihre Zimmerwürdigkeit steht außer Zweifel. Dipladenien sind ganz einfach »in«.

Herkunft Wer nun aber meint, daß es sich hier um eine aufregende Neuheit handelt, ist im Irrtum. Die aus Brasilien stammende Pflanze feiert vielmehr nach rund einem halben Jahrhundert fast völliger Vergessenheit in ungebrochener Jugendschönheit ein strahlendes Comeback.
Pflanzengestalt *Dipladenia boliviensis,* weiß mit gelbem Schlund blühend, und *D. sanderi,* deren etwas größere rosa Blüten ebenfalls mit einem zartgelben Schlund aufwarten, sind die bekanntesten Arten. Aber sie gelten heute wie einst als überholt durch eine Anzahl noch schönerer, noch reicher und farbenprächtiger blühender Hybriden. Von ihnen seien 'Amoena' (kräftig rosa, tiefrosa Auge, gelbe Kronröhre), 'Rosacea' (zartrosa mit dunklerem Rand, gelber Schlund) und 'Rubiniana' genannt. Eine echte Neuheit dürfte die besonders großblütige Zuchtform *D. sanderi* 'Rosea' in herrlichem Lachsrosa sein. Schlund und Kronröhre zeigen das übliche Gelb.
Ihrer Pflanzengestalt nach ist die Dipladenie ein Kletterstrauch mit glatten Trieben und glänzend grünen, kräftigen Blättern. Zum Ruhme der Blüten sei noch nachgetragen, daß sie bei richtiger Pflege mindestens von Mai bis November in ununterbrochener Folge erscheinen und dazu noch erstaunlich lange – 2 Wochen und mehr – an den peitschendünnen Zweigen halten. Man zieht sie an hohen Drahtbügeln oder am Topfspalier. Hier noch 2 sommerblühende Arten, die gelegentlich angeboten werden – beide stammen aus Brasilien: *D. eximia* mit 6–8 cm breiten, leuchtend rosenroten Blüten in Trauben und *D. splendens* mit den größten, unterseits behaarten Blättern und den größten, bis 10 cm breiten Blüten, die innen rosa, außen weiß sind. Achselständige Blütentrauben.
Pflege Als ein Geschöpf tropischer südamerikanischer Regenwälder verlangt die Dipladenie einen hellen bis halbschattigen Platz ohne direkte Besonnung. Wer ihr in den Wochen nach Austriebsbeginn, etwa ab März, nun mehr Wärme und Luftfeuchtigkeit

Dipladenia boliviensis, Dipladenie, Familie Apocynaceae/Hundsgiftgewächse.

Dipladenia sanderi

gewährt, wird dadurch die Blühwilligkeit fördern. Ab Mai bis Jahresende genügt normale Zimmertemperatur. Im Januar/Februar sollte eine kurze Ruhepause bei nur 12–15° C und sparsamem Gießen eingeschaltet werden. Sonst wird je nach Trieb und Blühen ausreichend, jedoch ohne stauende Nässe gegossen. Gedüngt wird nur von April bis August, wöchentlich einmal. Jedes Frühjahr sollten Dipladenien in nährstoffreiche, wasserdurchlässige Erde umgetopft werden.
VERMEHRUNG Von noch nicht verholzten Trieben kann man Stecklinge gewinnen, die bei 25° C Bodenwärme in sandhaltiger Erde bewurzeln. Wichtig ist, die jungen Pflanzen stets feucht zu halten.
WICHTIG Blattrollen kommt von zu trockener Luft und zu hellem Stand.

Dipteracanthus devosianus Ruellie

Der *Dipteracanthus* hat nicht nur reizende kleine Blütchen, die allerdings nicht lange halten, sondern auch schön gefärbte Blätter. Als Ampelpflanze ist er viel im Angebot. Es gibt von dieser Gattung etwa 250 Arten, von denen aber nur wenige bei uns als Zimmerpflanze verbreitet sind. Da sie auch kriechend wachsen, sind diese Vertreter aus der Familie der Akanthusgewächse auch als Bodendecker, Unterbepflanzung und Pflanzen für den Flaschengarten zu finden.

HERKUNFT Die Gattung *Dipteracanthus* ist in Brasilien zu Hause.
PFLANZENGESTALT Dieser kleine Halbstrauch entwickelt farbige Blätter mit samtiger Oberfläche. Die Nervatur der Blätter sticht durch ihre Kontrastfarbe besonders reizvoll hervor. Die kleinen rosafarbenen und weißen Blüten erinnern an die von *Streptocarpus* oder *Impatiens*, blühen aber nicht so lange.
PFLEGE Das Allerwichtigste ist: Trockene Heizungsluft und kalten Wurzelballen vermeiden! Als Standort bevorzugt die Ruellie einen hellen bis halbschattigen Platz bei viel Wärme und hoher Luftfeuchtigkeit. Im Winter besonders darauf achten, daß die Pflanze von unten warm steht. Auch in diesen Monaten darf die Temperatur nicht unter 18° C absinken. Zum Gießen am besten

Dipteracanthus devosianus, Ruellie, Familie Acanthaceae/ Akanthusgewächse.

Dipteracanthus devosianus, weiß blühend.

enthärtetes Wasser nehmen. Im Sommer alle 2 Wochen einmal mit schwacher Konzentration düngen. Alljährlich wird *Dipteracanthus* umgetopft. Dann schneidet man die Pflanze auch stark zurück. Man verwendet normale Blumenerde, die mit durchlässigem Material vermischt wird, um stauende Nässe zu vermeiden.
Vermehrung Kopfstecklinge bringen bald Wurzeln, wenn man sie im Frühjahr bei guter Bodenwärme (mindestens 22° C) aufstellt. Am wirkungsvollsten ist es, wenn man gleich 5 Stecklinge in einen Topf steckt.

Duchesnea indica Indische Erdbeere

Dieses hübsche Gewächs sieht tatsächlich der einheimischen Erdbeere sehr ähnlich. Doch schon beim Kosten merkt man, daß die Beeren fade schmecken und für uns wirklich nur Zierwert haben. Der englische Botaniker Sir James Edward Smith (1759–1828), bekannt durch eine Vielzahl von botanischen Schriften und durch seine naturwissenschaftlichen Sammlungen, benannte dieses reizende Rosengewächs.

Herkunft Ursprünglich stammt die *Duchesnea* aus dem asiatischen Raum. Sie wächst in China, Japan bis hin nach Indien wild. Inzwischen ist sie auch in den USA heimisch und sogar stellenweise in Südeuropa anzutreffen.
Pflanzengestalt Ähnlich unserer Gartenerdbeere bildet auch die Indische Erdbeere Ausläufer und eignet sich daher als Bodendecker hervorragend. Auch an Gitter aufgebunden oder als Kranz im Topf sieht sie sehr dekorativ aus. Die Blätter sind dreiteilig und leicht gezähnt. Die Blüten sind klein und gelb. Der eigentliche Schmuck sind die roten Beeren, die etwa die Größe unserer Walderdbeeren haben und lange an der Pflanze bleiben.

Pflege *Duchesnea* braucht einen sehr hellen, aber vor praller Sonne geschützten Platz. Im Sommer kann sie durchaus im Freien stehen. Übrigens ist es schon gelungen, sie auch im Garten zu überwintern. Wird der Winter nicht allzu streng, mag dies auch gelingen, wenn man die Pflanze mit einer dicken Reisig- oder Laubschicht abdeckt. Im Zimmer sollte sie nicht zu warm stehen, besonders über Winter reichen der Indischen Erdbeere Temperaturen um 10° C, dann sterben die älteren Pflanzen ab. Es haben sich aber genügend Ausläufer gebildet, so daß es keine Probleme beim Nachwuchs gibt. Im Sommer wird reichlich gegossen und auch jede Woche einmal gedüngt. Im Winter das Düngen einstellen und sehr wenig gießen. Als Substrat bevorzugt die *Duchesnea* eine nährstoffreiche Erde.
Vermehrung Die Ausläufer werden abgetrennt und neu eingetopft. Sie sollten über Winter etwas wärmer stehen und in dieser Zeit auch etwas mehr gegossen werden.

Duchesnea indica, Indische Erdbeere, Familie Rosaceae/Rosengewächse.

Episcia reptans, Schattenröhre, Familie Gesneriaceae/Gesneriengewächse.

Episcia Schattenröhre

Sie ist ein Gesneriengewächs aus dem süd- und mittelamerikanischen Raum und lebt wie viele ihrer Familienmitglieder überall dort, wo tropische Regenwälder Luftfeuchtigkeit und tiefen Schatten bieten oder feuchte Flußufer zu bodenbedeckendem Wachstum einladen.

Herkunft Die etwa 40 Arten dieses Gesneriengewächses stammen alle aus Süd- und Mittelamerika.

Pflanzengestalt Wie die meisten Gesneriengewächse, so hat auch die *Episcia* behaarte Blätter, die gegenständig und paarig stehen. Sie sind eirund mit leichter Spitze. Die hübschen Blätter haben je nach Art oder Sorte eine dekorative Musterung. Die Blüten sind achselständig, zumeist einzeln, aber bei manchen Arten auch gebüschelt mit kleiner Krone auf langer Röhre in den Farben Rot, Rosa, Orange, Violett oder Weiß.
E. cupreata hat lange, verzweigte Triebe; die Blätter sind oberseits bräunlich, die mittlere Ader ist weiß gefärbt. Im Sommer erscheinen scharlachrote Blüten.
E. lilacina hat hellrosa Blüten und dunkle Blätter mit hellgrüner Mitte.
E. reptans bildet lange, verzweigte Ausläufer, ist kriechend. Die Blätter selbst sind groß, bräunlich, die Blüten sind rot.
Alle sind wunderhübsche Bodenbedeckungspflanzen, die aber auch in Schalen oder Ampeln gehalten werden können.

Pflege Sonne mögen diese kleinen Pflanzen überhaupt nicht. Sie möchten zwar hell stehen, können es aber auch im schattigen Bereich gut aushalten. Das ganze Jahr hindurch brauchen sie einen warmen Platz. Verblühtes rechtzeitig entfernen, da sonst leicht Fäulnis entsteht. Da sie einen hohen Luftfeuchtigkeitsbedarf haben, ist für indirekte Befeuchtung der Luft rings um die Pflanzen zu sorgen, denn Besprühen bringt Blattflecken! In der Wachstumszeit benötigen sie alle 2 Wochen einmal eine schwache Düngergabe. Episcien werden alljährlich im Frühjahr in nährstoffreiche, lockere Erde umgetopft.

Vermehrung Bei genügend Feuchtigkeit und Bodenwärme bewurzeln Blattstecklinge, Triebstecklinge und Ausläufer sehr rasch.

Erica Glockenheide

Wenn man bedenkt, welche Stellung bei uns in Landschaft und Brauchtum bis hin zum Volkslied das Heidekraut einnimmt, dann erscheint es kaum glaublich, daß von über 600 Arten der Gattung *Erica* nur 16 in Europa vorkommen.

HERKUNFT Viele *Erica*-Arten kommen aus Afrika und von den atlantischen Inseln.
PFLANZENGESTALT Es handelt sich um immergrüne, meist niedrig bleibende Sträucher, deren Blätter nadelförmig sind. Die Blüten sind glocken- bis röhrenförmig. Früher wurden aus dem großen Arsenal bei uns wiederum, etwa in botanischen Gärten, bis zu Hunderte solcher »Kap-Erika« kultiviert. Der Blumenfreund von heute beschränkt sich meist auf *Erica gracilis*, die von September bis Dezember rosenrot blüht. Im Nachwinter, von Februar bis März, setzen die weiße *E. hiemalis* und ihre rosa, lachsrot oder rosaweißblühenden Hybriden ein.
E. x willmorei mit ihren langen Röhrenblüten ist ein herrlicher Frühjahrsblüher. Eine zauberhafte Sommerblüherin ist die »bauchige« *E. ventricosa* mit »erikafarbener« Blüte.

PFLEGE Alle Kap-Eriken brauchen ganzjährig viel Licht, im Sommer sonnigen Stand möglichst im Freien; Überwinterung bei 6–8° C. Gießen nur mit voll enthärtetem Wasser, im Sommer reichlich. Sprühen nur im Frühling und Sommer. Im Winter trockener halten. Gedüngt wird von Mai bis Juli mit einem kalkfreien Dünger. Umgetopft wird alljährlich in Azaleenspezialerde, dabei den fest verwurzelten Ballen aufbrechen. Topferika kann viele Jahre halten – die meisten vertrocknen vorzeitig!
VERMEHRUNG Durch Teilen möglich, ist aber Sache des Spezialisten. Als Substrat verwendet man Azaleenerde, der man etwas Sand beimischt.

Erica ventricosa (unten), *E. x willmorei* (rechts), Glockenheide, Familie Ericaceae/Heidekrautgewächse.

Euphorbia grandicornis Großhörnige Wolfsmilch

Als Beispiel für die oft staunenswerte Ähnlichkeit der sukkulenten Wolfsmilchgewächse mit echten Kakteen haben wir hier eine Art gewählt, die selbst Kakteensammler oft nur dadurch erkennen können, daß sie die Haut der Pflanze mit einer Stecknadel ritzen und beobachten, ob als untrügliches Merkmal giftiger, weißer Wolfsmilchsaft austritt.

HERKUNFT Die Großhörnige Wolfsmilch ist mit ihren stets gedoppelten, riesigen »Dorsaldornen« und dem winzigen Blättchen dazwischen ebenso attraktiv anzusehen wie leicht zu kultivieren. In ihrer südafrikanischen Heimat wächst sie zu mehrere Meter hohen Sträuchern heran, wobei jeder »Trieb« jährlich eine der dreirippigen »Etagen« bildet. Im höheren Alter erscheinen an den hornigen Kanten auch zahllose gelbe Blütchen.
Im übrigen ist *E. grandicornis* nur eine unter mehreren 100 Arten sukkulenter Wolfsmilchgewächse. Doch zweifellos ist sie eine der schönsten Arten.

PFLANZENGESTALT Viele davon sehen den echten Kakteen der Neuen Welt Mittel- und Südamerikas so ähnlich, daß man sie geradezu als die »Kakteen der Alten Welt« bezeichnet hat. Einige der hübschesten und in Zimmerkultur relativ kleinbleibenden Arten, die über Sommer auch im Freien stehen können, über Winter aber eine Mindesttemperatur von 12° C nicht unterschreiten sollen: *E. caput-medusae* (Medusenhaupt) – Heimat Kapland. Von dem oben verdickten Stamm wachsen von fünfkantigen Blattpolstern umgebene Triebe wie Schlangen nach allen Seiten. Gedeiht bestens in engen Palmen-

töpfen. Schön ist auch *E. globosa* (Kugel-Wolfsmilch) – Heimat Kapland. Besteht aus runden Sproßgliedern, die rasenbildend aneinander hängen. Bei hellem, trockenem Stand in flacher Schale Blütenbildung möglich. Vermehrung geht von selbst.
E. lactea (Milchweiße Wolfsmilch) – Heimat Indien (Sri Lanka). Wuchs dreirippig, Kandelaberform. Stamm und Seitentriebe zeigen typischen weißen Mittelstreifen. Anspruchslos.
E. obesa (Dicke Kugel-Wolfsmilch) – Heimat östliches Kapland. Dank einem wunderbaren Vexierspiel der Natur ist diese sukkulente Wolfsmilch wirklich nur durch die »Milchsaftprobe« mit der Stecknadel von *Astrophytum asterias*, dem Seeigelkaktus, zu unterscheiden. Die zu allem noch zweihäusige Pflanze erreicht kaum 8–10 cm Durchmesser. Während der Ruhezeit völlig trocken halten.
E. pseudocactus (Kaktus-Wolfsmilch) – ähnlich wie *E. lactea* kandelaberartig verzweigt, doch mit viel dünneren, 4–5rippigen, lebhaft grünen, stärker marmorierten Sprossen und kürzer bedornt. Wächst in Zimmerkultur gut voran; leicht zu vermehren.
Pflege Insgesamt einfach, wenn winterliche Trockenruhe eingehalten wird. Standort der Wachstumszeit März bis August warm, sonnig, luftig. Alle für Hydrokultur bestens geeignet, wenn Wasserstand dauernd sehr niedrig, als Substrat Kakteenerde verwenden.
Vermehrung Durch Samen oder Kindel, die aber »ausbluten« müssen und erst dann gesteckt werden dürfen.

Euphorbia grandicornis, Großhörnige Wolfsmilch, Familie Euphorbiaceae/Wolfsmilchgewächse.

Euphorbia milii
Christusdorn, Dornenkrone

Der Christusdorn ist nach wie vor beliebt. Seine kleinen runden, farbigen Hochblätter machen diese reizvolle Pflanze mit dem dichten Dornenkleid und den eirunden Blättern zur begehrten und problemlosen Zimmerpflanze.

Herkunft Ihr alter Gärtnername war von Anbeginn *Euphorbia splendens*, die »Glänzende«. Weshalb daraus *E. milii* wurde, weiß wohl nur die Nomenklatur-Kommission. Jedenfalls war *E. milii* die erste sukkulente Wolfsmilch, die aus den Granitbergen im Hochland von Madagaskar genau 1821 nach Europa kam, um hier bald zu einer Standard-Zimmerpflanze von großem Blütenreichtum und hoher Lebensdauer zu werden. Lange Zeit kannte man nur die Art, bis findige Züchter Möglichkeiten der Abwandlung entdeckten und Sorten mit noch leuchtenderen roten Blüten und weniger sperrigem Wuchs entwickelten. Eine gelbe Form kam hinzu.

Euphorbia milii, Christusdorn, Familie Euphorbiaceae/Wolfsmilchgewächse.

Internationalen Erfolg sicherte sich der deutsche Züchter Stirnnadel, als er bei einem Aufenthalt in Madagaskar eine sogenannte Naturhybride der *E. milii* mit ungewöhnlichen Eigenschaften des Wuchses und der Blühfähigkeit entdeckte. Er gab ihr nach dem Fundort in einem Missionsgarten den Markennamen »Somona«, unter dem dieser aus der Art geschlagene Christusdorn inzwischen mit vielen Sorten bis zu Zwergformen beinahe weltberühmt geworden ist.

Als Neuheiten der Madagaskar-Euphorbien-Art *E. milii* erschienen die Hybrid-Geschwister 'Petra' (rot) und 'Viktoria' (pink) mit buschigem Wuchs bis etwa 60 cm Höhe am Markt.

Pflanzengestalt Die Grundform des alten Christusdornes waren seine gut bleistiftstarken, meist schwach kantigen sukkulenten und dicht bedornten Triebe, deren Länge ihre Formung zur »Dornenkrone« bei noch gehandelten Züchtungen bis heute möglich macht. Zwischen den Dornen bilden sich – der Triebspitze zu immer dichter werdend – die länglichrunden, hellgrünen Blätter und die meist zu mehreren gestielten »Blütchen«. Nach Wolfsmilchart danken sie ihre schöne Farbigkeit den Hochblättern oder Brakteen, die sie wie Blumenblätter umgeben.

Stirnadels *E.-milii*-Hybride »Somona« mit dem Sortennamen 'Gabriela' wächst einschließlich ihrer an den Triebspitzen erscheinenden, langgestielten Blütenstände steil aufrecht, wird auch etwa 60 cm hoch. Gelegentlicher Abwurf unterer grüner Blätter ist ohne Bedeutung.

Pflege Lichthunger macht sie alle besonders geeignet für sonnige Lagen mit trockener Luft, jedoch abgeneigt gegen Luftfeuchtigkeit. Im Gegensatz zu vielen anderen Sukkulenten, zu denen natürlich auch die Kakteen zählen, verlangen die Christusdorn-Zuchtformen keinen kühlen Winterplatz, sondern schätzen außer Licht und Zimmerwärme vor allem einen »warmen Fuß«. Übersommern im Freien nur am sehr geschützten Platz mit eingesenktem Topf. Große, alte Exemplare brauchen

Haltestäbe oder Topfspaliere. Ständiges Blühen verlangt auch außerhalb der sommerlichen Hauptwachstumszeit bei sonnigem Stand und warmem Fuß etwas mehr Bodenfeuchtigkeit. Während der Hauptwachstumszeit – Frühjahr bis Frühherbst – alle 8–10 Tage mit Kakteendünger düngen.

Jüngere Pflanzen nach Bedarf alle 1–2 Jahre, später seltener, in sandig-humose Erde umtopfen.

Vermehrung Beste Zeit: Frühjahr, auch später. Keine frischen Kopfstecklinge, sondern ältere, schon feste Triebstücke nehmen. Schnittflächen einen Tag luftig abtrocknen lassen, fördert Kallusbildung. In kleinste Töpfchen mit Anzuchterde (Kakteenerde) stecken. Anzucht aus Samen möglich.

Pflanzenschutz Laubfall im Winter: Ursache meist zu kühler Stand mit kaltem Fuß, Übergießen oder beides. Laub treibt im Frühjahr meist neu aus.

Wichtig Weißer Milchsaft wie bei allen Euphorbien giftig. Beim Hantieren Handschuhe tragen.

Euphorbia milii-Hybride 'Marathon'.

Euphorbia pulcherrima
Weihnachtsstern, Poinsettie

Wolfsmilchgewächse für Zimmerkultur haben große Wandlungen erfahren. Doch der Weihnachtsstern hält in vielen Farbvarianten, als Mini, Busch oder Hochstamm seine Stellung.

Herkunft 1834 kamen die ersten Exemplare aus Mexiko nach Europa und fanden zunächst wenig Interesse. Erst um die Jahrhundertwende begannen deutsche Züchter mit sortenmäßiger Weiterentwicklung. In seiner Heimat wächst der Weihnachtsstern wie hier der Holunder.

Pflanzengestalt Ausdauernder, immergrüner Strauch, im tropischen Freiland bis 1,20 m hoch. Triebe meist wenig verzweigt. Blätter groß, spitz-eiförmig oder lanzettlich oder eichblattartig ausgebuchtet, an der Triebspitze zu rosettenförmig angeordneten, je nach Sorte prächtig feuerroten, lachsrosa oder rahmweißen Hochblättern (Brakteen) ausgebildet, auch zweifarbige Sorten gibt es. Den Weihnachtsstern kann man auch zum wirkungsvollen Kronenbäumchen heranziehen; dies dauert aber mehrere Jahre. Bei den neueren Sorten oft zu dritt und mit je 20 cm Durchmesser nebeneinander erscheinend, umgeben die Hochblätter den ebenfalls rosettig gedrängten Kreis von unscheinbaren grünlichweißen Wolfsmilchblütchen. Das farbige Gepränge dient der Anlockung von Insekten und »Honigvögeln« zur Bestäubung. Weihnachtssterne sind Kurztagspflanzen. Zur Blütenbildung und zum Einfärben der Hochblätter brauchen sie eine »Kurztagsbehandlung« von 8 Wochen mit einer Tageshelle von jeweils 10 Stunden. Mehr Licht – sogar kurzfristiges Einschalten der Zimmerbeleuchtung – verhindert die Bildung von Blütenknospen und fördert nur ein üppiges vegetatives Wachstum als hübsche Blattpflanze. Nach Abschluß der Kurztagsbehandlung müssen die Knospen so gut vorgebildet sein, daß weitere 2-3 Wochen später der Blütenstand nebst den Hochblättern voll entwickelt und nun auch »lichtfest« ist.

Euphorbia pulcherrima 'Sub-ji-bi' (oben), 'Marble' (unten) und 'Dorothea' (unten links), Weihnachtsstern, Familie Euphorbiaceae/ Wolfsmilchgewächse.

Pflege Weihnachtssterne ganzjährig im Raum halten; übersommern am geschützten Platz auf dem Balkon möglich. Standort hell ohne direkte Besonnung. Nach der Blüte Rückschnitt auf ca. 15 cm, nur 3-5 Triebe belassen. Ruhezeit bis Mai; Wachstumszeit bei normaler Winterblüte Mai bis November. Durchschnittstemperatur im Winter 18–20° C; während der Blüte kühler stellen. In der Wachstumszeit wird reichlich gegossen, auch lauwarm sprühen; nach der Blüte sollte nur noch sparsam gesprüht und gegossen werden.
Von Juni bis Oktober wöchentlich einmal düngen.

Vermehrung Aus Triebspitzen im Sommer.

Pflanzenschutz Lufttrockenheit bringt Woll- und Schildläuse, auch Rote Spinne.

Wichtig Weißer Wolfsmilchsaft, der bei Beschädigungen austritt, ist sehr giftig; »Bluten« der Pflanze aus dem Stengel mit brennendem Streichholz oder Kerzenflamme stoppen.

Eustoma grandiflorum, Prärieenzian, Familie Gentianaceae/Enziangewächse.

Eustoma grandiflorum Prärieenzian

Benannt wurde diese schöne Blütenpflanze von dem englischen Botaniker Anthony Salisbury (1761-1829). Sie spielt als Schnittblume eine weit größere Rolle denn als Topfpflanze. Doch auch als einjährige Zimmerpflanze kann sie uns wochenlang Freude bringen, denn sie ist pflegeleicht und sehr attraktiv. *Eustoma* gehört zur Familie der Enziangewächse.

Herkunft *Eustoma* kommt aus den USA. In den Staaten Colorado, Nebraska und Texas bis hin zum Norden Mexikos ist diese schöne Pflanze heimisch.

Pflanzengestalt Diese zweijährige (im Zimmer nur eine Saison haltbare) Pflanze mit den dichten, bereiften Blättern entwickelt große Blüten in allen Blautönen, Violett, Rosa und Creme. Auch zweifarbige Sorten und rein weiße sind im Angebot. Die Pflanze wird eigentlich 90 cm hoch, durch Wuchshemmstoffe wurde sie aber gestaucht, so daß die Topfpflanzen klein bleiben.

Pflege *Eustoma* möchte einen hellen (nicht sonnigen) und warmen Platz im Zimmer haben. Man sollte sie in dieser Zeit stets mäßig feucht halten, denn zu viel Gießen kann ebenso schaden wie zu wenig. Da die Pflanze nach dem Verblühen weggeworfen wird, entfällt ein Umtopfen. Aber wöchentliche Düngergaben fördern die Blühwilligkeit. Die Blüten halten sehr lange an der Pflanze – was auch ihren Ruf als ausgezeichnete Schnittblume begründete.

Vermehrung Zwar ist die Vermehrung sehr schwierig, dennoch für echte Enthusiasten eine Herausforderung. Der Samen wird im Sommer auf feuchte Erde gelegt und nur wenig mit feiner Erde bedeckt, ständig feucht und warm halten. Dann werden die Sämlinge in nährstoffreiche Erde gesetzt. Die Blattrosette muß noch vor dem Winter voll ausgebildet sein, um ein Blühen zu erreichen.

Exacum affine Blaues Lieschen

Absonderlich zu denken, daß dieses tropische Kraut und Pendant unseres braven alten »Fleißigen Lieschens« ausgerechnet ein Enziangewächs ist. Doch in der Tat: Enziangewächse kommen nicht nur in den Alpen und in europäischen Steingärten vor, sondern auch in Asien, auf Madagaskar und in Afrika.

Herkunft »Lieschen in Blau« soll vor dem 1. Weltkrieg von der wegen ihrer eigenartigen Vegetation berühmten Insel Skotra (am Eingang zum Golf von Aden, afrikanische Ostküste) nach Europa gekommen und gärtnerisch bearbeitet worden sein.

Pflanzengestalt Bei uns wird wohl nur noch die Zuchtform *Exacum affine* als frühsommerliche Marktpflanze gehandelt. Das heutige Blaue Lieschen – mit seiner krautigen, etwas fleischigen und reich verzweigten »Figur« dem Fleißigen Lieschen aus der Sippe der Balsaminengewächse recht ähnlich – blüht indes längst nicht

Exacum affine, Blaues Lieschen, Familie Gentianaceae/Enziangewächse.

Exacum affine 'Alba'.

so ausdauernd. Seine tief dunkelblauen oder auch weißen, duftenden und am Grund mit 5 gelben Staubbeuteln gezierten Blumenaugen öffnen sich jeweils 6 Monate nach Beginn der gärtnerischen Warmhauskultur. Inzwischen gibt es auch rosafarbene und sogar gefüllte Sorten.

Pflege Entsprechend einfach ist seine Behandlung während der kurzen Sommerfreundschaft. Halten Sie die Blauen wie die Fleißigen (roten) Lieschen hell, ohne direkte Besonnung und nicht zu warm. Fensterkasten und Balkon in Nord- und Nordostlage werden vertragen. Gießen Sie mit nicht zu hartem Wasser, und vermeiden Sie Ballentrockenheit, die mit Blütenrieseln beantwortet werden würde. Bei vorgedüngter Topferde wird etwas Düngung kaum nötig sein, kann aber auch nicht schaden. Weiterkultur lohnt nicht; das Blaue Lieschen gilt als einjährig.

Vermehrung Im zeitigen Frühjahr sät man die Samen aus, ohne sie mit Erde zu bedecken. Zum Keimen reichen 18° C. Beim Pikieren in den Endtopf stets mehrere Pflänzchen in einen Topf setzen, um eine buschige Pflanze zu erreichen.

Fabiana imbricata Fabianie

Zu den Nachtschattengewächsen zählt diese wunderschöne Pflanze. Bislang war sie nur in Botanischen Gärten anzutreffen, doch ist die Pflege nicht so kompliziert, daß man es nicht auch einmal mit ihr versuchen sollte. Ihren Namen erhielt die Pflanze nach Francisco Fabian y Fuero (1719–1801), einem Spanier.

Herkunft Die Verbreitung von *Fabiana imbricata* reicht von Südperu bis Südchile und Argentinien. Zur Gattung zählt man etwa 20 Arten.

Pflanzengestalt *Fabiana* ist ein immergrüner Strauch, der bis zu 2 m hoch werden kann. Die Zweige sind überhängend und besitzen eirunde, kleine Blätter. Die Blüten sind röhrenförmig und besetzen oft den ganzen Zweig. Normalerweise sind sie weiß, nur die Sorte 'Violaceae' hat lila Röhrenblüten. Ein Vorzug dieser Pflanze ist, daß die Blütezeit 6–8 Wochen anhält.

Pflege *Fabiana* braucht einen hellen und kühlen Standort. Dabei sollte der Topfballen stets feucht gehalten werden. Im Winter allerdings sollte die Pflanze nur bei 12–15° C stehen und relativ trokken gehalten werden. Sie blüht dann umso reichlicher im Frühjahr. Steht sie im warmen Zimmer, muß man auf eine Blüte verzichten. Im Frühjahr sollte man alle 14 Tage einen Volldünger verabreichen. Umgetopft wird ebenfalls im Frühjahr in nährstoffreiche, leichte Erde. *Fabiana* läßt sich auch zum eleganten Kronenbäumchen heranziehen. Die Triebe hängen dann über dem Stämmchen sehr dekorativ herab.

Vermehrung Aussaat ist möglich, aber langwierig. Besser etwa 5 cm lange Kopfstecklinge in feuchter Erde zum Bewurzeln bringen.

Fabiana imbricata, Fabianie, Familie Solanaceae/ Nachtschattengewächse.

Fortunella Kumquat

Diese reizende Citruspflanze entwickelt selbst unter unseren Bedingungen kleine Früchte, die mit Schale gegessen werden. Benannt wurde sie zu Ehren von Robert Fortune, der im Jahre 1847 die Kiwifrucht in China wiederentdeckte. Der amerikanische Botaniker Walter Tennyson Swingle (1871-1952) ordnete die Gattung wissenschaftlich ein. Er war ein großer Kenner der Familie der Rutaceae, der Rautengewächse.

HERKUNFT Die *Fortunella* kommt aus dem Süden Chinas. Man unterscheidet bei uns vor allem 2 Arten: *F. japonica* hat kleine runde Früchte, *F. margarita* besitzt ovale Früchte. Die dritte Art *F. hindsii* hat für uns nicht eine so große Bedeutung, da ihr Zierwert wegen der nur zentimetergroßen Früchte nicht so erheblich ist wie bei den anderen Arten. *F. hindsii* ist übrigens auch stark bedornt.

Fortunella margarita, Kumquat, Familie Rutaceae/Rautengewächse.

PFLANZENGESTALT Die Blätter der Kumquat sind ledrig und dick, sie laufen spitz aus. Die kleinen weißen Blüten erscheinen überreichlich, duften aber nicht so intensiv wie bei den anderen Citruspflanzen. Die Kumquat kann als Busch oder auch als Hochstämmchen gezogen werden.

PFLEGE Das Bedeutendste an der *Fortunella* ist ihre Frosthärte, bis –10° C übersteht sie ohne Probleme. Deshalb muß man ihr im Winter einen kühlen Platz geben. Über Sommer kann man die Pflanze durchaus ins Freie stellen, sogar volle Sonne macht ihr nichts aus, wenn sie dabei ausreichend gegossen wird. Die schönen Früchte halten monatelang an den Zweigen. Als Substrat verwendet man nährstoffreiche Komposterde, der etwas Sand und etwas Lehm beigemischt wird. Dennoch muß man die Kumquat über Sommer alle 2 Wochen einmal düngen. Wichtig ist auch, ihr einen eisenhaltigen Spezialdünger zu verabreichen, um ein Vergilben der Blätter zu vermeiden.

VERMEHRUNG *Fortunella* werden durch Veredlung vermehrt, wobei sich als Unterlage die Pomeranze (*Citrus aurantium*) bewährt hat.

Fremontodendron californicum Fremontodendron

Diese herrliche Kübelpflanze wartet mit großen gelben Blüten auf. Sie wurde von dem Amerikaner Frederick Vernon Coville (1867–1937) beschrieben. Ihre Pflege ist gar nicht so problematisch. Daher ist es unverständlich, daß das Fremontodendron heute noch zu den Seltenheiten gehört.

HERKUNFT Es sind 2 Arten bekannt, das bei uns verbreitete *Fremontodendron californicum* ist auf Niederkalifornien, in Arizona und ganz Kalifornien zu Hause. Dort wächst es auf kalkreichem Boden.

PFLANZENGESTALT In der Heimat wird dieser stark verzweigte Strauch etwa 6 m hoch, bei uns höchstens 2–3 m. Die Blätter sind ähnlich geformt wie bei *Abutilon*, aber fast ledrig und stärker. Sie werden bei guter Pflege auch größer (etwa 10 cm). Die Blüten sind von zitronengelber Farbe und erscheinen fünfblättrig mit gelben Staubgefäßen.

PFLEGE Trockenheit, hartes Wasser, sogar kurzzeitigen Frost – all dies übersteht diese robuste Pflanze ohne Probleme. Im Sommer kann man sie an einen vollsonnigen Platz stellen, sollte dann aber reichlich gießen und auch jede Woche düngen. Im Winter hingegen braucht *Fremontodendron* einen sehr kühlen Platz

Fremontodendron californicum, Fremontodendron, Familie Sterculiaceae/Sterculiengewächse.

(5–10° C) und wird dann weniger gegossen. In dieser Zeit verliert die Pflanze einen Teil ihrer Blätter. Das ist aber kein Drama, sie treibt im Frühjahr rasch wieder aus. Im März wird Fremontodendron umgetopft in kalkreiche, gut wasserführende Erde. Dabei stutzen wir die Triebe etwas ein, um die Pflanze zum Verzweigen anzuregen. Ab Mai kann man sie ins Freie stellen, sie blüht dann bis in den Herbst hinein.

Vermehrung Kopfstecklinge, die noch nicht verholzt sind, bewurzeln leicht in feuchtem Sand. Sie werden nach der Wurzelbildung in Substrat getopft.

Gardenia Gardenie, Jasmin-Rose

Ein amerikanischer Arzt und Naturforscher des 18. Jahrhunderts namens Garden war ihr Ehrenpate; ihre größte Zeit hatte sie wohl in der 2. Hälfte des vorigen Jahrunderts als anerkannte »Knopflochblume« der vornehmen Welt. Dann »lebte« sie überwiegend in Romanen. Heute erfährt sie ein Comeback.

Herkunft Heimat je nach Art Ostasien oder tropisches und subtropisches Afrika. Schon um 1750 kannte man einige der noch heute beliebtesten, aus China stammenden Arten, deren es insgesamt etwa 60 gibt.

Gardenia jasminoides, Gardenie, Familie Rubiaceae/Krappgewächse.

Pflanzengestalt Immergrüner, reich verzweigter Strauch mit glänzend-lederartigen, elliptischen oder ovalen, meist gegenständigen und kaum gestielten Blättern. Tellerförmige Blüten von 8–10 cm, weiß, seltener gelb, herrlich duftend. Die wichtigste, aus China stammende Art ist *Gardenia jasminoides,* aus der die als Schnitt- und Ansteckblume wichtigere 'Veitchii' mit kleineren Blüten und andere Sorten entwickelt wurden.

Pflege Im Sommer wird ein Freilandaufenthalt am halbschattigen, warmen und geschützten Platz nach vorsichtiger Abhärtung ab Anfang bis Mitte Juni meist gut vertragen. Als Winterblüherin muß *G. jasminoides* rechtzeitig vor den ersten kühleren Nächten eingeräumt werden.

Wie Kaffeebaum und Ixore ist die stammverwandte Jasmin-Gardenie sehr empfindlich gegen »kalte Füße«. Ausgeglichene, luftfeuchte Raumtemperatur von 16–18° C und gleichmäßige Bodenwärme von 18–20° C sind unerläßlich. Standort sehr hell, frei und luftig ohne intensive Besonnung. Während der Wachstums- und Blütezeit – bei 'Veitchii' Winterblüte beachten – normal, jedoch nur mit enthärtetem, angewärmtem Wasser gießen.

Je nach Wachstumsrhythmus ab Austriebsbeginn 4 Monate lang mit kalkfreier Volldüngerlösung düngen.

Umgetopft werden vor Austriebsbeginn jüngere Pflanzen; ältere Pflanzen höchstens alle 3–4 Jahre, unter größter Schonung der feinen Wurzeln; nicht tiefer oder höher setzen als vorher; fest andrücken. Nur beste kalkfreie Erde (Azaleenerde) verwenden.

Vermehrung Mit Kopftrieben, die wie bei Myrte oder Zimmerlinde geschnitten werden, unter Plastikhaube und bei genügend Bodenwärme (24–26° C) relativ einfach. Sonst Gärtnersache.

Gerbera Gerbera

Diese schöne Blütenpflanze aus der Familie der Korbblütler hat sich schon längst einen Namen als Schnittblume gemacht, doch auch als Topfpflanze erobert sie zunehmend den Markt. Benannt wurde sie nach Traugott Gerber, einem deutschen Naturwissenschaftler. Die Gerbera wurde 1887 nach Europa eingeführt. Es gibt etwa 45 Arten, unter ihnen eine Vielzahl von Sorten.

HERKUNFT Aus Südafrika kommt *Gerbera jamesonii.* Dort wächst sie als Staude heran.
PFLANZENGESTALT Die breiten Blätter wachsen grundständig. Aus ihrer Mitte entspringen an geraden, leicht behaarten Stielen die Blüten. Wohl kaum eine andere Pflanze kann solch eine Vielfalt an Farben vorweisen wie inzwischen die Gerbera mit ihren Züchtungen. Ob gefüllt oder einfach, ob als Miniform oder großblumig, ob mit dunkler oder heller Mitte – die runden Blütenkränze der Hybriden sind von auffallender Schönheit.
PFLEGE Volle Sonne möchte die Topfgerbera haben, im Sommer benötigt sie auch viel Wasser. Trockenheit führt zu schweren Wachstumsstockungen. Auch sollte man die Gerbera im Sommer jede Woche mit einem Blumenvolldünger gießen. Im Winter braucht sie einen hellen, aber etwas kühleren Platz, 10–12° C sind völlig ausreichend. In dieser Zeit wird die Gerbera weder gedüngt noch stark gegossen. Wöchentlich einmal Wasser geben ist genug. Alle 2 Jahre kann man Gerbera in nährstoffreiche, wasserdurchlässige Erde umtopfen.
VERMEHRUNG Gerbera werden durch Aussaat bei hoher Bodenwärme vermehrt oder auch durch das Teilen älterer Pflanzen.

Gerbera-Hybriden, Gerbera, Familie Compositae/Korbblütler.

Globba winitii Globba

Dieses Ingwergewächs drängt nun aus der Raritätensammlung Botanischer Gärten auch auf den Topfpflanzenmarkt. Und das ist gut so, denn diese Pflanze ist sehr dekorativ, und bei einiger Fürsorge wird man viel Freude an ihr haben.

HERKUNFT Es gibt etwa 70 Arten der Gattung *Globba*, deren Verbreitung sich von Indien bis Südchina, die Philippinen und Neuguinea erstreckt. *G. winitii* kommt aus Thailand.
PFLANZENGESTALT *Globba* ist eine Staude, die meterhoch werden kann. Die Stengel haben wechselständige große längliche Blätter. An den feinen Wurzeln bilden sich Rhizome. In den Blütenachseln bilden sich Brutknöllchen, die stark ausgefärbt sind. Der Blütenstand ist hängend oder aufrecht. Die weißen, gelben oder roten bis violetten Blüten sind eigenartig gebaut: Die Seitenblätter sind groß und blumenartig geformt, der Staubfaden ist lang und gebogen mit einer Rinne.
PFLEGE *Globba* verlangt einen hellen Platz bei ständiger Wärme, die Temperatur sollte niemals unter 18° C absinken. Sonne ist schädlich. Außerdem braucht die Pflanze ständig reichlich Wassergaben und eine hohe Luftfeuchtigkeit. Von Oktober bis Ende Februar macht *Globba* eine Ruhezeit durch. In dieser Zeit sterben die Blätter und die Stengel ab. Die fleischigen Rhizome aber bleiben erhalten, deshalb sollte man auch in der Ruhezeit etwas gießen. Ab März entfernt man die alte Erde und legt die Rhizome in frische Blumenerde, der etwas Lauberde oder Rasenerde beigemischt wird. Nun kann der Topf wieder etwas wärmer stehen. Reichlich gegossen und wöchentlich gedüngt wird aber erst, wenn sich der erste Austrieb zeigt.
VERMEHRUNG Die kleinen Brutknöllchen kann man im Februar in Töpfe legen. Sie dürfen allerdings nicht ausgetrocknet sein, deshalb in Folie oder feuchtem Sand bis zum Legen aufbewahren.
PFLANZENSCHUTZ Bei zu trockener Luft stellt sich leicht Rote Spinne ein.

Gloriosa superba Ruhmeskrone

Zuerst wurde sie mehr als etwas empfindliche Freilandpflanze angeboten; dann avancierte sie zur Schau- und Schnittblume. Das ist sie noch heute, doch hat man dazu auch ihre Eignung für gehobenere Zimmerkultur erkannt, wobei stets auf die Wichtigkeit des Ruhens der Rhizome von Oktober bis Februar verwiesen wird.

Herkunft 6 Arten sind im tropischen Asien und Afrika bekannt, drei davon bei uns in gärtnerischer Kultur.

Pflanzengestalt Diese Kletterpflanze aus der Familie der Liliengewächse fällt durch ihre großen (10 cm) feuerroten, gelben oder orangeroten Blüten auf. Die Ruhmeskrone kann 2 m hoch werden, ihre hellgrünen Blätter laufen spitz aus. Die walzenförmigen Knollen (Rhizome) haben eine kleine grüne Spitze, die für den Austrieb entscheidend ist.
Am bekanntesten sind folgende Formen: Blüte dunkelrot mit Gelb, Ränder leicht gewellt oder Blüte erst gelb, später bei Besonnung rot, Ränder glatt.

Pflege In der Wachstums- und Blütezeit, von April bis September, braucht die *Gloriosa* einen hellen bis halbschattigen und warmen Platz. Nach Einziehen der oberirdischen Pflanzenteile Knollen im Topf belassen und trocken halten; sie werden so bei 10–12° C überwintert. Im März werden die Knollen vorsichtig von alter Erde und alten Wurzeln gesäubert und flach in größere Töpfe mit durchlässiger, nährstoffreicher Erde etwa 2 cm tief gelegt. Nun müssen sie warm und stets feucht gehalten werden. Auch ein Haltestab oder ein Spalier kann jetzt angebracht werden. *Gloriosa* müssen von März bis August regelmäßig und reichlich gegossen werden. Allerdings ist Staunässe zu vermeiden. Jede Woche einmal werden die Pflanzen mit einem flüssigen Volldünger in der Austriebszeit bis Ende August gegossen.

Vermehrung Im Frühjahr kann man die kleineren Knollen, die einen Vegetationspunkt (grüne Spitze) besitzen, vorsichtig abtrennen. Sie blühen noch, allerdings nicht im ersten Jahr.

Pflanzenschutz Zugluft und zu wenig Wärme im Frühjahr bringen Blattläuse; schlechte Lichtverhältnisse mindern die Blühwilligkeit. Bei Fehlern in der Ruhezeit blühen die Pflanzen nicht.

Globba winitii, Globba, Familie Zingiberaceae/Ingwergewächse (links).

Gloriosa superba, Ruhmeskrone, Familie Liliaceae/Liliengewächse (oben und unten).

Goethea cauliflora Goethea

Ihren Namen bekam diese schöne Pflanze zu Ehren des großen Dichters Johann Wolfgang von Goethe. Benannt hat sie der deutsche Botaniker Christian Gottfried Daniel Nees von Esenbeck (1776–1858). Die *Goethea* gehört zur Familie der Malvengewächse, wenngleich ihre Blüte denen der Malven im ersten Augenblick gar nicht ähnelt.

Herkunft Die *Goethea* wächst als immergrüner Strauch in Brasilien.
Pflanzengestalt Das Schönste an der *Goethea* sind die roten Kelchblätter, die direkt am Stamm sitzen und die roten Blüten umschließen. Ganze dichte Büschel brechen aus dem 4 m hohen Stamm hervor und blühen vom Sommer bis in den Herbst hinein.
Pflege Zwar ist die *Goethea* nicht so problematisch, wie man angesichts ihrer Seltenheit vermuten will, dennoch gehört ein wenig Fingerspitzengefühl dazu, sie richtig zu pflegen. Die Pflanze braucht einen sehr hellen Platz, sollte aber vor der Mittagssonne geschützt werden. Auch sollte ihr Standort das ganze Jahr über warm sein. So darf auch im Winter die Temperatur nicht unter 18° C absinken. Wichtig ist, daß diese Pflanze stets einen warmen Fuß hat. So sollte man sie, wenn sie auf Beton oder Stein steht, durch eine wärmedämmende Schicht (Kork, Bast, Holz) vor Unterkühlung im Wurzelbereich schützen.
Gießen braucht man nur mäßig, allerdings verträgt die *Goethea* Trockenheit über längere Zeit nicht. Die Luftfeuchtigkeit muß man ab und zu durch Besprühen erhöhen.
Wichtig ist, daß man die Pflanze in der Hauptwachstumszeit viel düngt, wöchentlich einmal ist Pflicht. Im Winter reicht es, wenn man ihr einmal eine Blumendüngergabe verabreicht. Umgetopft wird *Goethea* nur alle 2 Jahre im Frühjahr in gute Blumenerde, der etwas Lehm beigemischt wird.
Vermehrung Aus Kopfstecklingen, die noch nicht verholzt sind. Sie bewurzeln nur bei Bodentemperaturen von 25° C und sehr hoher Luftfeuchtigkeit.

Gomphrena globosa, Kugelamarant, Familie Amaranthaceae/Amaranthgewächse (rechts).

Goethea cauliflora, Goethea, Familie Malvaceae/Malvengewächse (unten).

Gomphrena globosa Kugelamarant

Die *Gomphrena* aus der Familie der Amaranthgewächse ist pflegeleicht, einjährig und kann sogar in warmen Sommern im Garten gehalten werden. Der schwedische Pflanzensystematiker Carl von Linné beschrieb und benannte diese Pflanze. Heute ist sie überall verbreitet, ihre ursprüngliche Heimat läßt sich nicht exakt bestimmen.

Herkunft Man vermutet, daß *Gomphrena* aus Indien stammt, aber inzwischen ist sie auch im tropischen und subtropischen Amerika zu Hause.
Pflanzengestalt Diese einjährige Pflanze wird auch als Schnittblume verwendet; sie kann auch getrocknet werden, ohne daß sie die rote, violette, weiße oder rosa Blütenfarbe einbüßt. Im Zimmer gibt es Sorten, die 15 cm hoch werden. Im Garten kann man 30 cm hohe Sorten auswählen.
Pflege Die Pflege im Zimmer ist denkbar einfach, man braucht nur einen hellen und luftigen Platz. Für regelmäßiges Gießen und alle 10 Tage Düngen sollte gesorgt werden. Auch Sonne vertragen diese Pflanzen sehr gut. Nur vor zu viel Nässe im Wurzelbereich sollte man die *Gomphrena* bewahren. Da sie einjährig ist, erübrigt sich ein Umtopfen, wenn man die Sämlinge in den Endtopf setzt. Als Substrat wird normale Blumenerde verwendet.
Vermehrung Durch Aussaat im zeitigen Frühjahr kann man die *Gomphrena* vermehren. Der Samen läuft nach etwa 2 Wochen bei 18° C auf. Die Pflanze stets feucht halten!

Guzmania Guzmanie

Diese Gattung aus dem Reich der Ananasgewächse wurde 1802 von den spanischen Botanikern Ruiz und Pavón beschrieben und nach dem spanischen Apotheker und Naturforscher A. Guzman benannt.

Herkunft Die Heimatgebiete der etwa 120 Arten umfassenden Gattung erstrecken sich von Mittelamerika über weite Teile Südamerikas bis nach Peru und auf die Inselwelt der Antillen.

Pflanzengestalt Alle Guzmanien sind Bewohner tropischer Regenwälder, wo sie jedoch nicht nur als Aufsitzerpflanzen oder Epiphyten, sondern auch am Boden wurzelnd leben. Ihre trichterförmigen Rosetten können je nach Art bis 50 cm Höhe und ebensoviel Durchmesser erreichen. Die glattrandigen, teils kräftig grünen, teils bunten Laubblätter unterscheiden sich deutlich von den am Grund der Rosetten entstehenden starkfarbigen Hochblättern, die den Blütenstand umgeben. Bei einigen Arten erscheint der Blütenstand aber auch auf hohem Schaft. Blütezeit ist meist von November bis in den Januar hinein.

Am meisten gefragt sind bei uns heute wohl die erst vor etwa 20 Jahren entstandenen *Guzmania*-Hybriden mit Sorten wie 'Intermedia' und 'Magnifica'. Die Art *G. lingulata* bildet große, dichte Rosetten; ihre nur wenigblütige Mitte ist von einem Kranz leuchtend roter Hochblätter umgeben. *G. lingulata* var. *minor* ist eine reizende, nur 20 cm hohe Kleinbromelie; weiße Blütchen, rote Hoch- und Tragblätter. Die Art *G. monostachia* wird bis 40 cm hoch mit dreifarbigem Blütenstand auf noch höherem Schaft. Die Art *G. musaica* stammt aus Panama und Kolumbien; ihre stammlosen, breiten Blätter sind mit feinen braunen, welligen Querbändern versehen. Sie ist auch ohne Blüte attraktiv. Die Hochblätter sind rosafarben. *G. sanguinea* ist in der Blütezeit zweifellos eine der attraktivsten Arten. Die buntgefleckte oder leuchtend rote Blattfärbung ist sehr auffallend.

Pflege Mit Ausnahme einiger neuerer Sorten gehören die Guz-

Guzmania-Hybride 'Amaranth' (ganz oben), *G. conifera* (oben), *G. musaica* (links), Guzmanien, Familie Bromeliaceae/Ananasgewächse.

Guzmania-Hybride (links).

manien am besten ins Tropenfenster mit geregelter Wärme und Luftfeuchtigkeit sowie lichtem Schatten. Die Wintertemperatur sollte nicht unter 16–19° C liegen. Ein Umtopfen entfällt, da die Mutterpflanze abstirbt. Gießen und Sprühen ist nur mit enthärtetem, temperiertem Wasser vorzunehmen. Gießen während der Wachstumszeit – meist März bis August – normal in die Trichter; während des Austriebs von Blättern und Blüten auch öfter sprühen. Ab der Ruhezeit nach der Blüte Wasser aus den Trichtern gießen. Während der Hauptwachstumszeit in größeren Abständen schwache Nährlösung aus einem Flüssigdünger alle 2 Wochen in die Rosetten gießen .

Vermehrung Die Kindel werden vorsichtig von der abgestorbenen Mutterpflanze abgenommen und in leichte, nährstoffreiche Erde getopft. Ein darübergestülptes Glas und ein warmer und halbschattiger Platz bringen die Jungpflanzen ziemlich sicher und rasch voran.

Pflanzenschutz Bedrohung weniger durch Schädlinge und Krankheiten als durch Pflegefehler, die jedoch vermieden werden können.

Haemanthus Blutblume, Elefantenohr

Es gibt ihrer zwei: Die eine mit dem deutschen Familiennamen »Elefantenohr« zählt sozusagen zum Stammpersonal aller Zimmerpflanzenkultur unter einfachsten Bedingungen. Die andere, *Haemanthus multiflorus* bzw. *H. multiflorus* ssp. *katharinea,* ihrer aufregend schönen Blüte wegen auch »Feuerkugel« genannt, ist ein Warmhausgewächs. Letztere trägt seit kurzem den botanisch korrekten, aber wenig gängigen Namen *Scadoxus multiflorus*. Sie gehören zur Familie der Amaryllisgewächse.

Herkunft Beide gehören zu den etwa 50 Arten der Gattung *Haemanthus,* die von Abessinien bis ins Kapland, also fast in ganz Afrika, vorkommt.

Pflanzengestalt *H. albiflos,* das Elefantenohr, ist eine der immergrünen Arten mit dickfleischigen, wirklich wie große Ohren herabhängenden Blättern. Sie treiben stets paarweise aus der etwas plattgedrückten Zwiebel, werden 20 cm und mehr lang, sind 10–20 cm breit, dunkelgrün und am Rand bewimpert. Der kugelförmige, feinstrahlige Blütenstand erscheint auf kurzem, dickem Schaft als vielblütige weiße Dolde, aus der die mit gelben Staubgefäßen besetzen weißen Staubfäden weit herausragen. Blütezeit ist Sommer bis Herbst. Die Blutblume *H. multiflorus* ist rotblühend.

Pflege *H. albiflos,* das Elefantenohr, ist sehr robust und läßt sich viel gefallen. Ganzjährig immer am gleichen, gut besonnten Platz gedeiht es am besten. Mäßige Wärme von 12–15° C während der winterlichen Ruhezeit bekommt ihm an sich besser als volle Wohnwärme, aber auch die wird hingenommen. Die Blutblume mag es etwas wärmer. Kein Anspruch an Luftfeuchtigkeit. Übrigens, auch das Elefantenohr kann – je nach Raumtemperatur – über Winter fast trocken stehen. Zuviel Bodennässe ist für diese Gattung der größte Feind! *H. albiflos* wird nur nach Bedarf umgetopft.

Vermehrung Aus Brutzwiebeln langwierig, deshalb *H. albiflos* lieber in reichblühenden Familiengemeinschaften weiterwachsen lassen.

Haemanthus multiflorus, Blutblume, Familie Amaryllidaceae/ Amaryllisgewächse.

Heliconia Helikonie

Als Schnittblume ist diese interessante Pflanze schon längst bekannt, doch kann man sie auch im Zimmer zum Blühen bringen. Sie gehört zu den Bananengewächsen und ist mit der *Strelitzia* verwandt. Aber nicht immer ist die anmutige Blüte der Mittelpunkt, einige Arten haben eine interessante, farbenprächtige Belaubung. Aber man braucht viel Platz im Zimmer, denn Helikonien werden oft bis zu 2 m hoch.

Herkunft Die Pflanzen sind in den lichten Urwäldern Südamerikas zu Hause, man findet sie aber auch in anderen Teilen der Tropen und Subtropen.
Pflanzengestalt Die Blätter entspringen aus einem dichten Geflecht von fleischigen Wurzelausläufern. So entstehen dichte Stauden, aus denen die Blüten hervorschauen. Die Blätter sind ähnlich wie bei *Musa* und *Strelitzia* geformt. Die Blüten haben eine riesige Formen- und Farbenvielfalt: Der Blütenstand wird von farbigen Hochblättern gebildet, bei einigen Arten steht er aufrecht, bei anderen hängt er herab. Die Blüten selbst sind nicht so lange haltbar, aber die Hochblätter halten wochenlang. *H. rostrata* hat hängende Blütenstände, *H. latispatha* erinnert an *Strelitzia*

Hebe-Andersonii-Hybride, Strauchveronika, Familie Scrophulariaceae/Braunwurzgewächse (links).

Heliconia wagneriana, Helikonie, Familie Musaceae/Bananengewächse.

Hebe Strauchveronika

Veronica, den »Ehrenpreis«, kennt man vor allem als beliebte Gartenstaude. Es gibt aber auch eine Gruppe von etwa 30 teils winterharten, immergrünen Sträuchern, teils nur für Topf und Kübel geeigneten, nicht winterharten Arten. Früher unter dem Namen *Veronica* geführt, sind sie nun als *Hebe* selbständig geworden; sie gehören zur Familie der Braunwurzgewächse.

Herkunft Aus diesen unsicheren Familienverhältnissen ist ein großes Durcheinander der botanischen Benennungen entstanden. Immerhin ist gewiß, daß etwa 140 Arten der Gattung *Hebe* in Neuseeland, Südamerika, Neuguinea sowie auf dem australischen Kontinent zu Hause sind.
Pflanzengestalt Die eigenartigen kleinen Gehölze ähneln mit nadelartigen Blättern den Koniferen oder haben immergrüne, lederartige Blätter. Die Blüten erscheinen über Sommer in achselständigen, aufrechten Trauben mit sortenverschiedenen Farben zwischen Weiß, Karminrot und Blau. Aus vielen Arten ragen die in sorgsamer züchterischer Auslese geschaffenen *Hebe-Andersonii*-Hybriden hervor. Am bekanntesten dürfte ihre 'Variegata'-Form mit weißbunten Blättern sein. Von weitem betrachtet, könnten karminrote Sorten wie 'Evelyn' oder 'Seduisante' fast mit *Callistemon,* dem Zylinderputzer, verwechselt werden.
Pflege Am besten ist die Sommerkultur an einem geschützten Platz auf dem Balkon oder im Freien; rechtzeitiges Einräumen ist wichtig, da sie sehr kälteempfindlich sind. Die Überwinterung muß bei 8–10° C erfolgen. Die sonstige Pflege ist wie bei allen ähnlichen immergrünen Kalthauspflanzen.
Im Sommer wird alle 10 Tage ein kalkfreier Dünger verabreicht. *Hebe* will es stets mäßig feucht haben.
Vermehrung Im Frühjahr kann man Stecklinge schneiden, die bei etwa 20° C Bodentemperatur rasch bewurzeln. Nach dem Anwachsen werden sie mehrmals gestutzt, um sie zum Verzweigen anzuregen. Ihre Blühwilligkeit wird dadurch aber nicht beeinträchtigt.

in der Blütenform, leuchtend rote Hüllblätter besitzt *H. aurantiaca*. Die gelben und weißen Röhrenblüten bilden einen schönen Kontrast.

Pflege Als Platz sollte man ein helles Fenster wählen, allerdings ist direkte Sonne zu vermeiden. Viel Feuchtigkeit braucht diese Pflanze, auf trockenen Wurzelballen reagiert sie sehr empfindlich. Doch ebenso schädlich ist stauende Nässe im Wurzelbereich, die fleischigen Wurzeln faulen leicht. Helikonien brauchen eine nährstoffreiche Erde und beim Umtopfen einen etwa 5 cm größeren Topf, damit sich die Rhizome gut entwickeln können. Auch im Winter dürfen die Temperaturen nicht unter 18° C absinken. Für ausreichende Luftfeuchtigkeit ist zu sorgen, weil sich bei Lufttrockenheit leicht Spinnmilben einstellen. Im Sommer muß man die Pflanze einmal wöchentlich mit Nährstoffen versorgen.

Vermehrung Helikonien werden durch Teilen der Pflanzen und Abtrennen der Rhizome vermehrt.

Hibiscus Roseneibisch

Hibiscus rosa-sinensis, der auch als »Chinarose« bekannte Roseneibisch, hat sich dank seiner erstaunlichen Blühwilligkeit und Wandlungsfähigkeit der Blüten beinahe zu einer Lieblingsblume für Fenster, Terrasse, Vorgarten und Balkon entwickelt. Diese herrliche Blütenpflanze aus der Familie der Malvengewächse kann auch unter Zimmerbedingungen bis 3 m hoch werden.

Herkunft Malvengewächse sind mit 85 Gattungen und über 1500 Arten rund um den Erdball verbreitet. Ihre schönsten und interessantesten Vertreter sind freilich in tropischen Ländern zu finden. Der Roseneibisch *Hibiscus rosa-sinensis* – wie schon der botanische Name sagt – stammt vermutlich aus dem südlichen China, wo er zu Anfang des 18. Jahrhunderts entdeckt worden sein soll. Heute ist er als eine der beliebtesten Gartenpflanzen in allen tropischen Ländern zu finden.

Pflanzengestalt *Hibiscus rosa-sinensis,* der »Chinesische Roseneibisch«, ist ein etwas sperrig wachsender, immergrüner Strauch mit abstehenden Ästen und glänzend grünen, unten eirunden, nach oben spitz zulaufenden, gezähnten Blättern. Als Freilandgehölz in tropischen Gebieten kann der Roseneibisch bis 5 m hoch werden. Zunächst als Topfgewächs und später als Kübelpflanze gehalten, kann er mit der Zeit und ohne regelmäßigen strengen Rückschnitt gut 3 m Höhe erreichen.

Die Ursprungsfarbe der »Chinarose« war leuchtend rosenrot, ihre Blüte ungefüllt und von 8–10 cm Durchmesser. Inzwischen wurde die Palette immer vielseitiger; es gibt außer einfachblühenden auch halbgefüllte und gefüllte Sorten; der Durchmesser neuester Paradezüchtungs-Blüten wird mit 12–15 cm angegeben.

Einige Beispiele: 'Cardinal' – leuchtend rot, einfach; 'Casablanca' – weiß mit rotem Schlund, einfach; 'König' – gelb, halbgefüllt; 'Rio' – rosa mit rotem Schlund, einfach.

Pflege *H. rosa-sinensis* gedeiht am besten mit viel Licht und Wärme, jedoch ohne pralle Sonne. An Zimmerkultur gewöhnte Pflanzen blühen meist länger, aber weniger reich als die ab Ende Mai bis Herbstbeginn am geschützten Platz im Freien oder auf dem Balkon übersommerten Exemplare, bei denen die Umgewöhnung von drinnen nach draußen und erst recht die Rückkehr in Zimmerluft unvermeidliche Störungen mit sich bringen.

Beste Überwinterungstemperatur 12–15° C. Weniger bringt Laubfall, mehr Wärme bringt Laubfall und Geilwuchs. In beiden Fällen ist die Blütenbildung gestört.

Reiche Wurzelbildung, kräftiges Wachstum und unermüdliches Blühen verlangen entsprechend reichliche und regelmäßige Bewässerung während der Hauptvegetationszeit. Vor Ballentrockenheit sollte man die Pflanzen bewahren, sonst ist Knospenfall möglich. Ab September sollte man das Gießen einschränken, ebenso das Düngen, damit die Pflanzen mit ausgereiftem Holz in den Winter gehen.

Umgetopft wird bei Austriebsbeginn im Februar. Jungpflanzen jährlich, ältere Pflanzen in größeren Abständen. Als Substrat verwendet man satte, humusreiche Erde. Schon beim Kauf von Jungpflanzen sollte man auf Mehrtriebigkeit achten; sonst durch Einkürzen der Triebspitze buschigen Wuchs erzwingen. Ältere Pflanzen jeweils im Februar kräftig zurückschneiden; zu lange Einzeltriebe einkürzen (»Formierungsschnitt«). Entsprechend dem hohen Nährstoffbedürfnis ab Austriebsbeginn

Hibiscus rosa-sinensis 'König' (oben) und 'Rosalie' (rechts).

Hibiscus rosa-sinensis, Roseneibisch, Familie Malvaceae/ Malvengewächse (unten).

bis Mitte August jede Woche düngen, dann allmählich reduzieren.
Vermehrung Bei 24–26° C Bodenwärme und gespannter Luft (im Vermehrungsbeet, unter Glasglocke oder Plastikhaube) lassen sich im Mai/Juni nicht verholzte Triebspitzen leicht zum Bewurzeln bringen.
Pflanzenschutz Krankheiten und Schädlingsbefall sind leicht zu vermeiden. Zugluft kann Befall mit Wollläusen und Roter Spinne bringen. Abfallen der Blütenknospen kommt nicht nur durch Ballentrockenheit, sondern auch durch mangelhafte Ernährung und unausgeglichene Lebensbedingungen (jähen Temperaturwechsel, Standortänderung, Lichtmangel). Lufttrockenheit verursacht Blattrollen. In zu warmer Zimmerluft stellen sich leicht Blattläuse ein. Hier hilft ein Abwaschen mit Seifenlösung und tägliches Besprühen mit Wasser.

Hippeastrum Ritterstern

Im Handel und im Volksmund wird der Ritterstern »Amaryllis« genannt – hat aber mit jener Pflanze nur die Familie gemein; denn alle *Hippeastrum*-Arten kommen aus dem tropischen Amerika – aus Bereichen mit großen Trockenperioden. *Amaryllis* hingegen stammt aus Südafrika.

Herkunft Die Gattung *Hippeastrum* ist mit 60–70 Arten zwischen Mexiko, Peru und Brasilien zu Hause; ihre Standorte sind Steppen- oder Waldgebiete mit ausgeprägten Trockenzeiten.
Pflanzengestalt *Hippeastrum* oder Ritterstern kommt als reine Art schon lange nicht mehr vor, sondern lebt in immer neuen Generationen von *Hippeastrum*-Hybriden. Sie haben nach Sorte und Qualität in ihrer Größe verschiedene, fast kugelförmige hellbraune Zwiebeln mit kreisrundem Boden. Die Blätter, 50–70 cm lang, riemenförmig-schmal, kräftig hellgrün, erscheinen zugleich mit oder nach der Blüte und ziehen im Herbst ein. Je nach Wuchskraft 1–3, ausnahmsweise auch 4 Blütenstände auf 50–70 cm hohen, runden, innen hohlen Schäften. Jeder Schaft kann 2–6 große Trichterblüten von 18–24 cm Breite bringen. Die Farbskala reicht von Weiß über Lachs bis Hell- und Dunkelrot; auch zweifarbig geflammte, umrandete oder im Schlund geheimnisvoll dunkelnde Blüten kommen vor. Hauptblütezeit ist der Nachwinter bis Mai.

Hippeastrum-Hybride, Ritterstern, Familie Amaryllidaceae/ Amaryllisgewächse.

Pflege Neu erworbene Zwiebeln ab Ende Dezember zum Treiben ansetzen. Bei Erdkultur mäßig großen Topf mit Deckscherben und 2 Finger hoch Kies als Dränage versehen; zum Auffüllen lehmig-humose Erde verwenden. Zur Verhütung von Infektion mit »Rotem Brenner« Zwiebeln nur gut zur Hälfte in die Erde drücken, fest pflanzen, angießen, warm stellen (um 25° C). Bis Austriebsbeginn sparsam gießen, erst mit zunehmendem Wachstum der dicken Blütenknospe oder erster Blattspitzen (auch beides zugleich) wieder reichlicher mit zimmerwarmem Wasser gießen. Nun auch an einen hellen Platz stellen. Bis zum Aufblühen tägliches Besprühen und alle 10 Tage düngen, dies verbessert die Knospendicke. Nach etwa 6–8 Wochen erscheinen die ersten Blüten. Dann sollte man *Hippeastrum* kühler stellen, um die Haltbarkeit der Blüten zu verlängern. Nach dem Eintrocknen werden die Blütenstiele am Grunde abgeschnitten.
Das Eintopfen von Zwiebeln kann etappenweise bis Ende Februar

oder Anfang März erfolgen, so daß man bis Mai blühende Pflanzen hat.
Nach der Blüte am gut besonnten, luftigen Platz im Zimmer oder – ab Ende Mai – auch draußen immer gleichmäßig gießen und düngen. Reiches Blattwachstum soll einsetzen und die vom Blühen geschrumpfte Zwiebel wieder dick und prall machen. Zur Wiederblüte muß sie am Ende des Sommers deutlich größer sein als beim Aufsetzen im Winter. Richtig gepflegte Zwiebeln nehmen von einem Jahr zum andern 1–2 cm an Umfang zu.
Keine Wiederblüte ohne strikte Ruhezeit von Oktober bis Dezember. Daher zum Übergang ab Anfang August Gießen und Düngen erst vermindern, dann einstellen, so daß die Blätter innerhalb von 4 Wochen einziehen. Nun Töpfe am nicht zu kühlen Platz (10–12° C) völlig beiseite stellen. Ende Dezember erste Zwiebeln austopfen, alte Erde und Wurzelreste entfernen und wieder zum Treiben aufstellen.
Bestens zur Hydrokultur geeignet; sie liefert staunenswerte Ergebnisse. Unterschiede des Kulturverlaufs gibt es lediglich bei der Vorbereitung auf die Ruhezeit und während dieser selbst. Das Einziehen der Blätter wird gefördert durch allmähliche Reduzierung der Nährlösung bis auf einen kleinen Bodensatz zur Erhaltung der Feuchtigkeit im Mantelgefäß. So bleiben die Wurzeln voll erhalten und ermöglichen ein sofortiges Austreiben, wenn bei Ende der Ruhezeit frische Nährlösung gegeben und dann das Hydrogefäß gut warm (25–30° C) gestellt wird.

Vermehrung Aus Brutzwiebeln wie erwähnt; aus sortenechten Samen (im Handel erhältlich). Beides ist aber langwierig. Anzucht aus selbst geerntetem Saatgut ist wegen mangelnder Sortenechtheit nicht lohnend. Auch soll man zur Kräftigung der Zwiebeln auf Samenbildung lieber verzichten.

Pflanzenschutz Außer Pilzinfektion mit »Rotem Brenner« kaum Schädlinge und Krankheiten. Der Pilz verursacht rote Punkte und Streifen an Blättern, rissiges Aufbrechen der Schäfte; Bekämpfung nur vorbeugend durch gute Drainage und beste Kulturbedingungen.

Hoya bella (rechts).

Hippeastrum-Hybriden (unten).

Hoya Wachsblume

Fangen wir wieder einmal beim Namen an: *Hoya* klingt zwar sehr lateinisch, ist aber gut englischen Ursprungs. Denn Thomas Hoy, der Ehrenpate, lebte in der 2. Hälfte des 18. Jahrhunderts und soll Gärtner beim Herzog von Northumberland, aber auch Pflanzenzüchter gewesen sein. Die Wachsblume gehört zur Familie der Seidenpflanzen.

Herkunft Die Gattung *Hoya* umfaßt an 200 Arten, die alle zwischen Südchina und Ostindien, dem Malaiischen Archipel und bis hinunter nach Australien zu finden sind. Aus dieser Fülle haben sich bei uns kaum ein halbes Dutzend als dekorative Gewächshauspflanzen in Schausammlungen und nur wenige für Zimmerkultur durchgesetzt.

Pflanzengestalt An erster Stelle steht bei uns natürlich *Hoya carnosa,* die »Fleischige Hoya«, unsere Wachsblume. Sie ist ein immergrüner Kletterstrauch mit meterlangen, biegsamen, später verholzenden Trieben von grünlich-bräunlicher Farbe. Die Blätter sind breit, spitz-eirund, 5– 8 cm lang, durch die Haupt-Längsader wie zweigeteilt, etwas sukkulent (»fleischig«), dunkelgrün-glänzend. Gelegentlich auftretende weiße Tüpfel im Blattgewebe sind arteigen, ohne krankhafte Ursache. Die Blüten sind sternförmig, wachsähnlich schimmernd, weiß oder blaßrosa, mit leuchtend rotem Fleck in der Mitte, besonders nachts stark duftend. Je 12–15 Stück bilden ziemlich große, kurz gestielte Dolden von bemerkenswerter Haltbarkeit. Bei warmem Wetter sondern sie honigsüße Nektartropfen ab. Blütezeit: zwischen Ende Mai und Herbst, wochenlang. Blühende oder abgeblühte Dolden darf man keinesfalls abschneiden: Die Wachsblume blüht nicht nur an ihren Neutrieben, sondern immer wieder auch an den Kurztrieben (»Blütenzapfen«) des alten Holzes. Daher die Regel: Je älter die Pflanze, desto reicher die Blüte. Leider gibt es auch Wachsblumen, die allen Bemühungen zum Trotz und ohne ersichtliche Gründe blütenlos als Grünpflanzen dahinleben. Eine weißbunte 'Variegata'-Form mit gelbweißen, auch rot geränderten Blättern blüht von Natur wenig, ist insgesamt schwächer im Wuchs, sieht aber hübsch aus. *H. australis,* die »Australische Wachsblume«, kommt bei uns nur gelegentlich vor. Typisch für sie: Die Blüten haben keinen Mittelfleck, sondern sind von innen nach außen rot überlaufen. Blütezeit Herbst. Relativ selten, aber sehr dekorativ ist *H. multiflora.* *H. bella,* die »Schöne Hoya« oder Zwergwachsblume, stammt aus Niederburma, bildet waagrechte, vorn hängende, dicht mit spitzen, nur etwa 2,5 cm langen Blättchen besetzte Stengel. Die Blüten sitzen in hängenden Dolden an den Triebspitzen, sie sind wachsartigweiß mit rotgesternter »Nebenkrone«. Blütezeit Sommer. Diese reizende Pflanze gedeiht am besten in Ampeln; sie ist insgesamt wärmebedürftiger.

Pflege Ganzjährig im Raum halten. Freiluft-Experimente gehen fast immer schlecht aus. Sommerstandort hell und warm, doch ohne pralle Sonne; luftig, doch ohne Zugluft, die das »Rieseln« der Blütenknospen auslösen kann. Während des Treibens, jedoch nicht unmittelbar vor und während der Blütezeit, öfter sprühen. *H. bella* am besten im wärmeren, luftfeuchten Blumenfenster halten. Nach der Blüte ab Herbst (Oktober bis Februar) Ruhezeit. Beste Überwinterungstemperatur 10–12° C am hellen, zugfreien Platz. Mehr Wärme bewirkt lange, dünne Wintertriebe, die selbst blütenlos bleiben, aber Gesundheit und Blühwilligkeit der Pflanze nachteilig beeinflussen. Winterwärme bringt zudem schlecht entwickelte junge Blätter und Schädlingsbefall.

Wenn sich nach kühler Überwinterung im Februar erste bräunliche Spitzen des normalen jungen Blattaustriebs zeigen, sollten die Pflanzen nicht gleich der vollen Wohnwärme ausgesetzt, sondern übergangsweise bei 15–18° C gehalten werden. Oft genügt die Aufstellung hinter Stores an einem wenig besonnten Fenster ohne Heizkörper unter der Fensterbank.
Zuviel oder zu wenig Wasser gehört zu den Hauptgründen des Versagens von Wachsblumen. Richtig ist: Ab vollem Austrieb bis nach der Blüte reichlich gießen, dann zur Vorbereitung auf die Ruhezeit einschränken, ab Okto-

Hoya carnosa, Wachsblume, Familie Asclepia daceae/Seidenpflanzengewächse (links).

Hoya carnosa 'Compacta' (unten).

ber bei kühlem Stand nur feucht halten, so daß keine Ballentrokkenheit eintritt. Mit dem Wärmerstellen im Nachwinter und beim Austriebsbeginn Wassergaben langsam wieder steigern. Wüchsige, regelmäßig blühende Pflanzen ab Vollaustrieb bis zum Höhepunkt der Blüte alle 2 Wochen kräftig düngen und dadurch besonders ältere Exemplare vor häufigerem Umtopfen bewahren, weil sonst mindestens für das laufende Jahr die Blüte ausfällt. Weniger zügig wachsende Pflanzen zurückhaltend, nur monatlich einmal düngen; Nährstoffüberfütterung beeinträchtigt die Blühwilligkeit.
Je älter die Wachsblume, desto seltener sollte man sie umtopfen, weil die Bildung der Blütenknospen durch diesen Eingriff leidet. Wenn es unvermeidbar ist, dann mit allergrößter Vorsicht! Nur wenig größeres Pflanzgefäß nehmen. Zur Wahrung der Durchlässigkeit gute Scherbeneinlage und Dränageschicht aus grobem Kies geben. Die beste Zeit zum Umtopfen ist vor Austriebsbeginn, im Februar/März. *Hoya* gedeihen am besten in sandhaltiger, durchlässiger, nährstoffreicher Erde.
Vermehrung Stecklingsvermehrung ist bei genügend Wärme und Luftfeuchtigkeit leicht, vor allem unter einem Glas oder einer Folientüte. Am besten nimmt man dazu im Mai/Juni junge, doch unten schon etwas verholzte Triebe. Es genügt ein Blattpaar mit Triebknospe, 1–2 cm unterhalb des Blattknotens geschnitten.
Pflanzenschutz Zu warme Überwinterung bringt völlige Verlausung der Blattunterseiten mit klebrigem Honigtau, der bald in Rußtau übergeht; auch Schmierläuse in den Blattachseln stellen sich ein. Zur Bekämpfung ist Tauchen noch besser als Spritzen.
Wichtig Die großen Wachsblumen brauchen Rankhilfe durch feste Stäbe oder Spaliere. Die Triebe immer einseitig aufbinden, da die Pflanzen sehr lichtwendig sind. Die blühende »Schauseite« ist daher dem Fenster zugewandt. Drehen und Bewegen ab Knospenbildung streng verboten. Es kann zu sofortigem »Rieseln« der künftigen Blüten führen.

Hoya lacunosa.

Hyacinthus Hyazinthe

Man glaubt es kaum, aber obwohl die Hyazinthe aus der Familie der Liliengewächse gar keine »richtige« Zimmerpflanze ist, übersteigt der Jahresbedarf an Treibhyazinthen für Raumkultur in allen blumenliebenden und klimatisch dafür geeigneten Ländern der Erde den Bedarf aller jahreszeitlich vergleichbaren anderen Topfgewächse um ein Vielfaches.

Herkunft Seit der Mitte des 16. Jahrhunderts ist *Hyacinthus orientalis*, die im vorderen Orient beheimatete Zwiebelblume, in Westeuropa bekannt. Sie scheint nach der Eroberung Konstantinopels durch die Türken anno 1453 allmählich eingewandert zu sein.

Pflanzengestalt Ihr herausragendes Merkmal ist der große Blütenschaft, der mit unzähligen stark duftenden Blüten besetzt ist. Es gibt zwar über 30 Arten, doch für die Zimmerkultur ist bei uns nur diese eine Art, *H. orientalis*, bekannt. Die Vielfalt der Sorten ist

Hyacinthus orientalis, Treibhyazinthen, Familie Liliaceae/ Liliengewächse, in Erdkultur.

Hydrangea macrophylla, Haus- und Gartenhortensie.
Familie Saxifragaceae/Steinbrechgewächse.

allerdings enorm. Mit weißen Blüten: 'Carnegie', 'White Pearl', 'Colosseum'. Mit rosa Blüten: 'Amsterdam', 'Anne Marie' und 'Pink Pearl'. Mit blauen Blüten: 'Blue Jacket' und 'Ostara'. Mit kräftig roten Blüten: 'Jan Bos'.
Pflege Um Hyazinthen im Zimmer zum Blühen zu bringen, werden die Zwiebeln im Spätherbst in sandiges, lockeres Substrat eingetopft und an einen kühlen (unter 12° C) und dunklen Platz gestellt. Sobald die Blütenknospe aus der Zwiebel herauswächst, die Hyazinthen hell und mäßig warm stellen. Die ersten Tage schützt eine übergestülpte Folientüte vor zu starker Verdunstung. Die Pflanzen müssen nun ständig feucht gehalten werden. Die Blüten füllen bald den ganzen Raum mit ihrem Wohlgeruch.
Das Treiben ist auch in den sogenannten Hyazinthengläsern möglich. Das Wasser darf aber nicht den Zwiebelboden erreichen. Es ist empfehlenswert, um Fäulnis vorzubeugen, den Zwiebelgrund mit Holzkohlepulver einzustäuben. Hier kann man die Hyazinthe zum Blütentreiben anregen, indem man ihr ein Hütchen überstülpt. Das Hütchen erst dann wegnehmen, wenn sich an der Knospe schon Farbe zeigt. Das gilt auch für die Erdkultur. Sind Hyazinthen verblüht, so pflanzt man die Zwiebeln im Garten aus und beläßt das Laub so lange an ihnen, bis es von allein verwelkt.
Im Juni werden Zwiebeln aus der Erde genommen, geputzt und in einem luftigen Raum bis zum erneuten Einpflanzen im Garten (Oktober) trocken gelagert.
Vermehrung Vermehrt werden Hyazinthen durch Brutzwiebeln, die sich an der Mutterzwiebel bilden. Ein kreuzförmiges Einschneiden der Zwiebel fördert die Brutzwiebelbildung, ebenso ein leichtes Aushöhlen des Zwiebelbodens. Die Schnittstellen unbedingt mit Holzkohlepulver einstäuben! Die kleinen Brutzwiebeln sind erst nach etwa 3 Jahren im blühfähigen Alter.

Hydrangea Hortensie

Unter den wenigen Steinbrechgewächsen, deren Eignung für Zimmerkultur als erwiesen gelten darf, ist die Hortensie zweifellos in jeder Hinsicht die bedeutendste. Man darf ohne Übertreibung sagen, daß sie nun seit fast 200 Jahren ihren Platz in Haus und Garten behauptet.

Herkunft Zum uralten ostasiatischen Blumenadel gehört *Hydrangea,* die »Wasserschlürferin«. Erste lebende Pflanzen kamen 1799 aus Japan in die berühmten »Kew Gardens« bei London. Ausgangsform für die systematische Weiterentwicklung als Zimmerpflanze wurde *Hydrangea macrophylla.*
Pflanzengestalt Sie bildet in der Heimat bis 4 m hohe, sommergrüne Sträucher mit gedrungenem Zweigwerk; wird in Topfkultur heute meist eintriebig gezogen, kann mit der Zeit sogar Kübelmaß erreichen und wächst sich dann bei Freilandkultur in mildem Klima wieder zu über meterhohen, dichten Büschen aus.
In prächtigen kugeligen, neuerdings auch tellerförmigen Blütenständen von 15–20 cm Größe viele Wochen haltbar. Farben Weiß, Hell- und Dunkelrosa bis Karminrot, auch künstlich erzieltes Blau durch Gießen mit Aluminiumsulfat oder Kalialaun (4g/l). Die natürliche Blütezeit liegt im Frühsommer; für Marktbedarf um Ostern Terminänderung in Spezialzüchtereien.
Pflege Blühend erworbene Hortensien kühl, schattig und sehr luftig stellen. Etwas Luftfeuchtigkeit erwünscht. Nach Maimitte soll man den Topf an schattiger, windgeschützter Stelle im Garten einsenken oder wenig besonnt auf dem Balkon unterbringen.
Alles Verblühte wird alsbald abgeschnitten. Bei den eintriebigen, gedrungen wachsenden Neuzüchtungen nimmt man außer dem Blütenstand noch ein Blattpaar weg. Bei den langstieligeren, mehrblütigen älteren Sorten wird zugleich der blütentragende Endtrieb um 2–3 Blattpaare eingekürzt.
Bei Laubfall und erstem Frost sind die Töpfe aufzunehmen, zu säubern und einzuräumen. Für die Ruhezeit stellt man sie im kühlen Raum bei 4–8 °C oder frostfrei bei den Kübelpflanzen im Keller auf. Treiben für frühe Blüte ab Januar durch Wärmerstellen einleiten; sonst natürlichen Austriebsbeginn – Dickerwerden der Triebknospen – Ende Februar bis März – abwarten.
Wie ihr botanischer Name erkennen läßt, sind die Hortensien mit ihren riesigen Blütenständen und großen, glatten Blättern während der Wachstums- und Blütezeit sehr wasserbedürftig, trinken unter Umständen zweimal täglich ihren Untersetzer leer und machen bei der geringsten Ballentrockenheit schlapp. Hier hilft dann nur Einstellen in ein größeres Gefäß mit temperiertem, enthärtetem Wasser, das bis über den Topfrand reicht. Ab August bis zum Laubfall das Gießen immer mehr einschränken; nach dem Einräumen am Überwinterungsort nur beim Nachschauhalten soviel temperiertes Wasser geben, daß Ballentrockenheit vermieden wird. Erst beim Aufstellen

zum Treiben – mit fortschreitender Laubentwicklung – normal bis sehr reichlich gießen.
Hortensien lehnen bis zu einem gewissen Grad Kalk ab. Pflanzen mit Blütenfarben zwischen Weiß und Karminrot sind gegenüber Wasserhärte nicht so empfindlich; blau blühende Hortensien, deren Farbe für Topfkultur in den Züchtereien durch besondere Erdmischungen und Beifügung von Aluminiumsalzen erzielt wird, sollten auch später, wenn sie beim Blumenfreund stehen, mit stärker enthärtetem Wasser (pH 4–4,5) gegossen werden.
Wasser stets – auch im Winter und zum Sprühen – temperiert, niemals kalt verabreichen.
Ab Einsetzen des Laubaustriebs bis Mitte August wöchentlich nach Vorschrift düngen; kalkarmen Spezialdünger wie für Azaleen, Kamelien, Orchideen verwenden. Umtopfen zuerst jährlich, später mit 2–3jährigen Pausen in große Töpfe, dann in Kübel.
Erde leicht, humos. Empfohlen wird auch handelsübliche Azaleenerde.

Hypocyrta glabra, Kußmäulchen, Familie Gesneriaceae/Gesneriengewächse.

Die Blüten erscheinen aus den Erdknospen der einjährigen Triebe; Einkürzen wäre hier gleichbedeutend mit einer Vernichtung des Flors. Deshalb nur dünne, schlecht ausgebildete Zweige wegnehmen, und zwar im April/Mai, wenn der Laubaustrieb eine Übersicht gestattet.
Vermehrung Aus Kopfstecklingen im Warmbeet. Die Anzucht ist allerdings Gärtnersache.
Pflanzenschutz Blattlausbefall entsteht durch Zugluft; Thrips, Echten Mehltau nach Vorschrift bekämpfen. Zu Gelbsucht der Blätter (Chlorose) kommt es durch kalkhaltige Erde, hier hilft nur, das Gießwasser zu enthärten und vielleicht die Pflanze in eine andere Erde umzutopfen.

Hydrangea macrophylla 'Leuchtfeuer'.

Hypocyrta Kußmäulchen

Aus der Familie der Gesneriengewächse stammt diese hübsche Pflanze mit den gelben bis orangefarbenen Blüten, die in der Tat an einen zum Kuß geformten Mund erinnern. Ob als Ampelpflanze oder Fenstertopf – immer mehr ist die *Hypocyrta* im Kommen.

Herkunft *Hypocyrta glabra* stammt aus Brasilien. Die beiden bislang zu dieser Gattung gehörenden Arten *H. radicans* und *H. strigillosa* – die der *H. glabra* übrigens sehr ähnlich sehen – werden heute der Gattung *Nematanthus* zugeordnet. Auch das Kußmäulchen findet man oft noch unter diesem Namen.
Pflanzengestalt In ihrer Heimat wird *Hypocyrta* ein Halbstrauch, der erst aufrecht wächst und dann seine ungeteilten Zweige leicht überhängen läßt. Die Blätter sind klein und eiförmig, glänzend und von dunkelgrüner Farbe. Sie sind

Auch als Hochstämmchen ist die Hortensie immer mehr im Kommen.

ledrig und dick, fast sukkulent. So überstehen sie auch die winterliche Ruhepause mit weniger Wasser sehr gut.

Pflege An sich ist das Kußmäulchen sehr unproblematisch. Über Sommer kann es sogar einen Platz im halbschattigen Freien bekommen. Im Winter müssen die Pflanzen kühl und hell stehen. Dann bekommen sie auch weniger Wasser. 12°C sind völlig ausreichend.

Je ernster man die winterliche Ruhepause nimmt, um so sicherer ist ein reicher Blütenflor im Folgesommer. Auch ein häufiges Stutzen fördert die Blühfreudigkeit und regt zugleich zum Buschigwerden an.

An schattigen Standorten werden die Triebe lang und dünn, und die Blühfreudigkeit läßt sofort nach. Stauende Nässe wird nicht vertragen, es kommt zu Wurzelfäule und Blattfall. Lieber etwas zu wenig gießen als zu viel. Aber auf jeden Fall im warmen Sommer reichlich Wasser geben. In der Hauptwachstumszeit – von Mai bis September – wird alle 10 Tage eine Volldüngergabe verabreicht. Jedes Jahr nach der Ruhezeit wird das Kußmäulchen in eine leichte, gut wasserdurchlässige aber zugleich nährstoffreiche Erde umgetopft.

Vermehrung Kopf- und Triebstecklinge bewurzeln den ganzen Sommer sehr leicht, weil dann die erforderliche Bodenwärme von 20° C gegeben ist. Man steckt die Triebe in feuchten Sand oder in feine Maulwurfserde und stülpt ein Glas darüber. Nach dem Bewurzeln kann man die Pflanzen zu mehreren in einen großen Topf setzen. Haben sie etwa eine Höhe von 10 cm, kann man die Triebspitzen erneut stutzen und erreicht so eine kräftige, buschige Pflanze.

Pflanzenschutz Gegen schwankende Temperaturen und Zugluft ist das Kußmäulchen empfindlich. Bei zu warmem Winterstandort können sich leicht Läuse einstellen. Kann man der Pflanze im Winter keinen kühlen Platz bieten, sollte man sie in »Pension« geben. Der Platz muß aber auf jeden Fall hell und zugluftsicher sein. In dieser Zeit dann weniger gießen.

Impatiens-Neu-Guinea-Hybriden
Fleißiges Lieschen

Wie manche andere Kulturpflanze, so hat auch das »Fleißige Lieschen« oder »Springkraut« sich beachtlich fortentwickelt. Als »Sultans Balsamine« war es noch ausschließlich an Großmutters Stubenfenster gebunden. Heute gibt es Fleißige Lieschen auch als Beet-, Balkon-, Kübel- und sogar als Ampelpflanze.

Impatiens-Neu-Guinea-Hybride, Fleißiges Lieschen, Familie Balsaminaceae/Springkrautgewächse (oben).

Impatiens-Neu-Guinea-Hybride 'Paradise Samoa' (unten).

Herkunft Lieschens Vorfahren *Impatiens sultani* und *I. holstii* sind vermutlich noch heute in Gebirgswäldern des tropischen Ostafrika und der ihm vorgelagerten Inselwelt – vor allem Sansibar – zu Hause. Sie wachsen bis in Höhen von 1000 m wie Unkraut. Unser kultiviertes europäisches Lieschen bekam den Artnamen *I. walleriana* zuerkannt.

Pflanzengestalt Krautiger Halbstrauch, als solcher ausdauernd, 30–60 cm hoch. Die dicken, fleischigen Triebe sind stark verästelt und sehr saftreich, was bei der tropischen Herkunft auf erhebliche Kälteempfindlichkeit schließen läßt. Die hellgrünen oder – bei manchen Sorten – auch weißbunten, spitzelliptischen, gestielten Blätter zeigen leichte Zähnung. Die in vielen Tönen von Rot bis ins Weiß hinein variierenden Blüten erscheinen mit Ausnahme der lichtärmsten Zeit um die Jahreswende ohne Unterbrechung aus den Blattachseln und zeigen den typischen »Balsaminensporn«. An warmen Sommertagen pflegen ausgereifte »Springkraut«-Samenkapseln mit einem zarten Knall zu platzen und ihre Samen weit umher zu schleudern.

Inzwischen haben sich die *Impatiens-Neu-Guinea*-Hybriden den Markt erobert. Ihre riesigen Blüten in allen Farbnuancen lassen die Pflanze wie einen Blütenball erscheinen.

Nach wie vor sind aber auch die kleinbleibenden *I. walleriana* beliebt, von denen besonders die gefüllten Sorten auf sich aufmerksam machen. Große Blüten hat die dunkelrote Sorte 'Janike', violett blüht 'Anne'.

Pflege Sommerstandort lichter Schatten, ohne direkte Besonnung; die neuen Sorten fühlen sich im Freien ausgesprochen wohl. Herbst und Frühjahr halbschattig; am hellen Winterstandort Wärme um 20° C, am weniger hellen Winterstandort genügen etwa 15° C. Längerer Aufenthalt bei Temperaturen unter 12–14° C bringt Unterkühlungsschäden: Blattfall, Blütenlosigkeit, bei gleichzeitig zu reichlichem Wässern auch Abfaulen ganzer Stengel.

Je wärmer und heller das Lieschen steht, desto mehr (enthärtetes) Wasser verbraucht es; der Bedarf an Luftfeuchtigkeit gilt als umstritten, zumal direktes Sprühen die Blüten schädigen kann.

Trotz ganzjährigem Wachsen und Blühen nur während der Hauptwachstumszeit März bis September wöchentlich düngen.

Wenn überhaupt, dann im Frühling oder aber auch im Hochsommer in leichte und humose Erde umtopfen.

Vermehrung Stecklinge zu dritt im Topf heranziehen. Auch Samen keimt relativ rasch.

Pflanzenschutz Sommersonne bringt Rote Spinne; bei zu trockener Luft Blattläuse und Weiße Fliege.

Ixora coccinea Ixore

Man sieht die reizende, aus Indien stammende Warmhauspflanze seit einiger Zeit ungefähr ebenso häufig in den Blumenläden wie andere tropische Schaugewächse, doch hat die Ixore aus der Familie der Krappgewächse den meisten von ihnen die größere Haltbarkeit voraus. Im voll ausgebauten Blumenfenster beweist sie Lebenskraft und Blühwilligkeit.

Herkunft Von über 200 Arten der Gattung *Ixora,* die in den Tropen aller Erdteile anzutreffen sind, wurde bei uns nur *Ixora coccinea* in Kultur genommen.

Pflanzengestalt Sie ist ein immergrüner Strauch und erreicht im Blumentopf Meterhöhe. Blätter glänzend-lederartig, 5–10 cm lang. Blüten – wie der Artname *I. coccinea* erkennen läßt – leuchtend scharlachrot, in breiten Doldentrauben an den Triebenden. Internationale Klasse sind einige Hybriden wie die sehr reichblühende, dunkelorange 'Biers Glory', 'Morsai' mit licht-orange, oft rot überlaufenen großen Blüten oder die lachsrote 'Shawii'. Ixoren sind Sommerblüher, deren Flor bei guter Pflege in ununterbrochener Folge von Mai bis September erscheint.

Pflege In der Wachstums- und Blütezeit von März bis August/September möchte die Pflanze im lichten Schatten ohne direkte Besonnung stehen und möglichst keine Platzänderung während der winterlichen Ruhezeit. Bodentemperatur ganzjährig 18–20° C, Lufttemperatur jahreszeitlich entsprechend temperieren – im Winter nicht unter 16–18° C, sonst Unterkühlungsschäden mit Laubfall und Versagen der nächsten Blüte. Gegossen und besprüht wird mit enthärtetem Wasser, eine hohe Luftfeuchtigkeit von Frühjahr bis Sommer ist unentbehrlich. In der Ruhezeit Wassergaben und Luftfeuchtigkeit mindern.

Eine gute Ernährung während der Wachstumszeit fördert Dauer und Schönheit der Blüte; es ist ratsam, allwöchentlich zu düngen.

Ixora coccinea 'Flamingo', Ixore, Familie Rubiaceae/Krappgewächse.

Impatiens-Neu-Guinea-Hybriden 'Sesia' (links) und 'Moma' (rechts).

Ist der Topf zu klein geworden, wird in ein kalkfreies Substrat (Rhododendronerde) umgetopft.

Vermehrung Die Vermehrung ist problematisch und wird daher nur dem Fachmann überlassen bleiben.

Pflanzenschutz Sonniger Stand bringt Blattrollen. Bei Schwächung durch Lufttrockenheit oder Kühle kommt es zu Schildlausbefall.

Jacobinia Jakobinie

Sie gehört zu jenen Pflanzen, die im Lauf der letzten 150 Jahre immer einmal verschwanden und dann wieder auftauchten. Ihre 2 bei uns bekannten Arten sind jedoch sehr reizvoll, und Jakobinien zählen zu den schönsten Vertretern der Familie der Akanthusgewächse.

Herkunft Rund 50 Arten der Gattung *Jacobinia* wachsen ausschließlich in den Tropen, doch nur 2 von ihnen – beide aus Brasilien – beweisen immer wieder ihre Eignung für eine etwas sorgfältigere Zimmerkultur, die lange Freundschaft verspricht.

Pflanzengestalt An erster Stelle steht *Jacobinia carnea:* ein kräftiger, vielverzweigter Strauch, der mit 40–60 cm Höhe blühend gekauft wird und bei guter Pflege bis anderthalb Meter hoch werden kann. Die Blätter sind kurzgestielt, glattrandig, flaumhaarig. Die Blüten in großen Ständen an den Triebenden sind fleischfarben, auch rosa und orange (etwas klebrig); Blütezeit ist Frühling bis Herbst. An zweiter Stelle kommt *J. pauciflora,* ein Sträuchlein mit kleinen, derben, lederigen Blättern, 30–60 cm hoch; viele kleine, an kurzen, achselständigen Stielen nickende rote und gelbe Blütchen von Februar bis April.

Pflege *J. carnea* steht am besten ganzjährig im halbschattigen, luftfeuchten Blumenfenster, ohne einengende Nachbarschaft; Wintertemperatur 18–20° C. Für *J. pauciflora* mit anderem Rhythmus bis zur Blüte 8–10° C, dann 16–18° C. Nur *J. pauciflora* verträgt und wünscht ein Übersommern im Freien an einem halbschattigen bis sonnigen Platz. Während der Wachstumszeit wird immer sehr reichlich gegossen; schon einmalige Ballentrockenheit bewirkt Laubfall. Das Wasser sollte zimmerwarm sein. Höhere Luftfeuchtigkeit im Sommer nur für *J. carnea,* für *J. pauciflora* während der Blüte. Während der winterlichen Ruhezeit wird nicht zu trockene Zimmerluft vertragen. Gelegentlich etwas sprühen. Gedüngt werden *J. pauciflora* und *J. carnea* im Frühjahr wöchentlich. Umgetopft wird *J. carnea* im Frühjahr in reichlich große Töpfe; größere, unten verkahlte Pflanzen kräftig zurückschneiden. *J. pauciflora* nach der Blüte in kleine Töpfe pflanzen, nach Bedarf einstutzen. Die Erde sollte humos und durchlässig sein.

Vermehrung Man kann Stecklinge im Frühjahr bei 20–22° C Bodenwärme bewurzeln lassen.

Pflanzenschutz Bei *J. carnea* Blattrollen, Blattläuse und Rote Spinne durch Lufttrockenheit.

Wichtig Mehrjährige Beobachtungen führten zu der Einsicht: Verblühte Blütenstände weder ausbrechen noch abschneiden, sie werden durch den nachschiebenden 2. Blütenstand später von selbst abgestoßen.

Jacobinia carnea (links) und *J. pauciflora* (rechts), Jakobinie, Familie Acanthaceae/Akanthusgewächse.

Jasminum officinale Zimmerjasmin

Die Gattung umfaßt etwa 200 Arten, von denen einige feldmäßig für die Parfümindustrie angebaut werden. Sie liefern dann den Grundduft für verschiedene Parfüms. Der süße, exotische Duft der weißen, in Trugdolden angeordneten Blüten wird wohl niemals als unangenehm empfunden.

Herkunft Jasmin ist in den tropischen Regionen Asiens, Afrikas und Australiens beheimatet. Feldmäßig wird er in Nordafrika, in Frankreich, Italien und China angebaut.

Pflanzengestalt Jasmin ist eine immergrüne kletternde Pflanze mit häufig gegenständigen, einfachen, dreizähligen oder unpaarig gefiederten Blättern. Einige Arten dieser großen Gattung haben auch gelbliche oder rosagefärbte Blüten, auch der heimische Winterjasmin, der bereits im Februar seine Blüten öffnet, gehört zu dieser Gattung.

Jasminum officinale, Zimmerjasmin, Familie Oleaceae/Ölbaumgewächse.

Pflege Unbedingtes Muß ist ein heller Platz. Über Sommer kann man den Jasmin ins Freie an einen geschützten und sonnigen Standort bringen. *Jasminum* braucht reichlich Nährstoffe und sehr viel gute, humose Erde; deshalb immer große Töpfe wählen und jedes Jahr im Frühling umtopfen. Wichtig ist auch ein Klettergerüst. Im Winter benötigt *Jasminum* einen kühlen Platz, 5° C sind völlig ausreichend. In dieser Zeit sollte auch nicht so reichlich gegossen werden wie im Sommer, es reicht aus, wenn die Erde nur alle 2 Wochen befeuchtet wird. Zeigt sich im Spätwinter, daß der Jasmin die ersten Blütenknospen treibt, muß die Pflanze einen etwas wärmeren Platz (um 12° C) bekommen. In der Blütezeit sollten die Temperaturen nachts immer etwas kühler sein als am Tag. Im Frühjahr muß man für eine gute Durchlüftung sorgen. Die Pflanze ist dankbar, wenn sie mit Regenwasser gegossen und auch besprüht wird. Im Sommer darf der Wurzelballen niemals austrocknen, sonst werden die Blätter braun. Monatlich einmal gibt man eine Düngerlösung.

Vermehrung Vom Frühjahr bis in den Sommer hinein kann man Stecklinge schneiden, die unter einer Folientüte oder einem Glas bei ausreichend Bodenwärme gut bewurzeln.

Jatropha podagrica, Jatropha, Familie Euphorbiaceae/Wolfsmilchgewächse.

Jatropha podagrica Jatropha

Wie ein kleines Bäumchen mit dickem Stamm und leuchtenden Blüten sieht diese Pflanze aus der Familie der Wolfsmilchgewächse aus. Sie ist in allen ihren Pflanzenteilen giftig, aber schadet uns nur, wenn man den milchigen Saft in die Augen bekommt. Vor allem der Samen ist stark giftig und sollte vor kleinen Kindern gesichert werden. Entdeckt hat diese reizende Pflanze kein Geringerer als Sir William Jackson Hooker (1785–1865); er war Botaniker und Direktor des Botanischen Gartens Kew. Es gibt über 125 Arten, aber nur diese eine ist als Zimmerpflanze im Angebot.

Herkunft *Jatropha podagrica* wächst in Guatemala, Nicaragua, Costa Rica und Panama.
Pflanzengestalt *Jatropha* besitzt einen dicken, flaschenförmigen Stamm und große Blätter, die fünffach oder dreifach gelappt sind. Diese Blätter werden im Winter, wenn die Pflanze kühler steht, abgeworfen. Die Blüte ist leuchtend rot und erscheint oft vor den Blättern.
Pflege Die Pflanze kann das ganze Jahr über in der Sonne sein; sie braucht auch einen warmen Platz. Nur über Winter sollte sie bei 15° C stehen, dann wird sie noch weniger gegossen. Im Sommer braucht *Jatropha* auch wenig Wasser. Läßt die Pflanze die Blätter fallen, sollte man die Erde nur alle Woche einmal ein wenig befeuchten. Wenn sich wieder Triebspitzen zeigen, wärmer stellen und gießen. Über Sommer sollte man *Jatropha* monatlich einmal mit einem Flüssigdünger düngen.
Vermehrung Nur frischer Samen läuft auch auf. Deshalb sollte man blühende Pflanzen einfach mit einem Pinsel selbst bestäuben. Den Samen dann bei Temperaturen von 25° C keimen lassen. Stets feucht halten – die Saatschale also am besten abdecken.

Kalanchoë Flammendes Käthchen

Das Flammende Käthchen aus den Gebirgsgegenden Nord-Madagaskars hat sich in vielen Farbvarianten als Winterblüher längst einen Platz erobert. Aber es gibt noch eine Vielzahl von Arten, die ebenso beliebt, nur nicht so blütenreich sind. Dieses Dickblattgewächs gehört zu den meistverkauften Blütenpflanzen, sicher auch wegen seiner Anspruchslosigkeit.

Herkunft Nach der heutigen botanischen Einordnung zählen über 200 Arten zur Gattung *Kalanchoë*. Auch die früher selbständigen Bryophyllen oder Brutblätter gehören jetzt dazu. Die schönsten und vielgestaltigsten Typen stammen aus Madagaskar.
Pflanzengestalt Es gibt unter ihnen kleine Stauden von nur 10 cm Höhe, aber auch Sträucher, Kletterpflanzen und sogar Bäume, die bis 3 m Höhe erreichen. Für uns Blumenfreunde sind die sukkulenten Arten als meist recht anspruchslose Wohngefährten am interessantesten, zumal sie nicht nur aparte immergrüne Blattformen zeigen, sondern meist auch ansehnlich blühen. Hier gibt es eine Besonderheit: Alle *Kalanchoë* sind Kurztagspflanzen. Ihre natürliche Blütezeit fällt in die Wintermonate, kann aber durch die heute im Gartenbau allgemein übliche Kurztagsbehandlung mit verminderter Tageslichtdauer beliebig verlegt werden, wie das beispielsweise auch beim Weihnachtsstern geschieht.
Am bekanntesten und als preiswerte Marktpflanze allgemein beliebt ist *Kalanchoë blossfeldiana*, das Flammende Käthchen. Die nur 30 cm hohe Staude hat dunkelgrüne, rot geränderte, ganzrandige oder gekerbte Blätter und ab Januar kopfartig beisammenstehende, leuchtend rote Blüten. Heute sind die verschiedensten Züchtungen größeren und kleineren Formats, auch unterschiedlicher Blütenfarben von Orangegelb über Violett, Rosa und Pink bis tief Dunkelrot im Handel, wobei dank der Kurztagsbehandlung die Blütezeit fast über das ganze Jahr ausgedehnt wird.
Eine Schönheit besonderer Art ist *K. tomentosa*, in ihrer madagassischen Heimat ein bis 80 cm hoher Halbstrauch mit holzigem Grundstamm, oben krautig-verzweigt. Sie trägt locker angeordnet dickfleischige, silbrig-filzige Blätter von unterschiedlicher Form; die gezähnten Blattränder sind mit fuchsroten Haaren besetzt, so daß sie wie gepunktet aussehen. Bildschöne Zimmerpflanze, jedoch selten blühend.
Pflege Um das Verblassen der haltbaren Blüten zu verhindern, sollen alle *Kalanchoë*-Arten und Sorten in dieser Zeit so hell wie möglich stehen, im Sommer halbschattig, auch geschützt auf dem Balkon oder im Garten. Soweit man sich nicht mit Einjahrskultur begnügt, ist ab Oktober eine Ruhezeit bis zur Wiederblüte zu beachten, wobei die Temperatur nicht unter 15° C absinken darf; aber auch Wohnwärme nebst trockener Luft werden hingenommen.
Über Sommer wird je nach Bedarf gegossen, gedüngt wird von Mai bis August nur alle 14 Tage einmal

Kalanchoë blossfeldiana, Flammendes Käthchen, Familie Crassulaceae/ Dickblattgewächse.

Kalanchoë daigremontiana
Brutblatt, Familie Crassulaceae/ Dickblattgewächse.

mit einer Volldüngerlösung. Im Winter je nach Raumtemperatur sparsam gießen, doch ohne daß es zu Ballentrockenheit kommt; diese vertragen die Pflanzen nicht. Nach Bedarf in nur wenig größere Töpfe in Kakteenspezialsubstrat umtopfen.

Bei Weiterkultur vor allem höhere Sorten nach der Blüte stutzen; niedrige verzweigen sich meist von selbst. Zu groß gewordene Pflanzen werden mit der Zeit unansehnlich.

Vermehrung Aus Samen oder Stecklingen sortenbedingt, jedoch nicht lohnend. Der Gärtner kann es in jedem Fall besser.

Pflanzenschutz Krankheiten und Schädlinge kommen kaum vor. Hauptgefahr: Zu nasser Stand läßt Triebe abfaulen.

Kalanchoë daigremontiana Brutblatt

Die *Brutblätter* oder *Bryophyllen* zählen zwar »offiziell« heute zur Gattung *Kalanchoë*. In ihrer äußeren Erscheinung wie als Zimmerpflanzen sind sie für den Blumenfreund aber nach wie vor eine Sache für sich, die deshalb an dieser Stelle gesondert betrachtet werden soll.

Herkunft Das Brutblatt stammt von der Insel Madagskar.

Pflanzengestalt Nicht nur wegen ihrer leichten Kultivierbarkeit, sondern vor allem wegen ihrer erstaunlichen Vermehrungsweise ist diese Pflanze beliebt. *Kalanchoë crenata* »Gekerbtes Brutblatt«), bis 50 cm hoch, hat spitzeiförmige, graugrüne, dickfleischige, bis 12 cm lange Blätter mit leicht eingekerbtem Rand. In den Kerben entwickeln sich die Brutknospen bis zu selbständigen bewurzelten Pflänzchen. Braunrote Blüten stehen in rispiger Trugdolde. *K. daigremontiana* ist insgesamt dem »Gekerbten Brutblatt« sehr ähnlich, doch sind die Blätter schmaler, spitzer und braun gefleckt; Blüte rosa. *K. tubiflora* wird bis 70 cm hoch, Blätter blaß graugrün, bräunlich gefleckt, quirlig um den Hauptstamm geordnet, wie kleingeschnittene Spaghetti geformt; Brutknospen stehen büschelweise an den Blattspitzen; Blüte rötlich, in glockigen Trugdolden.
K. pinnata galt schon zu Goethes Zeiten als Kuriosum, ist aber heute weniger beliebt, weil es bis meterhoch und bald ausgesprochen »gakelig« wird. Die neueren,

erst seit dem Anfang unseres Jahrhunderts bekannten Arten zeichnen sich demgegenüber durch gedrungeneren Wuchs aus.

Pflege Im Sommer warm und luftig, am mittags etwas schattigeren Südfenster; im Winter zur Vorbereitung auf die Blüte bei 10–12° C halten. Die Brutblätter gehören zu den widerstandsfähigsten und anspruchslosesten Zimmerpflanzen, die es gibt. Trockene Luft wird besser vertragen als feuchte; Schaden entsteht – wie bei vielen anderen sukkulenten Pflanzen – vor allem durch zuviel Bodenfeuchtigkeit, die den Hauptstamm zum Abfaulen bringt. Wer dieser Gefahr ausweichen will, halte sie in Hydrokultur. Da gedeihen sie prächtig.

Über Sommer wird der Topf feucht gehalten, über Winter wird so wenig gegossen, daß die Erde fast trocken erscheint.

Gedüngt wird in der Hauptwachstumszeit mit einem nährstoffarmen Kakteendünger. Auch umzutopfen braucht man diese Pflanzen fast gar nicht, weil jüngere Nachzuchten stets attraktiver sind.

Kalanchoë blossfeldiana als Hochstämmchen mit *K. laxiflora* und andere *Kalanchoë*-Arten.

Vermehrung Durch die nach Ausreifung abfallenden, schon bewurzelten Brutknospen, die zu mehreren in kleine Töpfe oder Schalen gesetzt werden. Damit sie schon im ersten Nachwinter blühen, muß die Vereinzelung bis Mitte August beendet sein. Stecklingsvermehrung im Frühsommer durch Triebspitzen. Die Stecklinge werden zum Lufttrocknen der Schnittflächen einen Tag an einen geeigneten Platz gelegt und erst dann in Erde gesteckt.

Kohleria-Amabilis-Hybriden Kohleria

Der Direktor des Botanischen Gartens von St. Petersburg, der Deutsche Eduard August von Regel (1815–1892), benannte dieses Gesneriengewächs, das in seiner Vielfalt von sich reden macht.

Herkunft Es gibt über 60 Arten, die in den Bergregionen Südamerikas zu Hause sind. Die bei uns als Zimmerpflanzen verbreiteten Kohlerien sind aber zumeist Züchtungen, von denen es sehr viele Hybriden und Sorten gibt.

Pflanzengestalt *Kohleria* blühen reich und sind in Blütenfarbe und Blütenform auch nicht auf einen Nenner zu bringen. Zumeist sind sie röhrenförmig, rot, gelborange und von innen gefleckt. Die Blätter sind länglich bis eirund, samtig grün und behaart. Oftmals sind sie an der Blattäderung dunkel oder andersfarbig getönt. Ähnlich wie *Achimenes* bilden sie unterirdische Rhizome.

Pflege Ein heller, aber nicht sonniger Platz ist das Beste für die Kohleria, dabei möchte sie stets mäßig feucht gehalten werden. Sie brauchen keine Wärme. Allerdings sollte man im Winter darauf achten, daß die Temperaturen nicht unter 15° C fallen, denn die Blätter ziehen nicht ein, wie etwa bei *Achimenes*! Deshalb sollte man Kohleria auch im Winter mäßig feucht halten. Im Sommer kann sie alle 10 Tage gedüngt werden.

Pflanzengestalt Die zapfenähnlichen Rhizome bilden Brutrhizome und können zur Vermehrung genutzt werden. Ein leichtes, wasserdurchlässiges Substrat begünstigt die Bewurzelung. Auch Kopfstecklinge entwickeln im Frühjahr schöne Pflanzen. Ebenso kann man *Kohleria* durch Aussaat vermehren.

Kohleria-Amabilis-Hybriden, Kohleria, Familie Gesneriaceae/ Gesneriengewächse (oben und unten).

Leptospermum scoparium Südseemyrte

Man kann diese reizende Pflanze auch die rot- und rosablühende Myrte nennen, denn die Ähnlichkeit zwischen diesen beiden Verwandten ist nicht zu übersehen. Zugleich ist es eine veränderliche Art mit vielen Sorten. Ob als Baum oder kleine Topfpflanze, *Leptospermum* blüht schon von Anbeginn an.

Herkunft Die Heimat von *Leptospermum* ist Neuseeland und Australien.
Pflanzengestalt Die immergrünen Blätter sind sehr spitz, sie haben grüne, bläuliche oder bronzene Tönungen. Die Blüten sind einfach oder gefüllt in allen Rotnuancen bis zum hellen Zartrosa, es gibt aber auch weiße Sorten.
Pflege Einen sonnigen Platz braucht dieses Myrtengewächs das ganze Jahr über, besonders aber in der Blütezeit ab März. Im Sommer auch reichlich gießen, weil sonst die Blätter abfallen. Am besten ist es, stets mit Regenwasser oder entkalktem Wasser zu gießen. Auch bei den allwöchtlichen Düngergaben im Sommer kalkfreien Dünger verwenden. Im Winter muß *Leptospermum* kühl bei 4–8° C stehen und darf dann auch nur wenig gegossen werden, jedoch darf auch jetzt der Wurzelballen niemals völlig austrocknen. Vor dem Austrieb im sehr zeitigen Frühjahr wird die Pflanze gestutzt, damit sie buschig wächst. Alle 2 Jahre in kalkfreie, leicht sandige Erde umtopfen. Bringt man *Leptospermum* schon im Februar wieder ins Warme, blüht es früher, wenn die Pflanze hell bis sonnig steht.
Vermehrung Die Südseemyrte wird aus Kopfstecklingen oder Triebstecklingen vermehrt, die nicht verholzt sind. Sie bewurzeln bei ausreichend Feuchtigkeit und Bodenwärme von 20 °C rasch.

Leonotis leonurus, Löwenohr, Familie Labiatae/Lippenblütler (links).

Leptospermum scoparium, Südseemyrte, Familie Myrtaceae/Myrtengewächse (unten).

Leonotis leonurus Löwenohr

Diese interessante Pflanze war früher bekannter als heute. Doch zunehmend erobert sie sich dank gärtnerischer Züchtungsarbeit wieder einen Platz im Sortiment der Topfpflanzen. Sie gehört zur Familie der Lippenblütler, was sich unschwer an ihren Blüten erkennen läßt. Da sie Kühle bevorzugt, ist sie eine beliebte Kübelpflanze, was auch ihrem strauchähnlichen Wuchsverhalten entspricht.

Herkunft *Leonotis* kommt aus Südafrika.
Pflanzengestalt Mit taubnesselähnlichen Blüten wartet diese Pflanze auf. Sie stehen sehr zahlreich quirlig am Stiel. *Leonotis* gehört zu den schönsten Herbstblühern. Die Blüten sind etwa 5 cm lang und stehen in mehreren Etagen an den Stengeln, so daß sie von äußerst dekorativer Wirkung sind.
Pflege Im Sommer sollte *Leonotis* unbedingt ins Freie geräumt werden. Im Spätherbst schneidet man sie bis auf 20 cm zurück, bevor sie an einen hellen und kühlen Platz bei etwa 10° C kommt. Mit dem Gießen und dem Düngen sollte man geizen, da die Triebe sonst zu rasch lang werden und durch Wind leicht brechen. Besser ist es, erst einmal abzuwarten, bis die Pflanze völlig trocken ist und dann zu gießen. Einmal monatlich kann man einen Volldünger verabreichen. Als Substrat verwendet man lehmige Blumenerde.
Vermehrung Das Löwenohr läßt sich aus Kopfstecklingen leicht heranziehen.

Medinilla magnifica Medinille

Sie heißt mit Recht *Medinilla magnifica* – die »Großartige« oder die »Prächtige«. Diese schöne Blütenpflanze aus der Familie der Schwarzmundgewächse ist zwar sehr empfindlich, aber dennoch einen Versuch wert.

Herkunft Ein Gewächs wie dieses kann natürlich nur aus Gegenden stammen, wo tropisches Klima nebst allen sonstigen Wachstumsbedingungen ungewöhnlich günstig sind. Andere Arten, von denen man weit über 100 kennt, kommen auf der gesamten großen Inselbrücke von Ostindien bis in die Bereiche der Südsee vor. *M. magnifica* aber wird nur auf den Philippinen – vorab auf der Insel Luzon – angetroffen. Ihren Namen hat die Gattung übrigens nach einem spanischen Kolonialbeamten um 1820.

Pflanzengestalt Im Urwald wächst die Medinille als 1–1,5 m Meter hoher, vielverzweigter Strauch mit vierkantigen, borkigen und durch Knoten unterteilten Ästen. Die Blätter sind dick, lederartig, dunkelgrün, bis 30 cm lang, immer gegenständig.

Aus den Blattachseln entspringen an ebenfalls bis 30 cm langen Stielen die aus zahlreichen Einzelblütchen zusammengesetzten und von großen, rosig-weißen Tragblättern überdeckten Blütentrauben. Die riesigen Blüten hängen stets herab.

Die natürlichen Blütezeiten reichen von Februar bis August. Bei den heutigen Anzuchtmöglichkeiten kommen auch andere, für den Blumenhandel günstigere Blütezeiten vor.

Pflege Die *Medinilla* ist keine Zimmerpflanze, auch wenn man sie während der Blüte mit aller Vorsicht als exotisches Prunkstück vorübergehend in die Wohnung nehmen kann. Auch Jungpflanzen, die am Leben bleiben und womöglich wieder blühen sollen, gehören also unbedingt in

Lotus berthelotii, Hornklee, Familie Leguminosae/Hülsenfrüchtler (links).

Medinilla magnifica, Medinille, Familie Melastomataceae/Schwarzmundgewächse (unten).

Lotus berthelotii Hornklee

Der einfache deutsche Name wird dieser herrlichen Ampelpflanze nicht gerecht. Sie ist im Sommer sogar für die Terrasse oder den Balkon geeignet und blüht wunderschön aus ihren an *Asparagus densiflorus* erinnernden kleinen Blättern heraus. Der *Lotus* gehört zur Familie der Hülsenfrüchtler.

Herkunft *Lotus* kommt von den Kanarischen Inseln, insbesondere von Teneriffa. Er gehört zu den geschützten Pflanzen.

Pflanzengestalt Bis zu 2 m lang können die Ranken dieser Pflanze werden. Die Blätter sind fein, spitz auslaufend und silbrig. Die Blüten sind meist scharlachrot gefärbt und werden 3 cm lang. Die Sorte 'Gold Flush' besitzt gelbe Blüten.

Pflege Sehr hell, fast sonnig muß die Pflanze stehen, weil sich sonst kaum Blüten bilden. Den ganzen Sommer für mäßige Feuchtigkeit sorgen, ohne daß der Fuß zu naß ist. Wird *Lotus* beim Gießen einmal vergessen, so kann man die Pflanze nur noch radikal zurückschneiden und hoffen, daß sie wieder austreibt. Gedüngt wird Hornklee alle 3 Wochen einmal mit einem Volldünger. Im Winter steht die Pflanze zwar auch hell, aber entschieden kühler, 10° C sind völlig ausreichend. Im zeitigen Frühjahr wird umgetopft in normale, gut wasserführende Blumenerde.

Vermehrung Im Frühsommer Stecklinge schneiden, die bei 20 °C Bodentemperatur leicht bewurzeln. Das Substrat muß feucht gehalten werden. Günstig ist es, 3 oder 5 Stecklinge in einen Topf zu setzen. Eine darübergestülpte Plastiktüte erleichtert das Bewurzeln und Weiterwachsen.

ein sehr geräumiges Tropenfenster, besser und ihrem starken Ausdehnungsdrang angemessener in ein Kleingewächshaus mit Warmhauscharakter, wo sie am hellen Platz, ohne Einengung und ohne direkte Besonnung als Ampelpflanzen hängen können. Später braucht man hohe Kübel, die den blütenschweren Trieben genügend Bodenfreiheit gewähren. Abstützen schützt vor Bruchschäden.
Temperatur März bis August 20–22 °C und mehr. Mit voll enthärtetem, temperiertem Wasser reichlich gießen, für hohe Luftfeuchtigkeit sorgen; dem starken Wachstum angepaßt, reichlich mit einem kalkfreien Dünger (z.B. für Azaleen) düngen.
Von November bis ins andere Jahr hinein braucht die *Medinilla* eine Pause bei sparsamem Gießen und Temperaturen von 15– 17 °C. In dieser Zeit bildet sie ihre Blütenknospen aus. Im zeitigen Frühjahr wird in nährstoffreiche, lockere und kalkfreie Erde umgetopft. Dabei kann man die Triebe etwas zurückstutzen.
Vermehrung In gärtnerischer Kultur.
Pflanzenschutz Schädlingsbefall und Wachstumsrückgang in trockener Luft.

Metrosideros excelsa Eisenholzbaum

Diese herrliche Pflanze wird auch »Neuseeländer Weihnachtsbaum« genannt, weil gerade zur Weihnachtszeit der Eisenholzbaum in Neuseeland in voller Blüte steht. Bei uns zeigt er seine Pracht ein halbes Jahr später. Diese Kübelpflanze gehört zur Familie der Myrtengewächse. *Metrosideros* ist verwandt mit dem Zylinderputzer. Doch ihre Blüten sind breit und flach, nicht so lang und aufrecht wie bei *Callistemon*.

Herkunft Aus Neuseeland kommt der Eisenholzbaum, inzwischen gibt es ihn auch in Australien und Polynesien.
Pflanzengestalt Die immergrünen Blätter sind klein, oval und stehen dicht an dicht an den Zweigen des Strauches. In seiner Heimat ist *Metrosideros* ein schöner Baum. Die herrlichen Blüten fallen besonders durch ihre leuchtend roten Staubgefäße auf, die weit herausragen.

Metrosideros excelsa, Eisenholzbaum, Familie Myrtaceae/Myrtengewächse (links und unten).

Pflege Wie die Myrte, so benötigt der Eisenholzbaum einen hellen Platz, viel Feuchtigkeit und Dünger, verträgt sogar kalkhaltige Erde und ist ausgesprochen robust. Man braucht die Pflanze nicht zu stutzen, sie verzweigt sich ständig neu. Allerdings kann man ein Kronenbäumchen heranziehen, das außerordentlich attraktiv wirkt.
Im Winter sollte der Eisenholzbaum kühl bei etwa 6 °C stehen. Dann wird er auch sehr sparsam gegossen.
Vermehrung Aus Samen gezogene Pflanzen brauchen etwa 10 Jahre, bis sie das erste Mal blühen. Deshalb ist es günstiger, *Metrosideros* aus Kopfstecklingen im Frühsommer heranzuziehen, sie wachsen buschiger als Sämlingspflanzen.

Murraya paniculata
Orangenraute, Rosenjasmin

Diese herrlich nach Orangenblüten duftende Pflanze kann mit ihrem Duft ein ganzes Zimmer erfüllen. Schon kleine Pflänzchen entwickeln Blüten, die sich im Frühjahr öffnen. Der deutsche Naturwissenschaftler Johann Gerhard König (1728–1785), der ausgedehnte Reisen nach Südostasien unternahm, entdeckte sie und benannte sie gemeinsam mit Carl von Linné.

HERKUNFT Der Botaniker kennt etwa 11 Arten, die in Südostasien, vor allem in Indien und auf Sri Lanka, heimisch sind.
PFLANZENGESTALT Die als Zimmerpflanze verbreitete Orangenraute ist ein dicht verzweigter kleiner Topfstrauch mit immergrünen, sattgrünen, glänzenden Blättern. Die weißen Blüten sind glockenförmig, stehen in vielblütigen Trugdolden und duften stark nach Orangenblüten. Den ganzen Sommer über erscheinen weitere Blüten, später dann rote, kugelige Beeren.
PFLEGE *Murraya* bevorzugt einen hellen und warmen Standort mit hoher Luftfeuchtigkeit. Deshalb ist sie im warmen Zimmer sehr häufig zu besprühen, besser gedeiht sie aber im geschlossenen Blumenfenster. Über Sommer kann die Pflanze im Freien an einem windgeschützten Platz stehen. Im Winter, wenn die *Murraya* kühl steht, wird nur sparsam gegossen. Im Frühjahr topft man die Orangenraute in leichte, gut wasserführende Komposterde um. Mit Sommerbeginn sollte auch das wöchentliche Düngen mit einem Volldünger einsetzen.
VERMEHRUNG Die Orangenraute läßt sich sowohl durch Samen als auch durch Kopfstecklinge vermehren, letztere bewurzeln rascher unter Folie. Ausschlaggebend für beide Vermehrungsmethoden ist eine hohe Bodenwärme von etwa 25 °C.

Murraya paniculata, Orangenraute oder Rosenjasmin, Familie Rutaceae/Rautengewächse.

Nerium oleander Oleander

Zugegeben: Der Oleander ist keine Zimmerpflanze im eigentlichen Sinn des Wortes. Nur im jugendlichen Alter kann man ihn bedingt in geschlossenen Räumen halten, weil sein Wachstumsrhythmus nun einmal den Winterplatz »am kühlen, frostfreien Ort« verlangt, während Stubenluft ihm auch zur Sommerzeit schlecht bekommt. Dennoch gehört er – so meine ich – ganz unabdingbar in den Kreis jener »Hauspflanzen«, auf die man in einem Blumenbuch wie diesem nicht verzichten kann.

HERKUNFT Heimat ist das Mittelmeergebiet, wo die bis 5 m hohen Büsche – ähnlich wie bei uns Erlen und Weiden – an sonnigen, doch im Untergrund feuchten Flußufern oder in den zeitweise oberflächlich trockenen, steinigen Flußbetten der sogenannten Torrenten stehen.
PFLANZENGESTALT Sperrig wachsende, immergrüne Sträucher mit elastischen, später verholzenden Zweigen, an denen die lederigen, schmal-lanzettlichen, graugrünen Blätter sich paarweise oder zu dritt gegenüberstehen. Unter mancherlei Zuchtformen, die heute angeboten werden, gibt es auch 'Variegatum'-Sorten mit weiß- oder gelbbuntem Laub. Sie sind deshalb weniger blühfreudig.
PFLEGE Da Oleander 4–5° C unter Null kurzfristig ohne Schaden übersteht, kann man ihn in milden Lagen ohne Rücksicht auf Spätfröste oft schon Anfang April aus dem Winterquartier holen. Standort so sonnig, heiß und lufttrocken wie möglich. Prallhitze vor einer weißen Südmauer – dazu aber ein sehr feuchter Fuß – sagt ihm am meisten zu. Einräumen so spät wie möglich, zumal nach den ersten Herbstfrösten meist noch mehrere schöne Spätherbstwochen kommen. Notfalls genügt zum Überwintern ein nicht zu dunkler Kellerraum, doch sind helle Überwinterungsräume mit ständiger Frischluftzufuhr unvergleichlich viel besser. Aufstellung in auch nur mäßig beheizten Wohnräumen, in Dielen, Fluren oder zugigen Treppenhäusern ist – abgesehen von der oft über »Hausformat« hinausrei-

Nerium oleander mit gefüllten Blüten, Oleander, Familie Apocynaceae/Hundsgiftgewächse.

Nerium oleander, einfache Blüte.

chenden Größe älterer Pflanzen – nur im äußersten Notfall anzuraten. Meist kann dort die verlangte niedrige Temperatur nicht eingehalten werden. Mehr Wärme aber bringt Geilwuchs und Ungeziefer, dadurch Kräfteverschleiß.
Ab Austrieb bis Frühherbst je nach Witterung reichlich bis sehr reichlich gießen. Möglichst abgestandenes, temperiertes Wasser (25–30° C!) geben. Warm gießen (auch im Winter) steigert die Blühwilligkeit. Töpfe und Kübel sollen in großen Untersetzern stehen, damit man während der Wachstumszeit häufig – bei heißem Wetter täglich – von unten wässern kann. Mehrtägige »Dauerfußbäder« erwünscht bis notwendig. Oleander ist keine Wüstenpflanze! Ab Mitte August – zum Ausreifen der Triebe – zunehmend sparsamer gießen. Nach dem Einräumen, über Winter, nur vor Ballentrockenheit schützen, gelegentlich trocken entstauben. Regen, Luftfeuchtigkeit und Sprühen sind beim Oleander unbeliebt.
Ab Austriebsbeginn jede Woche kräftig düngen bis Mitte August, dann wegen Holzreifung einstellen. Früher war Dungwasser aus getrocknetem Kuhmist auf dem Land anerkannte Oleandernahrung.
Als Substrat verwendet man eine sehr nährstoffreiche, leicht lehmige Erde. Umgetopft wird stets erst nach völliger Durchwurzelung des Topfes oder Kübels. Beste Zeit: Mai bis Juni.
Innen verkahlte, überalterte oder zu groß gewordene Oleander durch strengen Rückschnitt bis weit ins alte Holz verjüngen; sie blühen dann anfangs nicht so reichlich.
Vermehrung Ab Ende Mai bis Ende Juli jederzeit durch Stecklinge, die im wassergefüllten, dunklen Fläschchen bewurzeln; dann in kleinste Töpfchen mit Anzuchterde setzen (Vorsicht, Wurzeln sehr brüchig!).
Pflanzenschutz Woll- und Schildlausbefall im Winterquartier zeigt zu warmen Stand und Frischluftmangel an.
Wichtig Oleander ist giftig! Alle Pflanzenteile enthalten die gefährlichen Stoffe Nerein und Oleandrin.

Nertera granadensis Korallenmoos

Bei den Pflanzen, deren Fruchtschmuck uns weitaus wichtiger ist als die Blüten, steht – als einzige Vertreterin ihrer Gattung – das reizende Korallenmoos mit an erster Stelle. Sehr zu Unrecht wird es häufig nur als kurzlebige Marktpflanze behandelt. Tatsächlich kann man diese reizende Pflanze aus der Familie der Krappgewächse lange weiterkultivieren.

Herkunft Schon vor über 200 Jahren kam die allerliebst kleine Südamerikanerin aus den Anden zwischen Peru und Kap Horn nach Europa. Im Auf und Ab der Blumenmoden hat sie schon einiges an »Willkommen und Abschied« mitgemacht. Gegenwärtig ist sie wieder häufiger im Handel.
Pflanzengestalt *Nertera granadensis* ist ein ausdauerndes, kriechendes Kraut mit 15–25 cm langen Stengeln, an denen die nur 7 mm langen Blättchen mit 4 mm langen Stielchen sitzen. Die ebenso winzigen weißen Sternblütchen erscheinen im April/Mai. Daraus bilden sich dann bis August die kaum erbsengroßen Beeren in solcher Zahl, daß vom lichtgrünen Laub kaum noch etwas zu sehen ist. Sie können so bis in den Winter halten. Im Wuchs erinnert die Pflanze an das Bubiköpfchen.
Pflege Sommerstandort sollte hell, kühl und ohne Prallsonne sein; viel Frischluft. Überwintern bei 8–10 °C, hell und luftig. Die Ruhezeit liegt zwischen Oktober und Februar. Über Sommer wird die Pflanze gleichmäßig feucht gehalten, im Winter etwas trockener. Nur außerhalb der Blütezeit öfter sprühen. Gedüngt wird mit einem phosphatreichen, stickstoffarmen Dünger, und zwar sehr sparsam, um das Blühen und Beerenausreifen sowie das Blattwachstum zu steuern. Im August kann man die Pflanze teilen und neu in durchlässige und sandhaltige Erde umtopfen.
Vermehrung Außer durch das Teilen ist auch eine Vermehrung durch Samen möglich. Sie erfolgt unter vielen Mühen im Februar bis März; hierbei ist eine hohe Bodenwärme erforderlich.
Pflanzenschutz Durch Zugluft siedeln sich Blattläuse an den Triebspitzen an; auch Schnecken sind leicht zu finden.

Nertera granadensis, Korallenmoos, Familie Rubiaceae/Krappgewächse.

Pachystachys lutea Dichtähre

Außer dem bräunlichen »Zimmerhopfen« *Beloperone guttata* gibt es eine ihm ähnliche Pflanze, die im Handel als »Gelbe Beloperone« geführt wird. Sie ist aber keineswegs eine Neuheit, in älteren deutschen Blumenbüchern vor 1900 kann man *Pachystachys lutea* sehr wohl finden. Da wurde sie als beliebte Zimmerpflanze gepriesen und hatte auch den deutschen Namen »Dichtähre«.

Herkunft Aus Peru kommt diese Pflanze aus der Familie der Akanthusgewächse.
Pflanzengestalt Sie ähnelt in ihrem aufrechten Wuchs, mit den steif aufgerichteten gelben »Ähren« in der Tat auch einigen anderen Gattungen, wie *Jacobinia, Beloperone* oder sogar *Aphelandra*. Die enge Verwandtschaft aller dieser Akanthusgewächse untereinander steht jedenfalls außer allem Zweifel. Über das Aussehen von *P. lutea* hieß es schon früher: »Halbstrauchig bis strauchig; Äste grün; Blätter glatt, oval-länglich zugespitzt, lebhaft grün mit deutlicher Äderung; Blütenstände in dichten, reichen Endähren. Die gelblich-weißen Blütchen sind von leuchtend gelben Hochblättern umgeben. Blütezeit Frühling bis Winter; Hochblätter lange haltbar.«
Pflege Nach meinen erst kurzen Erfahrungen mit *P. lutea* dürften ihre Ansprüche zwischen der ja ziemlich robusten, bekanntlich auch für Balkon und Freiland geeigneten *Beloperone guttata* und den etwas anspruchsvolleren, auch in ihrem Blütenflor weniger haltbaren *Jacobinia*-Arten für Zimmerkultur liegen. Das wäre ein Gewinn für viele Blumenfreunde, die mit mehr der Warmhauskul-

Oxalis adenophylla und *O. triangularis,* Sauerklee oder Glücksklee, Familie Oxalidaceae/Sauerkleegewächse (links und unten).

Oxalis adenophylla Sauerklee

Wer kennt nicht diesen reizenden Glücksbringer? Aus der Familie der Sauerkleegewächse präsentiert sich die Art *Oxalis adenophylla* als Neuheit und zugleich noch als Rarität. Doch beschrieben und entdeckt ist sie schon seit langem. Der schottische Arzt und Pflanzensammler John Gillies (1792 – 1834) beschrieb diese reizende Art aus der Vielzahl von 800 sehr verschiedenen Arten der Gattung Oxalis.

Herkunft In Chile und dem westlichen Argentinien ist *O. adenophylla* zu Hause.
Pflanzengestalt Die reizenden kleinen Kleeblätter sind hellgrün, gewellt und noch geteilt. Die Blüten sind verhältnismäßig groß und rosafarben.
O. deppei besitzt dunkelgrüne Blätter.
O. triangularis hat dunkelbraune Blätter und zarte, kleine, weiß bis rosa schimmernde Blütchen.
Pflege Als Standort möchte *Oxalis* einen hellen und kühlen Platz. Während der Wachstumszeit wird die Pflanze mäßig feucht gehalten und wöchentlich einmal mit einem Blumenvolldünger gedüngt. Sobald die Pflanze einzieht, wird sie trockener gehalten. Bei Normalkultur im Winter gießt man gar nicht, denn die *Oxalis* treibt durch ihre Brutknöllchen, die sich an der langen Rübenwurzel befinden, wieder aus. Das Wichtigste an der Pflege ist wirklich das ganze Jahr über der kühle Platz. Dann hat man keine Probleme mit *Oxalis*. Man kann die Pflanze auch im Garten versenken, sollte sie aber, sobald es Herbst wird, an einen frostsicheren Platz bringen.
Vermehrung Über die Brutknöllchen, die sich reichlich bilden; sie werden in normale Blumenerde etwa 2 cm tief versenkt.

tur zuneigenden Pflanzen und dem winterlichen Kampf gegen die Lufttrockenheit voll beheizter Räume ohnedies immer ihre Schwierigkeiten haben.
P. lutea wird also bei mir ganzjährig im Zimmer gehalten, verbrachte das letzte Jahr an einem luftigen Nordostfenster, wo es im Sommer normal und im Winter etwa 15° C warm ist. Die weißen Blüten halten nicht lange, dafür sind aber die gelben Deckblätter sehr schön. Ständiges Besprühen ist von Vorteil. Im Winter nicht so reichlich gießen. Im Sommer sollte man wöchentlich eine schwache Düngerlösung verabreichen. Umgetopft wird alljährlich einmal im Frühjahr in ein Gemisch von normaler Blumenerde mit Kakteenerde.
Vermehrung Triebspitzen bewurzeln rasch, wenn man sie warm hält und stets auf genügend Feuchtigkeit des Substrats achtet. Günstig ist es auch, sie mit Folie oder einem Glas abzudecken, um so ein für die Pflanzen günstiges Mikroklima zu schaffen.

Passiflora Passionsblume

Eine rührende Blumenlegende weiß zu berichten, daß um 1620 ein der Botanik ergebener Jesuitenpater, auf Missionsarbeit in Peru, eine Erscheinung hatte: Er erlebte im flirrenden Mittagslicht vor einer sonnigen Felswand als Vision das Wunder der Passionsblumenblüte als Sinnbild christlichen Glaubens; er erkannte in den drei Stempeln die Kreuzesnägel, im rötlich überlaufenen Fadenkreuz rund um die Bestäubungsorgane die Dornenkrone, im gestielten Fruchtknoten den Kelch des Herrn.

Herkunft Die peruanische Heimat in stark besonnten Vorgebirgslandschaften stimmt für einige Arten. Es gibt deren aber über 400, von denen die meisten auch in anderen südamerikanischen Ländern verbreitet sind. Nur wenige finden sich im tropischen Asien und Australien. Einige fast winterharte Formen sind im subtropischen Nordamerika zu Hause. Kaum mehr als ein Dutzend davon ist in gärtnerischer Kultur.
Pflanzengestalt Klettersträucher mit oftmals meterlangen, rankentragenden Trieben, die an Topf- und Wandspalieren gezogen werden. Die Blätter sind gestielt, mittelgrün, glatt, breitherzförmig, je nach Art einfach, dreifach bis sieben- oder neunfach gelappt, wobei der Mittellappen meist länger ist als die Seitenlappen. Außerdem gibt es einige buntblättrige, dafür sehr bescheiden blühende Arten für Warmhauskultur in Schausammlungen. Die Blüten sind groß, fallen durch Form und Farbe auf und erscheinen von Frühsommer bis Frühherbst in ununterbrochener Folge in den Farben Weiß oder Himmelblau, auch Weinrot und Violett. Unter günstigen Bedingungen können auch in Topfkultur gezogene Passifloren gelbe oder apfelsinenfarbene, bis hühnereigroße Früchte entwickeln; sie sind als schmackhafte »Granadilles« im Handel.
Als traditionsreiche, angenehme Zimmerpflanze von vieljähriger Lebensdauer geschätzt ist vor allem *Passiflora caerulea,* die »Himmelblaue Passionsblume«, mit fünf- bis siebenlappigen, immergrünen Blättern; die Blüten sind weißlich mit blauem Fadenkranz. Dazu die elfenbeinweiße Hybride 'Comtesse Elliot' und die schon als Jungpflanze sehr blühwillige weinrote Zuchtform 'Kaise-

Passiflora caerulea 'Comtesse Elliot', Passionsblume, Familie Passifloraceae/Passionsblumengewächse (oben).

Pachystachys lutea, Dichtähre, Familie Acanthaceae/Akanthusgewächse (links).

rin Eugenie' halten in sehr geschützten Lagen, etwa vor warmer Hauswand mit Winterdecke, bei mildem Wetter auch im Freien aus. Zurückgefrorene Triebe wachsen rasch nach und blühen normal. *P. coccinea* fasziniert ebenfalls durch ihre leuchtendroten, 10 cm großen Blüten. *P. gracilis* und *P. incarnata* sind in den USA als 'Wild Passion Flowers' für Freiland und Hausberankung beliebt.
P. quadrangularis, die »Riesengranadilla«, ist ein gewaltiger Kletterstrauch; die Blüten haben 8–12 cm Durchmesser und eine Strahlenkrone aus 5 Reihen farbiger Fäden; die Früchte sind eßbar. Die Pflanze eignet sich aber nur fürs große Warmhaus. *P. racemosa,* die »Traubige Passionsblume«, hat derbe, dreiteilige Blätter und leuchtendrote Blüten in lockeren Trauben. Wegen ihrer Schwachwüchsigkeit ist sie eine gute Zimmerpflanze.

Pflege Ab Austriebsbeginn im März hellster, sonnigster Stand mit viel Platz am Südfenster. Ab dem letzten Maidrittel bis September auch Übersommern auf dem Balkon oder im Garten. Dort im Topf einsenken, jedoch keinesfalls auspflanzen, Topfspalier oder Stäbe zum Rundum-Beranken anbringen; große Pflanzen im Kübel halten. Die Vorbereitung auf die Ruhezeit mit dem Aufhören des Triebwachstums noch bei Weiterblüte im August beginnen: ohne Ballentrockenheit sparsamer wässern, Düngung allmählich einstellen. Vor den ersten Nachtfrösten einräumen, sonst Unterkühlungsschäden.
Über Winter bis Februar hellen, luftigen Platz geben, Besttemperatur 6–8° C; mäßige Wärme bis etwa 12° C wird bei etwas erhöhten Wassergaben reichlich vertragen; vollbeheizte Räume bewirken Geilwuchs, schädigen die Gesundheit und vermindern die Blühwilligkeit. Mit Austriebsbeginn im März die Pflanzen durch Wärmerstellen, reichlicheres Gießen und Wiederaufnahme der Düngung auf den Sommer vorbereiten.
Zurückgeschnitten wird Ende Februar, etwa 3 Wochen vor dem Umsetzen, alte Triebe auf etwa 5 Augen, so bekommt man reichblühende, kurze Seitensprosse. Starkes Wachstum und reicher Flor fordern bei Sommerhitze oft zweimal täglich Bewässerung. Ebenso ist das Düngen wöchentlich einmal von Frühjahr bis zum August notwendig.
Jährlich im Frühjahr werden junge Pflanzen umgetopft. Als Substrat nimmt man eine lehmhaltige, nährstoffreiche Erde. Ältere Pflanzen werden alle 3 Jahre umgetopft.

Vermehrung Am einfachsten durch Abtrennen und Eintopfen der Ableger von Mai bis Juli; langwieriger und unsicherer ist die Vermehrung durch Kopfstecklinge von schon leicht verholzten Kurztrieben. Werbetüchtig angepriesene Anzucht aus Samen bringt meist wenig blühwillige Pflanzen.

Pflanzenschutz Er spielt bei richtiger Behandlung der an sich genügsamen Passionsblume kaum eine Rolle; Befall mit Schmierläusen nur bei Frischluftmangel am zu warmen Winterplatz.

Passiflora quadrangularis.

Pelargonium Geranie, Pelargonie

»Die Geranien des Balkonkastens und der Zimmerkultur sind Pelargonien« steht in einem großen deutschen Pflanzenlexikon zu lesen. Dieser Lapidarsatz ist nicht ganz so unvernünftig, wie es scheint, denn tatsächlich gibt es auch eine Gattung *Geranium*, deren zahlreiche Arten auf gut deutsch »Storchschnabel« heißen.

Herkunft Während alle diese Storchschnäbel überwiegend in den gemäßigten Zonen angetroffen werden, findet sich die Gattung *Pelargonium* mit rund 240 Arten fast ausschließlich im südafrikanischen Kapland. Von dort kam die erste Geranie bereits 1710 nach Europa.

Pelargonium-Grandiflorum-Hybriden, Edelpelargonien

Pflanzengestalt Sie wachsen meist eintriebig mit holzigem Stengel; Blätter lichtgrün, groß, nierenförmig, am Rande gezähnt. Blüten groß bis sehr groß, 5 cm Durchmesser, erscheinen in dichten Dolden oder zu wenigen in vielen Farben von Weiß über Rosa und Rot bis zu fast schwärzlichem Blauviolett, immer mehrfarbig gefleckt, geflammt oder geädert. Blütezeit von Mai bis in den Frühherbst.

Pflege Ganzjährig im Zimmer, übersommern auch auf dem Balkon. Sommerstandort hell mit Morgen- oder Abendsonne und viel Frischluft. Winterstandort im nur mäßig beheizten bis kühlen Raum bei 10–15° C, keinesfalls mehr, aber nicht bei den Balkonpelargonien im Keller überwintern.

Während der Wachstums- und Blütezeit (März bis August) wird reichlich gegossen, nach Übergangszeit am kühleren Winterstandort sparsam. Im Sommer und Winter stauende Nässe vermeiden.

In der Hauptwachstumsphase wird alle 10 Tage eine Volldüngerlösung verabreicht.

Umgetopft wird nach der Ruhezeit im Februar in nährstoffreiche, leicht sandhaltige Erde.

Leichter Vorschnitt nach Blüte Ende August. Hauptschnitt – soweit erforderlich – beim Umsetzen.

Vermehrung Aus geeigneten Schnittabfällen; kräftige Spitzentriebe, die noch nicht geblüht haben, fingerlang unter größerem Blattpaar abschneiden; Schnitt etwas schräg abwärts führen; Blätter des untersten Blattpaares bis zur Stengelmitte wegnehmen. Stecklinge bis zur Blattachse in kleine Töpfchen mit Anzuchterde geben; am hellen, doch unbesonnten Platz aufstellen. Sehr geeignet: geschlossenes Vermehrungsbeet mit 10° C Bodenwärme, auch Plastikhaube. Im Oktober erstmals umtopfen, Temperatur halten; Ende Februar nochmals umtopfen, etwas wärmer stellen (um 12° C). Zu warmer Stand bereits um 15° C verhindert Blütenbildung. Für buschigen Wuchs im Frühjahr zurückstutzen. Vermehrung auch im März möglich: bequemer, aber nicht so erfolgreich; stutzen dann im Herbst.

Pflanzenschutz Jeder Kulturfehler kann einen Befall mit Blattläusen oder Weißer Fliege (Mottenschildlaus) bringen; letztere besonders bei Versuchen des Übersommerns im Freien so zahlreich, daß ganze Schwärme des Schädlings die Pflanzen heimsuchen; Bekämpfung besonders durch Einsprühen der Blattunterseiten. Bei Geranien leider häufig: pilzliche und bakterielle Blattfleckenkrankheiten, die in häuslicher Pflege nicht heilbar sind; hier hilft nur Ausmerzen der befallenen Pflanzen. Gleiches gilt für Grauschimmel, der bei zu feuchtem Stand und/oder Frischluftmangel oft die ganze Pflanze befällt.

Wichtig Edelpelargonien haben eine von Natur begrenzte Lebenszeit. Reichste Blüte im zweiten und dritten Jahr, dann nachlassend. Weiterkultur überalterter Pflanzen nicht lohnend.

Pelargonium-Grandiflorum-Hybride, Edelpelargonie, Familie Geraniaceae/ Storchschnabelgewächse.

Pelargonien mit duftenden Blättern

Pflanzengestalt Nicht häufig im Handel anzutreffen, doch ganz reizend sind die zwar bescheiden blühenden, aber interessant laubduftenden, fiederblättrigen Arten. Hierher gehören: *Pelargonium capitatum,* Blätter rosenduftend, Blütchen purpurrosa; *P. crispum,* krausblättrig, zitronenduftend, Blütchen violett; *P. x fragrans,* »wohlriechend«, Blütchen weiß mit roter Äderung; *P. graveolens,* die Rosenpelargonie oder Rosengeranie, am häufigsten gezogene Zimmerpflanze mit »balsamisch« duftendem Laub, Blütchen rosa bis purpurn; *P. odoratissimum,* Zitronengeranie, Blütchen weiß bis rosa; *P. radens,* Laub ebenfalls rosenduftend, Blütchen blaßpurpurn, dunkler geädert. Alle diese Arten sind seit rund 200 Jahren bei uns in gärtnerischer Kultur. Zur Biedermeierzeit galten sie im Gefolge ihrer größeren, blütenreicheren Schwestern ein Jahrzehnt lang geradezu als Modeblumen. Und die Stecklinge dieser »kleinen Lieblinge der Damen« gingen damals – ähnlich wie heute – ganz privat von Hand zu Hand.

Pflege Man pflegt sie wie Edelpelargonien, jedoch sollte man zur Vermeidung endlosen Längenwachstums einen recht sonnigen Sommerstandort geben; man kann sie auch im Sommer im Freien aufstellen.

Ein starker Rückschnitt im Frühjahr fördert die Verzweigung.

Vermehrung Stecklinge lassen sich das ganze Jahr über leicht bewurzeln.

Pelargonien für Kastenpflanzung und Freiland

Wenn von Geranien die Rede ist, versteht man darunter jene Pflanzen, deren offizielle Bezeichnung »Zonalpelargonie« oder – die halbrunde braune Zone auf den Blättern kennzeichnend – auch »Gürtelpelargonie« lautet. Verwendet werden heute nur noch *Pelargonium-Zonale*-Hybriden in unzähligen Sorten und Farbschlägen. Sie wachsen aufrecht, buschig-verzweigt. Die samtigen Blätter haben beim Zerreiben typischen Geraniengeruch. Gefüllte oder ungefüllte Blüten – meist in kugeligen Dolden – zeigen alle Rottöne vom zartesten Weiß-Rosa und Lila bis Feuerrot; Blütezeit (mit Frostschutz): Ende April oft bis weit in den Oktober hinein.

Die *Pelargonium-Peltatum*-Hybriden, Efeupelargonien oder Hängegeranien mit kriechenden oder hängenden, über halbmeterlangen, gern knickenden Stengeln, haben dicklich-glänzende, glatte, efeuähnliche Blätter, gefüllte oder ungefüllte Blüten in etwas zarteren Tönungen; gleiche Blütezeit.

Pelargonium graveolens, Rosengeranie (oben).

Pelargonium-Grandiflorum-Hybride (links).

Pentas lanceolata Pentas

Eigentlich ist dieses Krappgewächs eine Schnittblume, doch durch Stauchemittel wird die hübsche Blütenpflanze klein gehalten und als Topfpflanze ins Angebot gebracht. Der englische Botaniker George Bentham (1800–1884) beschrieb und benannte diese Pflanze. Er machte sich einen Namen durch viele botanischen Schriften und Monographien. Bei uns ist die *Pentas* seit über 100 Jahren in gärtnerischer Kultur.

Herkunft Aus dem tropischen Afrika und dem arabischen Raum stammt *Pentas,* dort ist sie eine beliebte Gartenpflanze. Es gibt etwa 50 Arten, doch nur *P. lanceolata* ist bei uns verbreitet.

Pflanzengestalt In kugeligen Trugdolden stehen die langröhrigen weißen, rosa, roten bis violetten Einzelblüten. Die weichen grünen Blätter sind eiförmig. Die Pflanze ist eigentlich ein Halbstrauch, wächst buschig und hängt bei Größe leicht über.

Pflege Sonne ist die Voraussetzung dafür, daß die Pflanzen buschig und gedrungen bleiben. Sonst muß man ihnen einen Halt geben, denn die Stiele sind sehr schwach. Die Temperaturansprüche dieser Pflanze sind nicht sehr hoch, im Winter reichen sogar 10–12° C, dann sollte allerdings auch weniger gegossen werden. Als Substrat verwendet man normale Blumenerde. Im Sommer müssen die Pflanzen stets mäßig feucht gehalten werden. Jede Woche gibt man der *Pentas* eine Volldüngerlösung mit in das Gießwasser. Ab August stellt man das Düngen ein, damit die Pflanzen sich auf die Ruhezeit, die sie zwangsläufig wegen der geringen Lichtintensität im Winter durchmachen, vorbereiten können. *Pentas* ist eine Pflanze, die ein häufiges Umtopfen liebt, weil sie auch rasch neue Wurzeln bildet. Dreimal im Sommerhalbjahr sollte man ihr also einen größeren Topf und frische Erde gönnen.

Vermehrung Jedes Jahr im Frühjahr kann man aus Kopfstecklingen neue Pflanzen heranziehen, die bei einer Temperatur von 22° C und hoher Luftfeuchtigkeit gut bewurzeln.

Plumbago auriculata Bleiwurz

Die Gattung mit etwa 20 Arten heißt angeblich nach *Plumbago europaea,* deren Saft die menschliche Haut bleigrau färben soll (von lat. *plumbum* = Blei). Das im Sommer seltene Blau der Blüten macht den Bleiwurz zu einer beliebten Pflanze, die auch recht anspruchslos ist.

Herkunft Als Zimmer- und Kübelpflanze ist nur *Plumbago auriculata* zu nenen. Der Bleiwurz kommt aus Südafrika.

Pflanzengestalt Aufrecht wachsender, nur sommergrüner, etwas sperriger Halbstrauch; er läßt sich durch Entfernen der Seitentriebe bis zur gewünschten Höhe auch als hübscher Halb- und Hochstamm ziehen. Bis zur Kronenbildung dauert es allerdings gut 3 Jahre.
Die Stengel sind langtriebig, im Blütenschmuck hängend und ebenso wie die Unterseiten der dunkelgrünen, kurz gestielten kleinen Blätter mit weißlichen Schüppchen bedeckt. Blüten fünfteilig weit aufgeschlagen, mit langer, drüsig-klebriger Kelchröhre; sie bilden endständige, ährige Büsche, die in hellem Blau erscheinen, es gibt inzwischen weiße und rosa Sorten.

Plumbago auriculata, Bleiwurz, Familie Plumbaginaceae/Bleiwurzgewächse.

Pentas lanceolata, Pentas, Familie Rubiaceae/Krappgewächse.

Bei Sonne und viel Wärme blüht *Plumbago* von Mitte Mai bis zum September.

Pflege *P. auriculata* kann zwar – vor allem ehe sie zu groß geworden ist – ganzjährig im Haus gehalten werden. Sie bevorzugt aber das Übersommern im Freien am warmen, geschützten Standort, wo sie nach Art der Lilien »kühlen Fuß und sonnige Krone« geboten bekommt. Als Tropenpflanze ist sie sehr frostempfindlich. Vor dem herbstlichen Laubfall gibt es schon bei Temperaturen unter 6–8° C Unterkühlungsschäden. Allerdings wird sie dann bei der Winterruhe diese Temperatur vertragen. Denn dann steht *Plumbago* relativ trocken, hell, und zwar auch bei ca. 8° C. Man sollte sie nicht zu zeitig wieder warm stellen, weil die Witterung im Frühjahr noch unbeständig ist. Eine kräftige Pflanze mit guter Blüte den ganzen Sommer über erreicht man, wenn man *Plumbago* erst nach den »Eisheiligen«, also nach dem 20. Mai ins Freie bringt. Gießen sollte man bei Sommerblüte reichlich. Über Winter gerade feucht halten.

Gedüngt wird von Mai bis August allwöchentlich einmal mit einem Flüssigdünger. Vor dem Austrieb, also etwa im März, kann man *Plumbago* alle 2 Jahre in frische, nährstoffreiche, mit Lehm vermischte Erde umtopfen. Zuvor kräftig zurückschneiden!

Vermehrung Saatgut im Exotenhandel. Stecklingsvermehrung im geschlossenen Vermehrungsbeet: beides ist langwierig.

Wichtig Ballentrockenheit im Sommer und zuviel Nässe im Winter vermeiden. Beides beeinträchtigt die Blühwilligkeit.

Primula Topfprimel

Primel – *Primula:* das heißt auf deutsch »die Erste im Jahr«. So ist es nicht nur mit den Freilandprimeln, sondern auch mit den Topfprimeln, die schon im Spätwinter – mitunter auch ganzjährig – im Handel sind.

Herkunft Sie sind keine einheimischen Gewächse wie die Wild- und Gartenprimeln, aber auch keine Tropenpflanzen, sondern sie stammen vorwiegend aus den gemäßigten Zonen, wo ihnen keine Winterhärte abverlangt wird. Die Familie der *Primulaceae* oder Primelgewächse umfaßt 28 Gattungen mit rund 800 Arten, wovon auf die Gattung *Primula* allein über 500 Arten entfallen. Nur 3–4 davon sind Topfprimeln.

Pflanzengestalt Sie gehören teils zu den einjährigen Kräutern, teils zu den Stauden. Ihre Blätter erscheinen gestielt oder ungestielt in grundständigen Rosetten. Blütenanordnung, -form und -farbe sind art- und sortenverschieden. Blütezeit Frühjahr.

Primula malacoides, die duftende Flieder- oder Brautprimel, wird wegen ihres Blütenaufbaus auch Etagenprimel genannt. Die Blütenfarben reichen von Reinweiß über leuchtend Rosa, Lachsrosa, feurig Karminrot bis Blaurot. Blütezeit je nach Anzucht Dezember bis April. Man kauft die blühenden Pflanzen. Wer abgeblühte Etagen immer gleich abschneidet, kann den Flor 2–3 Monate halten.

P. vulgaris (Handelsname *P. acaulis*), die Kissenprimel, gilt als älteste und wichtigste Gartenprimel, wurde aber immer mehr auch zur ebenso wichtigen Topfblume. Man spricht bei ihr vom »Weltsortiment« und bietet F1-Hybriden in allen Farben an, von

Primula vulgaris, Kissenprimel, Familie Primulaceae/Primelgewächse.

Primula malacoides, Fliederprimel.

Weiß über Gelb mit rötlicher Schlundäderung, verschiedene Rottöne bis Dunkelblau.
P. praenitens (früher *P. sinensis*), die Chineserprimel, wurde schon 1821 aus Kanton/China nach England gebracht und dort in zahllosen Sorten gezüchtet. Es gibt riesenblütige, rosenblütige und gefüllt-nelkenblütige Rassen. Die trichterförmigen Blüten mit aufgeblasenem Kelch erscheinen in Dolden oder Quirlen. Blütezeit ist Februar bis Mai. Blätter gestielt, groß, rundlich, gelappt und gezähnt; dunkelgrün. Die ganze Pflanze ist behaart.
P. x *kewensis* entstand 1898 als zunächst unbeabsichtigtes Zuchtprodukt in den Gewächshäusern von Kew Gardens bei London. Die ganzen Pflanzen sind meist bemehlt, es gibt aber auch unbemehlte Spielarten. Die Blätter sind länglich-eirund, unregelmäßig gezähnt, runzelig. Die Blüten stehen auf bis 30 cm hohem Schaft – ähnlich wie bei der Fliederprimel – in mehreren vielblütigen Quirlen übereinander. Die Blütenfarbe ist reines Kanariengelb wie bei keiner anderen Primel. Natürliche Blütezeit Februar bis April, je nach Anzucht auch früher und länger. Eine der besten Topfprimeln auch für Schalenbepflanzung, doch leider nur einjährig. Pflege wie *P. malacoides.*
P. obconica, die altberühmte und wegen ihrer Allergiewirkung auch ein wenig berüchtigte Becherprimel, kam um 1880 aus China nach England. Die ganze Pflanze ist mehr oder weniger weich behaart. Die lang gestielten Blätter sind bis 25 cm lang, bis 12 cm breit, saftig grün, mit leicht ausgebuchtetem, gewelltem Rand. Blütenschäfte, einzeln oder zu mehreren, werden bis 25 cm hoch; Blüten in mehrblütigen Dolden; sie erreichen bis 8 cm Durchmesser. Sie zeigen vorwiegend rote, rosa und lavendelblaue Töne. Die Blütezeit erstreckt sich fast auf alle 12 Monate. *P. obconica* kann jederzeit zum Blühen gebracht werden, doch sind die in gärtnerischer Kultur überwinterten, im Frühjahr mit der Blüte einsetzenden Stöcke mehr gefragt. Ihr Flor hält am längsten und eignet sich sogar zum Schnitt.
PFLEGE Die meisten Zimmerprimeln werden als einjährige Pflanzen behandelt, weil sich eine Weiterkultur nicht lohnt. Sie brauchen stets einen hellen und kühlen Platz mit viel Frischluft. Verblühte Blumen werden abgezupft. Auch sollte man stets für reichlich Feuchtigkeit sorgen. Die Primeln schlappen sofort, wenn sie zu warm oder zu trocken stehen. Gedüngt wird nur einmal in der Saison mit einem Blumenflüssigdünger in schwacher Konzentration. Umgetopft wird gar nicht. Sämlinge werden in nährstoffreiche und zugleich sandhaltige Erde gesetzt.
Die Becherprimel wünscht einen halbschattigen, doch hellen und kühlen Standort; Wintertemperatur nicht über 12–14° C. Wässern und düngen wie *P. sinensis.* Richtige Pflege und ständiges tiefes Wegschneiden verblühter Stengel bewirken kräftiges Wachstum, das eine Weiterkultur im Topf – auch mit Übersommern im Garten – ermöglicht. Einräumen dann rechtzeitig vor den ersten Nachtfrösten im September oder Oktober.
Kissenprimeln werden gern auch zur Schalenbepflanzung und für Balkonkästen verwendet. Kühler, luftiger, halbschattiger Stand, gleichmäßig feucht halten. Blütezeit Dezember bis Mai; nach der Blüte in den Garten setzen.
Die Chineserprimel ist eine ausdauernde Zimmerpflanze von guter Haltbarkeit. Sie liebt einen hellen, unbesonnten, mäßig warmen Standort um 15° C. Sie muß wegen ihrer Empfindlichkeit gegen stauende Nässe besonders vorsichtig gegossen werden.

Während der Blüte etwas reichlicher gießen, sonst ganzjährig gleichmäßig feucht halten; keine eigentliche Ruhezeit. Düngung mit Vorsicht, da salzempfindlich: halbe Konzentration alle 2 Wochen. Umtopfen nach der Blüte, keine zu großen Pflanzgefäße. Die Erde sollte leicht humos sein. Fliederprimeln sind sehr anspruchslos, empfindlich nur gegen zuviel Wärme, gegen Sonne und gegen Ballentrockenheit. Heller Standort ohne direkte Besonnung, etwas feuchte, frische Luft und eine Temperatur nicht über 10–12° C sagen am meisten zu. Nach der Blüte trennt man sich von dem einjährigen Kraut, denn es gibt keine Weiterkultur. Unangenehm: Das in den Drüsenhaaren der Pflanze vorhandene Primelsekret Primin kann Hauterkrankungen verursachen.

VERMEHRUNG Primeln werden durch Aussaat vermehrt. Dies ist aber unter heimischen Bedingungen für die Topfprimeln nicht ganz unproblematisch. Sie brauchen zum Keimen eine hohe Luftfeuchtigkeit. Gartenprimeln, die im Winter auch als Topfprimeln angeboten werden, können nach einigen Jahren geteilt werden.

Gruppen von verschiedenfarbigen Primeln wirken sehr dekorativ.

Primula obconica, Becherprimel.

Ranunculus asiaticus Ranunkel

Ranunculus ist ein Hahnenfußgewächs und gehört zu einer artenreichen Familie, die über den ganzen Erdball verbreitet ist. Die Gattung umfaßt etwa 800 Arten, die meisten von ihnen wurden von Carl von Linné, dem schwedischen Pflanzensystematiker, beschrieben und benannt. Der *Ranunculus* ist zwar schon seit Jahrzehnten bekannt, erobert sich aber durch die neuen ballförmigen Sorten immer mehr den gesamten Markt.

HERKUNFT *Ranunculus asiaticus* stammt aus Südwestasien und ist auch auf Kreta heimisch. Von dieser Art gibt es inzwischen eine Vielzahl von Sorten.

PFLANZENGESTALT Das Besondere an *Ranunculus* sind seine büschelig-fleischigen Wurzelknollen, die man gemeinhin als »Wurzelklauen« bezeichnet. Die ganze Pflanze ist zottig behaart. Die unteren Blätter erscheinen auf Stielen, sind dreifach gelappt. Die Blüten sind endständig mit gleichmäßig gefüllten Bällen. Es gibt sie in vielen Farben, von Weiß über Gelb bis zu Rottönen. Die für die Zimmerkultur angebotenen Ranunkeln sind kleinbleibend und gehören meist der Persischen Rasse an. Sie werden im zeitigen Frühjahr, ab Februar, blühend angeboten. Die neue Sorte *R.*-Hybride 'Blomingdale' ist nicht nur schön, sondern auch nicht so kälteempfindlich.

PFLEGE Ranunkeln brauchen einen hellen Platz und reichlich Wasser. Die Erde sollte nährstoffreich und gut durchlässig sein. Die Blüten kann man auch für den Schnitt nutzen. Allwöchentlich

düngen. Sobald keine Fröste mehr zu erwarten sind, kann man Ranunkeln ins Freie bringen, sie sind auch herrliche Balkonpflanzen.
Wer um die Wurzelklauen nicht weiß, schmeißt die Ranunkeln nach der Blüte weg. Besser ist es, wenn man nach dem Verblühen und Einziehen der Blätter die Klauen trocken und luftig aufbewahrt. Dann kann man sie im Dezember erneut in humusreiche Erde legen, warm stellen und reichlich gießen.
Vermehrung Die Wurzelklauen werden vorsichtig geteilt und weiterkultiviert, Ranunkeln kommen im allgemeinen im 1. – 2. Jahr zur Blüte.

Ranunculus asiaticus, Ranunkel, Familie Ranunculaceae/Hahnenfußgewächse.

Reinwardtia indica Reinwardtie

Benannt hatte diese schöne Pflanze der belgische Graf Barthélemy Charles Joseph Dumortier (1797–1878). Er war nicht nur Graf, sondern auch Präsident der Deputiertenkammer und natürlich ein begeisterter fachkundiger Botaniker. Doch erst seit kurzem ist die Reinwardtie auf unserem Topfpflanzenmarkt zu finden. Dabei ist sie weniger problematisch in der Pflege, als man annehmen könnte. Sie hat noch den Vorteil, daß sie gerade im Winter blüht und das mit leuchtend gelben Blüten.

Herkunft Die *Reinwardtia* kommt aus den Gebirgsgegenden Nordindiens.
Pflanzengestalt Meterhoch kann dieser Halbstrauch werden. Die leuchtend goldgelben Blüten haben Trompetenform. Gerade weil sie im Winter blüht, ist sie eine beliebte Zimmerpflanze, besonders für größere Räume. Durch häufiges Stutzen fördert man das Verzweigen und Neuaustreiben. Die großen Blüten erscheinen an den jungen Trieben. Ihren Namen bekam sie zu Ehren des Holländers Reinwardt, der in Djakarta den Botanischen Garten gegründet hatte.
Pflege Ein sehr heller, aber nicht sonniger Platz wird genau das Richtige für diese Pflanze sein. Dann nur mäßig feucht halten, alle 2 Wochen mit einer schwachen Düngerlösung gießen. Im Sommer kann man die Reinwardtie an einen halbschattigen Platz ins Freie stellen. Häufiges Zurückschneiden fördert das Wachstum und Verzweigen dieser Pflanze. Am besten ist es, wenn man sie gleich nach dem Verblühen zurückschneidet. Im Spätsommer sollte man sie umtopfen. Man verwendet nährstoffreiche, leicht sandhaltige Blumenerde.
Vermehrung *Reinwardtia* wird durch Kopfstecklinge vermehrt, die auch im Kühlen bewurzeln und relativ schnell wachsen.

Reinwardtia indica, Reinwardtie, Familie Linaceae/Leingewächse.

Rhododendron Zimmerazalee

Immer wieder beliebt sind die winterblühenden Zimmerazaleen aus der Familie der Heidekrautgewächse, die mit dem Gartenrhododendron verwandt sind. Es gibt eine Fülle von Formen und Farben der Blüten, und bei richtiger Pflege hat man lange Freude an der üppigen Blütenpracht.

Herkunft Aus ihrer Heimat Ostasien um 1810 eingeführte Gartenpflanzen boten dank ihrer großen Wandlungsfähigkeit englischen, belgischen und bald auch deutschen Züchtern ein weites Experimentierfeld. Es entstanden unzählige, immer prächtigere Formen von internationalem Rang. Stammform der Topfazaleen ist *Rhododendron simsii.* Eine Neuerung unserer Zeit ist *R. obtusum,* die Japan-Azalee, die kleinblütiger ist.

Pflanzengestalt Baumartige Blütensträucher, auch als Zwergformen, mit braunem Astwerk und grünlichen Zweigen; diese sind ebenso wie Blattstiele, Blattnerven und Blütenkelche mit anliegenden bräunlichen Borstenhaaren bedeckt. Die immergrünen Blätter sind klein, lederartig fest, verkehrt-eirund, an beiden Enden meist leicht zugespitzt; oberseits dunkelgrün, unterseits graugrün. Die Farbskala der Blüten umfaßt zahllose Tönungen von Weiß bis Dunkelrot. Es gibt einfache, gefüllte, klein- und großblumige Sorten, auch zweifarbige Azaleen sind im Angebot. Die Blütezeit liegt je nach Sorte und Treibbeginn zwischen November, Weihnachten und Muttertag.

Pflege Wer an die ursprünglichen Lebensbedingungen der Zimmerazaleen als Bewohner frischkühler und luftfeuchter Bergwälder mit ihrem kalkfreien, sehr humosen Boden denkt, kann eigentlich bei der Heimkultur keine Fehler machen. Azaleen kommen üblicherweise blühend ins Haus. Sie dürfen keinesfalls sofort ins vollbeheizte Zimmer, sondern brauchen mindestens für 2–3 Tage der Umgewöhnung einen halbschattigen Platz bei nicht mehr als 10–12° C. Kann man sie auf Dauer so halten, dann werden sie bei genügend Bodenfeuchtigkeit noch wochenlang weiterblühen und auch keine Blätter verlieren. Im warmen Raum und erst recht bei direkter Besonnung geht das Verblühen sehr schnell, und der Laubfall – auch durch rasche Erkrankung – wird unvermeidlich. Übrig bleibt ein verkahltes, unansehnliches Etwas, das nur noch den Namen »Wegwerfpflanze« verdient.

Alle schroffen Gegensätze vermeiden; keine Ballentrockenheit, keine stauende Nässe; keine Zugluft; Abgeblühtes mit Stielchen ständig ausbrechen, schlechte Blätter abzupfen. Bis Ende Mai kühl halten. Dann zum Übersommern im Freien, als Voraussetzung für Wiederblüte, Töpfe am halbschattigen Platz im Garten einsenken (Balkon oder Fensterplatz reichen dafür nicht). Vor den ersten Nacht-

Rhododendron-Simsii Hybriden 'Osta' (oben) und 'Flamenco' (unten), Zimmerazalee, Familie Ericaceae/Heidekrautgewächse.

frösten im September einräumen, wieder hell und kühl stellen; allenfalls bei Vollblüte vorübergehend ins warme Zimmer nehmen.
Während der Blüte und der Wachstumszeit bis August wird reichlich mit kalkfreiem Wasser gegossen. Bei kühlen Räumen etwas weniger.
Gedüngt wird nach der Blüte bis Mitte Juli.
Wichtig ist, **keine** kalkhaltigen Dünger zu verwenden: Im Handel gibt es Spezialdünger für Azaleen! Umgetopft wird alle 2–3 Jahre nach der Blüte; fest pflanzen. Auch hierbei kalkfreie Azaleenerde und Spezialerden verwenden.
Vermehrung Ist Gärtnersache.
Pflanzenschutz Schädlingsbefall, der meist als Folge von Pflegefehlern auftritt, bekämpfen. Typische Azaleenkrankheiten erfordern ein Wegwerfen der infizierten Pflanzen.

Rhododendron-Simsii-Hybride 'Reinhold Ambrosius' als Hochstämmchen.

Rhododendron-Simsii-Hybride 'Amagi'.

Rosa Topfrose

Natürlich können es nur Zwergrosen sein, die fast das ganze Jahr über als Topfrosen angeboten werden. Ist ausnahmsweise einmal eine große Gartenrose »auf Topf getrimmt«, so hält sie das während einer Blütezeit aus, braucht aber dann wieder ihre Freiheit. Anders die Kleinen: Sie behaupten sich im Angebot.

Herkunft Über Herkunft und Heimat der Rosen zu berichten, würde an dieser Stelle zu weit führen, denn wenn auch den Zwergrosen ein gewisser Wert als Zimmerpflanzen nicht abzusprechen ist, so sind sie auf längere Sicht doch Randerscheinungen.

Pflanzengestalt Auch mit der Pflanzengestalt braucht man sich nicht weiter aufzuhalten. Die Rose ist ein sommergrünes Gehölz. Das erschwert ihre Zimmerkultur. Unter ihrem alten Namen steht zwar *Rosa rouletti* in keinem offiziellen Pflanzenverzeichnis, doch weiß wohl jeder Blumenfreund, daß diese *Rosa chinensis* 'Minima' – auch »Kußröschen« oder »Damenröschen« genannt – sozusagen die Urform aller Zwerg- und Topfrosen ist. Sie wird 20–25 cm hoch, die Blütchen sind pfenniggroß, blaßrosa, je nach Sorte gefüllt oder ungefüllt. Historische Zwergrosen sind außerdem *R. laevigata*, die »Laurenz-Rose«, und *R.-Noisettiana*-Hybriden, die »Noisette-Rosen«. Hier finden sich auch alle modernen Zwerg- und Topfrosen wie: 'Baby Maskerade' (gelb mit rot), die amerikanische 'Little Buckaroo' (hellrot), 'Coralin' (korallenrot), 'Muttertag' (tiefrot), 'Pour Toi' (weiß), 'Rosina' (gelb) sowie das berühmte Paar 'Zwergkönig' (blutrot) und 'Zwergkönigin' (rosa). Nicht unerwähnt bleiben dürfen die holländischen »Kompaktrosen« mit ihrem ungeheuren Blütenreichtum bei nur 20–30 cm Höhe.
Die Blütezeit der »Minis« reicht von März bis weit in den Oktober hinein. Winterblüte verlangt Treiberei.
Pflege Standort hell und sonnig, doch vor Prallsonne schützen; luftig, bei Austrieb etwas Luftfeuchtigkeit, sonst wird Zimmerluft vertragen. Nach dem Laubfall kühl

halten (6–8° C), Ruhezeit; ab Februar wärmer stellen (12–15° C), dem Austrieb entsprechend Wärme langsam auf Zimmertemperatur steigern.
Während der Wachstumszeit wird normal gegossen, über Winter gerade ballenfeucht halten.
Von Februar bis zum August wird alle 10 Tage eine kalkreiche Düngergabe verabreicht. Abgeblühte Blumen werden entfernt.
Vor dem Austreiben wird in frische Erde umgetopft. Vor Austriebsbeginn um ein Drittel bis zur Hälfte zurückschneiden, altes Holz ausputzen. Dünne Triebe wegnehmen.
VERMEHRUNG Aus Stecklingen im Juli/August möglich, ist aber sehr umständlich. Aus Samen dagegen leicht, die Blüte beginnt 6 Monate nach der Aussaat. »Mini-Mischungen« gibt es im Handel.
PFLANZENSCHUTZ Befall durch Echten Mehltau und Blattläuse; vermutlich stehen die Pflanzen dann nicht luftig genug.

Rosa chinensis 'Minima', Topfrose in Pink (oben) und Rosa (links), Familie Rosaceae/ Rosengewächse.

Ruellia macrantha Ruellia

Beim Anblick einer Ruellia denkt man unweigerlich an ein Gesneriengewächs, die Blüten erinnern auch stark an *Streptocarpus*. Dennoch gehört die Gattung *Ruellia* zu den Akanthusgewächsen. Spätestens an der Pflege bemerkt man es schmerzlich, denn Ruellien wollen es ständig warm, hingegen lieben Gesneriengewächse einen luftigen kühleren Platz. Die moderne Nomenklatur ordnet diese Gattung *Dipteracanthus* zu.

HERKUNFT *Ruellia macrantha* kommt aus Brasilien und wird dort oft 1–2 m hoch.
PFLANZENGESTALT Dieser dicht verzweigte Strauch hat derbe, samtgrüne, länglich-eiförmige, 10–15 cm lange Blätter. Die großen glockenförmigen Blüten haben eine purpurfarbene Äderung und erscheinen einzeln in den Blattachseln der oberen Zweige. Sie sind 10 cm lang und etwa 8 cm breit. Die Blütezeit beginnt im Dezember und endet im Mai.
PFLEGE Bei der Pflege macht man nichts verkehrt, wenn man *Ruellia* ebenso wie *Dipteracanthus* behandelt. Nur ist dies kein Bodendecker, sondern eine doch etwas größere Pflanze, der man eben etwas mehr Platz einräumen sollte.
Die *Ruellia* wird im Frühjahr zurückgestutzt, dann verzweigt sie sich besser. Als Standort sollte man einen zwar hellen, aber sonnenfreien Platz wählen.
Wichtig ist, daß die Pflanze einen stets warmen Fuß hat. Am besten man stellt den Topf – steht er auf einer Beton- oder Steinfensterbank – auf einen Kork-, Holz- oder Bastuntersatz. Die Luftfeuchtigkeit sollte ständig hoch sein. Auch muß die Pflanze stets mäßig feucht gehalten werden. Ein trockener Wurzelballen führt unweigerlich zum Eingehen. Das

Ruellia macrantha, Ruellia, Familie Acanthaceae/ Akanthusgewächse.

ganze Jahr über braucht *Ruellia* einen warmen Standort. In der Blütezeit wird die Pflanze verstärkt gedüngt, das heißt jede Woche einmal. Alljährlich einmal in Orchideenerde umtopfen.
Vermehrung Im zeitigen Frühjahr kann man Kopfstecklinge schneiden, die man zu dritt in kleine Töpfe setzt und bei hoher Bodenwärme (22° C) bewurzeln läßt. Als Substrat leichte Blumenerde verwenden.

Saintpaulia-Ionantha-Hybride
Usambaraveilchen

Dieser kleine Winterblüher ist in vielen Farbnuancen zu haben. Auch die »Minis« erobern sich den Markt. Wie alle Gesneriengewächse will es auch die *Saintpaulia* nicht zu kühl und vor allem nicht sonnig haben. Seinen Namen erhielt dieser zierliche Dauerblüher 1893 zu Ehren ihres Entdeckers, Baron Walter Saint-Paul-Illaire, einem Gouverneur im damaligen Deutsch-Ostafrika.

Herkunft Ihre Heimat sind die Urwälder des ostafrikanischen Usambara-Gebirges. Dort gibt es etwa 21 Arten dieser Gattung. Die Lieblingsblume Nr. 1 ist die *Saintpaulia* in den USA, wo sie als »African Violet« in sehr vielen Formen und Farben den Markt bestimmt.

Pflanzengestalt *Saintpaulia-Ionantha*-Hybriden, die »Veilchenblütigen Saintpaulien«, sind krautige, rosettenförmig wachsende, niedere Stauden; in Hydrokultur werden sie wesentlich größer. Die Blätter sind fast eirund, tief dunkelgrün, dickfleischig, oft bräunlich-rötlich geädert, am Rand leicht gekerbt und wie die ebenfalls fleischigen, kurzen Stengel dicht mit kurzen, rauhen Haaren besetzt. Die Blüten sitzen oberhalb der Blätter an dünnen Stielen zu mehreren in lockeren Dolden; sie erscheinen – mit Ausnahme der dunkelsten Wochen – ganzjährig. Außer der unübertroffenen veilchenblauen Grundform gibt es über 100 Sorten in Weiß, Rosa, Rotviolett, rosenblütig ungefüllt, gefüllt mit gekraustem oder gewelltem Rand und unterschiedlichsten Blattformen. Die neuen Chimär-Hybriden haben eine sternförmige Zeichnung der Blüten in einer zweiten Farbe.
Pflege Ganzjährig im geschlossenen Raum; der Sommerstandort sei schattig und kühl, etwa wie für Zimmerfarne; sehr gut ist ein Platz zwischen Doppelfenstern mit Nordostrichtung. Über Winter möglichst am gleichen Standort, hell und ohne direkte Besonnung,

gleichmäßig warm, nicht unter 16–18° C, aber nicht heiß und lufttrocken. Günstig: Blumenfenster mit Bodenheizung in Nordostlage.
Gegossen wird mit enthärtetem, lauwarmem Wasser, dabei die Blätter und das Herz nicht benetzen, besser in den Untersetzer gießen. Während der Wachstums- und Blütezeit gleichmäßig feucht halten, im Mittwinter während der Blühpause etwas sparsamer gießen.
Alle 2 Wochen sollte man Saintpaulien mit einer schwachen Flüssigdüngerlösung gießen. Allerdings nicht in der Blühpause.

Saintpaulia-Ionantha-Hybriden mit gekrausten Blütenblättern (rechts).

Vermehrung Durch Blattstecklinge in sandiger Anzuchterde oder im Wasser. Jungpflanzen können bereits nach 6 Monaten blühen.
Wichtig Besonnung macht Blätter gelbfleckig; Wassertropfen auf dem Laub verursachen bräunliche Flecke; Gießen aufs Herz, auch Fußbäder im Untersetzer bringen Stengelerweichung und Umfallen der Blätter. Bei jähen Temperaturschwankungen und trockener Luft versagt die Blüte. Sonst jahrelang haltbar.
Abgestorbenes sofort entfernen, weil sich sonst leicht Grauschimmel einstellt. Saintpaulien blühen auch bei Kunstlicht gut.

Saintpaulia-Ionantha-Hybriden, Usambaraveilchen, Familie Gesneriaceae/Gesneriengewächse.

Sauromatum venosum Eidechsenwurz

Die Blüte springt im Winter mit einem Knall auf und verströmt einen unangenehmen Geruch. Sie riecht nach Aas. Dennoch sind die Blüten der Eidechsenwurz außerordentlich attraktiv.

Herkunft Es gibt ein halbes Dutzend Arten im tropischen Afrika, in Indien und auf Sumatra. Von ihnen ist nur *Sauromatum venosum,* das in Burma und östlich davon beheimatete Eidechsenwurz, als reißerisch angepriesene »Wunderblume ohne Erde« im Gespräch.

Pflanzengestalt Der Schaft, auf dem die Blüte sitzt, kann bis zu einem halben Meter hoch werden. Die Blume besteht aus einer 5–10 cm langen Röhre und einem bis 30 cm langen, zungenförmigen Schild, außen grünlich-violett gefärbt und innen gelblich-grün mit dunklen Tupfen ausgestattet. Der Kolben hat einen langen, eidechsenschwanz-ähnlichen Fortsatz.

Pflege Man lege die Knolle auf eine Untertasse, und bei etwa 15° C Wärme erscheint schon die Blüte. Nach dem Verblühen hält man die Knolle bis Ende Mai recht kühl, dann pflanzt man sie ins Freie in humusreiche Erde etwa 6–10 cm tief. Alle 3 Wochen düngen. Mitte September nimmt man die Knolle wieder heraus, säubert und trocknet sie und beginnt mit dem Antreiben neu. Im Garten entwickelt *Sauromatum* fingerförmige Blätter.

Vermehrung *Sauromatum* bildet Brutknollen, die abgetrennt und in Töpfen herangezogen werden. Mit einer Blüte kann man allerdings in den ersten Jahren noch nicht rechnen. Sie blühen erst ab dem 3. Jahr.

Sauromatum venosum, Eidechsenwurz, Familie Araceae/Aronstabgewächse.

Schizanthus-Wisetonensis-Hybriden Spaltblume

Schizanthus hat als Zimmerpflanze erst in den vergangenen Jahren gewonnen, sogar auf dem Balkon und im Kübel fühlt er sich wohl. Die üppige Blütenpracht in allen Farben erinnert an Orchideensträuße. Diese Gattung gehört zur Familie der Nachtschattengewächse.

Herkunft Die Urform dieser Züchtungen stammt aus Chile.

Pflanzengestalt Die Pflanze wächst gedrungen und hat feine, gefiederte, hellgrüne Blätter. Die Blüten erscheinen in Rosa, Lachs, Gelb, Weiß, Rot und Dunkelviolett.

Pflege Am falschen Platz verblassen die leuchtenden Farben schnell. Sehr hell und möglichst sonnig sollte er sein, damit sich viele Blüten bilden. Im Sommer sollte man die Spaltblume gleichmäßig feucht halten, häufig düngen und hell bis sonnig stellen. Ein Zurückstutzen dieser Pflanze ist nicht erforderlich. Im Winter erhält sie einen luftigen und kühlen Platz, wird dann auch weniger gegossen. Als Substrat verwendet man nährstoffreiche Blumenerde. Bei höheren Temperaturen muß übrigens reichlich

Scutellaria costaricana Helmkraut

Aus der Familie der Lippenblütler kommt diese schöne Pflanze. Die Bezeichnung Helmkraut bezieht sich auf die helmartig gestaltete Oberlippe der Blütenröhren. Die Gattung umfaßt 200 Arten. Die Art wurde von dem berühmten Palmenspezialisten und Botaniker Hermann Wendland (1825–1903) aus Hannover beschrieben. Ein Jahr lang bereiste Wendland Mittelamerika.

Herkunft Wie der Name schon sagt, stammt *Scutellaria costaricana* aus Costa Rica.

Pflanzengestalt Es handelt sich um eine Staude, die strauchartig wächst. Helmkraut ist lichthungrig und hat deshalb stets die Blätter und Blüten zum Licht gedreht. In seiner Heimat wächst es auch lianenartig am Boden entlang. Die dunkelgrünen Blätter sind eiförmig, die Lippenblüten leuchtend orangefarben.

Pflege Ganzjährig braucht die Pflanze einen hellen, aber nicht sonnigen Platz. Als Temperatur reichen 20° C, im Winter dürfen allerdings nicht unter 15° C herrschen. Auch liebt das Helmkraut einen stets warmen Fuß, daher sollte man bei Betonböden oder Steinfensterbrettern wärmende Untersetzer aus Holz, Kork oder Bast darunterlegen. *Scutellaria* möchte nur mäßige Feuchte. Im Sommer sollte man der Pflanze alle 10 Tage eine schwache Düngerlösung geben. Alle 2 Jahre nur wird das Helmkraut in frische normale Blumenerde umgetopft. Dabei kann man es zurückschneiden, damit es sich mehr verzweigt.

Vermehrung Zurückgeschnittene Triebspitzen werden in feuchter Erde bei viel Bodenwärme (20° C) zum Bewurzeln gebracht.

*Schizanthus-Wisetonensis-*Hybride, Spaltblume, Familie Solanaceae/Nachtschattengewächse.

besprüht werden, denn trockene Luft verträgt *Schizanthus* schlecht.

Vermehrung Durch Aussaat kann man diese Pflanze vermehren. Sät man im Herbst aus, hat man sehr zeitig im Frühjahr blühende Pflanzen; sät man im Sommer aus, blühen sie erst im Herbst. Samen sollte nicht älter als 2 Jahre sein.

Scutellaria costaricana, Helmkraut, Familie Labiatae/Lippenblütler.

Senecio-Cruentus-Hybriden Cinerarien

Früher hießen sie *Cineraria*-Hybriden, und obwohl sie überwiegend als beliebter Nachwinterblüher des Zimmerfensters den Reigen der Geschenkpflanzen um Ostern eröffnen, ist ihr offizieller deutscher Name »Gartencinerarien«. Gleichviel – es gibt noch den alten Namen »Aschenblume«, und eine Beetpflanze ist sie auch.

Herkunft *Senecio cruentus,* die Stammform, kam von den Kanarischen Inseln zu uns. Dort lebt die 40–60 cm hohe Staude in feuchtkühlen Gebirgswäldern mit frostfreiem Klima. Vor rund 200 Jahren kamen von dort auch die ersten Samen der damals noch recht bescheiden blühenden Pflanze nach England und erlebten einige Jahrzehnte später, zunächst in Großbritannien und Frankreich, dann auch in Deutschland, eine noch immer fortgeführte züchterische Entwicklung.

Pflanzengestalt Diesen gärtnerischen Leistungen verdanken wir die vielen wunderschönen Sorten mit ihren bunten Farbenspielen der Körbchenblüten, die wie runde Biedermeier-Sträußchen über den großen weichen Blättern leuchten. Der Fachmann teilt das gewaltige Heer der verschiedenen Sorten in 5 Gruppen, die von den 'mittelhohen Großköpfigen' über 'Mittelköpfige' und 'Kleinköpfige' bis zu Sorten mit gefüllten Köpfchen und in Zungenblüten umgezüchteten Röhrenblüten reichen. Eine der letzten Neuheiten im Cinerarien-Angebot ist die nur 15 cm hohe Zwergsorte 'Starlet'. Hauptfarben sind: leuchtendes Blau, Kornblumenblau, Samtrot, Kupferrot, Karmesin, Karminrosa, Brillantrosa, Weiß, Kupferrot mit

Senecio-Cruentus-Hybriden, Cinerarien, Familie Compositae, Korbblütler.

Senecio-Cruentus-Hybride mit zweifarbiger Blüte.

Sinningia-Hybride, Gloxinie, Familie Gesneriaceae/Gesneriengewächse.

weißem Ring, Karmesin mit weißem Ring, Blau mit weißem Ring. Es fällt auf, daß die früher oft unangenehm scharfen, wie künstlich wirkenden grellen Farben zu angenehmeren, gedämpften Tönen gemildert worden sind.

Pflege Die Herkunft der Cinerarien mit ihren festumrissenen Voraussetzungen für richtige Behandlung wird leider oft vergessen. Unbedingt erforderlich ist ein kühler Standort im lichten Schatten und sehr reichliches Gießen mit zimmerwarmem Wasser. Beides zusammen ist die beste Garantie für eine lange Blütezeit ohne den im warmen Raum sonst kaum vermeidbaren heftigen Blattlausbefall, der der Cinerarie auch den Beinamen »Läuseblume« einbrachte. Wer die Pflanzen bei 8–10° C halten kann, wird oft 5 Wochen Freude an ihnen haben. Danach sind sie praktisch wertlos, da keine Wiederblüte erreicht werden kann.

Vermehrung Ist Gärtnersache.

Senecio-Cruentus-Hybride in Rot.

Sinningia-Hybriden Gloxinien

Ausnahmsweise haben hier der botanische wie der deutsche Name sogenannte Ehrenpaten: Wilhelm Sinning, (1794–1874), war Universitätsgärtner in Bonn; Benjamin Peter Gloxin lebte als Arzt in Straßburg. Beide zusammen hinterließen eine unserer beliebtesten, von Frühjahr bis Sommer blühenden Marktpflanzen.

Herkunft Ihre Heimat ist Brasilien, wo sie als typisches Gewächs des tropischen Regenwaldes in etwa 20 knollentragenden, bescheiden blühenden Arten lebt. Meist aus *Sinningia speciosa* und *S. reginae* – mit viel weniger farbenprächtigen, hängenden Blüten – hat gärtnerische Züchterkunst Hybriden von bestechender Üppigkeit entwickelt. Zur *S. cardinalis* avancierte nach neuester Nomenklatur die frühere *Rechsteineria cardinalis*.

Pflanzengestalt In allen oberirdischen Pflanzenteilen samtiges Kraut mit saftreichen Stengeln. Blätter groß bis sehr groß, oval bis länglich-oval, biegsam, meist sattgrün, beiderseits weichhaarig-filzig, Rand gekerbt, an kurzen fleischigen Stielen; Stand je nach Zuchtrichtung fast waagrecht oder mehr über den Topfrand herabhängend. Blüten groß, glockig mit breit aufgeblättertem Saum; zahllose Farbvariationen vor allem in Rot- und Blautönen mit samtigem Schimmer; in der »Gigantenklasse« erreicht die Einzelblüte bis 14 cm Durchmesser.

Pflege Im allgemeinen begnügt man sich damit, die Gloxinie blühend beim Gärtner zu kaufen und sie über Sommer bis zum Ende des Flors zu pflegen. Der Standort sei ohne Platzwechsel hell, jedoch ohne direkte Besonn-

Sinningia-Hybride 'Schweizerland'.

nung; Temperatur gleichmäßig frisch, jedoch ohne Zugluft. Ausreichende Luftfeuchtigkeit ohne direktes Besprühen, sonst Flecke auf den Blüten.
Bis Ende der Blütezeit sollte man nur mit lauwarmem Wasser gießen.
Gedüngt wird für eine Weiterkultur wöchentlich mit schwachen Volldüngerlösungen bis zur Vollblüte.
Nach Ende des Flors Gießen nur langsam einstellen. Zu rasches Einziehen der Blätter und Trocknen der Knollen sind schädlich für erfolgreiches Überwintern, das warm (etwa 15° C) und trocken erfolgen muß. Ende Februar Knollen aufnehmen, Erde und alte Wurzeln entfernen; mit 2 cm Deckung in gleiche oder nur wenig größere Töpfe mit sehr humoser Erde legen, sparsam angießen, bei 18–20° C antreiben. Weiterbehandlung wie Sommerkultur. Je Knolle nur 1–2 Triebe belassen, andere ausbrechen.
Vermehrung Durch Blatt- und Triebstecklinge; aus Samen privat möglich, aber nicht lohnend.
Pflanzenschutz Lufttrockenheit bringt Blattrollen, Mißwuchs sowie Blattläuse; nasse Erde und kaltes Gießwasser bewirken »Umkippen« der Stengel durch Stammfäule; kranke Knollen unbedingt wegwerfen.

Skimmia japonica Skimmie

Die Skimmien sind Rautengewächse wie Apfelsinenbäumchen und andere Zitrusgewächse. Auch sie stammen aus dem ostasiatischen Raum. Die bekannteste und bei uns am ehesten erhältliche Art *Skimmia japonica* ist – wie der Name sagt – Japanerin. Ihre Heimat sind kühle Gebirgswälder in frostfreien Gegenden.

Herkunft Die aus Ostasien stammende Gattung *Skimmia* umfaßt etwa 10 Arten, wobei einige davon frosthart und daher im Angebot der Baumschulen sind. An sich gehört die Skimmie mehr zum Winterschmuck der Balkonkästen und später an geschützte Stellen im Garten.
Pflanzengestalt Die immergrünen Pflanzen mit lorbeerähnlichen Blättern erreichen bei guter Pflege 80 cm Höhe. Im Herbst leuchten die roten Knospen anstelle der doldigen, weißlichen Blüten, die sich erst nach dem Winter öffnen.
Pflege Als Zimmerpflanze möchte die Skimmie den kühlsten Platz in der Wohnung haben. Bis in den November hinein kann sie auch im Freien stehen, selbst Frost macht ihr nichts aus. Allerdings sollte man sie bei vollständiger Überwinterung im Freien in die Erde pflanzen; in freistehenden Töpfen friert sie durch.
Pralle Sonne behagt ihr nicht. Als Substrat verwendet man kalkarme, nährstoffreiche Erde. Stets mäßig feucht halten und alle 10 Tage düngen.
Vermehrung Aus nicht verholzten Triebspitzen lassen sich über Sommer Skimmien-Stecklinge bei 18° C Bodenwärme leicht zum Bewurzeln bringen.

Skimmia japonica, Skimmie, Familie Rutaceae/Rautengewächse.

Smithiantha-Hybriden Smithianthe

Königinnen und Filmstars als Namensspenderinnen für neue Blumensorten sind nichts Ungewöhnliches. Doch im Reich der botanischen Systematik bis zur Gattung vorgedrungen zu sein, hat Seltenheitswert. Die Dame hieß Matilde Smith und war um 1840 Pflanzenzeichnerin in Kew Gardens bei London.

Herkunft Man kennt 6 Arten, die in tropischen Gebirgswäldern von Mexiko und Guatemala zu Hause sind. Diese reinen Arten werden aber als Kulturpflanzen heute kaum noch gezogen, weil man schönere und wohl auch in ihrer Erbmasse wertvollere Hybriden herausgekreuzt hat. Sie heißen nun 'Discolor' oder 'Golden King', 'Typ Lienig', 'Abbey' oder 'Splendens'; auch ein halbhoher 'Nana'-Typ wurde geschaffen.

Smithiantha-Hybride, Smithianthe, Familie Gesneriaceae/Gesneriengewächse (rechts).

Pflanzengestalt Mit Recht heißt es in der gesamten Fachliteratur, daß die Smithianthen gleich schön als Blattpflanzen seien. Alle sind saftreiche Kräuter, die sich aus schuppigen Erdstämmen (Rhizomen) entwickeln, weichbehaarte samtgrüne oder braunrote Blätter haben. Die Blüten erscheinen je nach Kulturbeginn von Juni bis Oktober, sind meist sehr zahlreich und auch recht haltbar. Die Blütenfarben reichen von Gelb über Rosa bis Rot, innen stets heller mit dunkleren Punkten. Die Blütenstände bilden aufrechte lockere Trauben.

Pflege Natürlich kann man von solchen exotischen Schönheiten nicht erwarten, daß sie sich mit einfacher Zimmerkultur begnügen, obwohl auch das möglich ist. Dann nämlich, wenn man keine im Warmhaus herangezogenen fertigen Pflanzen in voller Blüte kauft, sondern sich Rhizome besorgen und die Anzucht selbst vornehmen kann. Spätestens ist das bei Weiterkultur blühend gekaufter Pflanzen möglich.
Nach dem natürlichen Absterben der oberirdischen Pflanzenteile im Herbst überwintern die Erdstämme im Topf bei 10–12° C. Im Nachwinter werden sie herausgenommen, zu dritt oder viert in einen Zwölfer-Topf mit humusreicher Erde gelegt und 2 cm hoch mit Erde bedeckt. Von nun an die Töpfe bis zur Blüte warmhalten: Bodenwärme um 22° C ist wichtig.
Nur mit temperiertem Wasser gießen und indirekt sprühen; hohe Luftfeuchtigkeit ist erwünscht. Als Standort behagt der *Smithiantha* ein halbschattiger Platz ohne Zugluft. Sobald sich ein fingerlanger Austrieb zeigt, wird alle 2 Wochen gedüngt.

Vermehrung Ähnlich wie bei *Achimenes* bildet auch dieses Gesneriengewächs Rhizome mit Brutknollen, die man weiterkultivieren kann.

Solanum Korallenbäumchen

Hier dürfte eine Ehrenrettung am Platz sein: Die Korallenbäumchen, gleich welcher Herkunft, werden meist nur einjährig gezogen. Sie zählen zu jenen »Wegwerfpflanzen«, von denen man sich unbedenklich trennt, wenn Blüten oder Früchte ihre Pflicht getan haben. Das ist unrecht, denn Korallenbäumchen kommen wieder.

Herkunft Es gibt 2 Arten: *Solanum diflorum* mit kleineren roten Früchten; es stammt aus Südamerika und wird öfter auch als weißbunt belaubte 'Variegatum'-Sorte angeboten. Die andere Art ist das auf der Insel Madeira beheimatete *S. pseudocapsicum,* von dem vor allem die beiden Sorten 'New Patterson' mit orangeroten und 'Goldball' mit goldgelben, ziemlich großen runden Beerenfrüchten im Handel sind.

Pflanzengestalt Alle Korallenbäumchen kommen als Büsche mit ziemlich sperrigem Wuchs ins Haus. Bei richtiger Pflege aber wachsen sie sich zu allerliebsten Hochstämmchen von reichlich Meterhöhe aus. Sie sind an sich immergrün; wenn aber das Laub einmal abfällt, so gibt es nach kräftigem Rückschnitt im März einen normalen Neuaustrieb.
Die typischen Nachtschattenblütchen, den Kartoffelblüten ähnlich

und weiß in der Farbe, erscheinen von Mai bis Juli. Die lustigen Kugelfrüchte bilden sich bis zum Herbst und halten um so besser, je mehr der Wunsch nach einem kühlen Standort (8–10° C) beachtet werden kann.
Bei mir war ein geeigneter Überwinterungsraum vorhanden, und ich hatte das Korallenbäumchen 10 Jahre.
PFLEGE Da gibt es keine Schwierigkeiten. Ab Austriebsbeginn im März/April stellt man die Pflanze zunehmend wärmer (sonniger Platz erwünscht!), gießt und düngt über Sommer reichlich, zum Herbst hin sparsamer bis zum Einstellen der Düngung. Bei Übersommern im Freien rechtzeitig einräumen, denn die Bäumchen sind ja nicht winterhart. Ruhezeit unter Vermeidung von Ballentrockenheit von Oktober bis Februar.
Vor Austriebsbeginn in gute Blumenerde umtopfen. Das Pflanzgefäß nicht sehr viel größer wählen, als das alte, lieber die Wurzeln vorsichtig verkleinern.
VERMEHRUNG Nicht lohnend.
PFLANZENSCHUTZ Zu warmer Stand und angeblich auch Zugluft bringen Läuse.

Solanum pseudocapsicum, Korallenbäumchen, Familie Solanaceae/Nachtschattengewächse.

Spathiphyllum Einblatt

Von allen Aronstabgewächsen ist das Einblatt – besonders als die »reichblütige« Art *Spathiphyllum floribundum* aus Kolumbien kultiviert – eines der anmutigsten und dabei bescheidensten. Es kommt jahrelang wieder, blüht unermüdlich jeden Sommer und bietet seine sehr haltbaren Blütenstände sogar zum Schnitt an. Ebenfalls bewährt hat sich *S. wallisii.*

HERKUNFT Dieses reizende Gewächs kommt aus Kolumbien, wo es im Schatten großer Bäume und Sträucher im feuchten Erdreich dichte Büsche bildet.
PFLANZENGESTALT *Spathiphyllum* kann bis 80 cm hoch werden. Der langgestielte Blütenstand mit den weißen, aronstabtypischen Blüten, ragt noch darüber hinaus. Die dunkelgrünen Blätter laufen spitz zu und neigen sich leicht. Zu bestimmten Tageszeiten duftet *Spathiphyllum* sehr angenehm.
PFLEGE Diese Pflanze begnügt sich bei normaler Zimmertemperatur (im Winter nicht unter 16–18° C, eher wärmer!) mit einem schattigen bis halbschattigen Platz. Während ihrer Ruhezeit von Oktober bis Januar ist sie unempfindlich gegen Lufttrockenheit und möchte nur während der sommerlichen Hauptwachstumszeit nebst Blütenbildung an warmen Tagen etwas gesprüht werden. In diesen Monaten wird auch für gleichmäßige Bodenfeuchtigkeit gesorgt und nicht zu reichlich gedüngt. Alle 2 Wochen genügt, sonst erscheinen braune Blattspitzen.
Umgetopft wird im Februar/März bei Austriebsbeginn in nährstoffreiche und lockere Erde.
VERMEHRUNG Durch Teilen beim Umpflanzen. Anzucht aus Samen ist relativ leicht.

Spathiphyllum wallisii, Einblatt, Familie Araceae/Aronstabgewächse.

Sprekelia formosissima Jakobslilie

Die Jakobslilie gehört zu den Amaryllisgewächsen und ist eine äußerst attraktive Pflanze. Benannt wurde sie von dem deutschen Botaniker und Arzt Lorenz Heister (1683–1758), der als Professor der Chirurgie in Helmstedt tätig war. Die Jakobslilie hat einen Nachteil: Ihre Blüte hält nur wenige Tage. Das ist wohl auch der Grund dafür, daß sie zwar schon um 1593 nach Europa kam, aber keine große Verbreitung fand.

Herkunft *Sprekelia* ist in Mexiko und Guatemala heimisch. Man kennt nur diese einzige Art.
Pflanzengestalt Die leuchtend rote Blüte ist eine Augenweide, die schmalen Blätter sind nicht weiter dekorativ, dennoch sind sie für die Blüte des nächsten Jahres von Bedeutung.
Pflege Die Jakobslilie braucht einen hellen und sonnigen Platz. Die unbeblätterten Zwiebeln allerdings können im Dunkeln aufbewahrt werden. Nur sobald die Jakobslilie verblüht ist und noch Blätter hat, sollte man sie reichlich gießen und jede Woche einmal düngen. Auf diese Weise schöpft sie Kraft für die Blüte im nächsten Jahr. Jährlich vor dem Austrieb wird *Sprekelia* in nährstoffreiche frische Blumenerde gesetzt.
Nach dem Einziehen der Blätter bewahrt man die Zwiebeln bei 10–18° C auf. Ab April kann man sie wärmer stellen.
Vermehrung Die Jakobslilie bildet Tochterzwiebeln, die man abtrennen kann und nach einigen Jahren guter Pflege auch zum Blühen bringt.

Sprekelia formosissima,
Jakobslilie, Familie Amaryllidaceae/Amaryllisgewächse.

Stephanotis floribunda Kranzschlinge

Zum blühenden Kranz gewunden, gilt die schöne, wenig empfindliche Pflanze seit Jahren schon als prächtiges Muttertagsgeschenk für passionierte Blumenfreundinnen. Seit man durch Langtags-Belichtung ihre Blütezeiten verändern kann, kommen im Jahreslauf noch so manche andere Gelegenheiten dazu.

Herkunft Es sind etwa 15 Arten bekannt, die auf Madagaskar, in Indonesien und im südlichen China beheimatet sind. Die Kranzschlinge hat außerordentlich viel Ähnlichkeit mit der Porzellanblume (*Hoya*).
Pflanzengestalt Die weißen, herrlich duftenden Sternblüten werden als lockere Dolde etwa 5 cm groß. *Stephanotis* trägt derbe, glänzende, dunkelgrüne Blätter. Die Blüte erscheint im Sommer und blüht oft viele Wochen lang. Als Zimmerpflanze ist nur die Art *S. floribunda* bekannt.
Pflege Standort frei, hell, aber nicht prallsonnig, mit viel Frischluft. Größter Fehler: zuviel Wärme im Winter! Richtig sind 12–14° C, sonst Geiltriebe und Schädlingsbefall, dadurch Kräfteverschleiß mit allgemeinem Kümmern und Versagen der Blüte. Zweiter Fehler: Ortswechsel mit Drehen des Topfes ist Ursache für das Abfallen von Blütenknospen und Blättern, daher Lichtmarke anbringen. Nachteilig für gutes Gedeihen sind auch Ballentrockenheit, plötzliche Temperaturschwankungen und Zugluft.
Ab Austriebsbeginn im März bis Mitte August reichlich gießen; das Wasser sollte Zimmerwärme haben. Dann zum Ausreifen der Triebe mit dem Gießen zurückgehen, während der Ruhezeit bei verlangten niedrigen Temperaturen Topfballen nur gerade feucht halten, jedoch ausgesprochene Trockenheit unbedingt vermeiden. Sprühen während der Wachstumszeit bis August ist erwünscht.
Entsprechend dem oft ungestümen Wachstum ab Austriebsbeginn bis Mitte August alle 2 Wochen kräftig düngen, dann allmählich einstellen. Ab Februar sollte man das Düngen wieder aufnehmen.
Im Jugendalter jährlich, dann je nach Durchwurzelung in größeren

Abständen vor Austriebsbeginn ab Februar umtopfen, die Pflanzgefäße dürfen angemessen größer sein. Erde humos, nahrhaft, durchlässig; reichliche Scherbeneinlage und etwas Kies als Dränage am Topfboden verbessert die Wasserführung.

Vermehrung Durch nicht zu weiche Triebstecklinge von Frühling bis Herbst, jedoch nur im Vermehrungsbeet bei 25–30° C; dort bewurzeln die Triebe in etwa 4 Wochen.

Pflanzenschutz Verlausungsgefahr durch Winterwärme!

Stephanotis floribunda, Kranzschlinge, Familie Asclepiadaceae/Seidenpflanzengewächse.

Strelitzia Paradiesvogelblume

Diese exotische großblütige Pflanze hat sich als Schnittblume schon seit Jahren den Markt erobert, dennoch ist sie eine dankbare und leicht zu pflegende Pflanze für große Räume oder für den Wintergarten. Sie gehört zu den Bananengewächsen und wurde von keinem Geringeren als Sir Joseph Banks (1743–1820), Präsident der Royal Society in London, benannt und beschrieben.

Herkunft *Strelitzia* kommt aus der Kapprovinz in Südafrika. Es gibt 4 Arten, doch nur *S. reginae* ist als Zimmerpflanze bei uns verbreitet.

Pflanzengestalt Strelitzien sind teils stammlose, teils baumartige Pflanzen mit sehr großen gestielten Blättern und eigenartig gestalteten, auffällig gefärbten Blüten. Diese erscheinen zu mehreren aus kahnartigen Hochblättern und werden durch Nektarvögel bestäubt. Aus grünlichen, orange gerandeten Hochblättern erheben sich bizarre, zweifarbige orange-himmelblaue Blüten. Sie blühen eigentlich im Winter und Frühjahr, doch kann man durch eine winterliche Ruhezeit die Blüte bei uns auch auf den Sommer verschieben.

Pflege Als Substrat bevorzugen Strelitzien eine lehmhaltige, schwere, sehr nährstoffreiche Erde, die trotzdem wasserdurchlässig ist. Geeignet ist eine Mischung aus Lehmerde, Laub- und Komposterde und verrottetem Stallmist. Auch etwas Sand sollte man beimischen. Beim Umtopfen im Frühjahr (nicht jedes Jahr!) ist äußerste Vorsicht geboten. Die Wurzeln sind fleischig und zerbrechlich. Strelitzien gedeihen am besten in voller Sonne, vertragen aber auch Halbschatten. Im Sommer können sie ins Freie. Im Winter stehen sie bei 10–20° C gut, dann darf allerdings nicht so stark gegossen werden. Strelitzien brauchen wegen ihrer großen Blätter, die stark verdunsten, in der warmen Jahreszeit viel Wasser und allwöchentlich eine Düngergabe. Sobald sich die Blüten bilden, sollte man Strelitzien nicht mehr umstellen. Sie reagieren darauf zumeist mit dem Steckenbleiben, und die Blüte geht nicht mehr auf.

Strelitzia reginae, Paradiesvogelblume, Familie Musaceae/Bananengewächse.

Vermehrung Ältere Pflanzen werden beim Umtopfen vorsichtig geteilt; die Schnittstellen an den Wurzeln mit Holzkohlepulver einstäuben, um Fäulnis zu vermeiden. Als Substrat verwendet man sehr durchlässige, nährstoffreiche Erde. Auf jeden Fall sollte man die frisch geteilten Stelitzien besonders liebevoll pflegen. Geteilt wird im zeitigen Frühjahr, ehe die Pflanze mit dem Entwickeln der Blütenstiele beginnt. Teilt man die Strelitzie zu spät, kann es passieren, daß die Blütenstiele eintrocknen, da sie einen solchen Eingriff nicht mögen.

Streptocarpus-Hybride 'Marleen', Drehfrucht, Familie Gesneriaceae/Gesneriengewächse.

Streptocarpus Drehfrucht

Die reizende Pflanze mit den orchideenhaft-eleganten Blüten und dem etwas umständlichen botanischen Namen *Streptocarpus* heißt auf deutsch »Drehfrucht«, weil bei den samentragenden Arten und deren Hybriden die Samenkapseln spiralig gedreht sind. Sie gehört zur Familie der Gesneriengewächse.

Herkunft Die Heimat ist vorwiegend der tropische Regenwald Südafrikas. Die Pflanze wurde 1824 in Europa eingeführt. Durch züchterische Arbeit entstanden aus den Ursprungsarten wunderschöne Hybriden.
Pflanzengestalt Krautige Halbstaude (Zweijahrespflanze) von Primelgröße mit länglich-ovalen, etwas runzeligen, fast stengellosen und am Rand leicht eingekerbten Blättern, die rings um dem Topfrand aufliegen.
Die Blüten sind groß, trichterförmig, zu zweit oder zu dritt auf etwa 25 cm hohen Stielen. Es gibt köstliche Farbvariationen von Weiß über Rosa, Zartlila, Hellblau bis zu strahlendem Rot, Blau und samtigem Dunkelviolett, auch mit andersfarbig geädertem Schlund und gekräuseltem Rand.
Im Handel sind auch kleinblütige Arten wie *S. saxorum,* die hellblau blüht und eine reizende Ampelpflanze ist.
S. wendlandii besitzt nur ein riesiges Blatt, dessen Unterseite purpurrot ist.
Pflege Je nach Anzucht in der Gärtnerei erhält man übliche *Streptocarpus*-Hybriden als Herbst- oder Frühjahrsblüher. Als allgemeine Behandlung gilt:

Ganzjährig im Zimmer halten, hell und luftig stellen, jedoch unbedingt vor direkter Besonnung schützen. Eine Ausnahme macht der kleinblütige *S. saxorum,* er besitzt dickfleischige Blätter und möchte einen sonnigen Platz. Die hübschen niederliegenden Blätter machen auch die Verwendung als blühende Bodenbedeckungspflanze im einfachen Blumenfenster möglich. Winterwärme etwa 18–20° C (Boden und Luft). Weniger als 16–18° C bringt Unterkühlungsschäden.
Über Sommer wird reichlich gegossen, im Winter je nach Standort und Weiterblüte mehr oder weniger sparsam. Das Wasser sollte abgestanden und stets angewärmt sein. Am besten ist es, wenn man Regenwasser sammelt. Luftfeuchtigkeit ist über Sommer erwünscht, über Winter von Weiterblüte oder Ruhezeit abhängig. Über Sommer düngt man wöchentlich, aber nie auf den trockenen Topfballen.
Vermehrung Durch Blattstecklinge: 3 cm breite Stücke in feuchten Sand stecken, dabei sollte die basale Schnittfläche unten liegen. Auch ganze Blätter bewurzeln sehr leicht in warmem Wasser.

Streptocarpus wendlandii.

Tibouchina urvilleana Prinzessinenblume

Die schöne Pflanze fällt auf, denn Blau ist selten im Topfpflanzensortiment. Und die *Tibouchina* hat zumeist leuchtend blaue Blüten. Die Pflanze gehört zur wenig bekannten Familie der Schwarzmundgewächse. Die jetzt in Mode gekommene *Medinilla* zählt übrigens auch dazu. Die Gattung *Tibouchina* umfaßt etwa 200 Arten.

Herkunft Aus Brasilien kommt die Prinzessinenblume, dort wächst sie als immergrüner Strauch.

Pflanzengestalt *Tibouchina* wird 6 m hoch, wenn man sie nicht stutzt. Ihre Triebe sind holzig, kahl und sperrig. Ohne Schnitt kahlt die Pflanze unten aus. Mit Schnitt verzögert sich die Blüte. Die Blätter sind eiförmig dunkelgrün und behaart. Die Blüten variieren von Blau über tief Dunkelblau bis hin zu Violett. Es gibt aber auch rosafarbene Arten, *T. rosea,* oder weiße, *T. alba*.

Pflege Auf jeden Fall sollte *Tibouchina* im Sommer ins Freie, dort braucht sie einen sonnigen und windgeschützten Platz. Regelmäßiges Gießen ist ebenso wichtig wie eine gute Nährstoffversorgung. Doch sollte man sich immer an die klimatischen Gegebenheiten halten. Bei Kühle nicht so reichlich gießen, denn ein nasser, kalter Fuß bekommt der Pflanze gar nicht. Färben sich die Blätter rötlich, so steht die Pflanze zu kühl. Dies ist oft über Winter der Fall, aber kein Problem. Man stellt *Tibouchina* bei etwa 15° C auf und gießt nur mäßig. Im Frühjahr kann man die Pflanzen, »in Form« schneiden, muß aber damit rechnen, daß die frisch gestutzten Triebe keine Blüten bringen. Ein Problem, das viele vom Stutzen abhält, doch dann bekommt man verkahlende, sperrige Exemplare. Alle 2 Jahre wird die Pflanze im Frühjahr in nährstoffreiche, durchlässige Erde umgetopft.

Vermehrung Wenig verholzte Triebspitzen werden in feuchte und warme Erde gesteckt, es dauert aber lange, bis die *Tibouchina* Wurzeln zeigt.

Tibouchina urvilleana, Prinzessinenblume, Familie Melastomataceae/Schwarzmundgewächse (links).
Triplochlamys multiflora, Pavonie, Familie Malvaceae/Malvengewächse (rechts).

Triplochlamys multiflora Pavonie

Früher hieß diese leider noch selten zu findende Blütenpflanze *Pavonia multiflora*, zu Ehren eines spanischen Entdeckungsreisenden namens Pavon. Als ausgezeichnete Winterblüherin sollte das aparte Malvengewächs mehr Aufmerksamkeit finden.

Herkunft *Triplochlamys multiflora*, gebürtige Brasilianerin, hat als einzige unter etwa 170 Arten den Sprung in europäische Blumentöpfe geschafft.

Pflanzengestalt Immergrüner kleiner Strauch, der Neigung zu eintriebigem Wuchs hat. Seine 15–20 cm langen, schmalen Blätter sind am Rand leicht gezähnt, unterseits rauh. Die Blüte ist ein purpurroter Hüllkelch und eine Krone, die stets geschlossen bleiben. Sie erscheinen kurzgestielt, steif aufrecht stehend, aus den Blattachseln im Bereich des Spitzentriebs. Aus ihrer Mitte schießt – ebenfalls steil nach oben – der überlange Griffel mit rosa Narbe und blauen, nierenförmigen Staubbeuteln. *T. multiflora* blüht vom Herbst bis zum Frühjahr.

Pflege An sich ist dieses schöne Gewächs eine Liebhaberpflanze

für Warmhauskultur. Da der Spitzentrieb als Blütenträger nicht gestutzt werden darf, muß bei Verwendung im geschlossenen Blumenfenster das Höhenwachstum bedacht werden. Mit zunehmendem Alter wachsen Pavonien leicht sperrig und verkahlen. Deshalb ist es günstig, wenn man die Pflanze vorsichtshalber nach der Blüte im Frühjahr kräftig zurückschneidet. Mit dem Gießen stets so lange warten, bis die Erdoberfläche abgetrocknet ist. Gedüngt wird erst vom Frühjahr an. Das Wichtigste ist, ständig für hohe Luftfeuchtigkeit zu sorgen! Am besten steht die Pflanze an einem hellen Ost- oder Westfenster.
Vermehrung Nur durch Kopfstecklinge bei 30° C Luft- und Bodentemperatur. Bewurzelung vor allem im Spätwinter gut – innerhalb von 5 Wochen.

Veltheimia Veltheimie

Ihren botanischen Namen hat sie von Johann Gottlieb Gleditsch (1714–1786), einem deutschen Botaniker. Unter den wenig populären deutschen Bezeichnungen gibt es außer der zeitlich und formal recht treffenden »Winterrakete« auch noch den Namen »Walzenlilie«, was immerhin die Familienzuhörigkeit anzeigt.

Herkunft Von 5 Arten in Südafrika ist vor allem *Veltheimia capensis*, die Kap-Veltheimie, in gärtnerischer Kultur anzutreffen.
Pflanzengestalt Das ansehnliche Zwiebelgewächs könnte eine begehrte Winterblüherin sein, wenn Farbigkeit und Dauer ihres Flors statt bei nur 10–12° C auch im voll beheizten Zimmer zu erzielen wären. Um Weihnachten oder etwas später erscheint raketengleich auf hohem, braun geflecktem Schaft die zartrosa bis lachsfarbene Blütentraube und hält bei kühlem Stand 2–3 Monate. Die *Veltheimia* ähnelt der aus dem Garten bekannten *Kniphofia* (Fackellilie). Die Blätter sind rosettenförmig angeordnet, schmal auslaufend und an den Rändern gewellt. Ältere Pflanzen mit mehreren Blütenschäften sind besonders hübsch.
Pflege Nach sommerlicher Ruhezeit – von Mai bis August unbelaubt und unbeachtet in irgendeiner Ecke – wird die Zwiebel Anfang September in frische Erde umgetopft. Dann treiben die 20–30 cm langen, 10–12 cm breiten, etwas gewellten Blätter. Nun ist es Zeit, die Pflanze kühl zu halten. Dabei möchte sie es feucht haben und allwöchentlich gedüngt werden. Der Platz sollte hell und kühl sein. Ab März zieht das Laub ein. Ab Mai Ruhezeit, siehe oben.
Vermehrung Durch Brutzwiebeln, die nach 2 Jahren mit dem Blühen beginnen.

Veltheimia capensis, Veltheimie, Familie Liliaceae/Liliengewächse.

Vriesea Vriesee

Sie heißt nach dem holländischen Botaniker Professor W.H. de Vriese (1807–1862) und ist seit Jahrzehnten die ungekrönte Königin unter allen international als Kulturpflanzen gehegten Bromelien. Die Zahl der aus ihren Arten gezüchteten Hybriden ist kaum noch übersehbar; ihr Liebhaberwert ist unbestritten.

Herkunft Heimat je nach Art Mittel- und Südamerika, vor allem Brasilien.
Pflanzengestalt Mittelgroße bis große, meist trichterförmige Rosetten, die einzeln oder zu mehreren beisammenstehen. Man unterscheidet:
Grünblättrige Arten, die meist schönere, auffallendere Blütenstände haben. Hierher gehören die reizende kleine *Vriesea psittacina* oder Papageien-Bromelie sowie die *Vriesea*-Hybride 'Rex'. Die größte unter den Grünblättrigen und nur gelegentlich in Schausammlungen anzutreffen ist *V. imperialis,* eine Brasilianerin mit anderthalb Meter langen Blättern. Es heißt, daß sie zur Entwicklung ihres mehrere Meter hohen Blütenstandes – ähnlich wie manche Agaven – über 20 Jahre braucht.
Buntblättrige Arten wie die sehr bekannte *V. splendens,* mit den altberühmten Sorten 'Flammendes Schwert' und 'Major'. Die locker angeordneten Blätter der Art sind etwa 50 cm lang, leicht rinnenförmig gebogen, lebhaft grün, mit auffallend dunkelbraunroten Querstreifen, am stumpfen Ende laufen sie in einer scharfen Spitze aus.
Am prunkvollsten unter den Buntblättrigen: *V. gigantea* (früher *V. tesselata);* Blätter über halbmeterlang, glänzend dunkelgrün, oberseits durch gelbliche Flecken schachbrettartig gemustert ('Schachbrett-Vriesee'), unterseits rötlich-violett; in Heimkultur sel-

ten blühend, Schaft mit Blütenstand wird über 2 m hoch.
Zu den schönsten aller Bromelien zählt auch *V. hieroglyphica*. Ihre bis 80 cm langen, bis 12 cm breiten Blätter zeigen auf grünem Grund oberseits dunkelgrüne, unterseits fast schwarze, unregelmäßige Querbänder, deren Musterung schriftzeichenähnlich aussieht. Die mächtigen Blattrosetten werden bis meterhoch. Für Heimkultur: Schon kleine Jungpflanzen haben die interessante Zeichnung der Blätter. Wie *V. gigantea* überragend schöne Blattpflanzen.
Die Blüte zeigt sich immer auf mehr oder weniger hohem Schaft, entweder eine lange flache Ähre bildend oder mehrfach verzweigt, traubig, rispenartig; Blütenstand der farbigen Hochblätter wie bei den Aechmeen lange haltbar; Blütchen – gelb, rotgelb, grünlich, manchmal auch weiß – sind wie alle Bromelienblüten rasch vergänglich, doch die Wirkung der Hochblätter und farbigen Schafte hält Monate.
Pflege Beste Eignung für Blumenfenster mit Warmhauscharakter. Besonders die Vrieseen mit weichen grünen oder farbig gezeichneten Blättern verlangen einen schattigen Platz, dazu hohe Luftfeuchtigkeit und Boden- wie Lufttemperaturen, die auch nachts nicht unter 18–20° C absinken. Nur dann halten die bunten Hochblätter der Blütenstände ungefähr ebenso lange, wie die Mutterpflanze – unter günstigen Lebensbedingungen – ihre Kindel austreibt. Vrieseen der schwer oder gar nicht blühenden Arten haben natürlich einen anderen Daseinsrhythmus. Ohne die unwiderruflich zum allmählichen Absterben führende Blütenbildung aus dem Wachstumszentrum – es sei nochmals ausdrücklich dargelegt – erweisen sie sich als sehr haltbare Blattpflanzen.
Vrieseen können auf Epiphytenstämmen gebunden oder in nicht zu großen Töpfen mit lockerer Erde kultiviert werden.
Gegossen wird mit zimmerwarmem, entkalktem Wasser stets leicht in den Trichter und auf den Ballen. Im Sommer wird alle 14 Tage eine schwache Düngerlösung mit Guano verabreicht.
Vermehrung Durch Kindel oder aus Samen; gelingt nur bei hoher Luftfeuchtigkeit und viel Wärme. Die Kindel müssen vor dem Abtrennen halb so groß wie die Mutterpflanze sein. Reifes Obst, besonders Citrusfrüchte um eine Jungpflanze gelegt (Folientüte über beides) fördert durch ausströmende Gase die Blüte.
Pflanzenschutz Befallsgefahren gering; mehr Bedrohung durch Fäulnis und Sonne.

Vriesea splendens, Vriesee, Familie Bromeliaceae/Ananasgewächse.

Whitfieldia lateritia Whitfieldie

Diese relativ neue Pflanze im Zimmerpflanzenangebot wurde von Sir William Jackson Hooker (1785–1865) beschrieben. Er war Direktor des Botanischen Gartens in Kew.

Herkunft Die *Whitfieldia* kommt aus Westafrika, sie gehört zu den Akanthusgewächsen.
Pflanzengestalt Die Whitfieldie wächst baumartig, hat glänzende, spitz auslaufende Blätter und weiße Blüten, deren Blütenhochblätter ebenfalls weiß, aber behaart sind. Die Blüten schieben sich wie bei *Aphelandra* hervor.
Pflege Im Zimmer braucht die Pflanze einen hellen Platz mit hoher Luftfeuchtigkeit. Die Erde, die nährstoffreich und wasserdurchlässig sein muß, sollte im Sommer stets mäßig feucht sein. Hier ist ein Mittelweg zu finden, denn stauende Nässe ist genauso schädlich wie Ballentrockenheit. Gegossen wird nur mit zimmerwarmem, enthärtetem Wasser. Gegen starke Sonneneinstrahlung ist die Whitfieldie ebenfalls empfindlich, eher schon gedeiht sie an einem halbschattigen Platz. Im Sommer bekommt sie alle 10 Tage eine Düngergabe. Ein starker Rückschnitt im Frühsommer, vor

Whitfieldia lateritia, Whitfieldie, Familie Acanthaceae/Akanthusgewächse (oben).

Zantedeschia aethiopica, Zimmerkalla, Familie Araceae/ Aronstabgewächse (rechts).

der neuen Wachstumszeit, begünstigt das Verzweigen. Verblühte Triebe ebenfalls sofort ausschneiden. Im Winter steht die Whitfieldie kühler und relativ trocken.
Vermehrung Diese Pflanze läßt sich durch Stecklinge im Sommer vermehren. Man schneidet dazu 3 Kopfstecklinge und setzt sie in die feuchte Erde eines Topfes, über den man zur Erhöhung der Luftfeuchtigkeit ein Glas oder eine Folientüte stülpt. Die Bewurzelung erfolgt nur bei einer Bodenwärme von 25° C.

Zantedeschia aethiopica Zimmerkalla

Als »Friedhofsblume« hat die weiße Kalla einen Ruf, doch immer mehr drängen andersfarbige Züchtungen in Rosa, Gelb und Orange auf den Markt und geben der Kalla – ob als Zimmerpflanze oder lange haltbare Schnittblume – eine breitere Verwendungsmöglichkeit.

Herkunft Der botanische Name dieses Gewächses aus der Familie der Aronstabgewächse, *Zantedeschia aethiopica,* weist auf ihren geographischen Steckbrief hin, will man eigentlich meinen. Aber sie stammt keineswegs aus Aethiopien, sondern aus südafrikanischen Sumpfgebieten, wo über Sommer fast immer Trockenheit herrscht. Dies zu wissen, erleichtert die Pflege.
Pflanzengestalt Bis 80 cm hohe, nach der Blüte ganz oder teilweise einziehende Staude mit starken, fleischigen Wurzelstöcken (Rhizomen), aus denen die breit-pfeilförmigen, saftig grünen, glatten Blätter an aufrechten Stielen emporschießen. Der ebenfalls langgestielte Blütenstand erscheint im Nachwinter über den Blättern. Er besteht aus dem typischen Aronstab-Blütenkolben, der bei den Zimmerformen von einem großen weißen Hüllblatt (Spatha) umgeben ist. Es gibt auch Sorten zum Schnitt und gelbe sowie rötlich blühende Freilandarten.
Pflege Wichtigste Forderung für regelmäßige Wiederblüte ist strikte Einhaltung der Ruhezeit etwa von Mai bis Juli. Da soll – entsprechend dem Austrocknen ihrer heimatlichen Sümpfe im Kapland – die Kalla so trocken gehalten werden, daß sie fast alle Blätter verliert. Je weniger man sich um sie kümmert, desto besser. Mit Wachstumsbeginn wird der Topf sehr hell bis sonnig auf dem Balkon oder eingesenkt im Garten gehalten, im Oktober sollte man ihn wieder einräumen und bis zum Dezember kühl (bei 8–10° C) aufstellen. Allenfalls werden noch 12–15° C ohne Schaden ertragen. Ab Dezember bis Blütenende warm halten.
Im Sommer wird reichlich gegossen, besonders nach der Ruhezeit, im Winter sparsamer. Während des Laub- und Blütenwachstums öfter sprühen.
Umgetopft wird die Kalla in frische, nährstoffreiche Erde, bevor man sie im Oktober wieder ins Haus nimmt. Hierbei darf die Pflanze aber nicht tiefer als vorher gesetzt werden.
Vermehrung Durch Stockteilung älterer Pflanzen.
Pflanzenschutz Durch Wintertrockenheit und Frischluftmangel gibt es Blattlaus-Befall.

Blattpflanzen

Acorus gramineus Zwergkalmus

Der Schwede Daniel Carlsson Solander benannte und beschrieb diese Art der Gattung *Acorus*. Besonders schön sieht die weißbunte Sorte 'Variegatus' aus. Im Handel wird *Acorus* als echte Wasserpflanze angeboten, was nicht ganz stimmt, denn gänzlich unter Wasser mag der Kalmus nicht sein, nur der Fuß muß stets feucht stehen.

Herkunft Aus Japan, China, Thailand und Indien stammt diese Kalmusart.
Pflanzengestalt Wie Gras kommen die schmalen Blätter aus der Erde. Doch das täuscht, denn das Blatt weist keine Mittelrippe auf. Die Kalmusblätter entspringen einem Sproß, der sich an der Erde entlang schmiegt.
Pflege Kalmus möchte einen nassen Fuß, wurzelt am besten in lehmiger Erde und kann sowohl sonnig als auch halbschattig stehen. Man darf die Pflanze niemals austrocknen lassen. Am besten, man stellt den ganzen Topf in einen mit Wasser gefüllten Untersatz. Im Sommer kann Kalmus durchaus am Gartenteich eingesenkt werden, nur verträgt er starke Fröste nicht. Gedüngt wird er alle 3 Wochen einmal mit einer schwachen Düngerlösung.
Im Winter muß Kalmus etwas trockener und gerade frostfrei stehen. Braune Blätter werden im Frühjahr ausgeschnitten.
Vermehrung Die Erdsprosse werden im Frühjahr einfach geteilt und in frische Erde gesetzt.

Acorus gramineus, 'Variegatus', Zwergkalmus, Familie Araceae/ Aronstabgewächse.

Aglaonema Kolbenfaden

Sie gehört zu jenen Aronstabgewächsen, bei denen es fraglich bleibt, ob man sich mit ihrer ungewöhnlichen Blätterschönheit zufrieden geben oder auf Blüten warten soll, die dann doch nicht erscheinen. Auch ist sie mehr noch als die ihr ähnliche Dieffenbachie auf Warmhauskultur – also Tropenfenster – angewiesen.

Herkunft Ihre Heimatgebiete sind Ostindien und der Malaiische Archipel, wo es Tropenwälder mit extrem feuchtwarmer Luft und sonnenlosem Dämmerlicht gibt. Bekannt sind rund 50 Arten, von denen bei uns aber nur gut ein halbes Dutzend nebst etlichen Zuchtformen in Kultur sind.
Pflanzengestalt Wuchs im ganzen ähnlich wie Dieffenbachie, teils fast baumartig, teils niedrigbuschig; buntblättrig. Typische Aronstab-Blütenstände, im Verhältnis zur farbigen Pracht und Größe der Blätter bescheiden; farbige Beerenfrüchte möglich.
Arten: *Aglaonema commutatum* mit 50 cm hohem, nach oben verzweigtem Stamm. Blätter der Art grün mit aschgrauen Flecken. Mehrere schöne Zuchtformen, darunter *A. commutatum* var. *robustum* 'Pseudobracteatum' mit gelbweißen Blattstielen. Verhältnismäßig leicht blühend, Spatha weiß, kallaähnlich, rote Beeren. *A. costatum* bildet niedrige, dichtbelaubte Büsche; Blätter bis 30 cm lang, smaragdgrün mit unregelmäßigen, weißen Flecken. *A. modestum,* auch 'Chinese Evergreen' genannt, dürfte die härteste und als einzige für einfache

Zimmerkultur geeignete Art sein; Blätter ausnahmsweise einfarbig dunkelgrün, bis 25 cm lang. *A. pictum* hat einen Grundstamm, dem viele blättertragende Sprosse entspringen. Die bis 20 cm langen und 5 cm breiten Blätter zeigen auf dunkelgrün-samtigem Grund hell grünlich-graue und silberweiße Flecken. Sie ist eine der kleinsten und schönsten Arten. *A. rotundum* hat lange, schmale, silbergrau gefleckte Blätter, ähnlich der Hybride 'Silver King'.

Pflege Bestes Gedeihen bei möglichst wenig Platzwechsel und freiem Stand im Tropenfenster. Pflanzgefäß mehr breit als hoch, da Kolbenfaden Flachwurzler sind. Die Erde sollte sehr durchlässig, humos, mit Sphagnum und Ziegelsteinbrocken versetzt sein. Gegossen wird nur mit enthärtetem, temperiertem Wasser. Während der Wachstumszeit reichlich gießen, im Winter trockener halten. Nur indirekt sprühen, Benetzung der feineren Arten gibt Flecken auf den Blättern und etwa vorhandenen Blüten.
Während der Wachstumszeit (April bis August) etwa alle 2 Wochen, kalkfrei düngen.
In der Ruhezeit von Oktober bis Februar sparsam gießen, nicht düngen; Mindesttemperatur 15–18° C (Luft- und Bodenwärme!).

Vermehrung Meist nur durch Stecklinge im geschlossenen Warmbeet (Gärtnersache!); *A. commutatum* auch aus Samen bei etwa 26° C.

Pflanzenschutz Schädlingsbefall bei Pflegefehlern; Wolläuse in Blattwinkeln; Rote Spinne bei zuviel Licht.

Aglaonema commutatum 'Silver Queen', Kolbenfaden, Familie Araceae/Aronstabgewächse.

Alocasia Alocasie

Nach dem Washingtoner Artenschutzübereinkommen ist die Art *Alocasia sanderiana* geschützt. Sie ist in ihrer Heimat vom Aussterben bedroht. Auch wenn sie in der Pflege etwas heikel ist, so sollte man es doch versuchen, denn es gibt kaum eine schönere Blattpflanze, die zudem üppig wächst. *Alocasia* gehört zu den Aronstabgewächsen.

Herkunft *A. sanderiana* wächst auf der Insel Mindanao; *A. lowii* auf Borneo und Malakka.

Pflanzengestalt Die Alocasie hat unterirdische, knollenähnliche Rhizome, aus denen die langgestielten, riesigen Blätter hervorkommen. Die ovalen bis pfeilförmigen Blätter sind grün bis metallisch gefärbt und haben eine ausgeprägte, kontraststarke, weiße Nervatur, was ihren besonderen Reiz ausmacht. Die Blattunterseite ist violett angehaucht, die Blattränder sind glatt oder gebuchtet.

Pflege Diese schöne Pflanze wird wohl immer zu den Seltenheiten in einer Wohnung gehören, da sie außerordentlich hohe Ansprüche an die Luftfeuchtigkeit und die Temperatur stellt. Aber in einer beheizten Vitrine oder im geschlossenen Blumenfenster kann man sie schon halten. Sie braucht einen halbschattigen bis schattigen Platz. Als Substrat bevorzugt sie eine nährstoffreiche Erde, die mit Sand angereichert wurde, um die Wasserführung zu verbessern. Stauende Nässe ist ebenso Gift für die Pflanze wie Trockenheit, deshalb stets mäßig feucht halten. Jede Woche einmal sollte *Alocasia* eine Volldüngerlösung erhalten. Im Winter benötigt sie mindestens 18° C.

Vermehrung Man kann die Pflanze durch das Teilen der Rhizome und durch Triebstecklinge vermehren.

Alocasia lowii, Alocasie, Familie Araceae/Aronstabgewächse.

Bester Standort: Kalthaus und Wintergarten.
Die kleinblättrige Zuchtform *A. brevipedunculata* var. *maximowiczii* 'Eleganz' wirft ihre grün, weiß und rosa marmorierten Blätter im Herbst ab.
Vermehrung Im späten Frühjahr kann man Stecklinge schneiden, die leicht bei warmem und feuchtem Stand bewurzeln.

Ampelopsis brevipedunculata, Scheinrebe, Familie Vitaceae/ Scheinrebengewächse (links).

Ananas comosus, Ananas, Familie Bromeliaceae/Ananasgewächse (unten).

Ampelopsis Scheinrebe

Sie ist ein Rebengewächs, mit botanischem Namen eine Vitaceae. »Vitis« aber heißt heute im Blumengeschäft so ziemlich alles, was zu den Rebengewächsen zählt und nicht gerade als *Cissus* bekannt ist. Alle sind kletternde oder selbstklimmende Sträucher und mit Ausnahme der Warmhausarten ziemlich unempfindlich.

Herkunft Schönste Art ist die aus Ostasien stammende weißbunte *Ampelopsis brevipedunculata.* Auch aus Nordamerika kommen einige Arten.
Pflanzengestalt Im Unterschied zu den echten Rebengewächsen haben *Ampelopsis*-Arten an ihren Ranken keine Haftscheiben. Sie müssen daher stets festgebunden werden. Sie schwingen mit rötlichen Zweigen in weiten Bögen. Die Blätter sind ungeteilt bis fünflappig und ausgezackt, auf dunkelgrünem Grund weiß und rosa bis hellrot gezeichnet.
Die Pflanze ist sehr schön zum Beranken von Säulen und raumteilenden Spalieren in Zimmern, die während der Wintermonate kaum beheizt sind.
Pflege Im Sommer braucht *Ampelopsis* einen hellen Platz, sollte aber unbedingt vor direkter Sonne geschützt stehen. Von Mai bis September kann man sie im Freien halten. In dieser Zeit muß sie auch reichlich Wasser bekommen und wöchentlich eine Düngergabe.
Vor Triebbeginn im Frühjahr wird umgetopft. Ein kräftiger Rückschnitt fördert das Verzweigen. Die Pflanze ist zwar nicht frostfest, verlangt aber doch unbedingt eine sehr kühle Überwinterung, daher ist sie nichts für unsere meist durchweg warmen Räume.

Ananas Ziernanas

Als Hauptvertreterin der gärtnerisch überaus wichtigen Familie der Ananasgewächse oder Bromeliaceen ist die Ananas nun bald 500 Jahre lang im internationalen Gespräch. Erste Kunde von den süß duftenden, goldgelben Wunderfrüchten kam schon bald nach der Entdeckung Amerikas Anno 1492 nach Europa. Wichtige Arten sind *Ananas bracteatus* und *A. comosus*.

HERKUNFT Sieht man von dem reichen Legendenkranz um den Eintritt der Ananas in die Welt der Europäer ab, so bleibt die Tatsache, daß sie als Wildpflanze im gesamten tropischen Amerika zu finden war, alsbald in gärtnerische Kultur genommen wurde und dadurch ihren Habitus wie ihre praktischen Möglichkeiten sehr veränderte. Im Lauf des 17. und 18. Jahrhunderts bemächtigten sich nach und nach alle klimatisch geeigneten Länder auch Asiens und Afrikas der kostbaren Fruchtpflanze.

PFLANZENGESTALT Daß aus der »Urananas« mit ihren bis anderthalb Meter langen, hornartig bestachelten Blättern und einem Gesamtdurchmesser der Grundrosette von rund 2 m auch einmal allerliebste und trotzdem noch fruchtende Zwergformen für den Zimmergebrauch entstehen könnten, hat damals gewiß niemand gedacht. Die ersten, heute nur mehr als große Dekorationspflanzen verwendbaren Züchtungen hatten immer noch dreiviertel Meter Durchmesser, aber schon hübsche, weiß umrandete, rötlich überlaufene oder breit gelbgrün gestreifte Blätter. Moderne Zwergarten sind nur noch halb so groß; ihre Fruchtstände werden sogar zum Schnitt verwendet. Ein Blütenstand erscheint nur bei hoher Wärme im höheren Alter; danach Austreiben von Kindeln und allmähliches Absterben der Mutterpflanze.

PFLEGE Die Ananas ist kein Epiphyt, sondern eine Erdbromelie wie die Billbergie. Sie benötigt einen hellen Platz im Zimmer, sollte aber vor direkter Sonne geschützt stehen. Stets muß sie mäßig feucht gehalten werden, doch stauende Nässe verträgt sie nicht. Gelegentliche Trockenperioden überstehen die Pflanzen ohne Probleme. Vom Frühjahr bis zum Herbst wird alle 10 Tage mit einem Guano-haltigen Dünger gedüngt. Umtopfen braucht man nur alle 2 Jahre in nährstoffreiche, sphagnumhaltige, leichte Erde. Im Winter darf die Ananas nicht unter 18° C stehen.

VERMEHRUNG Durch Kindel oder – spaßeshalber – durch den Blätterschopf reifer Früchte der »Nutzananas«. Eine Bewurzelung erfolgt nur bei 18° C Bodentemperatur.

Ananasblüte (oben).

Anastatica hierochuntica, Rose von Jericho, im geschlossenen Zustand, Familie Cruciferae/ Kreuzblütler (rechts).

Anastatica hierochuntica
Rose von Jericho

Diese Pflanze aus der Familie der Kreuzblütler soll hier Erwähnung finden, wenngleich es sich bei den meisten bei uns im Handel angebotenen Exemplaren um bereits abgestorbene Pflanzen handelt. Doch da die Rose von Jericho nach wie vor als »Wunder« bestaunt wird, ist sie eben aus einem Buch wie diesem nicht wegzudenken.

HERKUNFT Die *Anastatica* ist von Marokko bis zum Südiran verbreitet.

PFLANZENGESTALT Es handelt sich um eine einjährige, niedrige, schon am Grunde verholzte Pflanze. Sobald die Blätter abgefallen sind, rollen sich die Äste beim Austrocknen zu einem kugelartigen Gebilde zusammen. Diese

Die Rose von Jericho in offenem Zustand – nach dem Gießen.

Kugel wird durch den Wind sehr leicht entwurzelt und treibt so auf dem Wüsten- und Steppenboden kilometerweit entlang. Dabei wird gleichzeitig Samen ausgestreut. Man nennt die *Anastatica* deshalb auch »Steppenläufer«. Legt man sie auf einem Teller oder in einer Schale in Wasser, entfaltet sich die Rosette wieder.

Pflege Von einer Pflege kann bei einer toten Pflanze wohl kaum die Rede sein. Allenfalls für Kinder mag der auf physikalischen Gesetzen beruhende Mechanismus interessant sein. Jedoch wird die Pflanze nicht wieder grün, wie es oftmals Handelskataloge weismachen wollen. Doch öffnen tut sich die Kugel auf jeden Fall, wenn man sie der Feuchtigkeit aussetzt. Die Äste strecken sich, die Pflanze quillt sozusagen auf. Dieser Vorgang ist beliebig wiederholbar.

Araucaria heterophylla Zimmertanne

Die Zimmertanne oder Araukarie ist nun auch schon eine ältere Dame geworden. Ihr aufregender Flirt mit dem Weltumsegler Käpt´n Cook liegt weit zurück. Nur Fachleute erinnern sich daran, daß Cook die Schöne mit den filigran-zarten Wedeln um 1775 auf den Norfolk- und Philip-Inseln im Stillen Ozean entdeckte. An diesem Fund beteiligt war der nicht weniger berühmte Botaniker Sir Joseph Banks.

Herkunft Das Gehölz mit seinen nadelartigen Blättern war nur in einem streng umgrenzten Gebiet zwischen Ost-Australien und Neu-Kaledonien anzutreffen, weshalb der ganze, freilich meist aus Wasser bestehende Bereich auch unter dem Namen »Araukarienprovinz« in die Geschichte einging. Die Zimmertanne kann dort 60 m hoch werden.

Pflanzengestalt Von den etwa 18 bekannten Arten ist nur *Araucaria heterophylla* als Zimmerpflanze geeignet. Sie wächst zierlicher als die anderen.

Pflege Der Platz für die Zimmertanne sollte hell, aber nicht sonnig sein. In einer halbdunklen Zimmerecke wächst sie mit Sicherheit schief. Im Sommer kann sie auch an einen schattigen Platz ins Freie gestellt werden. Im Winter darf sie nicht warm stehen, 5° C sind völlig ausreichend. Nur enthärtetes Wasser zum Gießen verwenden, im Sommer mäßig feucht halten, im Winter fast trocken. Von März bis August Azaleendünger verabreichen. Öfteres Besprühen tut der Pflanze gut.

Vermehrung Die Vermehrung durch Samen ist möglich. Man darf aber nur frisch geernteten Samen verwenden. Die Bodentemperatur sollte bei 20° liegen. Besser, aber fast ebenso schwierig, ist die Vermehrung durch Stecklinge der Triebspitze. Selbst mit Bewurzelungspulver dauert es Monate, bis die Zimmertanne neue Wurzeln treibt. Man nimmt nur Triebspitzen, denn Seitentriebe wachsen nicht aufrecht.

Araucaria heterophylla, Zimmertanne, Familie Araucariaceae/ Araukariengewächse.

Asparagus Zierspargel

Er ist wirklich ein echtes »Spargelkraut« aus der Familie der Liliengewächse. Das bestätigt jeder Blick auf ein Spargelfeld im Hochsommer, auch wenn einige seiner Zimmerformen nicht ganz so »spargelmäßig« dreinschauen wie der gute alte *Asparagus sprengeri*, der neuerdings *A. densiflorus*, der »Dickblütige«, heißt.

Herkunft Seinen früheren Artnamen *sprengeri* führt er nur noch quasi als Sortenbezeichnung. Aber auch das erinnert nach wie vor an Karl Sprenger aus Güstrow in Mecklenburg, der viele Jahre am Botanischen Institut in Neapel tätig war und das Spargelgrün aus Südostafrika bei uns eingeführt hat. Auch in Asien ist *Asparagus* heimisch.

Pflanzengestalt Seine 300 Arten sind Kräuter oder Halbsträucher, die sich manchmal sehr stark verzweigen. Die sogenannten Blätter sind eigentlich keine, sondern nur umgebildete Seitensprosse. Die richtigen Blätter haben sich in Dornen verwandelt.
Als gute Zimmerpflanze – auch in Hydrokultur – blieb der heute botanisch zur Sorte gewordene *Asparagus densiflorus* 'Sprengeri' auch als beliebtes Bindegrün führend. Aparte Zierformen sind der aufrechte *A. densiflorus* 'Meyeri' und der schon 1792 aus Indien eingeführte *A. falcatus*. Dieser »Sichelförmige Zierspargel« – ein starkwüchsiger Schlinger mit schmalen Scheinblättern und gelegentlichen Einzelblütchen – ist eine prächtige Dekorationspflanze für mäßig beheizte Räume und ein wunderschöner Rahmenbildner für große Blumenfenster. Eignung als feines Schnittgrün und ausgesprochene Blühwilligkeit zeichnen den immer noch meist unter seinem alten Handelsnamen *A. plumosus* bekannten

Asparagus falcatus (oben), *A. densiflorus* (rechts), *A. densiflorus* 'Meyeri' (unten), Zierspargel, Familie Liliaceae/Liliengewächse.

»Federspargel« aus. Die durchaus bildhafte Bezeichnung mußte schon vor etlichen Jahren dem neuen botanischen Namen *A. setaceus* (= der Borstenförmige) weichen. Doch er selbst blieb trotzdem der gleiche elegante Kletterer, erfreut seine Besitzer bereitwillig mit vielen weißen Blütchen, die später zu niedlichen roten Beeren heranreifen. Eigenartig gewelltes Laub und nach reicher Blüte ebenfalls viele rote Früchte bietet *A. crispus,* der »Gekräuselte«. Ein Schatz an Anspruchslosigkeit ist Urgroßmutters »Myrthenblatt«, die *Medeola,* mit dem heutigen botanischen Namen *A. asparagoides.*

Pflege Bei *A. densiflorus,* der Hauptart, ist fast alles erlaubt, was man sonst nicht darf: warm oder kühl überwintern; keine Ruhezeit gönnen; ganzjährig mit nicht zu hartem Wasser gießen; im Sommer reichlich, im Winter bei warmem Stand gelegentlich ein bißchen düngen. Nur dunklen Stand und gleichzeitige Ballentrockenheit verträgt er nicht, und zuviel Wärme bei Austriebsbeginn bringt Blattläuse. Die anderen Arten sind etwas empfindlicher und sollten daher nicht diesen Extremen ausgesetzt werden.

Asparagus setaceus.

Vermehrung Durch Teilen ist eine Vermehrung sehr leicht möglich, aber auch Aussaat gelingt bei ca. 22 ° C Bodenwärme ebenfalls im Zimmer. Die Samen sind Dunkelkeimer und sollten daher mit Erde leicht bedeckt werden.

Wichtig Die Beeren sind stark giftig!

Aspidistra elatior, Schusterpalme, Familie Liliaceae/Liliengewächse.

Aspidistra elatior Schusterpalme

Als Pflanze des tiefen, kühlen Schattens japanischer Gebirgswälder ist sie so anspruchslos, daß auch Metzgerläden und Schusterwerktstätten sie für sich in Anspruch nahmen. In England heißt die Pflanze »Cast iron plant« – was auf ihre ungewöhnliche Robustheit schließen läßt.

Herkunft In ihrer Heimat, in den kühlen und schattigen Gebirgswäldern Japans wird *Aspidistra* meterhoch, ihre breiten Blätter werden bis zu 80 cm lang.

Pflanzengestalt Bei uns verbreitet ist nur die eine Art *A. elatior* mit immergrünen, aufrechten, dunkelgrünen Blättern, die aus dickfleischigen Rhizomen sprießen. Nicht ganz so unverwüstlich wie sie selbst ist die Sorte 'Variegata' mit weißbuntem Laub. Sie braucht etwas mehr Wärme und sollte recht knapp ernährt werden, denn mehr Düngung bringt Vergrünen der bunten Blätter.

Pflege Bei allem, was die Pflanze an Lichtmangel, Lufttrockenheit und sonstigen Unbilden verträgt, sei zweierlei vermieden: ein sonniger Standort und Dauerfußbäder. Folgen: Blattverbrennungen und faulende Wurzeln. Hier gilt: Zu wenig ist besser als zu viel! Die grüne Form sollte von März bis August alle 2 Wochen einmal gedüngt werden. Umgetopft wird im Frühjahr, aber nur, wenn der Topf völlig durchwurzelt ist.

Vermehrung Das vorsichtige Teilen der Rhizome im März übersteht die Schusterpalme relativ gut. Schöner sieht sie allerdings aus, wenn sie zu mehreren in einem großen Topf steht – sie wirkt dann einfach üppiger.

Früchte der Aucube.

Aucuba japonica Aucube

Eigentlich ist diese wunderschöne Blattpflanze für den Garten und die Terrasse gedacht. Doch inzwischen gibt es niedrig- und kleinbleibende Sorten, die sich mit Recht das Zimmer als Standort erobert haben. Der schwedische Botaniker Carl Peter Thunberg (1743–1828), Schüler und Nachfolger der großen Linné, war für die Namensgebung der Pflanze verantwortlich.

Herkunft Wie der Artname schon sagt, stammt die Aucube aus der Familie der Hartriegelgewächse aus Japan. Doch nicht nur dort ist sie heimisch, sondern auch in Korea, China und auf dem Himalaja.

Pflanzengestalt Bei der *Aucuba* handelt es sich um immergrüne strauchige Pflanzen, deren Blätter gegenständig, kurz gestielt, ganzrandig, eiförmig und spitz auslaufend sind. Stets sind sie von leuchtend grüner Farbe mit mehr oder weniger starken gelben Flecken. Sie glänzen und fassen sich ledrig an. Die Blüten sind unscheinbar, schmückend sind dann wieder die leuchtenden, roten Früchte.

Pflege Die *Aucuba* ist unproblematisch in der Pflege. Man stelle sie nur an einen sonnengeschützten und kühlen Platz. Im Sommer benötigt sie regelmäßige Feuchtigkeit. Im Winter, bei kühlem Platz (Frostnähe wird gut vertragen), entsprechend weniger gießen. Wenn die *Aucuba* im Winter warm steht, stellen sich leicht Läuse ein. Von Mai bis August sollte man die Pflanze einmal wöchentlich düngen. Als Substrat bevorzugt sie eine kräftige, lehmhaltige und dennoch wasserdurchlässige Erde. Mit entsprechender Dränageschicht aus Kies und Scherben kann man diesem Bedürfnis gerecht werden. Jedes Jahr im Frühling ist die Pflanze umzutopfen. Auch kann man sie stutzen, um sie zum Verzweigen anzuregen.

Vermehrung Aucuben werden durch Kopfstecklinge vermehrt, die bei 20° C Bodenwärme relativ leicht bewurzeln. Man sollte hierbei aber eine leichte Erde nehmen, erst nach dem ersten Umtopfen wird lehmhaltiges Substrat verwendet.

Aucuba japonica 'Crotonifolia', Aucube, Familie Cornaceae/ Hartriegelgewächse.

Bambusa vulgaris Bambus

Diese attraktive Pflanze aus der Familie der Gräser gehört zu den Seltenheiten in unseren Wohnungen. Mit ihr gewinnt man unweigerlich einen Hauch von Exotik. Die artenreiche Gattung (von denen aber inzwischen viele anderen Gattungen zugeordnet wurden) beschrieb ein berühmter Schüler Linnés, nämlich der deutsche Botaniker und Direktor des Botanischen Gartens in Erlangen, Johann Chrstian Daniel von Schreber (1739–1810). Er hat wichtige Werke veröffentlicht, zum Beispiel »Botanisch-ökonomische Beschreibung der Gräser«.

Herkunft Über den ganzen Erdball in den Tropen ist *Bambusa* inzwischen verbreitet. Dort wird die Pflanze bis 8 m hoch.
Pflanzengestalt Die spitz auslaufenden, schmalen Blätter erscheinen auf zarten, dünnen Zweigen. Die Hauptsprosse sind dick und verholzt. Die Blätter stehen nicht aufrecht, sondern neigen sich leicht herab. Im Zimmer kann *Bambusa* meterhoch werden.

Pflege Bambus braucht einen hellen und im Sommer sehr warmen Platz. Man kann ihn auch ins Freie bringen. Regelmäßiges Gießen ist in dieser Zeit sehr wichtig, denn die meisten Pflanzen vertrocknen regelrecht, wenn man das Gießen einmal vergißt. An sich signalisiert uns die Pflanze durch Einrollen der Blätter, daß sie Wasser benötigt. Über Sommer wird sie alle 3 Wochen einmal gedüngt. Im Winter sollte die Pflanze kühl, aber nicht unter 5° C stehen. Jedes Frühjahr wird *Bambusa* in frische normale Blumenerde umgetopft. Da sie ebenso empfindlich gegen Staunässe wie gegen Trockenheit ist, sollte man auf den Topfboden eine gute Dränageschicht legen.
Vermehrung Es ist äußerst schwierig, *Bambusa* zu vermehren. Man sollte dies dem Fachmann überlassen.

Bambusa vulgaris 'Stricta', Bambus, Familie Gramineae/ Gräser.

Beaucarnea recurvata Elefantenfuß

Es ist nicht zu übersehen, daß diese interessante Pflanze ihren Namen wegen des knollenförmig verdickten Stammes bekommen hat. Häufig wird sie noch unter dem Namen *»Nolina«* gehandelt. Schon vor 100 Jahren war die *Beaucarnea* eine bekannte und beliebte Pflanze für die Wintergärten. Sie ist äußerst robust und zugleich dekorativ. Jede Pflanze sieht anders aus, der dicke Stamm wird um so reizvoller, je mehr er sich furcht, beugt oder verdickt.

Herkunft Aus Mexiko stammt dieses Agavengewächs.
Pflanzengestalt Die Stämme können zu riesigen Bäumen auswachsen, die Blätter hängen grasähnlich herab und werden bis zu 2 m lang. Mitunter drehen sie sich auch. Steht *Beaucarnea* zu lange in starker Sonne, färben sich die Blätter rötlich, was wie-

Beaucarnea recurvata, Elefantenfuß, Familie Agavaceae/Agavengewächse.

derum recht interessant sein kann.

Pflege Hier ist zu vermerken, daß es kaum eine Pflanze aus den Tropen gibt, die so robust ist wie der Elefantenfuß. Trockenheit wird ebenso vertragen wie Wärme und Halbschatten. Aber optimal ist es, wenn die Pflanze im Hellen steht, öfters einmal besprüht wird, mäßig gegossen wird und alle 3 Wochen einmal eine Düngerlösung erhält. Im Winter kann sie bei 10° C stehen, sollte dann aber so gut wie gar nicht gegossen werden. Im Sommer kann sie sogar einen geschützten Platz im Freien bekommen. Mitunter bilden sich braune Spitzen. Diese vorsichtig abschneiden, ohne das Grün zu verletzen, und häufiger besprühen.

Vermehrung Durch Aussaat, was aber Jahrzehnte dauert, ehe man eine ordentliche Pflanze bekommt. Besser ist es, die Kindel abzunehmen und bewurzeln zu lassen; bei hoher Bodenwärme (25° C) gelingt dies ebenfalls.

Brachychiton rupestris
Australischer Flaschenbaum

Zur Familie der Sterkuliengewächse zählt diese aparte Pflanze. Der Stamm ist das Schöne an ihr, er ist oftmals flaschenförmig und gewunden. Die Gattung umfaßt 11 Arten. Benannt und beschrieben hat diese interessante Pflanze der deutsche Botaniker Karl Moritz Schumann (1851–1904) aus Görlitz in seiner Monographie »Sterculiaceae«, erschienen 1900.

Herkunft Aus Queensland, Australien stammt diese Art von *Brachychiton.*

Pflanzengestalt Über dem interessanten Stamm, der in seiner Heimat bis 15 m hoch werden kann, erheben sich graugrüne Blätter, die sowohl geteilt als auch einfach sein können. Der Stamm erreicht am Heimatstandort einen Durchmesser von 3 m.

Pflege Da der dicke Stamm als Wasserspeicher dient, braucht man sich keine Sorgen zu machen, wenn man einmal das Gießen vergessen hat. Im Gegenteil, zu viel gießen ist Gift für den Flaschenbaum! Im Sommer kann

Brachychiton rupestris, Australischer-Flaschenbaum, Familie Sterculiaceae/ Sterkuliengewächse.

die Pflanze hell und sonnig im Freien stehen. Im Winter darf sie allerdings nicht kühler als 10° C aufgestellt werden. Von März bis August wird alle 4 Wochen gedüngt, hierbei eine schwache Dosierung nehmen.
Alle Jahre im Frühling werden jüngere Pflanzen in frische Blumenerde umgetopft. Etwas Sand beimischen, um die Wasserführung zu verbessern. Ältere Pflanzen werden nur oberflächlich mit neuer Erde bedacht.
Vermehrung Der Australische Flaschenbaum läßt sich aus Samen vermehren, was allerdings sehr lange dauert. Besser ist es, noch nicht verholzte Kopfstecklinge in feuchtwarme Erde zu stecken. Sie bewurzeln relativ sicher.

Brosimum alicastrum, Brotnußbaum, Familie Moraceae/Maulbeerbaumgewächse.

Brosimum alicastrum Brotnußbaum

Die Früchte dieses Gehölzes aus der Familie der Maulbeerbaumgewächse sind geröstet sehr schmackhaft. Eine andere Art dieser interessanten Gattung, *Brosimum utile*, auch Kuhbaum oder Milchbaum genannt, bildet einen genießbaren Milchsaft, den man zur Herstellung von Kaugummi verwendet. Der schwedische Botaniker Olof Peter Swartz (1760–1818) machte sich um die Erforschung der Gattung *Brosimum* verdient.

Herkunft *Brosimum* ist in Westindien, Mexiko, Mittelamerika, Venezuela, Peru und Brasilien zu Hause.
Pflanzengestalt Die Gattung *Brosimum* enthält noch mehrere Nutzpflanzen, so gibt es eine Art, die rotbraunes Holz mit schwarzen Punkten bildet. Dieses »Buchstabenholz« ist eines der teuersten Nutzhölzer der Welt. *B. alicastrum* ist ein reich verzweigter Strauch, der bis zu 2 m hoch werden kann. Im Äußeren ähnelt diese Pflanze ihrem Verwandtem, dem *Ficus*.
Die Blätter sind glänzend grün, elliptisch bis lanzettlich geformt und etwa 20 cm lang. Sie neigen sich etwas nach unten. Die Sprosse sind braun behaart.
Pflege Sonne mag der Brotnußbaum gar nicht, ein heller bis halbschattiger Platz im ganzjährig warmen Zimmer ist ihm am liebsten. Auch sollte stets für mäßige Feuchtigkeit gesorgt werden. Hierbei sollte man mit gutem Fingerspitzengefühl vorgehen, denn zuviel Nässe führt zum Gelbwerden der Blätter, zu wenig zum Blattfall. Gedüngt wird von Mai bis August alle 2 Wochen einmal mit einem Volldünger.
Umgetopft wird der Brotnußbaum im Frühjahr in normale Blumenerde. Ältere Pflanzen braucht man nicht jedes Jahr neu umzutopfen. Es reicht aus, wenn man ihre oberste Bodenschicht lockert und durch frische Erde ersetzt.
Vermehrung *Brosimum* wird das ganze Jahr über durch Kopfstecklinge vermehrt, die leicht bewurzeln.

Caladium-Bicolor-Hybride, Buntwurz, Familie Araceae/Aronstabgewächse.

Caladium Buntwurz, Kaladie

Wer den häufig in Pflanzenschauhäusern gehaltenen Kaladien mit dem zauberhaft farbigen Blattwerk auf oft meterhohen Stielen begegnet, wird zustimmen, daß dies eine der schönsten buntblättrigen Pflanzen von allen ist. Sie gehört zur Familie der Aronstabgewächse.

Herkunft Das *Caladium,* dessen Name in der Eingeborenensprache soviel wie »Pflanze mit eßbaren Wurzeln« bedeutet, kommt aus dem tropischen Amerika, vor allem aus den brasilianischen Urwäldern des Amazonasgebietes.
Pflanzengestalt Kaladien sind bunte Blattpflanzen, die aus einer Knolle jedes Jahr neu erscheinen. Ihr Farbenspiel ist außerordentlich klar gezeichnet und von großer Leuchtkraft. Von reinem Weiß über Rosa-Grün bis hin zu dunklem Rot reicht die Palette der Blattausfärbung bei den *Caladium*-Hybriden. Der Blütenstand von April bis Mai ist im Vergleich zu den prächtigen Blättern unscheinbar.
Es gibt etwa 15 Arten, aus denen 2 bei uns als Zimmerpflanzen gebräuchliche Hybridgruppen gezüchtet werden: *C.-Bicolor-*

halten; erst nach völliger Ausbildung der Blätter zum Abhärten etwas kühler stellen. Während der Austriebszeit muß für sehr hohe Luftfeuchtigkeit gesorgt werden. **Vermehrung** Wüchsige Pflanzen bilden kleine Seitenknöllchen zur Weiterkultur. Aber nicht zu früh abnehmen, denn vor dem Austrieb sind die Augen an den Knollen kaum zu erkennen, so daß man leicht in sie hineinschneidet. **Pflanzenschutz** Für diese Pflanzen muß man eine sehr hohe Luftfeuchtigkeit schaffen, ohne die Blätter zu benetzen. Bei zu trockener Luft stellen sich nämlich leicht Blattläuse ein. Hier helfen ein zugelassenes Spritzmittel oder – so man sie einsammeln kann – Marienkäfer, die man auf die Pflanze setzt und durch eine Plastiktüte so lange gefangenhält, bis die Plage vorbei ist.

Calathea Korbmarante

Im Kreis der Marantengewächse ist die Gattung *Calathea* nicht nur die artenreichste, sondern auch diejenige, deren mannigfache Schönheit immer wieder begeistert. Leider ist sie etwas empfindlicher als die einfachen Maranten, aber inzwischen gibt es Arten und Sorten, die bei ein wenig Fürsorge auch im Zimmer gut gedeihen. Sie sind einen Versuch wert, denn ihre samtigen Blätter sind von außerordentlich großer Attraktivität.

Herkunft Es gibt etwa 150 Arten, die meist aus dem tropischen Mittel- und Südamerika stammen. In Brasilien gibt es wohl die neuesten Arten. Dort besiedeln die buntblättrigen Calatheen die tropischen Regenwälder als dichter Bewuchs im Schatten großer Bäume.

Hybriden, sie sind am häufigsten im Handel und besitzen breit auslaufende Blätter; *C. -Schomburgkii*-Hybriden, ihre Blätter sind pfeilförmig; *C. humboldtii* hat sich mit seinem kleinen Wuchs und den grünen, weißgesprenkelten Blättern als Art behaupten können. **Pflege** Man wird erstmals wohl eine fertige Pflanze betreuen. Sie braucht von Frühjahr bis August reichliches Gießen, bis Juli auch wöchentliche Düngung. Ab August so einschränken, daß die Blätter einziehen. Die Knollen im Topf bei 16–18° C überwintern, im Februar entnehmen, alte Erde abschütteln, alte Wurzeln entfernen, einzeln oder zu dritt in geräumiges Pflanzgefäß mit sehr humoser Erde legen. Zum Treiben warm stellen (25–26 °C), feucht

Caladium-Biocolor-Hybride, in Weiß.

Pflanzengestalt Sie sind echte Stauden mit einfachen, aus der Wurzel sprießenden Stielen und meist mehr länglichen als breiten, inzwischen aber auch mit rundlichen, in verschiedensten Farbenspielen gezeichneten Blättern. Im Frühjahr oder Frühsommer erscheinen korbähnliche Blütenstände (Korbmarante!), die unscheinbar sind. Nur *Calathea crocata* besitzt auffallende orangefarbene Blütenstände.
Die Blätter von *C. bachemiana,* sind grünlich-silberweiß mit dunkelgrünen Bändern, unterseits grün. *C. crocata* hat dunkelrotes Laub und leuchtend orangefarbene Blüten. *C. lancifolia* (früherer Artname *C. insignis*) ist aufrechtwachsend, hat schmale, oberseits hellgrüne, mit dunklen Flecken besetzte Blätter, unterseits sind sie dunkelrot. *C. lietzei* 'Greenstar' ist eine sehr dekorative Korbmarante mit breiten, leicht überhängenden Blättern von hellgrüner, leuchtender Farbe und dunkler Blattzeichnung. *C. makoyana,* die bis 60 cm hohe Gebetspflanze, faltet abends ihre sehr dekorativen, mehr rundlichen Blätter zusammen. Sie zählt zu den zimmertauglichen Arten. Interessant ist auch *C. picturanta* 'Argentea' mit heller Blattfarbe und dunkelgrünem Rand. Die Blätter stehen auf schlanken, dunklen Stielen.
Pflege Halbschattiger bis schattiger Standort. Hohe Luftfeuchtigkeit, vor allem während des Blattaustriebs. Die Hauptwachstumszeit liegt zwischen März und September, danach setzt eine Ruhezeit bis Ende Januar ein. In dieser Phase wird die Pflanze nur wenig kühler und nur wenig trockner gehalten (nicht unter 16° C). *Calathea* muß vor Extremen bewahrt werden: keine plötzlichen Temperaturschwankungen, keine Zugluft, keine starken Lichtveränderungen, keine stauende Nässe und keine Trockenheit!
Calathea vertragen kein kalkhaltiges, hartes Wasser. Wer kein Regenwasser zur Verfügung hat, sollte einen Mullbeutel mit trockenem, ungedüngtem Torf über Nacht in einen Eimer mit Leitungswasser hängen. Man erhält auf diese Weise das beste enthärtete Gießwasser. Beim Gießen die Blätter nicht benetzen und den Ballen stets mäßig feucht halten. Aus dem Übertopf das überschüssige Wasser regelmäßig weggießen. Jedes Jahr im zeitigen Frühjahr wird umgetopft. Man verwendet leichte, nährstoffreiche Erde, die keinerlei Kalk enthalten sollte. Am besten eignet sich Azaleen- und Rhododendron-Spezialsubstrat, das im Fachhandel erhältlich ist. Um die Wasserführung zu verbessern und stauender Nässe im Wurzelbereich vorzubeugen, ist eine Dränageschicht aus Tonscherben oder Kieselsteinen wichtig.
Von März bis ungefähr Mitte August wird die Korbmarante alle 14 Tage einmal mit einem kalkfreien Dünger vorsichtig gedüngt.
Vermehrung Während der Hauptwachstumszeit lassen sich die Pflanzen einfach durch Teilung vermehren.
Pflanzenschutz Durch trockene Luft rollen sich die Blätter ein. Spinnmilben treten ebenfalls bei Lufttrockenheit auf, hier hilft nur ein zugelassenes Mittel. Man sollte die Pflanzen öfters einnebeln, um die Luftfeuchtigkeit zu erhöhen.

Calathea makoyana.

Calathea rotundifolia 'Fasciata' Korbmarante, Familie Marantaceae/Marantengewächse.

Calathea lancifolia.

Callisia Kallisie

Man muß es vorweg sagen, daß die *Callisia* – deren botanischer Name verwunderlicherweise soviel wie »Schönheitslilie« bedeutet – ein Commelinengewächs und somit nahe verwandt mit der Tradeskantie ist. Bis vor nicht allzu langer Zeit hießen einige Arten *Setcreasia*; diese Gattung wurde jedoch aufgelöst.

Herkunft *Callisia* kommt aus Mexiko sowie Mittel- und Südamerika und wurzelt dort als Bodendecker in den warmen Regionen. 12 Arten sind bekannt, doch nur *C. elegans* und *C. repens* sind bei uns als Zimmerpflanzen verbreitet.

Pflanzengestalt Die hübschen kleinen, weißgestreiften Blätter sind das Attraktive von *C. elegans*. Ihre oberseits olivgrünen, von einem feinen weißen Mittelstreifen durchzogenen Blätter sind unterseits tief purpurrot und liegen rund um die Stengel dachziegelartig übereinander. Die weißen Blütchen bleiben unscheinbar.

Pflege *Callisia* wächst sehr rasch, besonders wenn sie einen Platz im Warmen bekommt. Dann sollte man die Pflanze auch mehr gießen und vor allem besprühen. *Callisia* ist die ideale Pflanze für Vitrinen, Flaschengärten und geschlossene Blumenfenster. Auch als Ampelpflanze ist sie an hellen, aber nicht sonnigen Fenstern gut aufgehoben. Alle 2 Wochen wird im Sommer gedüngt. Im Winter sollte *Callisia* kühler stehen, dann auch weniger gegossen und überhaupt nicht mehr gedüngt werden. Sobald die lichtarme Jahreszeit zu Ende ist, kann man die Pflanze wieder wärmer stellen, reichlicher gießen und auch düngen. Auch das Sprühen sollte nicht vergessen werden.

Vermehrung *Callisia* kann man aus Kopfstecklingen leicht vermehren, man steckt sie aber zu dritt oder fünft in den Topf und läßt sie unter einem Glas oder einer Folientüte feucht und warm bewurzeln.

Callisia repens, Kallisie, Familie Commelinaceae/Commelinengewächse.

Carex brunnea Segge

Zwar sind die Seggen in über 1000 Arten fast über den ganzen Erdball verbreitet, bilden »saure Wiesen«, ärgern den Gartenfreund durch endlose Wucherneigung und dringen in Hochgebirgen bis an die Schneegrenze vor. Als Zimmerpflanzen aber haben sie wenig zu bestellen: Nur eine Art ist verbreitet: *C. brunnea,* die »bräunliche« Segge.

Herkunft Die *Carex brunnea* ist in Südasien wie in Australien zu Hause. Man hat eine weißbunte 'Variegata'-Form aus ihr gezüchtet, ein hübsches, gelblichgrün gestreiftes Gras, das 20–30 cm hoch wird und so gut wie keine Ansprüche stellt.

Pflanzengestalt *Carex* ist eine grasartige Staude, die Blätter sind schmal und aufrecht, nur die Spitzen erscheinen leicht überhängend.

Im Unterschied zum nahe verwandten Zypergras will die Segge jedoch weder im Aqarium noch im Dauerfußbad wachsen, sondern zieht die gleichmäßige Bodenfeuchtigkeit normaler Topfblumen vor. Vollbeheizte Räume sagen ihr nicht zu, denn sie ist eine Kalthauspflanze, die sich im Winter lieber mit Temperaturen von 8–16° C begnügt, sonst aber keine Standortsorgen kennt.
Ob Sonne oder Schatten ist ihr einerlei.

Pflege Hin und wieder sollte man *Carex* übersprühen. Steht sie an einem hellen Platz, entwickelt sie sich schnell zu einem dichten Tuff. Braune Spitzen sind zumeist die Folge von Trockenheit.
Im Sommer sollte man *Carex* alle 2 Wochen mit einer schwachen Lösung düngen. Umgetopft wird nur dann in normale Erde, wenn der Topf zu klein geworden ist. Der neue Topf sollte nur wenig größer sein.

Vermehrung Durch Teilen der Stauden ist eine Vermehrung leicht möglich. Auch Aussaat empfiehlt sich. Allerdings schlägt dann die weißbunte Sorte 'Variegata' ins Grün zurück.

Carex brunnea, Segge, Familie Cyperaceae/Riedgräser.

Ceropegia Leuchterblume

Wer sich gelegentlich mit den größeren Zusammenhängen im Reich der Zimmerpflanzen beschäftigt, wird bei den zierlichen Ceropegien oder Leuchterblumen auf recht interessante Familienverhältnisse stoßen. Kaum glaublich, daß diese sukkulenten Ampelbewohner mit der Wachsblume so nahe verwandt sind!

Herkunft Die Gattung *Ceropegia* hat rund 160 Arten, die von Südafrika über das tropische Arabien bis Indien und Westchina, aber auch von Neuguinea bis Nord-Australien zu finden sind. Einige kommen auf den Kanarischen Inseln und Madagaskar vor. Am Zimmerfenster findet sich meist *Ceropegia. woodii.*

Pflanzengestalt Bewurzelten Knollen, die bis 5 cm Durchmesser erreichen können, entspringen fadendünne Sprosse, zwischen deren Abschnitten (Internodien) sich jeweils 2 herzförmige, fleischige, oberseits marmorierte, unterseits hellgrüne Blättchen bilden.

Aus den Blattachseln entwickeln sich auch die kunstvollen »Kandelaberblüten« und wiederum Knollen, die zu einfachster Vermehrung dienen. Man benutzt sie sogar als Pfropfunterlagen für schwierige *Stapelia*-Arten, die ja ebenfalls zur Verwandschaft der Asclepiadaceen zählen.

Pflege Meine Ceropegien gedeihen in Hydrokultur und machen so gut wie keine Arbeit. Die Ampeln hängen ganzjährig oben am Rahmen eines großen Südfensters, die endlos fortwachsenden Sprossen bilden eine lebende Scheibengardine. Bei Erdkultur muß man sie natürlich ab und zu sparsam gießen, im Winter noch weniger, von April bis August auch ein bißchen düngen. An sich sollten sie über Winter kühl gehalten werden. Jedoch geht es auch so, denn vertrocknende Triebe wachsen immer nach. Alle 2–3 Jahre topft man die Pflanze in Kakteenerde um. *Ceropegia* verträgt volle Sonne und ist daher die ideale Ampelpflanze für das Südfenster.

Vermehrung Manche Arten lassen sich durch Sproßglieder vermehren, die leicht in feuchter Erde bewurzeln. Besser aber ist es, die in den Blattachseln wachsenden Knöllchen zur Vermehrung zu nutzen.

Ceropegia woodii, Leuchterblume, Familie Asclepiadaceae/Seidenpflanzengewächse.

Chlorophytum comosum Grünlilie

Von den über 100 Arten, die der Fachmann kennt, ist bei uns nur *Chlorophytum comosum*, die brave alte Grünlilie, in Zimmerkultur. Die grüne Urform ist nicht so verbreitet wie die unverwüstliche weißbunte Art.

Herkunft *Chlorophytum* stammt aus Südafrika und ist heute in allen tropischen Regionen verbreitet.

Pflanzengestalt In Zimmerkultur haben wir schon seit eh und je die weißbunte 'Variegata'-Sorte mit den grundständigen, 20–40 cm langen, schmalen Blättern. Die Einzelpflanze bringt im Frühjahr bis Frühsommer dünne Blütenschäfte hervor, die mit fortschreitendem Wachstum Meterlänge erreichen. Durch die Schwere der im oberen Drittel erscheinenden kleinen Blütchen und der nach der Blüte sich bildenden bewurzelten Ausläuferpflänzchen neigt sich der Schaft im Bogen abwärts. Da man kaum je nur Einzelpflanzen, sondern stets ein ganzes Nest von Liliengrün beisammen hat, entsteht alsbald das Bild der Ampelpflanze mit den 100 Kindeln ringsherum.

Pflege *Chlorophytum* gilt mit Recht als eine unserer härtesten und anspruchslosesten Zimmerpflanzen. Es fügt sich gleich gut in vollbeheizte und in kühle Räume, es verträgt viel und wenig Sonne, macht sich nichts aus Lufttrockenheit, auch wenn ihm während der sommerlichen Wachstumszeit gelegentliches Einsprühen sichtlich wohltut. Es ist hervorragend geeignet für Hydrokultur!
Während des Wachstums von Februar bis zum September wird normal bis reichlich gegossen, während der Ruhezeit von Oktober bis Januar je nach dem wärmeren oder kühleren Standort mehr oder weniger.
Allwöchentliches Düngen von März bis September fördert die Intensität des Blattgrüns und die Dichte der Triebe.
Umgetopft wird, sobald Wurzeln die Pflanze im zu kleinen Topf hochheben – außer im Winter jederzeit. Pflanzgefäß weit und nicht sehr tief. Die Erde sollte lehmhaltig sein.

Vermehrung Durch Abtrennen der Jungpflänzchen nach Ausreifung; sie bewurzeln leicht im Wasserglas.

Pflanzenschutz Schlecht gepflegte Pflanzen können verlausen.

Wichtig Braune Blattspitzen nach Ballentrockenheit. Knickblätter durch Düngung bei Winterwärme und Luftmangel, so daß die Pflanze zu weich wird.

Chlorophytum comosum, Grünlilie, Familie Liliaceae/Liliengewächse.

vielleicht auch aus den Blattachseln heraus Blütenstände mit kleinen gelblichen Blüten erleben. In diesem Fall muß allerdings auch mit dem sehr starken Wuchs der prächtigen Pflanze gerechnet werden. Sie ist eben ein echter Tropenklimmer mit ungestümer Kraft. Noch mehr gilt das von *C. gongylodes,* die dorther

Cissus antarctica (links) und *C. rhombifolia* 'Ellen Danica' (unten), Klimme, Familie Vitaceae/Weinrebengewächse.

Cissus Klimme

Was wäre ein Zimmerpflanzenbuch ohne die *Cissus*! Man müßte es gleich wieder weglegen, weil eine der vielseitigsten und getreuesten grünen Freundinnen fehlte. Glücklicherweise fehlt sie hier nicht, sondern wird sich nun mit den wichtigsten Vertretern ihrer stattlichen Sippe gebührend präsentieren.

Herkunft Es gibt zwar einige Arten, die nicht unbedingt auf volles Tropenklima angewiesen sind. Aber jene Vertreter der Gattung *Cissus,* die seit ihrer Einführung in Europa im Jahr 1790 in gärtnerische Kultur genommen wurden, sind samt und sonders Tropenpflanzen. Da ihre Heimatländer in den verschiedensten Gebieten der Erde liegen, werden sie jeweils im Sortiment bei der betreffenden Pflanze genannt.

Pflanzengestalt *Cissus* ist sehr vielgestaltig, wie die Anpassung an Klima und Landschaft es jeweils verlangt, um sich als Kletterpflanze durchsetzen zu können.
An erster Stelle steht natürlich *Cissus antarctica,* in Australien zu Hause und deshalb nicht nur einfach »Klimme« oder »Zimmerrebe«, sondern auch »Australischer Wein« oder »Russischer Wein« genannt.

An zweiter Stelle steht sogleich *C. rhombifolia,* die »Rautenblättrige Klimme«.
Für das Blumenfenster dominiert natürlich die bildschöne *C. discolor,* die »Bunte Klimme« aus Java. Ihre herzförmig-länglich zugespitzten Blätter werden bis 15 cm lang und 8 cm breit, schimmern samtig, sind rotviolett geädert und umrandet, oberseits silbrig-olivgrün marmoriert, unterseits rot. Diese herrliche Belaubung erscheint an kräftigem, mehr hochwachsendem als hängendem und mit der Zeit verholzendem Rankenwerk, das im Jugendalter übrigens ebenso wie die Blattstiele dunkelrot ist. Wo richtige Pflege mit hoher Wärme und Luftfeuchtigkeit gelingt, wird man bei längerer Lebensdauer

stammt, wo Brasilien, Peru und Paraguay die größte luftfeuchte Tropenhitze entfalten. Arglos leitet man die aparte Pflanze an der Oberkante des Blumenfensters entlang. Doch bald entspringen ihren vierkantigen Zweigen lange rote Luftwurzeln in solcher Zahl, daß sie einen lebenden Vorhang bilden. Auch werden die Blätter 25–30 cm lang, und die in Haftscheiben endenden Ranken kleben überall dort, wo man sie nicht brauchen kann.
Nur der Vollständigkeit halber sei noch ein Blick auf die sukkulenten *Cissus*-Arten gewagt. Da lebt in ostafrikanischen Trockenwäldern zum Beispiel *C. quadrangula,* die »Kaktusähnliche Klimme«. Sie klettert hoch in den Baumkronen, aus denen die dicken Ranken herunterhängen.

PFLEGE Die normalen *Cissus*-Arten vertragen keine direkte Sonne – mit Ausnahme der sukkulenten Formen. Der Platz sollte für alle anderen lieber zu schattig als zu sonnig sein.
C. antarctica ist die ideale Pflanze für das Nordfenster. Auch Temperaturen werden in großer Spannbreite vertragen. Bei Wärme mehr gießen! Im Sommer allerdings trotzdem nicht zu reichlich, im Winter je nach kühlerem oder wärmerem Standort mehr oder weniger sparsam gießen.
Ab Austriebsbeginn bis Mitte August wird reichlich gedüngt, einmal wöchentlich, dann wegen Holzreife allmählich einstellen.
Im Jugendalter zunächst jährlich umtopfen, dann nach Bedarf im Frühjahr in nicht viel größere Pflanzgefäße.

VERMEHRUNG Bei genügend Wärme – am besten im geschlossenen Vermehrungskasten mit 25–30° C – im Frühsommer leicht aus knapp fingerlangen Stecklingen: 3–5 in kleine Töpfchen mit Anzuchterde und Sand stecken.

PFLANZENSCHUTZ Hauptgefahr ist zuviel Bodennässe im Winter: Sie bringt Mehltau, braune Flecken und andere Pilzkrankheiten.

WICHTIG Warmhausarten nach den Regeln für Arten in schattigen Tropenfenstern behandeln: Keine Sonne und hohe Luftfeuchtigkeit, niemals Zugluft!

Clusia rosea Balsamapfel

Schon im 17. Jahrhundert soll diese schöne Pflanze aus der Familie der Guttibaumgewächse nach Europa gekommen sein, doch erst jetzt setzt sich die *Clusia* auch als Topfpflanze durch. Die Blätter haben Ähnlichkeit mit denen von *Ficus lyrata*, doch sind sie hier glänzend und nicht geädert wie beim Gummibaum. In ihrer Heimat wächst die *Clusia* epiphytisch auf Felsen oder zwischen den Felsen. Sie wird ein hoher Strauch und entwickelt mit den Jahren richtige Bäume.

HERKUNFT *Clusia* ist in Mexiko, Westindien, und Südamerika sowie Südflorida zu Hause.

PFLANZENGESTALT Die Zweige sind dick, die verkehrt eiförmigen Blätter sind glänzend und ledrig, sie werden mitunter 20 cm lang. Die rosafarbenen Blüten erinnern an Kamelien, sie duften stark und entwickeln Samenkapseln, die sehr groß sein sollen; unter Raumbedingungen kommt die Pflanze allerdings kaum zum Blühen.

PFLEGE Einen hellen bis halbschattigen Platz braucht die *Clusia* für ein gutes Gedeihen. Außerdem möchte sie es das ganze Jahr über warm haben, auch im Winter dürfen die Temperaturen nicht unter 18° C absinken. Im Sommer kann sie an sonnengeschützter Stelle im Freien stehen. Ballentrockenheit bringt ein Abwerfen der Blätter, deshalb stets mäßig feucht halten, aber Staunässe vermeiden. Alle 2 Jahre wird die junge Pflanze in normale Blumenerde umgetopft. Besprühen tut ihr als Bewohner feucht-warmer Gebiete gut. Gedüngt wird sie nur einmal monatlich im Sommer mit einer Blumenvolldüngerlösung.

VERMEHRUNG *Clusia* kann aus Kopfstecklingen vermehrt werden, die in feuchtwarmem Substrat rasch bewurzeln. Das Vermehrungssubstrat sollte sandhaltig sein.

Clusia rosea, Balsamapfel, Familie Guttiferae/Guttibaumgewächse.

Coccoloba uvifera Seetraube

Schon um 1690 wurde die Seetraube aus der Familie der Knöterichgewächse nach Europa gebracht, doch ist sie bis heute relativ selten geblieben. In ihrer Heimat ist sie eine weit verbreitete Nutzpflanze und wird ein riesiger Baum. Die Gattung umfaßt 150 Arten, unter denen es nicht nur Bäume, sondern auch Sträucher und Kletterpflanzen gibt. Obwohl sie aus der Familie der Knöterichgewächse stammt, hat *Coccoloba uvifera* mit unserem Knöterich wenig Ähnlichkeit. Sie wächst nur ebenso rasch.

Herkunft In Florida, auf den Bahamas, den Bermudas, in Westindien, in Mexiko, Mittel- und Südamerika ist *C. uvifera* zu Hause.
Pflanzengestalt Glatte, glänzende Blätter hat diese schnellwüchsige, große Pflanze. Die Blätter sind rundlich und werden 20 cm groß. In ihrer Heimat kann *C. uvifera* 10 m hoch werden.
Pflege Ganzjährig braucht diese Pflanze einen warmen Platz und viel Licht, aber keine direkte Sonne. Im Sommer muß reichlich gegossen werden, weil die großen Blätter viel Wasser verdunsten. Auch sollte man der Pflanze jede Woche eine Düngergabe verabreichen. Im Winter reicht es, wenn man sie einmal im Monat düngt. Als Substrat bevorzugt die Seetraube sehr nährstoffreiche Erde, der etwas Humus beigemischt wird. Umgetopft werden nur jüngere Exemplare jedes Jahr, ältere erhalten nur oberflächlich eine neue Erdschicht.
Für hohe Luftfeuchtigkeit sollte man besonders in der heizungstrockenen Zimmerluft durch Besprühen sorgen.
Vermehrung Stecklinge bewurzeln in bodenwarmem, feuchtem Substrat relativ leicht.

Codiaeum variegatum, Kroton, Familie Euphorbiaceae/Wolfsmilchgewächse (rechts).

Coccoloba uvifera, Seetraube, Familie Polygonaceae/Knöterichgewächse (unten).

Codiaeum Kroton, Wunderstrauch

Ausnahmen bestätigen die Regel, daß diese herrliche Pflanze nicht nur ein Hätschelkind für Liebhaber mit Tropenfenster ist. Immer wieder begegnet man Prachtexemplaren, die blühend und in makelloser Blätterschönheit auch im Zimmer ein Jahrzehnt und mehr hinter sich bringen.

Herkunft Heimat dieses tropischen Wolfsmilchgewächses sind Indien und der Malaiische Archipel, wo der Kroton in 14 Arten leuchtend buntbelaubter Bäume und Sträucher mehrere Meter hoch wird. Dort wurde der »Wunderstrauch« angeblich um 1860 von dem berühmten englischen Gärtner und Pflanzensammler John Gould Veitch entdeckt. Er brachte die schon damals in den Ursprungsgebieten und heute in vielen anderen tropischen Ländern als Zierpflanze geschätzte Neuheit mit nach Europa. Hier entstanden seither so viele Kreuzungen, daß man sie kaum mehr nach Sorten ordnen kann, sondern sich mit der Bezeichnung *Codiaeum variegatum* var. *pictum* begnügt.
Pflanzengestalt Immergrüne Sträucher mit Blättern unterschiedlichster, stets unsymmetrischer Form zwischen breit und schmal, auch korkenzieherartig gedreht, überwiegend drei- und vierfarbig in strahlenden Grün-, Rot-, Weiß-, Rosa-, Gelb- und Brauntönen, punktiert, geädert, marmoriert oder gefleckt. Die Blüte erscheint zu Beginn des Frühjahrs, sie ist unscheinbar.
Pflege Sommer wie Winter lichter Schatten ohne direkte Besonnung. Lichtmangel bewirkt Verblassen oder Vergrünen der bunten Blätter.
Gleichmäßige Luft- und Bodenwärme, im Winter 16 – 18° C: weniger bringt Unterkühlungsschäden mit Laubfall; mehr be-

wirkt statt Ruhezeit Weitertreiben und Ausbildung kleinerer, mangelhaft eingefärbter Blätter, die im Gesamtbild der Pflanze stören. Von März bis August ziemlich feucht halten, ab Herbst sparsamer gießen; ganzjährig vor Luft- und Ballentrockenheit hüten; dies gilt besonders bei einfacher Zimmerkultur ohne Tropenfenster. Trockene Heizungsluft bewirkt Laubfall und Verkahlen der unteren Stammteile. Bei gesundem Austrieb ohne wesentliche Blattverluste von März bis August wird wöchentlich einmal gedüngt.

Vermehrung Nur in Warmhauskultur.
Pflanzenschutz Pflegefehler bringen hartnäckigen Schildlausbefall; Rote Spinne und Thrips vor allem bei Lufttrockenheit im Winter.

Codonanthe crassifolia, Codonanthe, Familie Gesneriaceae/ Gesneriengewächse (rechts).

Codiaeum variegatum var. *pictum* (unten).

Codonanthe crassifolia Codonanthe

Der Gattung *Columnea* sehr ähnlich sieht diese rankende Pflanze. Sie sind ja beide miteinander verwandt, denn *Codonanthe* gehört auch zur Familie der Gesneriengewächse. Die Gattung umfaßt etwa 20 Arten, aber nur *C. crassifolia* hat sich als Zimmerpflanze bei uns durchgesetzt. Doch ist sie etwas heikel in ihren Ansprüchen und schwer zufriedenzustellen. Das macht sie aber wieder wett durch ein attraktives Äußeres.

Herkunft Im Osten Perus, in Brasilien, auf Guayana und in Trinidad wächst diese Pflanze wild.
Pflanzengestalt Die Blätter sind dunkelgrün, eiförmig, klein und gegenständig. Sie sind ledrig und fleischig. Die Pflanze bildet lange Triebe, die herabhängen. Die kleinen Blüten sind trompetenförmig, außen rötlich und innen weiß.

Pflege Im Sommer braucht die *Codonanthe* einen warmen und hellen Platz (nicht sonnig), sie sollte mäßig gegossen werden, staunende Nässe ist Gift für sie. Hohe Luftfeuchtigkeit ist aber die Grundvoraussetzung für ein gutes Gedeihen – da sie ja aus feuchtwarmen Regionen stammt. Deshalb häufig besprühen.

Im Winter kann die Pflanze kühler stehen, dann wird sie weniger gegossen. Bei kühlem Stand entwickelt sie ihre Blütenanlagen reichlicher und blüht im Folgejahr üppig.
Im Sommer wird sie alle 4 Wochen einmal gedüngt. Umgetopft wird die *Codonanthe* jedes Jahr im Frühling in normale Blumenerde, der etwas Sand beigemischt wird.
Vermehrung Man kann die Pflanze durch Kopfstecklinge vermehren, es müssen aber mindestens 3 Blattpaare an den Stecklingen sein. Das Substrat sollte warm und feucht gehalten werden, damit die Stecklinge erfolgreich bewurzeln.

Coffea arabica Kaffeebäumchen

Das Kaffeebäumchen gehört zu jener gar nicht kleinen Gruppe beachtlicher Zimmerpflanzen, die gewissermaßen nur von der Liebe ihrer Besitzer leben. Man kann diese reizende Pflanze zu stattlicher Höhe heranziehen. *Coffea* zählt zu den Krappgewächsen.

Herkunft Alte Weisheit: Der Kaffee und somit auch die Kaffeepflanze stammen aus Arabien. Von dort wurde sie des Nutzens und des Genusses wegen zunächst in die tropischen Anbaugebiete Afrikas gebracht, dann weiter auch in andere Erdteile. Die Gattung *Coffea* umfaßt rund 50 Arten von Sträuchern und kleinen Bäumen, die überwiegend im tropischen Afrika zu Hause sind. Wichtigste Art war seit eh und je *Coffea arabica.*
Pflanzengestalt Der Kaffeestrauch als tropische Freiland-Nutzpflanze wird bei etwas sparrigem Wuchs 2–5 m hoch. Die Pflanze besitzt waagrechte Seitenzweige und immergrüne, leicht gewellte, dunkelgrün-glänzende, gegenständige Blätter.
Die schneeweißen, duftenden schmal-sternförmigen Blüten erscheinen ab dem 3. Standjahr – bei der Zwergform früher – stets zu mehreren aus den Blattachseln. Blütezeit: Sommer bis Spätsommer.
Pflege Standort ganzjährig im Zimmer, halbschattig, keine Prallsonne, wenn es geht. Im Winter sollte man *Coffea* etwas heller stellen. Wachstums- und Blütezeit März/April bis August/September. Während dieser Zeit etwas Luftfeuchtigkeit erwünscht, daher öfter sprühen. Ruhezeit von Oktober bis Februar bei mäßiger Wärme (15–20° C), wobei ein Absinken der Bodenwärme unter 16–18° C schlechter vertragen wird als fehlende Luftwärme. Beim Gießen (im Sommer reichlich) sollte man nur enthärtetes Wasser verwenden. Im Winter je nach Raumtemperatur etwas sparsamer mit dem Wasser umgehen, allerdings sollte unbedingt Ballentrockenheit vermieden werden! Ein Sprühen in der Austriebszeit ist empfehlenswert.
Gedüngt wird von April bis August alle 1–2 Wochen mit einer kalkarmen Volldüngerlösung zum Ausreifen des Holzes, dann das Düngen langsam einstellen.
Umgetopft wird nach Bedarf im zeitigen Frühjahr in kalkfreie Erde.
Vermehrung Eigene Anzucht aus nur ganz frischen Samenkernen schafft beste Voraussetzungen auch für einfache Zimmerkultur. Rote Beerenfrüchte aus Luftfracht-Importen im Exotenhandel gewährleisten Keimfähigkeit; ebenso voll ausgereifte Kaffeebohnen aus Warmhauskultur; »Selbstgezogenes« ist oft nicht keimfähig. Kerne im Frühjahr zu zweit oder dritt in Saatschalen mit feuchtem Sand legen, bei 24–26° C Bodenwärme zum Keimen bringen.
Pflanzenschutz Schildläuse im Winter können sehr lästig werden.

Coffea arabica, Kaffeebäumchen, Familie Rubiaceae/Krappgewächse.

Coleus-Blumei-Hybriden, Buntnessel, Familie Labiatae/Lippenblütler.

Coleus-Blumei-Hybriden Buntnessel

Die Pracht seiner bunten Blätter ist kaum zu beschreiben. Der *Coleus* ist eine einfache Marktpflanze und zum »preiswerten Vergnügen« geschaffen. Er ist eine der dankbarsten und robustesten Zimmerpflanzen aus der Familie der Lippenblütler, wobei seine kleinen Blüten hinter der Herrlichkeit seiner Blätter zurückstehen müssen.

Herkunft Über 200 Arten von Kräutern und Halbsträuchern gibt es im tropischen Asien ebenso wie in den Tropen Afrikas.

Pflanzengestalt Die herrlich belaubten Blattpflanzen faßt man unter dem Namen *Coleus-Blumei*-Hybriden zusammen, sie sind je nach Sorte 30–60 cm hoch, haben kantige, am Grund verholzende Stengel und länglich-eirunde, spitz zulaufende, gezähnte Blätter von sortenverschiedener Größe und Farbigkeit. Sommerblüte unerheblich. Blütenansätze am besten gleich auskneifen. Die Pflanzen sind an sich mehrjährig, doch ist die Weiterkultur kaum lohnend.
Coleus-Blumei-Hybriden kauft man im Frühjahr als fertige Topfpflanzen im Handel. Sie sind dann kräftig im Wuchs, buschig in der Form und leuchtend im Farbenspiel ihrer Belaubung, aber auch sehr frostempfindlich, daher zur Verwendung als Balkon- und Gartenpflanzen erst nach Maimitte ins Freie bringen.

Pflege Intensive Blattfärbung nur bei viel Licht, deshalb hellsten Platz im Raum geben; am Südfenster bei Mittagshitze etwas schattieren. Zu wenig Licht bewirkt Farblosigkeit und Vergrünen der Blätter. Zur Überwinterung ebenfalls sehr hell und warm stellen; dadurch ist aber die Gefahr des Schädlingsbefalls groß. Überwinterte Pflanzen sind auch meist schon sperrig im Wuchs und unten herum verkahlt, so daß Weiterpflege im allgemeinen nicht lohnt. Besser: im Herbst wegwerfen, im Frühjahr wieder Jungpflanzen kaufen.
Die Buntnessel möchte enthärtetes Wasser, im Sommer reichlich, im Winter etwas weniger gießen. Gedüngt wird ebenfalls mit einem kalkfreien Spezialdünger über Sommer alle 2 Wochen einmal.

Vermehrung Ist im allgemeinen nicht üblich, an sich jedoch einfach. Krautige Kopfstecklinge bewurzeln in Saatschalen oder kleinsten Töpfen mit feuchtgehaltener Anzuchterde innerhalb weniger Tage. Auch Wurzelziehen im wassergefüllten dunklen Fläschchen gelingt ohne weiteres. Beste Zeit: Frühjahr bis Sommermitte. Die Jungpflanzen werden ein- bis zweimal umgesetzt und zur Erzielung eines buschigen Wuchses zurückgestutzt. Das Überwintern solcher Jungpflanzen lohnt sich, da sie noch nicht sperrig werden.

Coprosma x kirkii Koprosma

Diese rundblättrige Pflanze aus der Familie der Krappgewächse hat eine Eigenart: Beim Zerreiben geben die Blätter einen unangenehmen Geruch ab. Dennoch ist sie eine dekorative Blattpflanze und leicht zu halten. Diese besonders bekannte Art ist eine Kreuzung aus *Coprosma acerosa* und *C. repens*.

Herkunft Die Koprosma kommt aus Neuseeland.

Pflanzengestalt Die immergrüne Pflanze wächst kriechend und ist daher als Bodendecker geeignet. Die Blätter sind dick eiförmig und glänzend. Die buntblättrigen Formen sind von großer Attraktivität. Die Blüten bleiben klein, grünlich und unscheinbar.

Pflege Buntblättrige Arten und Sorten sind etwas empfindlicher als die grünen. Aber bei etwas Sorgfalt gedeihen auch diese prächtig. *Coprosma* möchte einen hellen bis halbschattigen Platz, auf keinen Fall direkte Sonneneinstrahlung. Im Sommer wird nur wenig gegossen. Man sollte stets erst warten, bis die Erdoberfläche völlig abgetrocknet ist und dann durchdringend gießen. Das überschüssige Wasser wird dann aus dem Untersatz oder aus dem Übertopf entfernt. Von Mai bis August bekommt die Koprosma eine wöchentliche schwache Düngergabe. Über Winter wird sie,

wenn möglich, kühler gestellt. Es reichen 5–10° C. Dann darf sie nur noch befeuchtet werden. Auch dieser Winterplatz sollte sehr hell sein, weil sich sonst schwache Triebe bilden. Man kann die Pflanze auch ganzjährig im warmen Zimmer halten und dann auch regelmäßig weitergießen, muß aber mit dem Befall durch Schildläuse rechnen.

Umgetopft werden junge Pflanzen jedes Jahr im Frühling in frische normale Blumenerde. Ältere Exemplare topft man nur alle 2–3 Jahre um. Ein häufiges Stutzen bewirkt ein besseres Verzweigen der Pflanze.

Vermehrung Die Kopfstecklinge werden in feuchte Erde gesteckt und bei etwa 20–25° C Bodenwärme zum Bewurzeln gebracht.

Cordyline Keulenlilie

Früher war sie ein Liliengewächs. Aber beim letzten großen Aufräumen der Nomenklatur-Kommission wurde sie der neu gegründeten Familie der Agavengewächse zugeordnet. Sie ist von großer Attraktivität und kann auch im Zimmer zu einer stattlichen Pflanze heranwachsen.

Herkunft Es gibt etwa 20 Arten, die überwiegend aus Indien und dem australischen Raum stammen.

Pflanzengestalt Es gibt tropische und halbtropische Bäume, Sträucher und Halbsträucher, von denen manche in ihren Heimatländern 12–15 m hoch werden, während stammlose Arten als Büsche kaum Mannshöhe erreichen. Zu unterscheiden ist auch zwischen Arten mit ungestielten riemenförmigen, oft schwertförmig zugespitzten Blättern und anderen, deren gestieltes Laub nicht nur breiter, sondern auch deutlich geädert ist. Alle blühen mehr oder weniger auffallend erst im höheren Alter.

Alle Cordylinen haben weiße Wurzeln mit keulenförmigen Speicherknollen (daher der Name »Keulenlilie«).

Cordyline australis, die Australische Keulenlilie, und *C. stricta,* die Straffblättrige Keulenlilie, sind Kalthauspflanzen mit grünen oder stark veränderlichen bunten Blättern. Ältere Exemplare von *C. australis* werden so groß, daß sie nur noch für hohe, weite Räume in Frage kommen. *C. stricta* bleibt kleiner.

C. fruticosa nebst ihren vielen Sorten sind Warmhauspflanzen. Nur die rotblättrigen Formen eignen sich für Zimmerkultur.

Pflege Cordylinen möchten hell, aber nicht sonnig stehen. Sie brauchen das ganze Jahr über einen warmen Platz bei hoher

Coprosma x *kirkii,* Koprosma, Familie Rubiaceae/Krappgewächse (links).

Cordyline fruticosa 'Prinz Albert', Keulenlilie, Familie Agavaceae/Agavengewächse (unten).

Cordyline stricta.

Luftfeuchtigkeit. Lediglich *C. indivisa* und *C. australis* kann man ohne Bedenken der vollen Sonne aussetzen und im Winter bei nur 8° C überwintern. Von März bis August alle 14 Tage schwach düngen. Nicht zu viel gießen!
Vermehrung Cordylinen lassen sich durch Kopfstecklinge vermehren, auch durch Stammteilstücke mit mindestens 3 Blattnarben.

Corynocarpus laevigatus
Neuseeland-Lorbeer, Karakabaum

An Lorbeer erinnert diese schöne immergrüne Dekorationspflanze ganz sicherlich. Die glänzend grünen Blätter machen die seltene Blattschmuckpflanze zu einer Augenweide. Sie ist gar nicht so problematisch in der Pflege. Zum Blühen und Samenbilden kommt sie unter unseren Bedingungen nicht. Deshalb braucht man auch keine Bedenken zu haben, denn die länglichen orangefarbenen Früchte enthalten stark giftigen Samen.

Herkunft Aus Neuseeland kommt diese Gattung, die man auch Karakabaum nennt.

Pflanzengestalt Der Neuseeland-Lorbeer wächst als Strauch und ist nicht nur dem Lorbeer, sondern auch dem Gummibaum ähnlich. Seine Blätter stehen auf dichten Zweigen, die von einer Hauptsproßachse seitwärts nach oben streben.
Pflege Das ganze Jahr über braucht *Corynocarpus* einen hellen Platz. Im Winter reichen Temperaturen von 5–10° C, dann sollte er allerdings auch weniger gegossen werden. Im Sommer braucht man es auch nicht mit dem Gießen zu übertreiben, gerade mäßig feucht genügt vollkommen. Auch ist es für das Kräftigen der Pflanze günstig, wenn man sie im Sommer an einen geschützten Platz ins Freie stellen kann.
Alle 1–2 Jahre topft man die Pflanze in normale Blumenerde, der etwas Lehm beigemischt wird, um.
Gedüngt wird im Sommer einmal monatlich mit einem Volldünger.
Vermehrung Der Neuseeland-Lorbeer kann aus Kopfstecklingen, die man im späten Frühjahr schneidet, vermehrt werden.

Corynocarpus laevigatus, Neuseeland-Lorbeer, Familie Corynocarpaceae/ Karakabaumgewächse (unten).

Cryptanthus Versteckblüte, Erdstern

Als besonders reizende Vertreter der Bromelien- oder Ananasgewächse spielen die größeren und kleineren Rosettenpflanzen der Gattung *Cryptanthus* meist auf Epiphytenbäumen eine Rolle. An sich sind sie aber Erdbromelien, die am Boden leben und deshalb in flachen Schalen oder Töpfen bestens gedeihen.

Herkunft Aus den Trockenwäldern Brasiliens kommt diese reizvolle Bromeliengattung. In gärtnerischer Kultur sind rund ein Dutzend Arten, die alle aus Südamerika stammen und teilweise zu sehr schönen Sorten mit herrlich gezeichneten bunten Blättern weiterentwickelt wurden.
Der *Cryptanthus* ist keine Pflanze des tropischen Regenwaldes, sondern ein Bodendecker weiter Trockengebiete, die nur mit niedrigen Gehölzen bestanden sind, wie es in Ostbrasilien der Fall ist. Das bedingt eine gewisse Lebenshärte, die dem Blumenfreund seinen Umgang mit den anpassungsfähigen Sonderlingen erleichtert. Auf hohe Blütenschönheit darf er freilich nicht warten. Was da zwischen den bunten Blättern erscheint, ist eben unscheinbar und »versteckt«.

Pflanzengestalt Rosettenförmige, flache Bromelie mit leicht gewellten, vielfach verfärbten Blättern: *C. beuckeri; C. bivittatus:* entzückende Kleinform; *C. bromelioides:* nur als Zuchtform 'Tricolor' mit grün-weiß gestreiften, rot überlaufenden Blättern bekannt; *C. fosterianus; C. zonatus* mit herrlichen Sorten wie 'Lubbersianus', 'Mirabilis', 'Osyanus', 'Silberlila'.

Pflege Bei Erdkultur heller Standort ohne pralle Sonne; sehr lockere, möglichst mit etwas Sphagnum vermischte Humuserde. Bei Verwendung als Epiphyten wie andere Baumbromelien, z.B. *Aechmea* und *Tillandsia,* behandeln. Wintertemperatur für die Buntblättrigen 20–22° C; Einfarbige etwas weniger. Sparsam gießen; keine Düngung. In der Wachstums- und Blütezeit (meist März bis August) normal gießen, dabei den Boden gleichmäßig feucht halten. Düngung am besten durch gelegentliches Sprühen mit einem Flüssigdünger in schwacher Lösung. Gilt auch für die epiphytischen *Cryptanthus.*

Vermehrung Durch Kindel, die in den Achseln der Rosettenblätter entstehen und sich ausgereift von selbst loslösen. In flachen Gefäßen kultivieren!

Ctenanthe oppenheimiana, Ctenanthe, Familie Marantaceae/Pfeilwurzgewächse.

Ctenanthe Ctenanthe

Wer kennt schon diese Pflanze, deren Name so fremd und vertraut zugleich klingt? Der Gattungsbegriff *Ctenanthe* kommt aus dem Griechischen und heißt – nach ihrer unsymmetrischen Form – soviel wie »Kammblüte«. Sie ist ein Marantengewächs, was unschwer zu erkennen ist.

Herkunft Die *Ctenanthe* ist mit etwa 20 Arten in Brasilien zu Hause. Knapp ein halbes Dutzend davon kann man in botanischen Sammlungen finden. Als Topfpflanzen haben sich die Arten *Ctenanthe oppenheimiana* und *C. lubbersiana* bewährt.

Pflanzengestalt Ctenanthen sind besondere Blattschönheiten und bilden bis zu 40 cm lange Blätter, die oberseits gefleckt sind. Die Blattunterseiten und Blattstiele sind dunkelrot gefärbt. Ihre Ausfärbung ist in Streifenform meist gelb, auch silbern auf grünem Grund.
Wenn Sie einer bis meterhohen »Marante« mit dunkelgrünen, längs der Blattnerven silberweiß gestreiften und unterseits purpurroten Blättern begegnen: das ist sie, *C. oppenheimiana.*
Die Zuchtform 'Variegata' hat noch buschiger beisammenstehende, 30–40 cm lange Blätter in noch leuchtenderen Farben. Die kleine, seltsame Anschwellung zwischen Blatt und Stiel ist eine Art von Gelenk.

Cryptanthus bromelioides 'Tricolor', Versteckblüte, Familie Bromeliaceae/Ananasgewächse.

Pflege Soviel Schönheit ist unabdingbar an ein Tropenfenster gebunden. Temperatur und hohe Luftfeuchtigkeit müssen je nach der Jahreszeit genau geregelt sein. Gießen und Sprühen nur mit voll enthärtetem Wasser im Rhythmus mit den übrigen Anwohnern des Fensters. Flüssigdünger nur während der Wachstumszeit alle 2 Wochen verabreichen.
Vermehrung Durch Teilen zu groß gewordener Stöcke, am besten im Frühjahr.

Cupressus macrocarpa, Zimmerzypresse, Familie Cupressaceae/Zypressengewächse (rechts).

Ctenanthe lubbersiana 'Variegata' (unten).

Cupressus macrocarpa
Zimmerzypresse

Aus der Familie der Zypressengewächse stammt die Zimmerzypresse, die der Freilandzypresse sehr ähnlich sieht. Der deutsche Pflanzensammler Karl Theodor Hartweg (1812–1871) sammelte für die Royal Horticultural Society London Pflanzen und benannte und beschrieb dabei auch *Cupressus macrocarpa*.

Herkunft Aus Kalifornien kommt diese Zimmerpflanze.
Pflanzengestalt Die feine Benadelung ist hellgrün und dicht. Die Sorte 'Goldcrest' hat einen goldenen Schimmer.

Pflege Die Zimmerzypresse wächst sehr rasch und wird erstaunlich schnell groß. Man kann sie daher beliebig stutzen und in Form bringen. Im Zimmer möchte sie einen hellen Platz,

Cycas revoluta Palmfarn

Palme oder Farn: Darüber braucht man nicht zu streiten, denn beides stimmt nicht. Die *Cycas* ist eine der ältesten Pflanzen unserer Erde, denn schon vor 200 Millionen Jahren, im Mesozoikum, gab es Palmfarne. Als Zimmerpflanze erlebt die *Cycas* gerade jetzt ein Comeback, denn bereits vor 100 Jahren schätzte man ihr überaus attraktives und elegantes Äußeres bei der Gestaltung temperierter Wintergärten.

Herkunft Die *Cycas revoluta* kommt aus Japan und Südostasien. Dort steht sie unter Artenschutz, weil sie inzwischen vom Aussterben bedroht ist.

Pflanzengestalt Die langen, dunkelgrünen Wedel mit sehr gleichmäßig gegenüberstehenden Fiedern bilden um den anfangs an eine Ananas erinnernden, knollenähnlichen Stamm einen Kranz. Im sanften Schwung beugen sich die sehr gleichmäßigen Fiedern nach außen. Nur alle 1–3 Jahre bildet sich ein neuer Kranz, wobei abwechselnd Laubblätter und Fruchtblätter entstehen.

Pflege Vor zu starker Verdunstung schützt sich die *Cycas* mit einer Wachsschicht, die man nicht durch eifriges Abwischen zerstören darf. Bei Staub einfach die Wedel überbrausen. Deshalb verträgt die *Cycas* auch relativ gut trockene Zimmerluft. Auch Sonne übersteht sie eigentlich ohne Probleme, doch ein heller bis halbschattiger Platz ist geeigneter als pralle Sonne auf Dauer. Im Winter kann die *Cycas* kühler stehen, etwa bei 15° C, darf dann aber nicht so viel gegossen werden. Im Sommer braucht sie reichlich Wasser, nur stauende Nässe verträgt sie gar nicht. Allerdings macht es ihr nichts aus, wenn man sie einige Tage nicht gießt. Alle 2 Wochen bekommt die Pflanze im Sommer eine Düngergabe. Als Substrat verwendet man normale Blumenerde, der man etwas stark verrotteten Stallmist (wenn vorhanden) und etwas Sand beimischt.

Vermehrung *Cycas* wird durch Samen vermehrt.

Cycas revoluta, Palmfarn, Familie Cycadaceae/Palmfarngewächse.

auch im Halbschatten gedeiht sie noch vorzüglich. Warme Sommertemperaturen und kühle Winter (um 10° C) sind das Beste. Die Zimmerzypresse möchte keine stauende Nässe, darf aber auch nicht längere Zeit trocken stehen. Im Winter wird sie nur wenig gegossen. Im Sommer hat sie einen erstaunlich großen Nährstoffbedarf, den sie uns mit üppigem Wachstum beantwortet. Man sollte ihr daher allwöchentlich eine Düngergabe verabreichen. Auch wird sie in jedem Frühjahr umgetopft.

Vermehrung Man kann die Zypresse durch Kopfstecklinge bei viel Bodenwärme vermehren; es ist aber nicht immer von Erfolg gekrönt.

Cyperus gracilis, Zypergras, Familie Cyperaceae/Riedgräser.

Cyperus Zypergras

Es ist eine Allerweltspflanze, aber auch in aller Welt zu Hause und in aller Welt beliebt: das Zypergras aus der Familie der Ried- oder Sauergräser, die genau 10 Mitglieder hat. Bis zum Papyrus der Ägypter reicht die Ahnenreihe, und was man gern im Fenster sieht, gedeiht willig auch im Aquarium.

Herkunft *Cyperus*, das Zypergras, ist eine von den rund 600 Arten, die als Sumpf- und Uferpflanzen in vielen tropischen, subtropischen und gemäßigten Gegenden der Erde vorkommen. Es siedelt vor allem in Sumpfgebieten auf Madagaskar. Um so erstaunlicher erscheint die keineswegs an tropische und subtropische Lebensbedingungen gebundene Widerstandsfähigkeit.

Pflanzengestalt Die Blätterkrone steht auf schlanken Halmen oft hoch über den schwertförmig zugespitzten Grundblättern. Solcher ungewöhnlichen Form wegen wird das Zypergras wohl in der gesamten englischsprechenden Welt bis hinunter nach Australien 'Umbrella plant' – »Regenschirmpflanze« – genannt.
C. involucratus wird über 1 m hoch und besitzt feinrinnig gestreifte Halme, an deren Ende ein dichter Schopf aus 25 cm langen Blättern sitzt. *C. gracilis*, das Zwergzypergras wird nur 30 cm hoch. *C. albostriatus* wird mit seinen breiteren Blättern kleiner und verträgt als einziges Zypergras keinen nassen Fuß. *C. papyrus* ist die echte Papyruspflanze und besitzt ein exotisches Flair. Sie erreicht eine Höhe von mehr als 2 m und bildet einen eleganten Schopf locker herabhängender, fadenförmiger Blätter.
Eine gelegentlich im Handel angebotene weißbunte Zuchtform 'Variegatus' gleicht in ihrem Erscheinungsbild der grünblättrigen Grundart, sieht zunächst natürlich noch hübscher aus, soll aber leider – vor allem bei guter Pflege – allmählich wieder vergrünen.

Pflege Hier gilt es, nur eine Grundregel zu beachten: Als Sumpfpflanze ist *Cyperus* im Unterschied zu allen »normalen« Zimmerpflanzen darauf angewiesen, stets einen nassen Fuß zu haben – mit anderen Worten: Es braucht genau das, was wir sonst verdammen, nämlich als Topfgewächs den ständig mit Wasser gefüllten Untersetzer oder ein für noch größere Wasservorräte geeignetes, flaches Gefäß. Beim Einstellen in ein Aquarium oder ins Freilandbecken empfiehlt sich die Errichtung einer kleinen Anhöhe. Denn der Topf, dessen Erdoberfläche zuvor etwa fingerhoch mit grobem Sand oder flachen Kieselsteinen abzudecken ist, soll nur gerade vom Wasser überspült werden.
Beim Übersommern im Garten hat dies außerdem den Vorteil, daß die Entnahme zum Überwintern am frostgeschützten, vor Unterkühlungsschäden gesicherten Ort wesentlich einfacher ist. Unterste Grenze der Überwinterungstemperatur 10–20° C. Mäßige Helligkeit genügt. Wasser im Untersatz nicht vergessen!
Im übrigen reicht die Wärmeverträglichkeit ganzjährig bis 25° C, so daß auch Überwintern im vollbeheizten Wohnraum möglich ist.

Cyperus alopecuroides (links) und *C. papyrus* (rechts).

Allerdings ist während der Ruhezeit von Oktober bis Februar eine niedrigere Temperatur bekömmlicher. Die Blüte erscheint vom Frühjahr bis Frühsommer, auch später. Bei Topfkultur wird von April bis August einmal wöchentlich gedüngt. Bei Haltung in Aquarium und Freilandbecken nur nach den Regeln der Wasserpflanzendüngung. Übliche Nährsalze sind gefährlich! Umgetopft wird nach Bedarf in nährstoffreiche, gut durchlässige Erde.
Vermehrung Abschneiden der »Regenschirme« nach der Blüte mit 5 cm langem Stiel, dabei Blätter um die Hälfte einkürzen und umgekehrt (der Vegetationspunkt befindet sich in Blattrosettenmitte!) in gleichmäßig 15–18° C warmes Wasser legen, nach Bewurzelung eintopfen; oder sogleich in sandige Anzuchterde stecken, naß halten. Außerdem Vermehrung durch Teilen großer Stöcke oder aus Samen (langwierig).
Pflanzenschutz Bei zu warmem Stand und zu trockener Luft im Winter gelegentlich Befall mit Blatt- und Schmierläusen. Braune Blattspitzen kommen vom ständigen Stehen in zu hartem oder zu saurem Wasser und Boden.

Darlingtonia californica Kobrapflanze

Diese reizvolle Pflanze aus der Familie der Schlauchpflanzengewächse ist die einzige Art ihrer Gattung und sehr ungewöhnlich im Aussehen. Die *Darlingtonia* gehört zu den geschützten Arten nach dem Washingtoner Artenschutzübereinkommen.

Herkunft *Darlingtonia* hat in Nordamerika ein kleines Verbreitungsgebiet zwischen den Staaten Kalifornien und Oregon.
Pflanzengestalt Diese Gattung kommt auf feuchten Wiesen vor und entwickelt Blattschläuche, die fast 1 m lang werden. Der Eingang der umgewandelten Blätter weist nach außen. Die Schlauchöffnung ist von einer Kuppel überdacht. Die Innenseite des Helmes ist zeitweise chlorophyllos, so daß man den Eindruck von lichtdurchfluteten Fenstern hat. Durch die hellen Flecken werden Insekten angelockt. Die glatte Innenseite bewirkt dann ein Abrutschen der Insekten. Die Blüten sind unscheinbar, erreichen aber oft einen Durchmesser von etwa 6 cm.

Darlingtonia californica, Kobrapflanze, Familie Sarraceniaceae/ Schlauchpflanzengewächse.

Pflege Die *Darlingtonia* möchte einen feuchten, halbschattigen Platz. Direkte Sonne schadet ihr mehr als fehlendes Licht. Als Gießwasser sollte man unbedingt enthärtetes, kalkfreies Wasser verwenden. Gedüngt wird die *Darlingtonia* so gut wie gar nicht. Beim Umsetzen wird Azaleenspezialerde verwendet. Wichtig ist auch eine hohe Luftfeuchtigkeit. *Darlingtonia* braucht nicht zu warm zu stehen, es reichen Temperaturen um 18° C. Ältere Pflanzen machen im Winter eine Ruheperiode durch, dann stehen sie hell bei 6 – 10° C und werden nur wenig gegossen.
Vermehrung *Darlingtonia* wird durch Aussaat vermehrt, die Samenkörner keimen nur bei Licht, deshalb nicht mit Erde bedecken. Junge Pflanzen machen keine Ruheperiode durch, sie sollen stets bei 16–18° C gehalten werden.

Dieffenbachia bowmannii, 'Compacta', Dieffenbachie, Familie Araceae/Aronstabgewächse (rechts).

Dieffenbachia Dieffenbachie

Auf der Weltrangliste beliebter Blattpflanzen steht sie ganz weit oben. Man kultiviert seit etwa 100 Jahren rund 2 Dutzend Arten und immer neue, noch schöner belaubte Zuchtformen. Gerade in jüngster Zeit hat sich mit diesem Aronstabgewächs aus dem tropischen Amerika ein gewaltiger Wandel vollzogen.

Herkunft Diese artenreiche Gattung kommt aus den tropischen Wäldern Mittel- und Südamerikas.
Pflanzengestalt Die attraktive Zimmerpflanze mit den herrlichen Riesenblättern, die meist gesprenkelt oder weißlich, gelblich gefleckt sind, ist in allen Pflanzenteilen giftig.
Die vor allem in England und in den USA entwickelten neuen Sorten sind mit den »unten herum« häufig unschön verkahlten, der einfachen Zimmerkultur abholden Senioren oft beträchtlicher Höhe nicht mehr zu vergleichen. Nicht nur, daß sie bereitwillig auf klimatisierte Räume oder gar Warmhauskultur verzichten und sich – vor allem in Hydrokultur – selbst während der Wintermonate mit normal sorgsamer Zimmerpflege abfinden. Sie haben auch eine neue Eigenschaft gewonnen, die ihren Besitzern freilich nur bedingt Freude macht: Es ist eine oft schon im zweiten, dritten Standjahr einsetzende, früher kaum je beobachtete Blühwilligkeit. Leider ist diese an sich begrüßenswerte Neigung – wie bei manchen anderen Araceen auch – von sofortigem Einstellen des Blätterwachstums begleitet. Sobald die Knospenbildung der an sich unscheinbaren, nur einen

Dieffenbachia maculata (oben) und *D. seguine* 'Nobilis'(unten).

Tag geöffneten typischen Aronstabblüte beginnt, wird das Laub einfach »mickrig« und bleibt so, bis die Fruchtreife abgeschlossen ist. Man tut also nur gut daran, jeden Austrieb der leicht erkennbaren Blütenstände sofort tief unten auszubrechen.

Am häufigsten werden *D. maculata* und *D. seguine* nebst ihren zahlreichen Kulturformen angeboten. Weite Verbreitung hat auch *D. x bausei* mit gelbgrünen, dunkelgrün und weiß gefleckten Blättern. Weltruf haben unter anderem die Züchtungen 'Janet Weidner', 'Mary Weidner' und 'Rudolph Roers'. Die größte Art, deren tiefgrüne Blätter mit hellgrünen Flecken bis 75 cm lang werden, ist *D. bowmannii.* Am schwächsten wächst die reizende *D. maculata* 'Jenmannii' mit schmalen, nur bis 8 cm breiten, grünen Blättern, die von weißen Bändern zwischen den Seitenadern durchzogen sind. Grünblättrig, dafür noch im tiefsten Schatten gedeihend: *D. humilis.*

PFLEGE Standort lichter Schatten, keine direkte Besonnung. Ab Austriebsbeginn im März und über Sommer sehr warm und luftfeucht halten, durch reichliches Gießen mit enthärtetem, zimmerwarmem Wasser für gleichmäßige Bodenfeuchtigkeit sorgen – Ballentrockenheit bringt braune Blattränder und Dauerschäden. In Zimmerkultur häufig sprühen. Ab

Dionaea muscipula, Venusfliegenfalle, Familie Droseraceae/Sonnentaugewächse.

Austriebsbeginn bis August wöchentlich düngen, kalkarme Volldünger oder organische Düngerzubereitungen – auch Flüssigkonzentrate der Hydrokultur – bevorzugen.
Winterpflege am gleichen Standort, Durchschnittstemperatur von 15° C (18° C Bodenwärme) nicht unterschreiten, Zugluft vermeiden. Von September bis Februar eine Art von Ruhezeit ohne Düngung und mit etwas sparsamerem Gießen einlegen, damit in der lichtarmen Zeit kein ungenügender Blattaustrieb stattfindet, denn sonst werden die Blätter unweigerlich klein und sind in der Musterung nicht ausgeprägt. Bei Zimmerkultur Lufttrockenheit durch Sprühen mildern, Blätter zum Entstauben gelegentlich lauwarm abwaschen.
Junge wie ältere Pflanzen werden jährlich im Frühjahr umgetopft. Pflanzgefäße nur wenig größer wählen. Erdmischung soll nahrhaft, dabei grob und brockig sein.
Vermehrung Sollte eine alte Pflanze doch untere Blätter verloren haben, kann man sie durch Rückschnitt des Stammes bis auf etwa 10 cm über Topfhöhe verjüngen. Ist die Pflanze noch gesund, so treibt der Stumpf wieder aus. Etwas Geduld ist dafür vonnöten. Den abgeschnittenen Kopf (Triebspitze mit 3 Blättern genügt) kann man als Kopfsteckling verwenden. Auch fingerlange Stammstücke mit Triebknospe (in früherer Blattachsel undeutlich erkennbar) können – waagrecht in den Topf eingelegt und leicht mit Erde bedeckt – zu neuen Pflanzen werden. Doch gelingt dies alles nur bei hoher Bodenwärme (24 – 26° C) und gleichmäßiger Bodenfeuchtigkeit.

Dionaea muscipula Venusfliegenfalle

Sie ist wohl die bekannteste unter den insektenfangenden Pflanzen. An den Innenseiten der zu Fallen umgebildeten Blätter trägt sie kleine Fühlborsten. Bei Berührung dieser Sinneshaare klappen die Blätter blitzschnell zusammen, dabei werden die Insekten regelrecht zerquetscht. Durch chemische Reaktionen wird das Insekt »verdaut« und entsprechender Saft tritt aus. Nach 3 solchen Mahlzeiten stirbt das Blatt ab.

Herkunft Aus den Küstenregionen von North Carolina kommt die Venusfliegenfalle.
Pflanzengestalt *Dionaea* ist eine kleinbleibende Pflanze, auf deren emporstrebenden, hellgrünen, oberseits breiter werdenden Sprossen die außen grün und innen rot angehauchten Klappblätter sitzen. Die Fühlborsten sind gelblich gefärbt. Im Frühjahr bildet die Venusfliegenfalle weißliche Blüten an kräftigen Stielen – auf sie kommt es uns aber weniger an.
Pflege Vor allem sollte die Pflanze einen hellen Platz bekommen, da sie sonst nur kleine Fangblätter ausbildet und auch die schöne rote Innenfärbung verliert. Um für ausreichende Luftfeuchtigkeit zu sorgen, kann man die kleinen Töpfe in ein nach oben offenes Glas in eine Schicht Kies, Blähton oder Hydrokorn versenken. Wärme benötigt diese Pflanze nicht so viel, im Winter reichen ihr 10° C. Das Substrat wird dann nur wenig feucht gehalten. Gegossen wird nur mit kalkfreiem Wasser. Düngen braucht man überhaupt nicht, weil die Venusfliegenfalle sehr genügsam ist. Auch braucht man sie nicht mit Insekten zu füttern. Umgetopft wird alljährlich in sandreiche Kakteenerde.
Vermehrung Mit einem Pinsel kann man die Blüten bestäuben und Samen gewinnen. Dieser wird dann ausgesät. Im Frühsommer kann man *Dionaea* auch durch Blattstecklinge vermehren.

Dioscorea elephantipes
Yamswurz, Elefantenfuß, Schildkrötenpflanze

Diese eigenartige Pflanze ist ein Exot unter den Zimmerpflanzen. In der Familie der Yamswurzgewächse gibt es eine Fülle von Nutzpflanzen, da die unterirdischen Knollen viel Stärke enthalten. Früher zählte die *Dioscorea* zur Gattung *Testudinaria*.

Herkunft *Dioscorea* kommt aus Südafrika.
Pflanzengestalt Der Stamm ist das Besondere an dieser Pflanze, er hat die Form einer dick verholzten Knolle mit wabenartigem Korkmantel. Aus ihm entspringen zarte Triebe mit pfeilförmigen grünen Blättern. Die Sprosse brauchen eine Kletterhilfe, weil sie sonst herabhängen und so die attraktive Knolle verdecken würden.
Pflege Viel Licht ist das Wichtigste, am besten gedeiht die Pflanze am sonnigen Südfenster. Das ganze Jahr über steht der Elefantenfuß warm, auch im Winter darf die Temperatur nicht unter 18° C abfallen. Ruhezeit ist bei *Dioscorea* der Sommer. Dann darf die Pflanze nur ganz wenig Wasser bekommen, gerade soviel, daß die Erde nicht austrocknet.

Ende Juli setzt man die Pflanze in frische Kakteenerde um, bei älteren Exemplaren aber nur etwa alle 3 Jahre. Danach treibt sie wieder neu aus und wird wieder reichlicher gegossen. Alle 3 Wochen einmal verabreicht man nun eine Kakteendüngergabe. Sobald die Blätter im kommenden Frühjahr welken, beginnt die nächste Ruhezeit.
Vermehrung Die *Dioscorea* wird aus Samen herangezogen, sie braucht 25° C Bodentemperatur zum Keimen.

Dioscorea elephantipes, Yamswurz, Familie Dioscoreaceae/ Yamsgewächse (links).

Dracaena fragrans, Drazäne, Familie Agavaceae/Agavengewächse (rechts).

Dracaena Drazäne, Drachenlilie

In einer Gartenzeitschrift des Jahrgangs 1901 wird berichtet, daß man eine Blumenfreundin nach der besten Blattpflanze für Zimmerkultur befragte. Sie sagte dazu: »Ich nenne vorbehaltlos die Drazäne. Anspruchslos wie *Aspidistra*, elegant im Aussehen, frei von Ungeziefer. Meine *Dracaena fragrans* ist jetzt 17 Jahre alt...«

Herkunft Die Gattung *Dracaena* umfaßt rund 20 Arten in den Tropen und Subtropen von den Kanarischen Inseln über Afrika und Asien bis zu der großen Inselbrücke nach Australien.

Pflanzengestalt Bäume der stammbildenden Formen im Heimatgebiet werden viele Meter hoch; keine Ausläuferbildung. Die Blätter sind lanzettlich bis säbelartig, je nach Art steif aufrecht, schilfartig oder in schöner Neigung überhängend, grün oder von Natur oder durch Züchtungen buntblättrig; auch Arten mit »normalen« Blättern an dicht verzweigten Sträuchern. Häufig wird *Dracaena* mit der nah verwandten *Cordyline* verwechselt, deren weiße Wurzeln mit Speicherknollen sich jedoch von den orangegelben Drazänenwurzeln deutlich unterscheiden.
Die Blühwilligkeit ist sehr verschieden, meist blüht die Drazäne erst im höheren Alter und zwar im Sommerhalbjahr. Blütenstand lockere Dolde oder Rispe, Blüten grünlich-weiß oder rahmweiß, auch duftend. Blütenschaft dicht neben dem Wachstumszentrum erscheinend, daher kein Eingehen nach der Blüte.
D. draco ist eine robuste, tiefdunkelgrüne Art; sie wird leicht mit der *Yucca* verwechselt.
D. fragans besitzt breite grün-gelb oder grün-weiß gestreifte Blätter, die leicht überhängen.

D. marginata hat feine dunkelgrüne Blätter auf schlankem Stamm. Die Blattränder besitzen einen rostbraunen Streifen, es gibt auch roséfarbene Sorten.
Pflege Für einfache Zimmerkultur geeignet sind vor allem *D. draco* und *D. fragrans* 'Rothiana'. Sie vertragen mäßige Sonne und Schatten, eignen sich auch zum Übersommern im Freien und überwintern bei 12–14° C. Alle anderen, voran die meisten buntblättrigen Zuchtformen, gehören eigentlich in Warmhauskultur, wobei – von Fall zu Fall – Ausnahmen diese Regel bestätigen. Notwendig sind: Schutz vor Besonnung am schattigen Platz, kein Freilandaufenthalt, sondern ganzjährig im geschlossenen Raum halten. Überwinterungstemperatur nicht unter 15–18° C. Im Sommer hohe Luftfeuchtigkeit bei einer Durchschnittstemperatur von 22–24° C. Wachstumszeit ist von März bis August, Ruhezeit von Oktober bis Januar, wobei bei ganzjähriger Wärme auch gegossen werden muß.
Gegossen wird über Sommer normal, während der Ruhezeit sparsamer; stauende Nässe wird allgemein schlecht vertragen; sie kann zur Fäulnis der fleischigen Wurzeln führen. Ballentrockenheit ist vor allem für die Buntlaubigen schädlich.
Wüchsige Pflanzen sollen von März bis August mindestens alle 2 Wochen mit Volldünger-Lösung – nur auf den gut durchfeuchteten Topfballen – versorgt werden. Mit zunehmendem Alter erweist sich sogar wöchentliche Düngung als vorteilhaft. Rechtzeitige allmähliche Einschränkung zur Vorbereitung auf die Ruhezeit ist wichtig. Umgetopft werden Jungpflanzen zunächst jedes Frühjahr – am besten im Mai; mit zunehmender Größe in längeren Abständen, wobei die Pflanzgefäße jeweils nur wenig größer sein sollen.

Dracaena deremensis.

Dracaena marginata und *D. marginata* 'Tricolor'.

Die Erde muß nahrhaft, humos, jedoch dem Habitus der Wurzeln entsprechend, mehr durchlässig als schwer sein.

Vermehrung Nur *D. draco,* der kanarische »Drachenbaum«, läßt sich aus Samen vermehren. Sonstiges angebliches Drazänensaatgut stammt durchweg von Cordylinen. Samen von *D. draco* ist auch im Exotenhandel erhältlich. Aussaat einzeln in kleinste Töpfchen mit Anzuchterde am besten im Mai bis Juni; Bodenwärme (24–26° C) fördert die Keimung; sie dauert 5 Wochen; der Keimling sollte bis Herbst mindestens 10 cm hoch sein, er braucht warme Überwinterung. Andere Drazänen werden durch Stecklinge, Stammschnittlinge oder Abmoosen vermehrt.

Pflanzenschutz Kulturfehler begünstigen Schädlingsbefall (Rote Spinne, Schild- und Schmierläuse, Thrips); braune Blattspitzen entstehen nach Ballentrockenheit, trockener Zugluft, oder auch durch Überdüngen.

Drosera Sonnentau

Diese kleine artenreiche Gattung aus der Familie der Sonnentaugewächse hat auch einheimische Vertreter. Oft übersieht man sie, da die kleinen Blätter nur wenig über dem Erdboden stehen. Dennoch hat es diese Pflanze »in sich«, denn sogar riesige Schmetterlinge kann sie fangen und verdauen.

Herkunft *Drosera anglica* und *D. rotundifolia* findet man auch in Europa. *D. binata* kommt aus Ostaustralien und Neuseeland, *D. pygmaea* ebenfalls, *D. capensis* stammt aus Südafrika.

Pflanzengestalt Die *Drosera*-Arten siedeln stets auf nassen Standorten mit saurer Bodenreaktion, oft auf Sphagnummooren, aber auch auf feuchtem Sand. Die Wuchsform kann rosettig gestaucht, gestreckt und verzweigt sein. Die Blätter haben eine spatelförmige Blattspreite und sind auf der Oberseite mit tentakelartigen, beweglichen Drüsenhaaren ausgestattet. Sie scheiden an der Spitze einen glitzernden, klebrigen Sekrettropfen ab, Kleininsekten bleiben kleben und werden zersetzt. *D. binata* hat gegabelte Blattspreiten, blüht weiß und wird 45 cm hoch. *D. capensis* bildet ein kleines Stämmchen mit linealischen Blättern und blüht rot. *D. pygmaes* ist sehr winzig und hat schildförmige Blättchen.

Pflege Wie die meisten fleischfressenden Pflanzen, so verträgt auch Sonnentau keine Trockenheit. Am besten man stellt diese zwar kleinen und unscheinbaren, aber botanisch interessanten Pflanzen in eine Vitrine. Mit kalkfreiem Wasser wird regelmäßig für Feuchtigkeit gesorgt. *Drosera* möchte einen hellen bis sonnigen Platz. Als Substrat empfiehlt sich Azaleenerde.

Alljährlich im Frühling wird umgetopft. Im Winter kann Sonnentau bei etwa 5–10° C stehen, dann sollte die Pflanze allerdings nicht mehr so reichlich gegossen werden. Gedüngt wird gar nicht.

Vermehrung Blattstecklinge lassen sich leicht bewurzeln. Man kann die Pflanze aber auch durch Aussaat vermehren. Die Aussaat von *Drosera* ist bei sorgfältiger Ausführung nicht so problematisch, wie es angesichts der feinen und winzigen Samen scheinen mag. Die Samen werden nur auf das feuchte Substrat gelegt und nicht mit Erde oder Sand bedeckt. Damit sie nicht fortwehen und auch ständig eine hohe Luftfeuchtigkeit herrscht, wird die Aussaatschale mit einer Glasscheibe bedeckt. Wichtig ist, daß das Substrat ständig feucht ist, sonst keimt der Samen nicht! Nach dem Auflaufen kann man die Glasscheibe durch ein Hölzchen ein wenig anheben oder später ganz wegnehmen. Die Sämlinge werden pikiert und in einen separaten Topf gesetzt.

Doch auch hier muß man ständig für hohe Luftfeuchtigkeit sorgen. Einige *Drosera*-Arten bilden Brutknospen, die man ebenfalls zur Vermehrung nutzen kann.

Drosera capensis, Sonnentau, Familie Droseraceae/Sonnentaugewächse.

in den Sommermonaten düngen sind außerdem noch wichtig für ein gutes Gedeihen. Umgetopft wird sie alle 2 Jahre in nährstoffreiche, leichte Erde.
Vermehrung Aus Stecklingen, die 2–3 Blätter haben, kann man recht bald junge Pflanzen heranziehen. Sie bewurzeln im Wasserglas ebenso rasch wie in feuchter Erde.

Epipremnum pinnatum, 'Marble Queen' (links) und *E. pinnatum* 'Aureum' (unten), Efeutute, Familie Araceae/Aronstabgewächse.

Euonymus japonica, Spindelstrauch, Familie Celastraceae/Spindelbaumgewächse (rechts).

Epipremnum pinnatum Efeutute

In wohl keiner Wohnung fehlt dieses Aronstabgewächs. Und das mit vollem Recht, denn es gibt kaum eine Zimmerpflanze, die schon geringe Pflege so mit üppigem Wachstum über Jahre dankt wie die Efeutute. Um den Gattungsnamen gibt es alle Jahre wieder ein Hin und Her, so wird *Epipremnum* als *Scindapsus* gehandelt und in mancher Literatur als *Rhaphidophora* beschrieben. Der amerikanische Botaniker George Sydney Bunting (geb. 1927) ordnete die Art *aurea* der Gattung zu, heute allerdings wird 'Aureum' als Sorte geführt.

Herkunft Von den Pazifischen Inseln kommt die Efeutute.
Pflanzengestalt Die herzförmigen, spitz auslaufenden Blätter sind gelb gefleckt und glänzend. In ihrer Heimat werden die Triebe bis zu 10 m lang. *Epipremnum* kann als Ampelpflanze, am Klettergerüst oder am Moosstab gezogen werden.
Pflege Wegen ihrer Unempfindlichkeit gegenüber fast allen Unbilden wird die Efeutute oft als »Zimmerunkraut« angesehen. Das tut aber ihrer Dekorativität keinen Abbruch, denn bei wenig Pflege kann sie sich zu einer üppig grünen Wand oder Säule entwickeln. Auch im Hydrogefäß wächst die Pflanze hervorragend. Die Efeutute benötigt einen hellen, aber auf keinen Fall sonnigen Platz im Zimmer. Sogar im Schatten gedeiht sie gut. Auch gegen trockene Zimmerluft ist sie relativ unempfindlich. Nur die Blätter sollten von Zeit zu Zeit feucht abgewischt werden. Mäßig gießen und häufig

Euonymus japonica Spindelstrauch

Er zählt zur großen Familie der Spindelstrauchgewächse. Man kennt heute über 170 Arten. Benannt wurde diese Art von dem Schweden Carl Peter Thunberg (1743–1828), dem wohl berühmtesten Schüler und Nachfolger Carl von Linnés.

Herkunft *Euonymus japonica* kommt, wie der Name schon sagt, aus Japan, genauer von den Riukiu-Inseln. Auch in Korea ist die Pflanze heimisch.

Pflanzengestalt Bis 5 m hoch kann dieser immergrüne Strauch werden, von dem es viele Sorten gibt. Sie alle unterscheiden sich in der Farbe und der Form der Blätter. Die eirunden Blätter erreichen bis 7 cm Länge und sind ledrig und gelb bis weißlich gefleckt. Als Topfpflanze werden die kleinbleibenden Sorten 'Microphylla' und 'Aureomarginata' bevorzugt.

Pflege *E. japonica* benötigt einen hellen Standort, aber direkte Sonne sollte man vermeiden. Auch sollte der Platz im Zimmer nicht zu warm und vor allem luftig sein. Den Sommer kann der Spindelstrauch ruhig im Freien verbringen. Im Winter sind Temperaturen um 5° C völlig ausreichend. Dann wird auch weniger gegossen. Im Sommer sollte man allerdings auch nicht übermäßig gießen, stets mäßige Feuchte ist genau das Richtige. Denn ein nasser Fuß bewirkt Blattfall, aber ebenso schädlich ist Trockenheit. Auch sie kann zum Einrollen und Welken der Blätter führen.
Vom Frühjahr bis Ende August braucht der Spindelstrauch jede Woche eine Volldüngergabe. Alle 2 Jahre im Frühjahr topft man ihn in frische Blumenerde um. Wichtig ist, daß man der Erde zur besseren Wasserführung etwa ein Viertel groben Sand beimischt.

Vermehrung Äußerst unkompliziert läßt sich der *Eonymus* durch Kopfstecklinge vermehren, die man einfach in feuchten Sand steckt. Bei Bodentemperaturen um 18° C bewurzeln sie leicht.

× Fatshedera lizei Efeuaralie

Diese schöne Blattpflanze verdankt ihre Entstehung französischen Züchtern, die aus der *Fatsia japonica* und *Hedera helix* die Efeuaralie schufen. Man erkennt die Eigenschaften beider Eltern im Äußern ebenso wie in der Pflege. Sie gehört zur Familie der Araliengewächse.

Herkunft Die beiden Vorfahren der × *Fatshedera* stammen zum einen aus Japan und zum anderen aus Portugal, den Kanarischen Inseln, den Azoren, von Madagaskar und aus Nordwest-Afrika.

Pflanzengestalt Die Blätter sind ähnlich wie bei der *Fatsia* geteilt, allerdings nur drei- bis fünffach, was sie wieder der *Hedera* näherbringt. Die Sprosse sind rötlich angehaucht, die Blätter stehen auf kurzen Stielen und werden auch insgesamt nicht so groß wie bei der *Fatsia*. Die × *Fatshedera* braucht eine Stütze.

Pflege Um diese Pflanze zum Buschigwerden anzuregen, sollte

x *Fatshedera lizei*, Efeuaralie, Familie Araliaceae/ Araliengewächse.

man sie häufig stutzen. Sie möchte einen kühlen und halbschattigen Platz im Zimmer, da sie sonst mit dem Abwerfen und Gelbwerden der Blätter reagiert. Im Sommer wird die Efeuaralie gleichmäßig feucht gehalten und alle 14 Tage einmal gedüngt. Im Winter steht sie am besten kühl und relativ trocken. Jedes Jahr im Frühjahr sollte man die x *Fatshedera* in frische Blumenerde umsetzen. Die Erde sollte nährstoffreich und wasserdurchlässig sein, um Staunässe im Wurzelbereich vorzubeugen. Man kann ihr etwas Sand beimischen.

Vermehrung Durch Kopfstecklinge kann man die Efeuaralie vermehren. Große und alte Pflanzen lassen sich durch Abmoosen verjüngen.

Fatsia japonica Zimmeraralie

Diese robuste Grünpflanze aus der Familie der Araliengewächse ist nicht wegzudenken aus dem Zimmerpflanzensortiment. Und das schon seit Jahrzehnten.
Der Belgier Joseph Decaisne (1807–1882) und der Franzose Jules Émile Planchon (1823–1888) bemühten sich um die wissenschaftliche Erforschung dieser schönen Gattung.

Herkunft Wie der Name schon sagt, kommt die *Fatsia* aus Japan, von den Riukiu-Inseln. Auch in Südkorea ist sie heimisch und wird dort ein etwa 5 m hoher Strauch.

Pflanzengestalt Die langgestielten Blätter sind handförmig und sieben- bis neunlappig. Sie glänzen stark und sind von leuchtend grüner Farbe. Es gibt auch Formen mit weißlichen oder gelblichen Rändern. Bei älteren Aralien kann die Blattspreite 50 cm betragen.

Pflege Ein kühler Platz behagt ihr mehr als ein zu warmer. Die *Fatsia* ist daher die ideale Pflanze für Flure und Treppenhäuser. Allerdings sollte sie vor der Sonne geschützt stehen. Am Nordfenster fühlt sie sich wohl. Im Sommer wird sie regelmäßig feucht gehalten. Auch sollte man ihr wöchentlich einmal eine Düngergabe verabreichen. Umgetopft wird die *Fatsia* regelmäßig alle Jahre einmal im Frühling in frische Blumenerde. Dabei ist es wichtig, daß die Erde zwar nährstoffreich, aber dennoch von guter Wasserdurchlässigkeit sein muß. Man sollte auf den Topfboden einige Scherben und etwas Kies für eine gute Dränage legen. Im Winter muß sie kühl stehen und sollte dann auch weniger Wasser bekommen. Es genügen 5° C. Steht die *Fatsia* nicht kühl, wird sie mit Sicherheit von Spinnmilben heimgesucht. Auch entwickeln sich dann kleine und schwach ausgeformte Blätter.

Vermehrung Die *Fatsia* kann recht einfach durch Kopfstecklinge vermehrt werden, die in einem wassergefüllten Glas oder in feuchtwarmer Erde bewurzeln.

Ficus sagittata, Ficus, Familie Moraceae/Maulbeerbaumgewächse.

Fatsia japonica, Zimmeraralie, Familie Araliaceae/Araliengewächse.

Ficus Feige, Gummibaum

Allgemeiner Meinung und sachlichen Erhebungen zufolge hält sich der Gummibaum nun schon seit Jahren als Zimmerpflanze Nummer eins im Sortiment wie im Bewußtsein der Blumenfreunde. Warum das so ist, wird man mit Scharfsinn und Logik allein wohl niemals ergründen können. Denn sicher gibt es genug andere Topfgewächse, die mindestens soviel Bescheidenheit und willige Wachstumskräfte nebst dekorativem Aussehen zu bieten haben, doch an Beliebtheit hinter ihm zurückstehen. Dabei kann er – vor allem auch in Hydrokultur – noch weit mehr leisten.

Herkunft Die riesengroße Gattung *Ficus,* deren Name nichts anderes als Feige bedeutet, umfaßt über 1000 Arten tropischer Bäume, zu denen auch etliche epiphytisch wachsende Gesträuche und Kletterpflanzen gehören. Die Heimatländer der für Zimmerkultur und Warmhaus geeigneten Arten liegen in Süd- und Südostasien, vor allem Indien, im Bereich des Malaiischen Archipels bis hinunter nach Australien, auch im tropischen Westafrika. *Ficus carica,* die Echte Feige, ist als »Obstbaum der Mittelmeerländer« in Südeuropa wie in Nordafrika zu Hause.

Pflanzengestalt Die *Ficus*-Arten sind alle immergrün. *Ficus benghalensis,* der Banyanbaum der Inder, dort ein 30 m hoher Baum mit Luftwurzeln; Blätter 10–20 cm lang, steif-lederartig, rundlich-länglich-oval, dunkelgrün, in der Jugend ebenso wie die Triebe mit bräunlichem Flaum behaart, später glatt.

F. benjamina, Kleinblättriger Gummibaum, wegen seiner schön überhängenden Zweige und zierlichen Belaubung auch »Birkenfeige« genannt; in seiner Heimat Indien wird er ein großer, breitkroniger Baum. Blätter glänzend grün, etwas lederig, eiförmig in kleiner Spitze endend. Ausgezeichnete Zimmerpflanze, die auch in größere Blumenfenster paßt, kann in vieljähriger Freundschaft Kübelmaß erreichen.

F. deltoidea, »Mistelfeige«, wächst im Gebiet des Malaiischen Archipels als epiphytischer Strauch auf Bäumen; Höhe in Zimmerkultur nicht über 60–80 cm, bei reicher

Ficus pumila (oben) und *F. benjamina* 'Nastasja' (unten).

Verzweigung. Blätter graugrün, lederartig, umgekehrt spitzeiförmig an kurzen Stielen sitzend. Die erbsengroßen, gelblichen Feigen stehen einzeln oder zu zweit aufrecht an Stielen. *F. deltoidea* wächst bei genügend Wärme und Luftfeuchtigkeit unermüdlich – ganz langsam! – Jahre und Jahrzehnte weiter.

F. elastica, der vielgerühmte »Urgummibaum«, wird in seiner ostindischen Heimat 20–25 m hoch. Wie er aussieht, ist allgemein bekannt. Auch erweist sich immer von neuem, daß trotz aller braun werdenden und im Nachwinter – als Folge offenbar unvermeidlicher Pflegefehler – abfallenden Blätter nebst gar zu schnellem, der Zimmerdecke zustrebendem Wachstum der gute alte Gummibaum – seit 1815 in Kultur – »eine angenehme, dem Auge schmeichelnde und verhältnismäßig bescheidene Pflanze« ist. Daß er nach Stutzen seines Kopftriebs eine vielästig sich verzweigende Krone bilden oder mit einem kräftigen neuen Seitentrieb oben an der Fensterkante entlanggezogen werden kann, gehört zu den Vorzügen seiner Langlebigkeit. Neben ihm setzen sich mehr und mehr seine pompöseren, aber keineswegs empfindlicheren Zuchtformen durch. Als erste nach dem Krieg erschien *F. elastica* 'Decora' am Markt. Sie ist übrigens keine Kreuzung, sondern durch Auslese von Saatgut der Art entstanden. Außerdem sehr attraktiv ist *F. elastica* 'Doescherii'.

F. lyrata, die »Geigenfeige« aus dem tropischen Westafrika, dürfte das Monumentalste sein, was die Gattung *Ficus* dem Zimmergärtner zu bieten hat. Die dicklichen, etwas lederig-rauhen, dabei saftiggrünen Blätter erreichen 50–60 cm Länge, haben eine geigen- oder leierartige Form und einen gewellten Rand. Die ganze Pflanze ist herrlich anzusehen, braucht zu vollem Gedeihen aber einen freien, von keiner Nachbarschaft eingeengten Stand.

Ficus pumila, die »Kletterficus«, hat ihr Verbreitungsgebiet in Asien. Sie ist selbstklimmend wie Efeu, kann größere Flächen überdecken und bringt in älteren Jahren auch bis birnengroße Feigen. Erstaunlich ist ihre Unempfindlichkeit, die sie auch niedrige Temperaturen bis nahe dem Gefrierpunkt ertragen läßt. Es gibt mehrere hübsche Sorten wie 'Minima', 'Serpyllifolia' und die freilich anspruchsvolle 'Variegata'.

F. sagittata, die »Kriechfeige« hat ihre Heimat vom Ost-Himalaja bis hin zu den Philippinen. Sie bildet Wurzeln aus den Blattknoten ihrer Triebe und betätigt sich so als Bodendecker. Ihre Blätter sind wesentlich größer als die von *F. pumila.* Die Sorte 'Variegata' hat weißbunte, zum Teil völlig chlorophyllfreie Blätter.

Pflege Buntblättrige Arten sind im allgemeinen empfindlicher; sie brauchen mehr Wärme und Luftfeuchtigkeit.

Im Sommer sollte der Standort sehr luftig, hell, doch nicht prallsonnig sein. Licht muß immer von oben auftreffen; sobald die Triebspitze in die »Dunkelzone« oberhalb der Fensteröffnung eintritt, hört ihr normales Wachstum auf, und auch die unteren Blätter fangen an zu kümmern. Übersommern im Freien – auch Balkon – wirkt im allgemeinen ungünstig,

Ficus lyrata (links) und *F. elastica* (unten).

Ficus microcarpa.

da schon das Aus- und Einräumen für den ausgesprochen konservativen Gummibaum eine schwere Störung bedeutet. Auf jeden Fall kommt – wenn überhaupt – nur ein warmer, dabei sehr mäßig besonnter, aber völlig windgeschützter Platz in Frage.
Im Winter benötigt *Ficus* gleichmäßige Temperaturen um mindestens 16° C.

Die einfachen, grünblättrigen Arten sind dankbar für Sprühen während des Blattaustriebs im Frühjahr. Alle buntblättrigen sowie auch die kletternden Arten und Sorten sollten mit Ausnahme der Ruhezeit öfter gesprüht werden. Gegossen wird ab Austriebsbeginn bis Ende August reichlich, nicht trocken werden lassen; dann zur Triebberuhigung und Ausreifung des Holzes langsam zurückgehen. Über Winter auch im wärmeren Raum gerade nur feucht halten. Die sehr sauerstoffbedürftigen Wurzeln vor allem der großblättrigen Arten dürfen jetzt lieber einmal etwas trocken werden.
Für wüchsige Pflanzen mit guter Blattentwicklung ab Austriebsbeginn bis Mitte August alle 1–2 Wochen einen Volldüngerguß geben; weniger wuchsfreudige Exemplare nicht durch Überdüngung krank machen. Keine Düngung mehr nach Triebabschluß!
Umgetopft wird nur bei völliger Durchwurzelung im Februar bis März, Pflanzgefäße nicht viel größer wählen. Man verwende eine Mischung aus Laub- und Komposterde, mit Beigabe von Sand und Holzkohlestückchen.

Vermehrung Kopfstecklinge in Erde oder Wasser; Blattstecklinge mit Triebauge im Vermehrungsbeet bei 25–30° C oder unter Plastikhaube; Abmoosen.

Pflanzenschutz Zu warmer, eingeengter, lufttrockener Stand bringt Schild- und Schmierläuse, bei zuviel Sonne und in Zugluft stellen sich Rote Spinne und Thrips ein.

Wichtig Hängenlassen der unteren Blätter bedeutet: zu warmer Stand im Winter; Blätter gilbend oder schwarzfleckig bedeutet: Wurzelschäden durch »kalte Füße« und Bodennässe.

Fittonia Fittonie

Elizabeth und Sarah Mary Fitton veröffentlichten um 1850 in London ein Buch »Conversations on Botany«. Dafür durften sie einer wenig später entdeckten Gattung von Akanthusgewächsen ihren Namen geben. Als Bodenbedeckungspflanze ist die Fittonie heute wohl jedem Blumenfenster-Besitzer geläufig.

Herkunft Die beiden bekannten Arten stammen aus tropischen Regenwäldern in Peru. Es sind typische Warmhauspflanzen, die man in einfacher Zimmerkultur, nämlich einzeln im Blumentopf, kaum halten kann – sie gehören einfach ins Tropenfenster.

Pflanzengestalt Krautige Stauden, teils mit kriechendem, teils mit aufrechtem Wuchs. Blätter

Fittonia verschaffeltii, 'Argyroneura', Fittonie, Familie Acanthaceae/Akanthusgewächse.

eirund, 5–7 cm lang, kreuzweise gegenständig an kurzen Stielen. Unscheinbare gelbe Rachenblütchen zeigen sich im Frühjahr meist nur an den Arten, nicht an den Zuchtformen.
Am häufigsten trifft man – auch als Schalenbepflanzung – 'Argyroneura', die »Silbergeäderte«, eine Zuchtform der Art *Fittonia verschaffeltii.*
Eine zweite Sorte, *F. verschaffeltii* 'Pearcei' mit karminroter Blattäderung, kommt seltener vor.
Pflege Standort zwar ohne direkte Besonnung, jedoch zur Erhaltung der bunten Farben nicht zu dunkel. Hohe Luftfeuchtigkeit ist im Sommer notwendig. Überwintern etwas trockener, Besttemperatur 18–20° C, sonst Unterkühlungsschäden.
Von Frühjahr bis Herbst gleichmäßig feucht (nicht naß!) halten, über Winter – auch ohne eigentliche Ruhezeit – etwas weniger Wasser, stets temperiert. Gedüngt wird sehr sparsam, kalkfrei, nur von März bis Anfang August alle 2 Wochen in schwacher Lösung. Umgetopft wird nach Bedarf im Frühjahr bei Neuaustrieb in flache Pflanzgefäße. Vorsicht wegen der Brüchigkeit der Stengel: Deckscherben und fingerhohe Dränageschicht am Boden nicht vergessen. Holzkohlestückchen beigeben.
Vermehrung Aus Stecklingen im Frühjahr und Sommer erstaunlich leicht: Bewurzelung am schattigen Platz schon bei 18–20° C Bodenwärme.
Pflanzenschutz Schlimmste Feinde: Asseln und Schnecken, die vorbeugend bekämpft werden sollten. Empfindlich gegen Zugluft.

Grevillea robusta, Australische Silbereiche, Familie Proteaceae/ Proteusgewächse.

Grevillea robusta
Australische Silbereiche

Sie hat den Ruhm, zur Familie mit den am schönsten blühenden Sträuchern der Welt zu gehören, doch die *Grevillea* selbst gilt nur als Blattpflanze. Als Topfgewächs wird sie – anderen Blattpflanzen gleich – nie groß genug, um zur Blütenbildung zu kommen.

Herkunft *G. robusta* ist ein Proteusgewächs. Die herrlichen Blütensträucher wachsen in Südafrika und schicken ihre Wunderblüten per Flugzeug in alle Welt. *Grevillea* aber ist in ihrer westaustralischen Heimat ein Riesenbaum, der bis 50 m hoch wird und dort die Straßen säumt.
Pflanzengestalt Als einzige ihrer Gattung von etwa 170 Arten immergrüner Sträucher und Bäume hat sich *G. robusta* willig in einfache Zimmerkultur gefügt und erfreut bei bescheidenen Ansprüchen ihre Besitzer durch farnartig gefiedertes Laub. Leider wächst die *Grevillea* so rasch, daß sie meist schon nach 3–4 Jahren »Kübelmaß« erreicht, dann hilft nur ein Zurückschneiden, man regt die Silbereiche dadurch zum Verzweigen an und hat bald einen schönen, buschigen Strauch.
Pflege Standort im Sommer halbschattig, im Winter hell und möglichst kühl, am besten bei 6–10° C. Im Sommer kann man die Silbereiche an einen schattigen Platz ins Freie stellen. Gedüngt wird sie in den Sommermonaten wöchentlich einmal mit einem Flüssigdünger. Dann braucht sie auch reichliche Wassergaben, nur für guten Wasserabzug im Topf muß gesorgt werden. Im Winter wird sie nicht so häufig gegossen.
Größere Exemplare erhalten alljährlich im Frühling oberflächlich neue Erde. Junge Pflanzen topft man jedes Frühjahr in normale Blumenerde um.
Vermehrung Durch Samen oder Kopfstecklinge bei großer Wärme; beides ist aber sehr aufwendig.
Pflanzenschutz Bei zu warmer Überwinterung Verlausung, vor allem in den Blattwinkeln.

Gynura aurantiaca Gynure

Schon seit über 100 Jahren gibt es im Zimmerpflanzensortiment einen aufrecht wachsenden tropischen Halbstrauch, aber man kannte ihn kaum. Die mit Purpurflaum besetzten Blätter der Gynure machen den Reiz dieses tropischen Gewächses aus.

HERKUNFT Sie ist eine von den rund 25 Arten in wärmeren Gegenden Asiens und Afrikas; sie selbst stammt aus lichten Gebirgswäldern im tropischen Ostafrika.
PFLANZENGESTALT Ihre kantigen Triebe werden 80–100 cm lang. Sie sind ebenso wie die oberseits grünen, vielzackigen Blätter auf ihrer Unterseite samtig behaart und tief purpurviolett gefärbt. Diese Farbe macht den Hauptreiz von *Gynura aurantiaca* aus. Sie hält sich aber nur im hellsten Licht. Das gleiche brauchen auch die Triebe, weil sie sonst in ein unnatürliches Längenwachstum zwischen den einzelnen Blattpaaren (Internodien) verfallen. Immer wieder zurückgestutzt, verzweigen sie sich alsbald reichlich und bilden schließlich hängend eine schmucke Ampelpflanze, am Topfspalier gezogen ein breit gefächertes Rankgewächs. Dann hört man selbst aus Fachkreisen, die *Gynura* sei vor allem eine Blattpflanze. Aber im Spätsommer treibt sie auch längliche dunkellila Knospen, die sich zu orangegelben Körbchenblüten öffnen. Leider riechen die Blüten in den ersten Tagen recht unerfreulich. Doch das sollte man in Kauf nehmen und sich durch die silberhaarigen Glöckchen der monatelang haltbaren Samenstände entschädigen lassen. Blüten und Glöckchen gegen Ende des Flors oft gleichzeitig.
PFLEGE Standort ganzjährig hell. An weniger besonnten Plätzen vergrünen die Gynuren, blühen kaum, erzeugen allerdings nicht den unangenehmen Geruch, verlausen aber dafür ausgiebig. Gießen und Düngen im Sommer reichlich; im Winter – je nach Temperatur – sparsam. Umtopfen lohnt sich nicht recht; ältere Pflanzen sind bald nicht mehr schön.
VERMEHRUNG Deshalb lieber in jedem Herbst Stecklinge nachziehen; sie bewurzeln im Handumdrehen und geben bis zum Frühjahr stattliche Pflanzen. *Gynura* eignet sich auch hervorragend für Hydrokultur.

Hedera helix,
Zimmerefeu,
Familie Araliaceae/
Araliengewächse
(oben).

Gynura aurantiaca,
Gynure,
Familie Compositae/
Korbblütler (unten).

Hedera Zier- oder Zimmerefeu

Seit aus verständlichen Gründen kletternde und rankende Pflanzen in großer Zahl unsere Wohnungen erobert haben, gehört auch der Zier- oder Zimmerefeu wieder zu den Lieblingen der Blumenfreunde. Tatsächlich hat er seit dem klassischen Altertum nie aufgehört, Begleiter des menschlichen Lebens zu sein.

HERKUNFT Die in Ägypten dem Sonnengott Osiris und in Griechenland dem weinfrohen Dionysos geweihten Ursprungsarten waren freilich wildwachsende Formen. Dabei mag es sich um den bis weit nach Nordafrika verbreiteten Kanarischen Efeu (*Hedera. helix* ssp. *canariensis*) und den in Osteuropa bis nach Kleinasien beheimateten Colchischen oder Kaukasischen Efeu (*H. colchica*) gehandelt haben. Daß es auch japanischen und irischen Efeu gibt, spricht für seine historische wie für seine geographische Gültigkeit in einer vielhundertjährigen Geschichte, die eben doch über das Abendland weit hinausreicht.
PFLANZENGESTALT Die *Hedera* ist ein immergrüner Kletterstrauch, der sich selbstklimmend mit Haftwurzeln an seiner (senkrechten) Unterlage festzuhalten vermag.

Wieweit die im Handel befindlichen Formen botanische Varietäten oder tatsächlich gezüchtete, in Generationen standardisierte Kulturformen der Ursprungsart *Hedera helix* sind, ist bis heute noch nicht einwandfrei geklärt. Auch die gärtnerischen Benennungen deuten auf etwas verworrene Familienverhältnisse hin. Ist doch der Efeu – wie alle Araliengewächse – in seiner züchterischen Substanz sehr veränderlich. So gibt es denn eine ständig wechselnde Zahl von Sorten, die kommen und gehen und allein schon deshalb die Wahl schwer machen.

Pflege Als Standort möchte der Efeu einen hellen bis halbschattigen Platz, ganzjährig gedeiht er bei Zimmertemperatur recht gut. Im Winter sollte er kühler stehen. Wenn man dies dem Efeu nicht bieten kann, so muß man die jungen, sehr dünnen und blattarmen Triebe im Frühjahr zurückschneiden, denn sie haben infolge des Lichtmangels und der Wärme nicht die Üppigkeit wie Sommertriebe.
Buntblättrige Efeusorten sollten auch im Winter nicht unter 15° C stehen. Wie bei allen »gefärbten« Züchtungen gilt auch für den

Verschiedene Efeu-Sorten: Gelbbunt (links), grün (oben) und eine Gruppe, die die Vielfalt des Efeus zeigt (unten).

Hoffmannia refulgens, Hoffmannia, Familie Rubiaceae/Krappgewächse (rechts).

Efeu, daß die buntblättrigen Formen stets empfindlicher sind und einen wärmeren und helleren Standort erhalten müssen.
Beim Gießen zimmerwarmes Wasser verwenden, im Frühjahr bis zum Herbst mäßig feucht halten. Im Winter bei kühlem Stand weniger gießen! Ständiges Besprühen fördert das Wachstum. Alljährlich wird Efeu in normale Blumenerde umgetopft.
Vermehrung Kopfstecklinge bewurzeln in warmem Wasser oder in feuchter Erde bei warmem Stand relativ leicht.

Hoffmannia refulgens Hoffmannia

Dieses Gewächs aus der Familie der Krappgewächse ist ein wenig in Vergessenheit geraten. Aber sicherlich hat dies auch damit zu tun, daß es sehr hohe Luftfeuchtigkeit und viel Wärme benötigt, was eigentlich nur in Vitrinen und in den geschlossenen Blumenfenstern garantiert werden kann.

Herkunft *Hoffmannia* kommt aus Mexiko.
Pflanzengestalt Die Pflanze wird 50 cm hoch, hat an Kastanienblätter erinnernde große Blätter, die stark geädert sind. Oberseits sind sie bräunlich grün und unterseits rot gefärbt.
Pflege Im hellen, aber nicht sonnigen, luftfeuchten Raum wächst diese Pflanze sehr üppig. Das ganze Jahr braucht sie auch viel Feuchtigkeit, allerdings ist Staunässe zu vermeiden, deshalb sollte das Substrat zwar nährstoffreich, aber auch zugleich wasserdurchlässig sein. Alle 3 Wochen wird in den Sommermonaten ein Guano-Dünger verabreicht. Besprühen sollte man die Pflanze fein mit angewärmtem, kalkarmem Wasser.
Vermehrung Kopfstecklinge bewurzeln rasch, wenn sie 25° C Bodentemperatur haben und feucht gehalten werden.

Hypoestes phyllostachya Punktblume

Die buntgepunkteten Blätter dieser Pflanze machen ihren Reiz aus. Deshalb wird sie auch »Punktblume« genannt. *Hypoestes phyllostachya* ist bei uns zumeist nur ein kurzzeitiger Gast, weil es am Licht mangelt, dennoch ist die Pflanze so attraktiv und nicht kostspielig, daß man getrost einen Versuch wagen sollte.

Herkunft Aus Madagaskar stammende Halbsträucher mit wunderschön gezeichneten Blättern und weniger wichtigen lila oder hell-purpurnen Blütchen.
Pflanzengestalt Die Blätter sind übersät mit weißen und roten Punkten und rosa oder weiß-grün panaschiert. Die Pflanze gedeiht bei uns nur gut als kleinbleibender Bodendecker in sehr hellen Blumenfenstern (keine Sonne!). Mit ihrer aparten Farbkombination kontrastiert sie hervorragend zu dunkelgrünen, schlichten, hochwachsenden Pflanzen.
Pflege Der Platz sollte sehr hell sein, da bei dunklerem Standort die schöne Blattfärbung ins Grün zurückfällt. *Hypoestes* muß ganzjährig eine Temperatur von 20–25° C haben. Auch hohe Luftfeuchtigkeit ist wichtig für ein gutes Gedeihen. Gedüngt wird nur von Mai bis August mit einer schwachen Lösung alle 14 Tage

einmal. *Hypoestes* sollte man stets mäßig feucht halten.
Umgetopft braucht eigentlich nicht zu werden, da ältere Pflanzen leicht verkahlen.
Vermehrung Kopfstecklinge werden zu dritt oder zu fünft in einem Topf bei 20–25° C Bodenwärme, Feuchtigkeit und hellem Stand zum Bewurzeln gebracht. Die Jungpflanzen mehrmals stutzen, damit sie sich wieder verzweigen. Die Stecklinge bewurzeln leichter, wenn man ein Glas oder eine Folientüte über den Topf stülpt. *Hypoestes* kann man übrigens auch aus Samen vermehren, allerdings ist dies langwierig und problematisch. Die Aussaatschalen müssen immer feucht gehalten werden, dürfen aber andererseits nicht »vor Nässe triefen«, da sonst die Bodendurchlüftung mangelhaft ist und die Keimlinge ersticken. Deshalb ist die Stecklingsvermehrung doch vorzuziehen.

Hypoestes phyllostachya, Punktblume, Familie Acanthaceae/Akanthusgewächse (rechts).

Iresine herbstii, Iresine, Familie Amaranthaceae/Fuchsschwanzgewächse (unten).

Iresine herbstii Iresine

Als Ergänzung zu grünen und grüngelben Zimmerpflanzen eignet sich nichts besser als die Iresine; sie ist ein flammend roter Busch mit runden oder ovalen, spitz auslaufenden Blättern. Wie bei vielen Amaranthusgewächsen spielt auch bei der Iresine die Blüte eine untergeordnete Rolle.

Herkunft Aus Südamerika, vor allem aus Mexiko, kommt diese leuchtend rote Blattpflanze.
Planzengestalt Ihre prächtig weinroten, von helleren Adern durchzogenen und ebenso hellrot gestielten, deutlich herzförmigen Blätter stempeln die gebürtige Mexikanerin zu einer dekorativen Blattpflanze ersten Ranges. *Iresine herbstii* ist aus dem Sortiment nicht mehr wegzudenken.
Pflege Zu Unrecht gilt die Iresine bei uns immer noch vorwiegend als einjährige Rabattenpflanze, die man über Sommer durch Rückschnitt in Form hält. Ich habe es nun selbst ausprobiert: getopft wie in Hydro, während der Wachstumszeit sonnig, warm und etwas luftfeucht, im Winter kühler, hält sie mindestens 2 Jahre. Rückschnitt ergibt außerdem Kopfstecklinge für ständigen Nachwuchs. Wichtig: Nie kalt gießen, vor Ballentrockenheit behüten.
Vermehrung Ganz leicht lassen sich diese Pflanzen durch Stecklinge vermehren, die man das ganze Jahr über schneiden kann. Dadurch wird die Mutterpflanze auch buschiger. In feuchter Erde bewurzelt *Iresine* rasch.

Jacaranda mimosifolia Palisanderbaum

Einem Farn sieht diese zartblättrige Pflanze ähnlich. Sie wird zwar Palisanderbaum genannt, hat aber mit dem echten Palisander (*Dalbergia*) überhaupt nichts zu tun. Auch als Rosenholzbaum wird *Jacaranda* gehandelt.

Herkunft Überall in den tropischen Gebieten unserer Erde trifft man auf *Jacaranda* mit den herrlichen blauen bis blauvioletten, glockenförmigen Blüten; dort ist sie nämlich ein weitverbreiteter Zierbaum. Ursprünglich kam *Jacaranda* aus Argentinien, ist aber heute in allen feucht-warmen Regionen zu Hause.

Pflanzengestalt Die Stiele bleiben bei uns im Zimmer schlank, die zarten Wedel stehen waagerecht ab. Sie erinnern an Farne, die Pflanze ist schon im Jugendstadium sehr attraktiv. Als Zimmerpflanze ist die *J. mimosifolia* bei uns verbreitet.

Pflege Obwohl *Jacaranda* so attraktiv ist, macht sie Probleme bei normaler Zimmerhaltung, denn Wärme und eine hohe Luftfeuchtigkeit sind sehr wichtig. Im Sommer kann man sie ins Freie stellen – aber das Gießen nicht vergessen! Allerdings gilt auch hier, lieber sparsamer als zuviel! Und nur enthärtetes Wasser verwenden. Gedüngt wird mit kalkarmem Dünger im Sommer alle 2 Wochen einmal. Sollte *Jacaranda* alle Blätter verlieren, so ist das kein Problem – sie treibt bald wieder neu aus! Abgefallenes Laub gleich entfernen – es stinkt.

Sie wird zwar gern als Dekorationspflanze für Schalen und Körbe verwendet, gehört aber unbedingt ins Tropenfenster, wo es auch bei Halbschatten noch hell, dazu aber auch warm und luftfeucht ist. Wintertemperatur nicht unter 16–18° C.

Vermehrung Interessanterweise relativ leicht im Februar/März aus importiertem Samen, wenn die Bodentemperatur von etwa 25° C gesichert werden kann.

Ledebouria socialis, Ledebouria, Familie Liliaceae/Liliengewächse (rechts).

Jacaranda mimosifolia, Palisanderbaum, Familie Bignoniaceae/Bignoniengewächse (unten).

Ledebouria socialis Ledebouria

Früher nannte man dieses kleine Gewächs aus der Familie der Liliengewächse auch *Scilla violacea*. Es ist zwar nicht höher als 15 cm, aber sehr schnellwüchsig und üppig sprießend, so daß bald der ganze Topf mit diesen kleinen Pflanzen gefüllt ist.

Herkunft Aus Südafrika kommt dieses Liliengewächs.

Pflanzengestalt Die oberseits grau gefleckten Blätter sind spitz zulaufend, unterseits sind sie purpurrot gefärbt. Die Pflanze besitzt oberirdische Zwiebeln, aus denen sich die Blätter emporschieben. Die Zwiebeln treiben stark, so daß bald eine ganze Gruppe zusammen steht.

Pflege In kühlen und auch in warmen Räumen gedeiht die Pflanze gleich gut. Ob im Winter 10 oder 20° C herrschen, ist völlig uninteressant. Nur sollte man bei kühlen Räumen auch entsprechend wenig gießen. Sehr hell, fast sonnig stellen, im Schatten verliert sie ihre schöne Färbung und wird gedrungen und klein. Mäßig feucht das ganze Jahr über halten. Gelegentliches Austrocknen schadet nicht ernstlich, hingegen ist ein Zuviel an Nässe für die Zwiebeln besonders schädlich. Umgetopft wird jedes Jahr in Kakteenerde.

Vermehrung Beim Umtopfen im Frühjahr werden die Brutzwiebeln abgelöst und in frische Erde gesteckt.

Leea sambucina Leea

Diese Gattung bildet eine eigene Familie, die Leeaceae. Aber es gibt etwa 70 Arten, von denen uns besonders die rotlaubige *Leea sambucina* 'Burgundy' als Zimmerpflanze gefällt. Die Gattung wurde zu Ehren des schottischen Gärtners James Lee (1715–1795) benannt. Sie hat noch eine Eigenart: Manchmal scheiden ihre Blattspitzen kleine zuckerhaltige Tröpfchen aus. Das ist ein Zeichen, daß die Pflanze rundherum gesund ist.

Herkunft *L. sambucina* stammt aus Indochina, Indien, von den Philippinen und vom Malaiischen Archipel.

Pflanzengestalt Dieser Strauch wächst aufrecht und hat gefiederte, glänzende, leicht gewellte Blätter. Die Sprosse und die Blätter sind grün, aber bei der Form 'Burgundy' dunkelrot gefärbt. Die Blütendolden sind unscheinbar und orangefarben.

Pflege Die Leea braucht einen hellen bis sonnigen Standort, im Schatten vergrünt die rote Sorte und wächst spärlich. Sie benötigt auch viel Wärme und hohe Luftfeuchtigkeit. Im Winter sollte die Temperatur nicht unter 16° C absinken. Deshalb muß man die Pflanze häufig mit feinem Sprühnebel behandeln. Der Wurzelballen muß stets mäßig feucht gehalten werden, er darf weder austrocknen noch übermäßig naß stehen, beides ist schädlich. Von März bis August düngt man die *Leea* mit einer schwachen Düngerlösung. *Leea* ist eine ausgezeichnete Hydropflanze.

Vermehrung Kopf- und Triebstecklinge bewurzeln leicht in feuchter, warmer Erde. Als Substrat kann man leichte Blumenerde verwenden, die gut wasserdurchlässig ist.

Maranta leuconeura 'Fascinator', Marante, Familie Marantaceae/Pfeilwurzgewächse (oben).

Leea sambucina, Leea, Familie Leeaceae/Leeagewächse (links).

Maranta Marante, Pfeilwurz

Früher konnten die Maranten nur in Warmhauskultur, also in Tropenfenstern und Kleingewächshäusern, gehalten werden. Inzwischen haben sie sich so gut eingeführt, daß man sie heute – mit ein wenig Vorsicht – durchaus zu den »gehobeneren Zimmerpflanzen« zählen darf. Ihre Blattschönheit ist unerreicht.

Herkunft Die Maranten, deren Namenspate der schon 1574 verstorbene italienische Gelehrte Barholomea Marante war, sind sozusagen Mehrzweckpflanzen: Die grünblättrige *M. arundinacea* bildet knollenartige Wurzeln mit sehr hohem Stärkegehalt. Sie wird deshalb in vielen tropischen Ländern angebaut. Das hochwertige Stärkeprodukt war als Kindermehl und Krankenkost schon bald nach 1700 in Westeuropa bekannt. Die verschiedenen Schmuckmaranten dagegen fanden sich erst gute 100 Jahre später allmählich bei uns ein. Die meisten kamen aus tropischen Regenwäldern Brasiliens, wo sie weniger im tiefen Schatten und häufiger an lichten Stellen zu finden sind.

Maranta leuconeura 'Kerchoviana'.

Pflanzengestalt Die etwa 30 Arten der Gattung *Maranta* werden meist nicht über 20–25 cm hoch. Große Formen mit 60–80 cm Höhe und mehr laufen zwar im Handel auch unter dem Namen Marante, gehören aber anderen sehr ähnlichen Gattungen an, zum Beispiel *Calathea* und *Ctenante*. Alle Maranten sind ausdauernde Kräuter, deren Blätter an kurzen, grundständigen Stengeln sitzen. Der Wuchs ist je nach Art flach ausgebreitet oder aufrecht; manche Arten wechseln auch zwischen dem Ausbreiten der Blätter bei Tag und Aufstellen bei Nacht. Unscheinbare weißliche Blütchen in endständigen Ähren nur bei älteren Pflanzen von Frühling bis Frühsommer.
Nur 2 buntblättrige Arten nebst einigen Zuchtformen sind in Kultur. Bei *M. bicolor*, der zweifarbigen Marante, können die Blätter nebst Stengeln bis 30 cm hoch werden, während das Blatt allein 15 cm lang und etwa 11 cm breit ist; ihre Zeichnung ist oberseits dunkelgrün mit je 6–8 großen samtbraunen Flecken zu beiden Seiten der Hauptader und einem helleren Mittelstreifen, der unterseits purpurrot ist.
M. leuconeura, die weißnervige Marante, ist heute in Kultur kaum mehr anzutreffen, da ihre Sorten schöner und weniger anspruchsvoll sind. Am häufigsten dürfte immer noch *M. leuconeura* 'Kerchoviana' sein. Sie hat insgesamt viel Ähnlichkeit mit *M. bicolor*, doch fehlt ihren oberseits smaragdgrünen Blättern der hellere Mittelstreifen längs der Hauptader zwischen den beiden Gruppen samtbrauner Flecke; auch sind die Blätter unterseits blaugrün und rot gefleckt; diese Zuchtform gilt als beste Marante für Zimmerkultur. Weit prunkvoller in ihrer Blattzeichnung ist *M. leuconeura* 'Massangeana' mit etwas kleineren olivgrünen Blättern, die längs der Mittelader versetzte Muster in Weiß und Dunkelbraun sowie eine fischgrätähnliche, silberweiße Äderung nach beiden Seiten zeigen; die Blattunterseiten sind dunkelrot.

Pflege Die Unterbringung im klimatisierten Tropenfenster oder im Blumenfenster mit steuerbarer Bodenheizung bietet natürlich die größeren Erfolgschancen. Auf jeden Fall soll der Standort zwar hell, aber ohne direkte Besonnung sein, mit gleichmäßiger Wärme um 22° C am Tag; nächtliches Absinken auf 16–18° C entspricht den natürlichen Wachstumsbedingungen. Als Wintertemperatur genügen bei Tag 18–20° C, bei Nacht um 16° C, jedoch nicht weniger.
Stets nur mit temperiertem, enthärtetem Wasser gießen.
Während der Wachstumszeit reichlich gießen, jedoch stauende Nässe ebenso wie Austrocknen meiden. Von September bis Februar sparsamer gießen.
Von April bis August wird sparsam alle 3 Wochen einmal eine Volldüngergabe gegeben.
Vermehrung Am einfachsten ist es, wenn man ältere Pflanzen im Nachwinter vorsichtig teilt und dann neu eintopft. Man kann aber auch Stecklinge in der Hauptwachstumszeit zum Bewurzeln bringen, indem man sie gleich in einen neuen Topf mit durchlässiger, leichter Blumenerde steckt und ständig feucht hält. Ein Glas oder eine Folientüte erhöht die Luftfeuchtigkeit. Zum Bewurzeln brauchen die Stecklinge eine Bodentemperatur von 22° C. Doch auch in einem Glas mit warmem Wasser gelingt die Bewurzelung. Bei beiden Vermehrungsmethoden ist wichtig, daß die Stecklinge nicht der prallen Sonne ausgesetzt werden und daß sie einen ständig gleichmäßig warmen Platz haben. Auch sollte man die jungen Pflanzen vor Zugluft schützen. Da *Maranta* salzempfindlich ist, nicht zu früh mit dem Düngen beginnen. Die frischen Wurzeln zehren noch lange aus dem Vermehrungssubstrat. Besonders, wenn es auf den Winter zugeht, sollte man die Pflanze nur schwach düngen.
Pflanzenschutz Vor Schnecken und Asseln im Torfsubstrat des Blumenfensters hüten; vorbeugende Bekämpfung ist ratsam.

Mikania ternata Mikania

Daß diese reizende Rankpflanze zu den Korbblütern gehört, sieht man ihr nicht an. Denn die Blüten spielen für unsere Bedingungen gar keine Rolle. Sie wird als Blattpflanze gehalten und bringt mit ihren dunkelroten, samtigen Blättern einen ganzjährigen Farbtupfer ins Haus. Ihren Namen erhielt sie nach Joseph Gottfried Mikan (1743–1814), einem Professor aus Prag.

Herkunft Die Gattung *Mikania* kommt aus Brasilien, dort wachsen insgesamt 200 Arten.
Pflanzengestalt Die samtroten bis violetten Blätter befinden sich auf kleinen Stielen, die an den hängenden, kriechenden und sich windenden Trieben wachsen.
Pflege Viel frische Luft ist für ein gutes Wachstum wichtig. Hierbei ist aber unbedingt zu beachten, daß sie zwar bei hoher Luftfeuchtigkeit besser gedeihen, es aber gar nicht mögen, wenn die Blätter besprüht werden. Es bilden sich sofort häßliche Blattflecken.
Die Temperaturen bleiben mäßig, auch im Winter sind nur 12° C nötig. Das Gießen sollte man auch nicht übertreiben, stets mäßige Feuchtigkeit im Wurzelbereich ist das Richtige. Viel Licht ist wichtig, wenn man Mikania an die Sonne gewöhnt. Kurzzeitig können Mikanien sogar in praller Sonne gehalten werden. Im Sommer sind die Pflanzen mit einem Guano-Volldünger alle 2 Wochen zu düngen. Als Substrat für das alljährliche Umtopfen im Frühjahr verwendet man Blumenerde, der etwas Lehm und außerdem etwas Lauberde zur Substratverbesserung beigemischt werden kann.
Vermehrung Kopfstecklinge lassen sich leicht bei guter Bodenwärme (20° C) unter einem Glas oder einer Folientüte vermehren; sie bewurzeln dann relativ leicht, wenn sie stets feucht sind.

Mikania ternata, Mikania, Familie Compositae/Korbblütler.

Mimosa pudica Sinnpflanze

Eigentlich ist es schade, daß diese reizende, geradezu mit »schauspielerischen« Talenten ausgestattete Pflanze im Zimmerpflanzensortiment wahrlich nur eine Nebenrolle spielt. Dabei ist sie so einfach zu pflegen und zu vermehren, daß man sie schon als Lehrbeispiel für Kinder viel häufiger halten sollte.

Herkunft Unter mehreren hundert Arten hat sich nur *Mimosa pudica,* die »Schamhafte Sinnpflanze«, als Topfgewächs leidlich durchgesetzt. Sie stammt aus dem tropischen Amerika, wurde aber auch in tropische Gebiete der Alten Welt eingeschleppt und breitete sich dort oft wie Unkraut aus.

Pflanzengestalt Sperrig wachsendes, verholzendes Kraut mit 30–50 cm Höhe. Die handförmigen, gefiederten Blätter sind so reizbar, daß sie bei der leisesten Berührung zunächst einzeln und paarweise zusammenklappen, worauf sich der Stiel mit dem ganzen schmal gefalteten Blatt nach unten senkt. Diese Vorstellung findet aber nur bei Tag und Temperaturen über 18–20° C statt. Empfindet die Pflanze keinen Reiz mehr, so breitet sie ihre Blättchen wieder auseinander. Über Nacht klappt sie die Blätter ebenfalls zusammen (Schlafstellung).
Von Mai bis September erscheinen ununterbrochen rosa bis lilarosa Blütenstände, in kugeligen Köpfchen an den Zweigenden zusammengedrängt.

Pflege Heller Standort, gleichmäßige Wärme bei 18–20° C und Luftfeuchtigkeit. Alte Pflanzen im Herbst wegwerfen.
Bis zum August werden die Pflanzen gleichmäßig feucht gehalten; Ballentrockenheit unbedingt vermeiden; bei Lufttrockenheit sprühen.
Von Frühjahr bis Spätsommer vertragen sie alle 2 Wochen eine Volldüngergabe.

Vermehrung Da ältere Pflanzen bald weniger schön sind, empfiehlt sich alljährliche Nachzucht durch Aussaat von Februar bis März. 6–8 Körner, in kleine Töpfchen gelegt und bei 20° C gleichmäßig warm gehalten, keimen nach 12–14 Tagen. Keimlinge bis auf die 3–4 kräftigsten ausdünnen, feuchtwarm (Glasglocke, Plastikhaube) weitertreiben, zweimal in größere Töpfe bis 12er Topf umsetzen (pikieren). Von dem manchmal – angeblich wegen besserer Verzweigung – empfohlenem Stutzen der Jungpflanzen ist dringend abzuraten. Nur ungeschnitten entwickeln sie sich so folgerichtig, daß manchmal schon Ende April die ersten Blütchen erscheinen und reiche Samenbildung erfolgt.

Pflanzenschutz Schädlinge selten, nur durch Zugluft erscheinen Blattläuse und Rote Spinne.

Mimosa pudica, Sinnpflanze, Familie Leguminosae/Hülsenfrüchtler.

Monstera Fensterblatt

Eine der attraktiven, großblättrigen Zimmerpflanzen ist das Fensterblatt. Zudem ist *Monstera* eine unglaublich robuste Pflanze, die bei ein wenig Pflege jahrelang wächst und gedeiht.

Herkunft In Sumpfgebieten des tropischen Mittel- und Südamerika leben über 2 Dutzend Arten der Gattung *Monstera.* Davon sind 4 nebst etlichen Zuchtformen in unserem Sortiment heimisch.

Pflanzengestalt Immergrüne, halbepiphytische, kletternde Sträucher mit oft sehr großen, schildförmigen, tief fiederspaltigen oder auch durchlöcherten Blättern, mit oder ohne Luftwurzeln. Blattform je nach Alter oft sehr verschieden. Die Kalla-ähnlichen Blütenstände mit großem weißem Hüllblatt und duftendem, später eßbarem, ananasähnlich schmeckendem Fruchtzapfen kommen in Zimmerkultur gelegentlich, bei Auspflanzung im Gewächshaus an älteren Pflanzen häufig vor. Sind doch selbst unsere schönsten Exemplare zu Hause immer nur Bruchteile der riesigen, kraftstrotzenden Urwaldpflanzen, die mit ihrem ungestümen Wachstum ohne weiteres 10 m Höhe erreichen.

Monstera acuminata, das Zugespitzte Fensterblatt aus Guatemala, kommt als Zimmerpflanze nur gelegentlich vor; die Blätter sind in der Jugend ganz und werden erst im Alter, ab 25–30 cm Länge, tief fiederspaltig.
M. deliciosa, das Köstliche Fensterblatt, ist Mexikanerin und seit über 100 Jahren als eines der beliebtesten Blattgewächse bei uns im Zimmer heimisch. Die gewaltigen, schildförmigen Blätter an 30–50 cm langen Stielen sind lederig-dunkelgrün und tief fiederspaltig gefenstert.
Bei 40–70 cm Breite können sie 60–80 cm lang werden. Jugend- und Altersformen oft sehr verschieden. Insgesamt etwas kleiner ist die Sorte 'Borsigiana'.
M. obliqua, das Schiefe Fensterblatt aus Brasilien, ebenfalls kleiner als *M. deliciosa,* fällt durch die eigenartige, am Rande zusammenhängende Löcherung seiner Blätter auf; besonders typisch bei jüngeren Pflanzen der Zuchtform *M. obliqua* 'Leichtlinii'.

Monstera deliciosa (rechts) und *M. deliciosa* 'Variegata' (links), Fensterblatt, Familie Araceae/ Aronstabgewächse.

M. adansonii, das Durchbrochene Fensterblatt, Heimat Brasilien und Westindische Inseln, ist ein rascher, reichbelaubter Klimmer. Die Fensterung seiner Blätter tritt wie bei *M. acuminata* erst in älteren Jahren auf.
PFLEGE Die Luftwurzeln sollte man wegen Brüchigkeit mit Vorsicht behandeln, nie abschneiden, bei entsprechender Länge auf feuchte Erde oder in ein mit Wasser gefülltes Übergefäß lenken, wo sie sich in »Erdwurzeln« umwandeln. Im übrigen ist volles Gedeihen über Jahre nur bei völlig unverändertem Standort mit

genügend Licht, Luft und Ausbreitungsraum der ganzen Pflanze gesichert. Alle 2 Wochen braucht *Monstera* eine Volldüngergabe. Große Pflanzen reichlich gießen. Bleiben die Blattfenster aus, steht die Pflanze meist zu dunkel. *Monstera* mögen einen hellen Platz, ohne direkte Sonne. Sie vertragen trockene Zimmerluft, wollen aber dennoch öfters abgeduscht oder feucht abgewischt werden. Alle 2 Wochen einmal sollte man *Monstera* düngen. Als Substrat bevorzugen sie nährstoffreiche Erde.
Vermehrung Kopfstecklinge bewurzeln in warmem Wasser.

Musa Banane

Der schwedische Naturforscher Carl von Linné (1707–1778) benannte diese herrliche Pflanze nach Antonius Musa, dem Leibarzt von Kaiser Augustus. Es gibt etwa 75 Arten, die inzwischen in den Tropen der ganzen Welt verbreitet sind. Als Zimmer- und Kübelpflanze sind 3 Arten gebräuchlich.

Herkunft Die Banane ist sowohl in Asien, als auch in Australien, in Neuguinea, auf den Philippinen sowie in Afrika und Südamerika zu Hause.
Pflanzengestalt Bananen haben weiche, riesige Blätter, die an den natürlichen Standorten stets vom Wind zerfetzt und eingerissen aussehen. Ihre Stämme sind Scheinstämme, nach der Fruchtbildung sterben sie ab, allerdings treibt die Pflanze aus dem verdickten Wurzelwerk wieder aus.
Pflege Bananen verlangen einen sehr hellen Platz, und dies auch im Winter. Kann man die Helligkeit im Winter nicht garantieren, so sollte man die Blätter zuvor abschneiden. Sie treiben im Frühjahr bei Wärme und Sonne wieder aus. Allerdings macht es dem neuen Trieb manchmal Schwierigkeiten, aus der alten Blatthülle am Stamm hervorzubrechen, deshalb sollte man den Stamm so weit einschneiden, bis die grünen Triebe zu erkennen sind. *Musa* verdunstet durch die riesigen Blätter viel Wasser, deshalb im Sommer

Musa acuminata, Banane, Familie Musaceae/ Bananengewächse.

Bananen-Blüte.

reichlich gießen und jede Woche einmal einen Volldünger verabreichen. Als Substrat verwendet man einen lehmig humosen Boden, man sollte etwas Lauberde hinzufügen. Als Zimmerpflanze eignet sich besonders gut *M. acuminata,* die sogenannte Zwergbanane, die sogar Blüten und Früchte bekommen kann. Die bekannte Zierbanane (früher *M. ensete*) bildet heute die eigene Gattung *Ensete* (*E. ventricosum*).

M. basjoo, die Japanische Faserbanane, wird etwa 4 m hoch. Sie ist am unempfindlichsten gegenüber kalten Temperaturen, verträgt sogar kurzzeitig Frost, wenn ihre Wurzeln geschützt werden. Die oberirdischen Pflanzenteile werden dann vermutlich zurückfrieren, aber die Pflanze treibt wieder aus und wird innerhalb eines Sommers wieder üppig und schön.

Vermehrung *Musa* treibt unterirdisch Ausläufer, wächst ausgepflanzt in Gruppen und kann daher leicht durch Abtrennen dieser jungen Ausläufer vermehrt werden.

Myrmecodia echinata Ameisenpflanze

Zur Familie der Krappgewächse gehört diese eigenartige Pflanze. Denn ihr knollenähnlicher verdickter Stamm wird von Ameisen innen ausgehöhlt und dient den Tieren als Unterkunft. Sie schaden der Pflanze nicht – im Gegenteil, sie halten andere Schaderreger fern und leben einträchtig mit der Pflanze in Symbiose. Benannt hatte diese Pflanze der schottische Botaniker William Jack (1795–1822). Er lebte auf Sumatra.

Herkunft Aus den Urwäldern Indonesiens kommt diese epiphytisch lebende Pflanze.

Pflanzengestalt Der etwa 10 cm dicke, kurze Stamm hat Dornen und sieht daher einer Sukkulente sehr ähnlich. Diese haben aber nichts miteinander zu tun. Kurze und wenige laubtragende Sprossen geben der Ameisenpflanze ein originelles Aussehen. Die kleinen Blüten erscheinen erst im hohen Alter, sie sind weiß und röhrenförmig. Die Früchte sind längliche rote Beeren.

Pflege Am wohlsten fühlt sich die Ameisenpflanze, wenn sie bei hoher Luftfeuchtigkeit in einem Lattenkörbchen oder auf einem Epiphytenstamm kultiviert wird. Als Substrat verwendet man Orchideenerde. Sie braucht ständig Feuchtigkeit und eine hohe Luftfeuchtigkeit. Mit feinem Sprühnebel sollte man die *Myrmecodia* mehrmals täglich einnebeln. Als Standort behagt ihr am meisten eine geschlossene Vitrine, die ihren Platz im Halbschatten hat. Auch im schattigen Tropenfenster wird *Myrmecodia* gedeihen. Da diese Pflanze in der Pflege doch etwas anspruchsvoll ist, sollte man sich darauf einstellen, daß sie viel Fürsorge benötigt.

Vermehrung Die Ameisenpflanze kann durch Aussaat vermehrt werden. Doch auch Stecklinge lassen sich zum Bewurzeln bringen, wenn man für ausreichende Bodenwärme und Feuchtigkeit sorgen kann.

Myrtus communis Brautmyrte

Die Myrte mit ihren immergrünen, kleinen Blättern und den weißen Blütchen ist eine Pflanze mit Geschichte: Eine Tochter aus dem Hause Fugger soll Anno 1583 als erste mit einem Myrtenkranz im Haar zur Trauung gegangen sein.

Herkunft Sie stammt aus dem europäischen Mittelmeerraum, wo die Myrte als 3–5 m hoher Strauch schon im klassischen Altertum eine Rolle spielte. Mönche haben die Pflanze wohl über die Alpen mitgebracht. Schon im frühen Mittelalter kannte man bei uns die Heilkraft des aus Myrtenblättern gewonnenen ätherischen Öls.

Pflanzengestalt Die Blätter sind immergrün, lederig-hart, klein, spitz-eirund; beim Zerreiben duften sie angenehm würzig.
Die Blüten erscheinen einzeln, sehr zahlreich an kurzen Stielen aus den Blattachseln; Farbe weiß,

Myrmecodia echinata, Ameisenpflanze, Familie Rubiaceae/ Krappgewächse.

Myrtus communis, Brautmyrte, Familie Myrtaceae/ Myrtengewächse (links). Die Myrte blüht weiß (oben) oder rosarot (unten).

auch rosig überhaucht; Blütezeit ab Mai/Juni; im Herbst manchmal erbsengroße, bläuliche oder weiße Beerenfrüchte, die eßbar sind.

Pflege Myrten wollen sonnig stehen, im Sommer können sie durchaus ins Freie. Dann müssen sie aber häufig gegossen werden. Als Substrat bevorzugen Myrten eine kalkfreie Erde. Auch sollte man, wenn das Wasser zu hart ist, mit Regenwasser oder abgekochtem Leitungswasser gießen. Von Mai bis August kann man die Myrte alle 2 Wochen einmal düngen. Im Winter sollte sie hell und kühl stehen.

Vermehrung Aus Stecklingen reichblühender Mutterpflanzen im Frühsommer. Aus Samen dauert die Keimung bis zu einem Jahr, ist also sehr langwierig.

Pflanzenschutz Nur falsch behandelte Myrten sind anfällig. Dann kommt es zu Pilzkrankheiten und Schädlingsbefall.

Neoregelia Neoregelie

Bereits 1890 wurde diese schöne Bromeliengattung von dem schwedischen Botaniker Carl Kuchmann benannt. Er nannte sie *Regelia*, erst 1934 bekam sie von dem Amerikaner Lymann B. Smith ihren heutigen Namen.

Herkunft Neoregelien stammen aus Ostbrasilien, Ostkolumbien, Ecuador und Ostperu. Von den etwa 40 Arten dieser Gattung kommen die meisten als Epiphyten, seltener als Bodenpflanzen in den ostbrasilianischen Regenwäldern vor.
Pflanzengestalt Viele Neoregelien wurden zu beliebten Zimmerpflanzen, weil ihre Hochblätter, die durch Stauchung des Blütenstandes sich den Rosettenblättern unmittelbar anschließen, während der Blütezeit leuchtend violett, blau oder weiß gefärbt sind. Diese Färbung dauert monatelang an. Oft wird eine Neoregelie mit der Gattung *Nidularium* verwechselt: Neoregelien besitzen einen einfachen Blütenstand. Nidularien haben einen mit Hochblättern durchsetzten, zusammengesetzten Blütenstand. *Neoregelia carolinae* hat olivgrüne Blätter, die sich karminrot verfärben, wenn die blaue Blüte erscheint. Die Sorte 'Tricolor' hat weiß gestreifte Blätter. Schön ist auch *N. concentrica*, deren Blätter dunkelgrün sind. Das Blattzentrum erscheint zur Blütezeit blauviolett.
Pflege Neoregelien sind verhältnismäßig unempfindlich. Sie wachsen gut an einem hellen, im Winter sonnigen, im Sommer leicht schattigen Standort und vertragen auch die übliche Zimmertemperatur gut. Zu trockene Luft ist nicht optimal, wird von den Pflanzen aber noch vertragen. Eine gute Blattfärbung bildet sich nur bei sehr hellem Stand. Das Pflanzsubstrat sollte locker, wasserdurchlässig und zugleich grobfaserig sein.
Gießen mit temperiertem Wasser in die Pflanzenzisterne ist wichtig.
Vemehrung Vermehrt wird durch die oft reichlich vorhandenen Kindel, die erst abgetrennt werden, wenn sie bereits Wurzeln gebildet haben.
Pflanzenschutz Bei Kulturfehlern können Schildlausbefall und Thrips sowie Fäulnis der »Zisternenblätter« vorkommen.

Neoregelia carolinae 'Tricolor', Neoregelie, Familie Bromeliaceae/ Ananasgewächse.

Nepenthes-Hybride
Kannenstrauch, Kannenpflanze

Eine Rarität ist diese oft sehr kostspielige, interessante Pflanze, die zu den Carnivoren, den Insektenfressern, gehört. Wer über genügend Luftfeuchtigkeit in einem Blumenfenster oder einer Vitrine verfügt, sollte es unbedingt einmal mit dieser dekorativen Pflanze versuchen. Die *Nepenthes* gibt es in 70 Arten, die Hybriden entstanden aus zahlreichen Bastarden.

Herkunft In den feuchtwarmen Gebieten Asiens, Australiens und auf Madagaskar lebt die Kannenpflanze teils epiphytisch, teils terrestrisch.
Pflanzengestalt Die auffälligen Kannen hängen an langen Blattstielen herab, es sind keine Blüten, sondern umgewandelte Blattspreiten, die dunkel gefleckt sind. In ihrer tropischen Heimat sind diese Kannen stets zu einem Drittel mit Wasser gefüllt. Ein Blatt, das über der Kanne steht und aussieht wie ein Deckel, besitzt duftende Drüsen, die die Insekten anlocken. Sie rutschen dann schnell in die Falle hinein und werden dort in dem mit Verdauungsenzymen angereicherten Wasser verdaut. Der Deckel über der Kanne schützt außerdem vor Regen.
Pflege Die Kannenpflanze benötigt einen hellen, aber nicht sonnigen Platz. Das ganze Jahr sollte die Temperatur nicht unter 20° C absinken. Hohe Luftfeuchtigkeit und regelmäßiges Gießen mit enthärtetem, lauwarmem Wasser sind die Voraussetzungen für ein gutes Gedeihen. Bei Ballentrockenheit hält die Pflanze nicht

Nepenthes-Hybride, Kannenpflanze, Familie Nepenthaceae/Kannenpflanzengewächse (links).

Nidularium Nestrosette

Aus der Familie der Ananasgewächse kommt diese schöne Bromelie. Sie wird leicht mit der *Neoregelia* verwechselt; jedoch ist bei dieser Bromeliengattung der Blütenstand nicht einfach, sondern zusammengesetzt. Man kennt etwa 20 Arten, aber nur einige wenige davon sind bei uns als Zimmerpflanze verbreitet. *Nidularium* wurde von dem Franzosen Antoine Charles Lemaire (1800–1871) beschrieben.

Herkunft Aus dem Osten Brasiliens stammt diese ephiphytisch lebende Bromeliengattung.
Pflanzengestalt Die Blüten sitzen im »Nest« inmitten der prächtig rot oder auch gelb gefärbten Herzblätter. *Nidularium* ist eine Trichterbromelie. Von *N. innocentii*, mit den leuchtend roten Hochblättern und der weißen Blüte, gibt es viele Varietäten. Sehr bekannt – mit ebenfalls roten Hochblättern – ist *N. fulgens*. Schmale, längliche Blätter hat *N. scheremetiewii*, die Hochblätter sind rötlich bis rosa gefärbt. Die Blütenblätter sind blauviolett und an der Basis weiß.
Pflege *Nidularium* braucht viel Wärme, auch im Winter sollte die Temperatur nicht unter 18° C absinken. Der Standort muß hell sein, bei schattigem Platz vergrünen die cremeweiß gestreiften Blätter mancher Sorten. Mit dem Gießen sollte man besonders vorsichtig sein. Man verwendet nur kalkfreies, temperiertes Wasser. Bei Wärme im Sommer kann man reichlich gießen, sonst etwas weniger. Gut ist es, die Blätter mit Blattdünger zu besprühen.
Auch hohe Luftfeuchtigkeit ist für ein gutes Gedeihen von großer Bedeutung. Alle 2–3 Jahre wird die Pflanze in nährstoffreiche, grobfaserige Erde umgesetzt.
Vermehrung Durch Aussaat oder Kindel, die man bei dem Umtopfen abtrennen kann, wenn sie groß genug sind. Sie blühen ab dem 2. Jahr.

lange. Auch trockene Zimmerluft ist Gift für die Kannenpflanze. In der Hauptwachstumszeit kann man dem Gießwasser einmal im Monat ein wenig Flüssigdünger beifügen. Als Substrat verwendet man Orchideenerde. Die Kannenpflanze wird im Frühjahr nur dann umgetopft, wenn sie den alten Topf durchwurzelt hat. Die Pflanzgefäße müssen ein Wasserabzugsloch besitzen, denn stauende Nässe im Wurzelbereich schadet der Pflanze auf jeden Fall. Man braucht übrigens keine Insekten zusätzlich in die Falle zu leiten. Die Kannenpflanze ernährt sich ausreichend durch unsere Pflege.
Vermehrung *Nepenthes* lassen sich über Stecklinge vermehren, dies ist aber eine komplizierte und langwierige Aufgabe, die man daher besser dem Gärtner überlassen sollte.

Nidularium fulgens, Nestrosette, Familie Bromeliaceae/Ananasgewächse (rechts).

Ophiopogon jaburan Schlangenbart

Zu den Liliengewächsen gehört dieses schöne Gewächs, das in seiner Robustheit zu einer beliebten Zimmerpflanze geworden ist. Benannt wurde die Art *Ophiopogon jaburan* von dem deutschen Botaniker Carl Sigismund Kunth (1788–1850); er traf auch die Unterscheidung anhand der Blüten zur sehr ähnlichen Gattung *Liriope*.

Herkunft *Ophiopogon* kommt aus Asien. Besonders in Japan und auf den Riukiu-Inseln, einer Inselkette zwischen Japan und Taiwan, sind diese Pflanzen heimisch.
Pflanzengestalt Diese kleine Staude wächst bodendeckend, hat immergrüne, schlanke, grasartige Blätter, wobei die Sorte 'Variegatus' mit goldgelben Streifen aufwartet. Die Blütenstände erinnern ein wenig an unser einheimisches Maiglöckchen; sie sind weißlich oder zart violett.
Pflege *Ophiopogon* ist denkbar robust. Im Sommer verträgt er sogar einen Platz im Freien, in Südeuropa kann er ausgepflanzt das ganze Jahr über im Garten bleiben. Allerdings friert er leicht zurück, wenn starke Fröste auftreten. Im Zimmer möchte der Schlangenbart das ganze Jahr über einen hellen Platz. Er mag es lieber kühl als zu warm. Im Winter sollte man bei weniger Wärme auch sparsamer gießen. Alljährlich im Frühling kann man den Schlangenbart umtopfen. Normale Blumenerde ist ausreichend.
Vermehrung Ältere Pflanzen werden geteilt.

Ophiopogon jaburan, Schlangenbart, Familie Liliaceae/Liliengewächse (rechts).

Pachira aquatica, Pachira, Familie Bombacaceae/Wollbaumgewächse (unten).

Pachira aquatica Pachira

Mit dem Affenbrotbaum verwandt ist diese dekorative Zimmerpflanze aus der Familie der Wollbaumgewächse. Zwar wird sie bei uns im Zimmer nicht ganz so groß, aber sie ist dennoch ein sehr dekoratives und zudem pflegeleichtes Zimmerbäumchen.

Herkunft Im Süden Mexikos, in Nordperu und Nordbrasilien ist *Pachira* zu Hause. Dort wächst sie zu einem kleinen Baum mit breiter Krone heran. Die karminroten Blüten leuchten aus den Blättern hervor.

Pflanzengestalt Die *Pachira* hat dunkelgrüne, handförmig geteilte, spitz auslaufende Blätter. Sie besitzt zudem einen dekorativen, wasserspeichernden Stamm, was sie relativ unempfindlich gegenüber Trockenheit macht.

Pflege Einen hellen bis sonnigen Platz möchte die *Pachira*. Sie sollte nicht zu viel gegossen werden, und das Düngen muß man auf die Sommermonate beschränken. Einmal monatlich eine Volldüngergabe ist ausreichend.
Wichtig ist das tägliche Besprühen, weil *Pachira* bei hoher Luftfeuchtigkeit besser gedeiht als bei trokkener Luft, dann läßt die Pflanze leicht die Blätter fallen. Im Winter kann sie bei 12° C stehen, sollte dann aber sehr wenig gegossen werden.
Im Frühjahr wird umgetopft. Hierbei verwendet man übliche nährstoffreiche Blumenerde. Große Pflanzen kann man unbedenklich zurückschneiden.
Vermehrung *Pachira* läßt sich aus Samen vermehren, aber auch Kopfstecklinge wurzeln bei genügend Bodenwärme gut.

Pandanus Schraubenbaum

Auch wenn die Engländer den *Pandanus* »Screw Palm« nennen, also Schraubenpalme, so hat er doch keinerlei verwandschaftliche Bindungen zu den Palmen. Der Schraubenbaum bildet eine eigene Familie.

Herkunft Die Familie der Pandanaceen oder Schraubenbaumgewächse hat an die 1000 Arten, die in 3 Gattungen zusammengefaßt sind. *Pandanus,* der Schraubenbaum selbst, ist Vertreter einer Gruppe von Bäumen und Sträuchern, die meist auf den Malaiischen Inseln, aber auch auf Madagaskar und im tropischen Afrika zu finden sind.
Pflanzengestalt Alle wachsen aufrecht, sind immergrün und sehen auf den ersten Blick – vor allem im Jugendalter – fast wie eine grün- oder buntlaubige *Dracaena* aus. Dann aber zeigen sich doch große Unterschiede. So sind die zunächst grundständigen, schmalen Blätter, die je nach Art 1–2 m lang werden können, im Turnus eines Schraubengewindes angeordnet. Und schon mit 4 Jahren fängt der Schraubenbaum im Blumentopf an, sich mit sogenannten Stelz- oder Stützwurzeln über die Erdoberfläche zu erheben. Diese Eigenart gehört zum Erscheinungsbild der Pflanze, und man soll nicht etwa versuchen, durch Umtopfen nebst Tiefersetzen das Wurzelwerk wieder in der Erde verschwinden zu lassen. Es handelt sich hier, wie der Fachmann sagt, um »sproßbürtige, stelzenförmige Luftwurzeln«, die den inzwischen abgestorbenen Stamm ersetzen. Oberhalb der Stelzwurzeln – und auch das ist typisch für den Schraubenbaum – bilden sich bei den meisten Arten alsbald ringsum unter und zwischen den Blättern zahlreiche Seitentriebe, die an den Pflanzen belassen oder zur Nachzucht entfernt werden können. Blütenbildung kommt bei den Schraubenbäumen in gärtnerischer Kultur nicht vor.
3 Arten sind im Handel: *Pandanus utilis,* der Nützliche Schraubenbaum, wird in seiner Heimat Madagaskar bis 20 m hoch; hat dunkelgraugrüne, steife, bis 10 cm breite und bis 150 cm lange Blätter, die dicht mit nicht ganz ungefährlichen roten Rand- und Endstacheln besetzt sind; als härteste Art kann er eine Überwinterungstemperatur von 16° C – aber nicht darunter – vertragen!
P. sanderi, Sanders Schraubenbaum, ist auf Timor und einigen anderen Inseln des Malaiischen Archipels zu Hause; die Blätter sind 5 cm breit, 80–100 cm lang, weiß oder hellgrün gestreift, junge Blätter oft reinweiß, Rand und Endstacheln weiß oder rot; Überwinterungstemperatur nicht unter 18–22° C.
P. veitchii, Veitchs Schraubenbaum, Heimat Südseeinseln, hat einen schopfigen Blätterstand wie *P. sanderi.* Die nur leicht gezähnten und mit keinem Endstachel besetzten Blätter haben gelbliche Längsstreifen und wirken wie mit feinen grünen Nadelstreifen durchzogen; Überwinterungstemperatur nicht unter 18–22° C.
Pflege Ganzjährig im Zimmer halten, im Sommer bei Mindesttemperatur von 20–25° C hell ohne direkte Besonnung aufstellen. Etwas Luftfeuchtigkeit ist in den Wochen nach Austriebsbeginn erwünscht.
Im Sommerhalbjahr wird bei gutem Wachstum reichlich gegossen; gelegentlich sprühen. Von

Pandanus veitchii, Schraubenbaum, Familie Pandanaceae/ Schraubenbaumgewächse.

März bis Juli wird alle 1–2 Wochen eine Volldüngerlösung verabreicht.
Umgetopft werden Jungpflanzen jährlich, dann nach Bedarf, dazu Blätter am besten hochbinden oder einhüllen. Neues Pflanzgefäß reichlich groß nehmen.
Vermehrung *P. sanderi* und *P. veitchii* bilden die erwähnten Seitensprosse, die beim Abtrennen von der Mutterpflanze mindestens 20 cm lang sein sollten und dann bei normaler Zimmerwärme von 20–22° C in kleinen Töpfchen mit Anzuchterde leicht bewurzeln. *P. utilis,* der keine Seitensprosse treibt, kann nur aus Samen – frisch importiert im Exotenhandel – vermehrt werden; Keimtemperatur 25–30° C, Keimzeit 3–4 Wochen. Vermehrung aus Samen gelingt natürlich auch bei den anderen Arten, soweit das Saatgut erhältlich ist.
Pflanzenschutz Übereinstimmendes Urteil bei Fachleuten und Liebhabern: Schraubenbäume leiden weder unter Krankheiten noch Schädlingsbefall. Tödlich wirken nur Unterkühlungsschäden, Nässe und Vertrocknen.

Parthenocissus inserta, Jungfernrebe, Familie Vitaceae/Weinrebengewächse.

Parthenocissus inserta
Jungfernrebe

Verwandt mit unserem Wilden Wein an der Hauswand ist diese dankbare Kletterpflanze.
Sie ist immergrün und leicht zu pflegen. Seit etwa 100 Jahren ist sie bei uns als Zimmerpflanze bekannt und beliebt. Im Sommer kann man sie übrigens beruhigt an einen schattigen Platz ins Freie stellen.

Herkunft Vom amerikanischen Kontinent kommt *Parthenocissus inserta.* Die Pflanze ist in ganz Nordamerika verbreitet.
Pflanzengestalt Die handförmig geteilten Blätter sind immergrün und glänzend. Für das Begrünen von Wänden benötigt die Pflanze ein Klettergerüst. Da ihre Triebe auch nach unten wachsen, kann man sie auch in eine Ampel setzen.
Pflege Ein halbschattiger bis heller Platz ist am besten für den *Parthenocissus* geeignet. Sonne ist schädlich. Auch sollte die Pflanze nicht zu warm stehen und viel frische Luft bekommen. Im Winter sind 12° C ausreichend. Dann wird allerdings nur sehr sparsam gegossen. Hingegen sollte man im Sommer die Pflanze stets feucht halten. Auch schadet häufiges Besprühen nicht, obwohl *P. inserta* auch bei trockener Luft noch gut gedeiht.
Gedüngt wird er alle 3 Wochen einmal mit einem stickstoffhaltigen Volldünger. Als Substrat verwendet man handelsübliche Blumenerde. Im Frühjahr die Triebe zurückschneiden, um sie zum Verzweigen anzuregen.
Vermehrung Aus Teilstecklingen und Kopfstecklingen, die in Erde und im Wasser bewurzeln, läßt sich sehr schnell eine neue Pflanze heranziehen. Wichtig ist allerdings, diese zu fünft oder mehr in den Topf zu stecken, dann wächst die Pflanze von Anfang an buschig heran.

Peperomia Pfeffergesicht, Zwergpfeffer

Die niedlichen Pfeffergesichter in all ihrer Mannigfaltigkeit der Pflanzengestalten haben sich im Verlauf einiger Jahre von vielbestaunten und vielbegehrten Warmhauspflanzen zu wackeren kleinen Freunden auch außerhalb hochtechnisierter Tropenfenster und Kleingewächshäuser entwickelt.

Peperomia glabella, Zwergpfeffer, Familie Piperaceae/ Pfeffergewächse.

Herkunft Alle sind Bewohner tropischer Regenwälder im südamerikanischen Raum. Man kennt über 600 Arten und hat davon immerhin so viele in Kultur genommen, daß private Sammlerwünsche – nicht zuletzt auch wegen des handlichen Formats der meisten dieser Pflanzenwesen – voll befriedigt werden können. 2 Dutzend typische Vertreter der Gattung *Peperomia* wären schnell beieinander, und man hätte viel Spaß an dieser buntgewürfelten Gesellschaft.

Pflanzengestalt Um ihrer Vielgestaltigkeit Herr zu werden, hat man sie in Arten mit bunten Blättern, Arten mit grünen Blättern und Arten mit kriechenden oder hängenden Zweigen aufgeteilt. Die meisten sind epiphytisch wachsende, ausdauernde, niedrige Kräuter mit dicken Stengeln und fleischigen Blättern, deren Oberseiten einen mit bloßem Auge erkennbaren eigenartigen Aufbau zeigen: Beim Durchschneiden bemerkt man im Profil, daß die Oberschicht mit dünner Haut als eine Art von Wasserspeicher über dem eigentlichen Blattgewebe liegt.
Dünnblättrige Arten haben diese Einrichtung nicht. Blüten kommen nur bei wenigen Formen vor; die überwiegende Zahl wird wegen ihrer interessanten, oft auch weißbunten Belaubung als Blattpflanze gehalten.
Peperomia argyreia aus Brasilien hat schildförmige, silbrig und grün gestreifte, 8–12 cm lange Blätter an roten Stielen. Als aufrechte, dicht behaarte Pflanze, die schon seit 1802 zum Sortiment gehört, präsentiert sich *P. blanda.* Die Blätter stehen meist »wirtelig«, d.h. in Kreisform, um ihre Sproßachsen. *P. caperata,* die »Steppdeckenpeperomie« genannt, wurde erst 1954 aus Brasilien eingeführt. Die runzligen (»gekrumpften«), dunkel- und hellgrün marmorierten Blätter sitzen an langen, roten Stielen. Die Blüten erscheinen sehr zahlreich im Frühling in kolbenförmigen Ähren auf rotgefleckten Stielen. Bei *P. clusiifolia* (Handelsname auch *P. obtusifolia*) sitzen die Blätter wechselständig an kurzen Stielen; sie sind dicklederig, etwas nach oben gebogen, grün mit roter Tönung, gelbbunte 'Variegata'-Form; die Pflanze ist seit 1793 bekannt und dürfte wohl die älteste Peperomie in Kultur sein. *P. griseoargentea* hat lange, weißliche Blattstiele mit roter Strichelung; Blätter bis 6 cm breit, herz- oder schildförmig, oberseits zwischen grünen Hauptnerven blasig aufgewölbt, silbrig glänzend; ein apartes Gewächs, an dem man viel Freude haben kann. *P. arifolia* mit der buntblättrigen Sorte 'Astrid': Die weißlichen Ährenblüten sind zu rispenähnlichen Gesamt-Blütenständen vereinigt. *P. fraseri* (früher *P. resedaeflora*) hat reseda-duftende, weiße Blüten, die in traubigen Ähren beisammenstehen. *P. scandens,* das Schlängelnde Pfeffergesicht, ist mit den kriechenden Trieben eine hübsche Ampelpflanze. Als Arten mit kriechenden oder hängenden Zweigen gelten außerdem *P. rotundifolia* mit fadenförmig kriechenden Sprossen und braundunkelgrün marmorierten Blättern sowie *P. glabella* mit reich verzweigten Trieben und grünweißen Blättern.

Pflege Sommerstandort hell, aber schattig, direkte Besonnung beeinträchtigt das Farbenspiel der Blätter. Im Winter buntblättrige Arten bei 18–20° C, grünblättrige um 15° C. Bester Platz: als dekorative Bodenpflanzen im Tropen- oder Blumenfenster, manche auch auf Epiphytenstämmen, Borken- oder Korkstücken; einfache Zimmerkultur auf die Dauer weniger günstig. Grundregel merken:

Peperomia argyreia.

Peperomien mit fleischigen (sukkulenten) Blättern – allen voran die standhafte *P. clusiifolia* – vertragen Wohnwärme und trockene Luft nebst weniger Licht besser als die zarten, weichblättrigen Arten und Sorten, die mehr für Tropenfenster oder Zimmervitrine passen.
Die Luftfeuchtigkeit sollte im Sommer hoch sein, im Winter zur Vermeidung von Blattflecken stark einschränken.
Ebenso verhält es sich mit dem Gießen: im Sommer normal, im Winter sparsam; immer lauwarm. Von März bis Juli wird alle 2 Wochen einmal gedüngt.
Beim Umtopfen nach dem völligen Durchwurzeln leichte Erde verwenden.
VERMEHRUNG Grüne Arten durch Trieb- und Blattstecklinge; Buntblättrige nur durch Triebstecklinge. Saatgut kaum im Handel.
PFLANZENSCHUTZ Im feuchten Bodensubstrat treten Schnecken auf; Fäulnis bei zu kühlem Winterstand.

Peperomia caperata.

Perilepta dyeriana Perilepta

Man kann diese reizende Pflanze zu den Raritäten zählen. Sie gehört zur Familie der Akanthusgewächse und ist besonders durch ihre Blattfärbung interessant für uns. Der Holländer Cornelis Elisa Bertus Bremekamp (1888–1984) benannte die *Perilepta*. Er gilt als Spezialist vor allem für die Familie der Akanthusgewächse.

HERKUNFT Aus Burma kommt die bei uns kleinbleibende Pflanze. Dort wächst sie aber als Strauch in den warmen und feuchten Gebieten heran.
PFLANZENGESTALT *Perilepta* besitzt elliptisch-lanzettliche Blätter, die dunkelgrün sind und oberseits eine violett-rote, metallisch schimmernde Äderung haben. Die Blattunterseiten sind vollständig rot.
PFLEGE *Perilepta* braucht einen hellen bis halbschattigen und warmen Platz. Wichtig ist, daß sie nicht der prallen Sonne ausgesetzt wird. Im Winter darf sie nicht unter 15° C stehen. Zudem muß man immer für eine hohe Luftfeuchtigkeit sorgen. Besonders in Räumen mit Heizung leidet sie unter der trockenen Luft. Deshalb ist sie für die Vitrine, den Flaschengarten oder das Tropenfenster besonders gut geeignet.
Stets sollte man sie mit enthärtetem Wasser gießen. Aber das nur mäßig, sie mag keinen trockenen Fuß, kümmert aber ebenso bei Übernässung. Im Sommer wird sie alle 14 Tage einmal mit einem Blumenvolldünger in schwacher Konzentration gedüngt.
Man sollte *Perilepta* öfters stutzen, um sie zur Verzweigung anzuregen. Junge Pflanzen sind kräftiger gefärbt als ältere, deshalb stets erneuern.
VERMEHRUNG Durch Kopfstecklinge, die man in feuchtwarmer Erde rasch zum Bewurzeln bringt.

Philodendron Baumfreund

Man kann sich keinen tropischen Urwald ohne diese vielfältige Gattung denken. Ob als kletternde, rankende oder auf Stämmen wachsende oder mit Riesenblättern ausgestattete Arten, man findet *Philodendron* in den gesamten Tropen überreichlich.

Herkunft Bis jetzt bekannt: 275 Arten in tropischen Regenwäldern von Mexiko über Mittelamerika bis Peru und Brasilien, auch auf Kuba und Jamaika.

Pflanzengestalt Strauchige oder kletternde, manchmal auch stammlos wie Kräuter wachsende Pflanzen mit oder ohne Luftwurzeln. Immergrüne einfarbige, auch wunderschön samtige und weißbunte Blätter, sehr verschieden: Jugend- und Altersformen zeigen sogar innerhalb der gleichen Art oft so starke Abweichungen, daß ihre Bestimmung und Zuordnung Schwierigkeiten macht. Typische Aronstab-Blütenstände mit weißer oder farbiger Spatha und dickem Blütenkolben erscheinen bei häuslicher Pflege in Topfkultur nicht eben häufig, bei ausgepflanzten, vor allem auch älteren Exemplaren in Gewächshauskultur ziemlich regelmäßig.

Philodendron erubescens aus Kolumbien: Blätter bis 40 cm lang, oberseits dunkelgrün; Blüte mit zimtroter Spatha und rahmweißem Kolben. Sehr dekorative, dabei harte und langlebige Art, deren nicht übermäßig starker Wachstumsdrang sich auch durch Rückschnitt bändigen läßt.

P. ilsemannii, dessen Heimat nicht bekannt ist, gehört zu den schönsten weißbunten Lianen überhaupt. Blätter bis 40 cm lang, 15 cm breit, meist lanzettlich-pfeilförmig, weiß und grün marmoriert, wobei nicht selten das Blattgrün bis auf wenige kleine Tüpfel fehlt. Trotz Panaschierung recht widerstandsfähig, gut zu halten.

P. melanochrysum aus Kolumbien: wunderbar samtig-olivgrüne Blätter mit weißen Blattadern, 40–80 cm lang, bis 30 cm breit, rund um die Mittelachse senkrecht herabhängend.

P. scandens, das bekannte Kletterphilodendron: auf Jamaika zu Hause, seit 1793 in Europa bekannt, auch Stachelspitziger Baumfreund genannt. Dadurch ist das wesentliche Merkmal seiner herzförmigen, in der Jugend kleinen und festen, im Alter doppelt so großen, bis 30 cm langen, bis 20 cm breiten Blätter hinreichend gekennzeichnet. Sehr anspruchslos, gute Ampelpflanze, ebenso geeignet zum Beranken von Raumteilern und Wandgittern; nimmt auch mit wenig Licht vorlieb.

P. gloriosum, der Herrliche Baumfreund aus Kolumbien, ist eine echte Kriechart, deren kräftiger dunkelgrüner Stamm sich nur auf der Erde fortbewegt. Blätter groß, rundlich, samtig-hellgrün mit weißen Adern. Wärmebedürftig, daher Tropenfenster.

P. verrucosum, der Warzige Baumfreund, zwischen Costa Rica und Kolumbien daheim, hat ähnlich wie *P. melanochrysum* große, samtartig schimmernde, oberseits olivgrüne, am Rand smaragdgrüne, unterseits rötlichbraune Blätter, dazu aber recht absonderliche Blattstiele, die bei 50 cm Länge dicht mit warzenähnlichen kleinen Borsten besetzt sind. Braucht Wärme und Luftfeuchtigkeit wie *P. melanochrysum* (18° C im Winter).

P. angustisectum (früher *P. elegans*), der Zierliche Baumfreund, ist überall im tropischen Südamerika zu finden. Die wuchskräftige, reich mit Luftwurzeln besetzte Liane hat 60 cm lange, runde Blattstiele und 40–70 cm lange, 30–50 cm breite, tief gefiederte Blätter mit leicht sichelförmiger Biegung. Bildschön, dabei anspruchslos. Ebenso attraktiv ist *P. pedatum,* der Ausgefranste Baumfreund aus Brasilien; er hat 40–50 cm lange, etwas rauhe Blattstiele und große, im Umriß dreieckige, unregelmäßig zerteilte und gelappte Blätter.

P. squamiferum, der Schuppentragende Baumfreund, besitzt wohl die merkwürdigsten Blattstiele von allen: Sie sind bis 60 cm lang, rot und im Jugendalter mit abstehenden roten, später grünen Schuppen besetzt.

Perilepta dyeriana, Perilepta, Familie Acanthaceae/Akanthusgewächse.

Philodendron scandens, Baumfreund, Familie Araceae/Aronstabgewächse.

P. bipinnatifidum, der Doppeltfiederspaltige Baumfreund, kommt aus Südbrasilien. Sein aufrechter Stamm trägt oben einen dichten Blätterschopf; jeder abfallende Blattstiel hinterläßt am Stamm eine auffallende Narbe.
P. cannifolium (früher *P. martianum*), 'Martius' Baumfreund, benannt nach einem deutschen Botaniker um 1800, stammt aus Südbrasilien. Aus seinem kurzen, niederliegenden Stamm wachsen bis 40 cm lange, aufgeblasene Blattstiele mit länglich-lanzettlichen, etwas lederigen, lichtgrünen Blättern, die 35–65 cm lang werden können. Kommt leicht zur Blüte, wird aber in Zimmerkultur bald zu groß.

Pflege Philodendren verabscheuen direkte Besonnung und begnügen sich lieber mit einem relativ lichtarmen Standort. Kein Übersommern außerhalb des Raumes. Wintertemperatur der grünblättrigen Arten und gelegentlich vorkommenden Hybriden 14–16° C, etwas höhere Bodenwärme erwünscht, doch nicht Bedingung. Buntblättrige und samtblättrige Arten nicht unter 18° C, gleichmäßige Bodenwärme ist wichtiger. Eine hohe Luftfeuchtigkeit ist bei den bunt- und samtblättrigen Arten Bedingung, bei den grünblättrigen vor allem während der Austriebszeit (Frühjahr bis August) erwünscht.
Vom Frühjahr bis August wird reichlich gegossen, dann sparsamer, um das Blattwachstum zu stoppen. Wasser immer zimmerwarm verwenden.
Gedüngt wird von April bis August alle 2 Wochen einmal. Umgetopft wird jährlich einmal in nährstoffreiche, leichte Erde. Dünntriebige Arten sollten öfter eingekürzt werden.
Alle *Philodendron*-Arten eignen sich hervorragend zur Hydrokultur.

Philodendron sagittifolium 'Imperial Green' (rechts) und *P. domesticum* 'Red Emerald' (unten).

Vermehrung Aus Schnittresten Kopfstecklinge und Teilstücke verwenden; im Wurzelbereich austreibende, schon selbständige Jungpflanzen mit Luftwurzeln abtrennen; stärkere Pflanzen abmoosen. Vermehrung auch durch Aussaat von garantiert frischem, keimfähigem Samen möglich; viele Arten im Exotenhandel erhältlich; die Anzucht macht großes Vergnügen.

Pflanzenschutz Bei richtiger Pflege kaum Kummer mit Schädlingen und Pflanzenkrankheiten.

Wichtig Braune Blattspitzen sind Anzeichen für Ballentrockenheit oder verkalkte Erde.

Pilea Kanonierblume

Der merkwürdige deutsche Name weist ebenso wie die in den USA übliche Bezeichnung 'Artillery Plant' darauf hin, daß gegen Ende der Blüte die reifen Pollen aufspringen und ihren Blütenstaub in Wölkchen wegschleudern. An manchen Arten erkennt man die enge Verwandtschaft mit unserer Brennessel.

Herkunft Das interessante Nesselgewächs, dessen botanischer Name *Pilea* soviel wie Kappe oder Hut bedeutet, ist mit etwa 200 Arten eine sogenannte pantropische Pflanze, also in den Tropen der ganzen Welt zu finden. In gärtnerischer Kultur sind etwa ein Dutzend Arten und Sorten.

Pflanzengestalt Meist ein- bis mehrjährige Kräuter, deren eiförmige Blätter buntgeädert oder hellgefleckt sind und oft reliefartige Ausbuchtungen aufweisen. Am schönsten sind gedrungen wachsende Pileen; man sollte sie häufig stutzen und aus Stecklingen jährlich neu heranziehen.

Am häufigsten im Handel und in einfacher Zimmerkultur findet sich *Pilea cardierei,* 1938 in vietnamesischen Urwäldern entdeckt. Die Blätter sind gestielt, 10–12 cm lang, eiförmig, dunkelgrün, oberseits mit 4 Reihen silberweißer Flecke zwischen den Blattadern, daher auch der Name »Aluminiumpflanze«. Unscheinbare weißliche Blütchen im Frühling und Frühsommer.

Häufige Arten und Sorten:

P. cardierei 'Minima': reizende Zwergform, 12–15 cm hoch.

P. involucrata, auch als *P. pubescens* im Handel: Ihre aparte Schönheit spricht für sich selber.

P. microphylla (Handelsname *P. muscosa*): die »Moosartige« aus dem tropischen Amerika, wo sie bis in Höhen von über 2000 m emporsteigt; als Warmhauspflanze wie im Freiland als Bodenbedecker verwendbar.

P. spruceana aus Peru und Venezuela: 10 cm hohes Kraut, das Ausläufer treibt, auffallend hellgrüne Nesselblüten bringt und seinen Blütenstaub ebenso wie *P. cardierei* »verschießt«; dazu die bildschöne Zuchtform 'Norfolk' mit breiten Silberstreifen beiderseits der Blattmitte und ebenso reizenden Blüten.

Pflege Standort für alle genannten Formen halbschattig bis schattig mit viel Frischluft; Wintertemperatur nicht unter 10° C und nicht über 18–20° C. Etwas Luftfeuchtigkeit nur bei Austriebsbeginn im Frühjahr erwünscht, sonst nicht erforderlich. *P. cardierei* als Jungpflanze bei Austrieb stutzen. Im Sommer wird die Kanonierblume gleichmäßig feucht gehalten, im Winter etwas trockener, nicht sprühen.

Von März bis August vertragen die Pflanzen eine Volldüngergabe einmal in der Woche.

Vermehrung Aus Stecklingen oder selbstausgesamten Jungpflanzen im Frühjahr und Frühsommer. Sehr einfach.

Pilea cardierei, Kanonierblume, Familie Urticaceae/Nesselgewächse.

Pinguicula Fettkraut

Aus der Familie der Wasserschlauchgewächse kommt diese artenreiche Gattung, die zu den insektenvertilgenden Pflanzen gehört. Sie ist über den ganzen Erdball verbreitet.

Herkunft Im nördlichen Europa ist *Pinguicula vulgaris*, das Gemeine Fettkraut, zu Hause. *P. alpina* findet man auch im Ural und von den Pyrenäen bis zu den Karpaten. Aus Mexico stammen *P. cyclosecta* und *P. gypsicola.*

Pflanzengestalt Das Fettkraut hat verhältnismäßig dickfleischige, hellgrüne Blätter, die bei einigen Arten breit-elliptisch sein können, bei anderen aber lang und schmal. Sie bilden eine Rosette, aus der sich ein ähriger oder traubiger Blütenstand mit meist bläulichen oder rötlichen Blüten erhebt. Die Unterlippe ist oft weiß punktiert. Es handelt sich um Rachenblüten mit einem ziemlich weiten Schlund. Die Laubblätter haben an der Oberseite dichte Drüsenhaare, die einen zuckerhaltigen Schleim absondern. Dieser Schleim hält die winzigen Insekten fest. Durch das Berühren wird die Schleimabsonderung gefördert, so daß das Insekt eingehüllt wird und erstickt.

Pflege Die mexikanischen Arten *P. cyclosecta* und *P. gypsicola* brauchen einen warmen Platz das ganze Jahr über im Zimmer. Die europäischen Arten *P. alpina* und *P. vulgaris* fühlen sich auch im Freien wohl. Allerdings sollte man beiden Formen viel Feuchtigkeit geben. Auch Sonne vertragen sie gut. Als Substrat möchte das Fettkraut eine wasserdurchlässige Erde. Es braucht nicht gedüngt zu werden. Alljährlich setzt man es einmal im Frühling in frische Erde

Pinguicula, Fettkraut, Familie Lentibulariaceae/Wasserschlauchgewächse (links).

um. Die europäischen Arten entwickeln im Herbst kleine Knospen, die den Winter überdauern und im nächsten Frühjahr Wurzeln bilden und neu austreiben. Die übrige Pflanze zieht ein.

Vermehrung Aus Samen ist die Vermehrung möglich, es bildet sich interessanterweise nur ein Keimblatt. Man kann bei knöllchenbildenden Arten diese auch zur Vermehrung nutzen.

Pisonia Pisonie

Als sie vor einigen Jahren am Blumenmarkt auftauchte, gab es Enthusiasten, die in dieser hübschen weißbunten Blattpflanze eine echte Konkurrentin für manchmal etwas heikle weißbunte Gummibäume erblickten. Doch als *Ficus elastica* 'Doescheri' erschien, rückte *Pisonia* wieder in den Hintergrund.

Herkunft Dieses Wunderblumengewächs kommt aus Neuseeland und ist auch auf den Inseln des Pazifiks und des Indischen Ozeans verbreitet.

Pflanzengestalt *P. grandis* – nach dem 1648 verstorbenen holländischen Arzt William Piso benannt – wächst in ihren Heimatländern als Strauch oder Baum. Sie hat gegenständige, fast quirlartig angeordnete Blätter von Gummibaumformat mit hübscher weißbunter Zeichnung. Ebenfalls bekannt ist *P. umbelliferae*.

Pflege Manche sagen, die *Pisonia* sei eine Warmhauspflanze. Ich selbst habe sie mehrere Jahre lang in Erdkultur wie in Hydrokultur ohne Tropen- oder Blumenfenster ausprobiert. Sie wurde wie ein Gummibaum behandelt und gedieh prächtig dabei.

Man kann *Pisonia* beliebig bis ins alte Holz zurückschneiden. Im Winter sollten sie nicht unter 18° C stehen. Stets mäßig feucht halten, doch keine stauende Nässe aufkommen lassen.

Vermehrung Gut ausgereifte Kopfstecklinge bewurzeln bei 25° C Bodenwärme relativ rasch.

Plectranthus
Mottenkönig, Harfenstrauch

Bekannt ist von altersher der Mottenkönig, weil der krautig-zitronige Duft der Blätter die Motten abhalten soll. So war er in früheren Zeiten in fast jedem Schlafzimmer zu finden.

Herkunft Es gibt an die 200 Arten in den Tropen der ganzen Welt, jedoch nur 2 aus Südafrika, von denen der Mottenkönig *Plectranthus fruticosus* auch heute noch immer die bekanntere ist. Aus dem südöstlichen Indien stammt der derzeit ebenfalls sehr bekannte *P. coleoides*.

Pflanzengestalt Immergrüner, bis 1 m hoher Strauch mit etwas rauhhaarigen Blättern an rötlichen Stielen. Von Spätherbst bis Nachwinter halten sich zahllose aufrechte Rispen mit blauen Blütchen; die Blütenlippe ist meist zart punktiert. Außer diesem *P. fruticosus* mit seiner bescheidenen Anmut und leichten Kultivierbarkeit ist noch als Ampelpflanze und Bodenbedecker der kriechende und hängende *P. oertendahlii* mit weißbunt gezeichneten Blättern und weißen, bis 15 cm langen Blütentrauben zu nennen. *P. coleoides* 'Marginatus', ebenfalls als

Pisonia umbellifera, Pisonie, Familie Nyctaginaceae/Wunderblumengewächse (unten).

15–50 cm lange Halme mit schmalen, länglichen Blättern.
PFLEGE Fast wie das Zypergras (*Cyperus*) möchte auch der Zimmerbambus ständig einen feuchten Wurzelballen haben. Trockenheit kann für ihn das Ende bedeuten. Im warmen Sommer kann man den Zimmerbambus in einen wassergefüllten Untersatz oder Übertopf stellen. In dieser Zeit bekommt ihm auch trockene Luft, wenn er reichlich gegossen wird. Im Winter sollte er ebenfalls warm stehen, die Temperatur darf nicht unter 15° C absinken. Alljährlich im Frühjahr wird die Pflanze in normale Blumenerde umgetopft. Über Sommer kann man sie ins Freie stellen.
VERMEHRUNG Zimmerbambus wird durch Teilen größerer Pflanzen vermehrt.

Plectranthus coleoides, Mottenkönig, Familie Labiatae/Lippenblütler (links).

Pogonatherum paniceum, Zimmerbambus, Familie Gramineae/Gräser (unten).

Ampelpflanze geeignet, besitzt weiße Blattränder.
PFLEGE *Plectranthus* wünscht einen hellen, sonnigen Fensterplatz, wo er ganzjährig ungestört ist. Volle Beheizung sollte vermieden werden. Beste Wintertemperatur sind 12–15° C. Lufttrockenheit wird vertragen. Als Winterblüher kennt er keine eigentliche Ruhezeit, jedoch muß man nach der Blüte das Gießen einschränken, kräftig zurückschneiden und darf eine Mindesttemperatur von 10–12° C nicht unterschreiten. Wenn man alle 2 Jahre die Pflanzen im Frühling in nährstoffreiche Erde umtopft, braucht man kaum zu düngen.
VERMEHRUNG Mit Kopfstecklingen, die zu dritt in einen Topf mit feuchter Erde gesteckt werden, gelingt die Vermehrung eigentlich immer.

Pogonatherum paniceum
Zimmerbambus, Zuckergras

Der Zimmerbambus ist ein reizendes Gewächs aus der Familie der Gräser. Er wurde zwar schon im 18. Jahrhundert entdeckt und beschrieben, zählte aber damals zu den Zuckerrohrgewächsen. Erst um 1980 wurde er in unseren Breiten als Zimmerpflanze bekannt und beliebt.

HERKUNFT Der Zimmerbambus ist als Staude aus den wärmeren Gebieten Chinas zu uns gekommen. Auch in Malaysia und im Nordosten Australiens ist er heimisch.

PFLANZENGESTALT Grazile schmale Blätter hat diese Pflanze. Alljährlich erscheinen auch die typischen Gräserblütenstände.
Der Zimmerbambus wächst buschig und bildet dünne, holzige,

Polyscias scutellaria, Fiederaralie, Familie Araliaceae/ Araliengewächse.

Polyscias Fiederaralie

Mit wunderschönen, sich gar nicht ähnelnden Arten wartet diese Gattung auf. Am dekorativsten werden die Pflanzen im Alter, wenn sie Stämme gebildet haben und die Blätter nur oberhalb des Stammes sitzen.

Herkunft Die meisten Arten dieses Araliengewächses stammen vom Malaiischen Archipel und sind als stammbildende, hohe Gartensträucher in vielen tropischen Ländern verbreitet.

Pflanzengestalt Die unverholzten Stämmchen sind hellgrün mit dunkleren Streifen. Fiederaralien können rundliche, gelbgefleckte oder dunkelrote Blätter haben und ähneln eigentlich somit gar nicht einer Aralie. Die »echte« Fiederaralie, *Polyscias fruticosa,* besitzt gefiederte Blätter, die grün oder auch weiß umrandet sind. Ungefiedertes Laub hat *P. scutellaria.*

Pflege Diese Gattung eignet sich für Blumenfenster, Wintergärten und Kleingewächshäuser mit Wärme und hoher Luftfeuchtigkeit. Aber auch ein Platz im Zimmer bei Temperaturen um 20° C wird gut vertragen, wenn man das Sprühen nicht vergißt.
Stand schattig ohne direkte Besonnung. Wintertemperatur 16–18° C.

Vermehrung Stecklinge von nicht verholzten Trieben bewurzeln schlecht, sie brauchen eine Bodentemperatur von 25° C und ausreichend hohe Luftfeuchtigkeit.

Polyscias fruticosa.

Radermachera sinica
Zimmeresche

Zu den Bignoniengewächsen zählt diese relativ junge Blattpflanze, die wahrlich mit ihren schönen gefiederten Blättern an eine Esche erinnert. Der englische Botaniker William Botting Hemsley beschrieb und benannte die Art *Radermachera sinica*. Im Sommer kann diese Pflanze durchaus im Freien stehen.

Herkunft Die *Radermachera* kommt aus dem Südosten Chinas, dort ist sie ein immergrüner, großer Baum.
Pflanzengestalt Die doppelt gefiederten Blätter sind glänzend grün. Im Raum kann die Zimmeresche 1,5 m hoch werden. Sie wächst aufrecht und verzweigt sich ständig von unten her.
Pflege Einen hellen und warmen Platz möchte die *Radermachera* das ganze Jahr über haben. Gelegentliches Besprühen tut ihr gut. Im Winter dürfen die Temperaturen nicht unter 15° C absinken, dann allerdings sparsam gießen. Überhaupt möchte es die Zimmeresche nicht zu naß haben, auch im Sommer sollte man nicht zu reichlich gießen, sonst muß man mit Blattfall rechnen. Die *Radermachera* treibt aber wieder aus. Über Sommer kann man sie ruhig an einen geschützten Platz ins Freie stellen, nur sollten pralle Sonne und Dauerregen vermieden werden. Junge Pflanzen werden jedes Jahr im Frühling in frische Blumenerde umgetopft; ältere nur alle 3 Jahre. Gedüngt wird nur bis zum August alle 14 Tage mit einem Volldünger. Die Zimmeresche sollte dann auf den lichtarmen Winter vorbereitet werden, durch späte Düngergaben treibt sie neu aus. Es ist aber besser, sie mit »ausgereiftem« Holz in den Winter gehen zu lassen.
Vermehrung Man kann die Zimmeresche durch Kopfstecklinge und durch Aussaat vermehren.
Pflanzenschutz Bei zu warmer Überwinterung stellen sich leicht Blattläuse und Spinnmilben ein.

Radermachera sinica, Zimmeresche, Familie Bignoniaceae/ Bignoniengewächse.

Rhoicissus Kapland-Klimme

Eine anspruchslose Kletterpflanze aus Südafrika bereichert das Zimmerpflanzensortiment. Sie wird leicht mit *Cissus*-Arten verwechselt.

Herkunft Wenn eine Pflanze die Artbezeichnung *capensis* führt, so kann kein Zweifel an ihrem Heimatland bestehen: Sie stammt aus dem afrikanischen Kapland, dem wir so viele Zimmerpflanzen verdanken.
Pflanzengestalt »Evergreen grapevine« – »Immergrüne Rebe«, so heißt die Kapland-Klimme in den USA, und sie wird dort als kräftige Kletterpflanze mit runden Grundknollen, braun behaarten, etwas holzigen Trieben und langstieligen, dicklich-lederartigen, metallisch glänzenden, grünen Blättern geschildert. Diese Blätter sind fast kreisrund oder nierenförmig, 16–18 cm breit, kaum gelappt, wellig gezähnt, unterseits und am Rand rostfarbenfilzig. Blüte in älteren Jahren bringt schwarzrote Beerenfrüchte. Schon allein die Größe und Form der Belaubung lassen die »Immergrüne Weinrebe« als etwas Ungewöhnliches erscheinen. Zugleich erlaubt der insgesamt recht robuste Eindruck erfreuliche Rückschlüsse auf die Widerstandsfähigkeit dieser Pflanze, die auch in einfacher Zimmerkultur kaum Schwierigkeiten macht. Einziger Extrawunsch: Die Blätter öfter mal durch vorsichtiges Abwaschen entstauben!
Pflege Hier genügt es, auf die *Cissus*-Arten vom Kalthaustyp (*C. antarctica, C. rhombifolia*) zu verweisen. Aber *Rhoicissus capensis* ist noch härter als »Känguruhwein« und »Königsklimme«: Er darf in einigermaßen geschützten Lagen über Sommer ohne weiteres im Freien stehen. In südlicheren europäischen Ländern – etwa an der italienischen und französi-

schen Riviera – wird er gern als prachtvolle Berankung von Häusern, Balkonen und Pergolen verwendet. Daraus folgt: Als Hängepflanze wie andere Cissus-Arten eignet sich die Kapland-Klimme nicht. Ihre starken Stämme und Riesenblätter verlangen vorab aufrechten Wuchs an festen Kletterstangen oder Spalieren. Im Winter kann die Pflanze bei 5° C gedeihen, darf dann aber nicht so reichlich gegossen werden.

Vermehrung Stecklinge bewurzeln leicht im Glas mit Wasser oder auch in feuchter Erde. Günstig ist es, wenn man gleich mehrere in einen Topf steckt, weil dadurch die Pflanze später einmal buschiger wirkt.

Rhoicissus capensis, Kapland-Klimme, Familie Vitaceae/Weinrebengewächse.

Sansevieria Bogenhanf

Ein stolzer Titelträger war ihr Namenspate: Raimondo de Sangro, Fürst von Sansevieria, geboren 1710 und gestorben 1771 in Neapel. Heute nennt man die Pflanze in liebevoller Volkstümlichkeit auch »Schwiegermutterzunge« und mutet ihr alles zu, was andere Zimmerpflanzen längst zu Tode gebracht hätte. Sie aber lebt immer noch.

Herkunft Über 70 Arten, die meisten sind im tropischen Afrika und in Südafrika, ein paar auch im tropischen Asien zu Hause. Unsere wichtigste Zimmerform, die Westafrikanerin *Sansevieria trifasciata,* ist als Lieferantin einer hanfartigen Faser für die Seilerei heute noch zugleich Nutzpflanze; früher machten die Eingeborenen Bogensehnen aus diesen Fasern: daher der Name Bogenhanf oder Bogensehnenhanf.

Pflanzengestalt Aus kriechenden, oft weit über fingerdicken Rhizomen entspringen die grundständigen, fleischigen, meist nicht über 7 cm breiten Blätter, bis zu 6 an einem Trieb. Sie können 1,5 m und mehr hoch werden, wachsen steif aufrecht und enden in einer grünen Spitze. Die Blätter sind dunkelgrün mit unregelmäßigen, graugrünen Querbinden. Duftende, grünlich-weiße Blüten gibt es

nur bei sachgemäßer Pflege im Frühjahr in ährig-rispiger Anordnung an schlankem Schaft, der stets nur zwei Drittel der Blattlänge erreicht; sie sind Nachtblüher. Mehrere hübsche Sorten aus *S. trifasciata:* Am bekanntesten und schönsten ist 'Laurentii', deren Blätter von goldgelben Längsstreifen eingerahmt sind.
Die weniger häufige 'Craigii' hat mehrere gelblichweiße Längsstreifen. 'Hahnii' zeigt als niedrige Rosettenpflanze einen von den anderen *S. trifasciata*-Züchtungen abweichenden Wuchs; Blattzeichnung wie die Art. Gesamteindruck: Sie könnte fast eine kleine Bromelie sein. Neben der einfachen 'Hahnii' gibt es noch 'Golden Hahnii' mit goldgelben Randstreifen; beide sind in den USA entstanden. Pflege wie die großen Formen. Alle sind gut für Hydrokultur.

Pflege Ganzjährig im geschlossenen Raum; Allerweltspflanze für die Fensterbank, für Sukkulentenfenster, Geschäftsräume, Gaststätten, da völlig unempfindlich gegen trockene und schlechte Luft. Standort der sonnenliebenden Steppenpflanze möglichst hell, Halbschatten wird in Kauf genommen. Wintertemperatur darf nicht unter 15° C absinken, sonst

gibt es Unterkühlungsschäden. Gegossen wird über Sommer normal, im Winter sehr trocken halten. Wie nur sehr wenige Pflanzen verträgt die *Sansevieria* kalkhaltiges, hartes Gießwasser.
Gedüngt wird über Sommer mit stickstoffarmen Düngemitteln. Umgetopft wird nur bei völliger Durchwurzelung, wenn Rhizome obenauf herumzukriechen anfangen oder den Topf sprengen. Die Erde sollte grob und sandhaltig sein, dann kommt die Pflanze auch zur Blüte.
Vermehrung Am besten durch Teilen von Rhizomen. Blattstecklinge gelbrandiger Sorten schlagen immer ins Grün zurück.

Sansevieria trifasciata 'Golden Hahnii', Bogenhanf, Familie Agavaceae/Agavengewächse (links).

Sarracenia purpurea, Schlauchpflanze, Familie Sarraceniaceae/Sarraceniengewächse (rechts).

Sarracenia purpurea Schlauchpflanze

Aus der Familie der Schlauchpflanzengewächse kommt diese interessante, insektenfangende Pflanze. Da ihr niedrige Temperaturen nichts anhaben können, ist sie sogar in Irland und in der Westschweiz eingebürgert worden. Der große schwedische Pflanzensystematiker Carl von Linné (1707–1778) beschrieb und bestimmte diese Pflanze.

Herkunft Die 9 Arten der Gattung *Sarracenia* stammen aus den südlichen atlantischen Sumpfgebieten Nordamerikas.
Pflanzengestalt Die Pflanze bildet keinen Stengel, die insektenfangenden schlauchförmigen hellgrünen Blätter entspringen direkt dem Wurzelstock. Herrlich sind die langgestielten roten oder violett gefärbten Blüten.

Pflege Die Schlauchpflanze möchte einen hellen bis sonnigen Platz. Allerdings schaden in der winterlichen Ruhezeit einige Tage Dunkelheit überhaupt nicht. Auch sollte der Platz luftig und im Winter kühl sein, 10° C sind völlig ausreichend. Wichtig sind reichliches Gießen und eine hohe Luftfeuchtigkeit. Das Gießwasser sollte entkalkt sein. Entsprechend ist auch das Substrat, hier verwendet man Moorbeeterde. Gedüngt wird im Sommer alle 3 Wochen mit einem kalkfreien Hydrodünger. Jährlich im Frühjahr vor dem Austrieb wird in frische Erde umgetopft.
Vermehrung Größere Pflanzen können durch Teilung vermehrt werden.

Sansevieria trifasciata 'Laurentii'.

Schefflera arboricola, Strahlenaralie, Familie Araliaceae/Araliengewächse.

Schefflera Strahlenaralie

Als Pflanzengestalt von großem dekorativem Reiz und zugleich recht bescheidenes Blattgewächs hat die *Schefflera* allgemein im Zimmerpflanzensortiment erheblich an Bedeutung gewonnen. Es gibt reingrün, aber auch gelbgefleckte Arten.

Herkunft Diese schöne Grünpflanze, *Schefflera arboricola,* mit den handförmig angeordneten Blättern stammt aus Australien, Taiwan und Neuguinea. Sie wird in ihrer Heimat riesengroß und klettert an Bäumen empor.

In ihrer Heimat ist die *Schefflera* ein bis 40 m hoher Baumriese, der sich im australischen Frühling mit rötlichen Blüten schmückt.

Pflanzengestalt Die langgestielten, lackgrünen, lederigen Blätter sind bei jüngeren Pflanzen zunächst nur drei- bis fünffach geteilt; mit zunehmendem Alter wird die Anzahl der »Strahlen« immer größer. Sechzehnfach geteilte Blätter mit 30 cm Länge kommen vor. Inzwischen gehört auch die Gattung *Dizygotheca*, die Fingeraralie, zur *Schefflera*. Besonders reizvoll ist *S. elegantissima*, sie kann auch im Zimmer 2 m hoch werden. Die schmalen, langen Einzelblättchen stehen wie Finger einer Hand am dünnen Stengel. In der Jugend sind sie rötlich und zierlich, später dunkelolivgrün und breiter. Ebenso attraktiv ist *S. veitchii*.

Pflege Die *Schefflera* ist eine Pflanze, die stets die »Mitte« will: nicht zu warm, nicht zu kalt, nicht zu feucht, nicht zu trocken, nicht sonnig, nicht schattig. Fazit: Eine gute durchlässige Erde, die einem nassen Fuß vorbeugt, regelmäßiges Gießen und ein mäßig warmer und heller Platz sind ihr gerade recht. Auf Zugluft und Temperaturschwankungen reagiert die *Schefflera* empfindlich mit dem Abwerfen der Blätter. Öfteres Besprühen oder Abbrausen der Blätter tut der Pflanze gut.
Im Sommer sollte man sie alle 3 Wochen einmal düngen.

Vermehrung Nur aus frisch importiertem Samen in gärtnerischer Warmbeetkultur.

Scindapsus pictus Scindapsus, Efeutute

Bei den meisten im Handel angebotenen *Scindapsus* handelt es sich um die Gattung *Epipremnum*. Der echte Scindapsus ist seltener, weil er auch weitaus empfindlicher ist als die Allerweltspflanze *Epipremnum*. Ihren Weg nach Europa fand diese schöne Blattpflanze aus der Familie der Aronstabgewächse im Jahr 1844. Der deutsche Botaniker J.C. Hasskarl (1811–1894) benannte diese Art.

Herkunft Als Pflanze des tropischen Regenwaldes kommt *Scindapsus pictus* in Malaysia wild vor.
Pflanzengestalt Die Sprosse sind abgeflacht und hängend oder kletternd (mit Kletterhilfe). Die Blätter sind eiförmig-asymmetrisch und besitzen eine ausgezogene Spitze. Sie sind derb und von dunkelgrüner Farbe. Mit ihren hellen, silbergrauen Punkten und dem feinen, silbergrauen Rand ist sie eine sehr dekorative Pflanze. Die Sorte 'Argyraeus' ist am weitesten verbreitet.

Pflege Hohe Luftfeuchtigkeit und viel Wärme sind die Grundbedingungen für ein gutes Gedeihen von *Scindapsus*. Sie entwickeln sich dann als Ampelpflanze, am Moosstab gezogen oder als Bodendecker im geschlossenen Blumenfenster hervorragend. Es muß täglich mehrmals gesprüht werden, wenn die Luftfeuchtigkeit nicht ausreichend ist. Ein Vorzug dieser Pflanze ist, daß sie wenig Licht benötigt, also fast schattig stehen kann. Wichtig ist außerdem, daß ihr Wurzelballen stets gleichmäßig feucht gehalten wird und die Temperaturen nicht unter 15° C absinken. 18–24° C behagen ihr auf jeden Fall besser.
Jedes Jahr im Frühling sollte man den *Scindapsus* in frische Blumenerde umtopfen, sie sollte nährstoffreich und leicht sein. Gedüngt wird über Sommer alle 14 Tage einmal.
Vermehrung Aus Kopfstecklingen oder Teilstecklingen, die 1–3 Blätter haben sollten, kann man bei hoher Bodenwärme (25° C) rasch junge Pflanzen heranziehen. Man sollte eine Folientüte oder ein Glas über die Stecklinge stülpen. Auch im wassergefüllten Glas erfolgt eine Bewurzelung.

Scindapsus pictus, Efeutute, Familie Araceae/Aronstabgewächse (rechts oben).

Schefflera elegantissima (links).

Scirpus cernuus Simse

Schon die alten Römer sollen eine binsenartige Pflanze namens *Scirpus* gekannt haben. Wir wissen außerdem, daß dieser *Scirpus* aus der Familie der Ried- oder Zypergräser in zahlreichen winterharten und nicht-winterharten Arten über die ganze Erde verbreitet ist. Aber nur eine findet sich in Zimmerkultur.

Herkunft In vielen wärmeren Gebieten, praktisch überall in Europa, in Afrika, auf Madagaskar in Australien und Neuseeland ist *Scirpus cernuus,* die »Nickende Simse«, anzutreffen.
Pflanzengestalt Das 20–25 cm hohe Staudengras wächst zunächst aufrecht und bildet dichte, frischgrüne Büsche. Später neigen sich die zarten, fast fadendünnen Halme herab, so daß eine wunderschöne Ampelpflanze entsteht. Im Sommer erscheinen zwischen borstigen Blättchen an den Halmspitzen bräunliche Grasblüten in doldigen Ähren. Neuerdings zieht man eine Hülse über die unteren Pflanzenteile, so daß die sich ausbreitenden Halme wie ein Schopf aussehen.
Pflege Obwohl die Pflanze in warmen Regionen Südeuropas zu Hause ist, verträgt sie keinen Freilandaufenthalt; sie braucht ganzjährig einen halbschattigen Platz im geschlossenen Raum und treibt dort bei Winterwärme ohne Schaden weiter. Sie braucht viel Luftfeuchtigkeit und Wasser im

Untersatz, sonst gibt es braune Blattspitzen und Trockenschäden. Sehr gut für Hydrokultur.
Vermehrung Mit nur frischem Saatgut im Frühjahr oder durch Teilung älterer Stöcke beim Umtopfen im Januar/Februar. Sobald die Pflanzen von innen her gelb und braun werden, ist der richtige Zeitpunkt für die Vermehrung gekommen. Man setzt die geteilten Pflanzen in frische Blumenerde und hält sie ständig feucht. Allerdings sollte man am Anfang noch nicht mit einem Dauerfußbad beginnen. Es bilden sich schneller neue Wurzeln, wenn diese das Wasser »suchen« müssen. Dies ist nicht zu verwechseln mit trockenem Wurzelballen. Wie gesagt, ständig feucht sollte die Erde schon sein! Auch sollte man die jungen Pflanzen hell stellen und häufig besprühen, umso gleichmäßiger entwickeln sie ihr feines Laub.

Selaginella Mooskraut

Die Familie der Mooskrautgewächse besteht nur aus einer einzigen Gattung, doch die hat dafür über 700 Arten. Die meisten leben im tropischen Regenwald und lieferten von dort zum Teil erstaunliche Warmhauspflanzen von 50–60 cm Höhe.
Einige niedrigere Arten stammen aus gemäßigt-warmen Zonen.

Herkunft Die meisten der *Selaginella*-Arten kommen aus den Regenwäldern Mittelamerikas, zum Beispiel *Selaginella apoda,* eine nur wenige Zentimeter hohe, gelbgrüne Rasen bildende Pflanze. Sie ist quer durch den amerikanischen Kontinent von Kanada bis Texas zu Hause.
Pflanzengestalt Die krautigen Pflanzen sind bei uns zumeist als Bodendecker zu finden. Nur wenig hoch entwickeln sie ein dichtes Geflecht aus grünen oder gelben Blättern, die unbedingt an Farne erinnern.
Pflege In gärtnerischer Kultur wurde sie zum beliebten Bodendecker für Blumenfenster und Wintergärten mit Kalthausklima: ausdauernd, anspruchslos, leicht vermehrbar. *S. martensii* aus Mexiko wird ebenso wie ihre wunderschöne gelbweiße Zuchtform 'Watsoniana' bis 30 cm hoch, beide als Topfpflanzen geeignet. Winterwärme 14–16° C, im Sommer schattiger Stand, frische, zugleich feuchte Luft; kalkfrei und vorsichtig gießen – doch Ballentrockenheit meiden. Empfindlich gegen Düngesalze, daher nur schwache Konzentration geben. Gutes Gedeihen an Nordfenstern.
Vermehrung *Selaginella* läßt sich gut durch Teilen älterer Pflanzen vermehren. Da die meisten Arten Ausläufer bilden, kann man diese leicht zum Bewurzeln bringen, wenn man sie in feuchte Erde leitet und dann abtrennt.
Wichtig Die sogenannte »Auferstehungspflanze« ist die *Selaginella lepidophylla*. Sie wird leicht mit der »Rose von Jericho« verwechselt, die aber zur Gattung *Anastatica* gehört. Die Auferstehungspflanze stammt aus Gebieten Mittelamerikas, in denen über längere Zeit Trockenheit herrscht. Die Blätter dieser Rosettenpflanze rollen sich dann zusammen, um beim nächsten Regen wieder aufzugehen und als dunkelgrüne Rosette zu wachsen. Trockene *Selaginella*-Kugeln werden oft angeboten. Sie entfalten sich bei Wassergaben noch beliebig oft, sind aber abgestorben, werden also nicht mehr intensiv grün.

Scirpus cernuus, Simse, Familie Cyperaceae/Riedgräser.

Selaginella, Mooskraut, verschiedene Arten, Familie Selaginellaceae/Mooskrautgewächse (unten).

Soleirolia soleirolii Bubiköpfchen

Die Fülle der kleinen Blätter macht dieses zierliche Kraut aus der Familie der Nesselgewächse so beliebt. Ob als Bodendecker und Unterpflanzung von großen Stammpflanzen oder als Zierde und in Form geschnitten im Dekorationsgefäß – das Bubiköpfchen ist immer wieder begehrt, und das seit Anfang des Jahrhunderts.

Herkunft Als sogenannte Steingartenpflanze ist es auf Mallorca, Korsika, Sardinien und sogar auf Elba verbreitet. Dort schmiegt es sich an feuchte Mauerfugen.
In milden Gegenden Südeuropas und Westeuropas hat es sich inzwischen auch verbreitet.
Pflanzengestalt Die kleinen, hellgrünen Blätter sind herznierenförmig und sitzen dicht an dicht an den weißlichen, zarten Trieben. Die weißen, sternchenförmigen Blüten bleiben recht unscheinbar, sind aber in der Fülle auch eine Augenweide.
Pflege Das Bubiköpfchen möchte einen hellen, aber nicht prallsonnigen Platz. Besser ist etwas Halbschatten. Steht es allerdings zu dunkel, »vergeilen« die Triebe, die Zwischenräume zwischen den Blättchen werden länger, die Pflanze verliert ihre Attraktivität. *Soleirolia* sollte stets mäßig feucht gehalten werden, daher empfiehlt es sich, sie von unten zu gießen und bei warmem Platz im Untersatz immer etwas Wasser zu belassen. Ansonsten kann die Pflanze auch ruhig mäßig warm stehen. Temperaturen um 18° C sind ausreichend. Beim Gießen von oben entsteht zumeist ein häßliches Loch in der Blattfülle. Gedüngt wird das Bubiköpfchen über Sommer alle 2 Wochen einmal mit einem Blumenvolldünger auf die gleiche Weise – also nicht von oben gießen.
Ein Umtopfen erübrigt sich, da ältere Pflanzen zumeist nicht so schön aussehen. Und da das Bubiköpfchen außerordentlich wüchsig ist, bekommt man recht schnell wieder eine verjüngte Pflanze aus Stecklingen groß.
Vermehrung Vermehrt wird das Bubiköpfchen durch Teilung, besser noch aus Stecklingen, die man einfach dicht bei dicht in feuchtes Substrat (normale Blumenerde) steckt. Eine übergestülpte Glashaube oder Folientüte beschleunigt das Anwachsen. Die Triebe bilden recht schnell Wurzeln und neue Blättchen.

Soleirolia soleirolii, Bubiköpfchen, Familie Urticaceae/Nesselgewächse (rechts).

Sparmannia africana Zimmerlinde

Um die Jahrhundertwende galt die Zimmerlinde als die schönste Topfpflanze. Zweifellos ist auch die in unseren Wohnungen recht groß werdende Pflanze mit den weichen, leicht behaarten Blättern, die von so hellem Grün sind, daß sie fast durchscheinend wirken, außerordentlich attraktiv.

Herkunft Die Linde des Schweden Dr. Andreas Sparmann (1748–1820) ist eine Ausnahme, denn von 7 Arten, die im tropischen Afrika und auf Madagaskar vorkommen, hat einzig *Sparmannia africana* den Zugang zur Zimmerpflanzenkultur gefunden.
Pflanzengestalt Es gibt die im Heimatland bis 4 m hohe Großform und eine nur bis 80 cm hohe Zwergform. Beide sind immergrüne Sträucher, deren untere Zweige bald braun verholzen. Der Neuaustrieb und die großen, herzförmig-eirunden, oft eckig ausgebuchteten Blätter sind leuchtend hellgrün, dabei filzig behaart. Die im Spätwinter oder Frühjahr – seltener im Sommer – erscheinenden weißen Blüten tragen aparte gelbe und rote Staubfäden. Die Zwergform blüht meist reicher als die große Ursprungsart, diese wieder besser als eine Züchtung 'Flore pleno' (mit gefüllten Blüten). Manche Zimmerlinden verweigern jedes Blühen und erwarten Anerkennung nur als Blattpflanzen.
Pflege In bald 200 Jahren echter Freundschaft mit dieser liebens-

würdigen Pflanze hat sich erwiesen: Die Zimmerlinde bevorzugt ganzjährigen Aufenthalt im geschlossenen Raum. Balkon und Garten werden nicht so gut vertragen. Während der Wachstumszeit, die auch das Blühen einschließt, soll der Standort hell und sonnig, dabei recht luftig und nicht zu warm sein. Keine Einengung durch andere Pflanzen, daher keine Eignung für Blumenfenster. Das Triebwachstum dauert bis August, dann folgt nach einer Übergangszeit von Oktober bis Dezember eine Ruhepause, die bei 6–10° C verbracht werden sollte; höhere Temperaturen sind ungünstig.
Gegossen wird während der Wachstumszeit reichlich; während der Ruhezeit trockener halten, jedoch stauende Nässe und Ballentrockenheit vermeiden; beides ist sehr schädlich. Lufttrockenheit wird vertragen. Düngen sollte man in der Hauptwachstumszeit einmal wöchentlich. Umgetopft wird bei starkem Wachstum meist jedes Jahr in größere Töpfe oder Kübel. Die Erde sollte nährstoffreich und mittelschwer sein.
Vermehrung Durch nicht zu weiche Kopfstecklinge im Frühsommer; gut blühende Mutterpflanzen bevorzugen.
Pflanzenschutz Gilbende und abfallende Blätter – auch Blütenknospen – deuten auf Nahrungsmangel u.a. Kulturfehler hin. Verkahlte Pflanzen zurückschneiden. Auf Blattläuse und Thrips achten!

Sparmannia africana, Zimmerlinde, Familie Tiliaceae/Lindengewächse.

Stromanthe sanguinea, Stromanthe, Familie Marantaceae/Pfeilwurzgewächse.

Stromanthe sanguinea
Stromanthe

Aus der Familie der Marantengewächse kommt diese dezent gemusterte Blattpflanze. Ihre Ähnlichkeit, besonders mit der *Ctenanthe*, ist verblüffend. Im Blumenfenster oder in der Vitrine kann man viel Freude an diesem interessanten Gewächs haben.

Herkunft Rund 10 Arten gibt es in den feuchtwarmen Gebieten Südamerikas.
Pflanzengestalt *Stromanthe sanguinea* wird 1 m hoch, ihre Blätter sind oben grün, unten blutrot.
Pflege Die Stromanthe benötigt einen hellen bis halbschattigen, warmen Platz das ganze Jahr über. Auch für hohe Luftfeuchtigkeit muß gesorgt werden. Als Substrat verwendet man durchlässige, nährstoffreiche Erde, denn gegen Wurzelnässe ist die Stromanthe besonders bei fehlender Bodenwärme empfindlich. Aber auch Trockenheit mag die Pflanze nicht. So sollte man überhaupt alle Pflegemaßnahmen maßvoll ausführen: Keine Zugluft, keine Kälte, viel Luftfeuchtigkeit, viel Wärme und reichlich Nährstoffe sind genau das Richtige für diese dekorative Blattpflanze.
Vermehrung Bei reichlicher Bodenwärme bewurzeln Kopfstecklinge, wenn man ihnen eine Folientüte oder ein Glas überstülpt. Auch aus Samen lassen sich Stromanthen vermehren. Dies ist allerdings langwierig und braucht viel Geduld und Fürsorge.

Syngonium-Hybride 'Jenny', Purpurtute, Familie Araceae/Aronstabgewächse (rechts).
Stromanthe sanguinea 'Stripestar' (unten).

Syngonium podophyllum Purpurtute

Im Jugendstadium sind die Blätter dieses Aronstabgewächses pfeilförmig, im Alter teilen sie sich bis zu elffach und entwickeln eine ungewöhnliche Üppigkeit.

Herkunft Die Gattung stammt aus Mittel- und Südamerika, wo es an die 20 Arten gibt. Nur einige davon sind in gärtnerischer Kultur. In Mexiko, Guatemala, El Salvador und Costa Rica sind riesige Exemplare der erst im Alter rötlichen Purpurtute zu finden. Als häufigste Art ist *Syngonium podophyllum* im Angebot.
Pflanzengestalt Wichtig für ihre Identifizierung gegenüber anderen ähnlichen Aronstabgewächsen: Alle führen Milchsaft, haben als familiengemäße Eigentümlichkeit von der Jugend bis zum Alter in ihrer Form sich wandelnde, zuletzt drei-, fünf- oder sogar elffach fußförmig geteilte Blätter und schlagen an den »Nodien« (= Sproßeinteilungsknoten) Wurzeln. Sie kriechen oder klettern, so daß sie als Ampelpflanzen oder am Topfspalier, auch an Moosstämmen oder zur Begrünung von Epiphytenbäumen ohne weiteres verwendet werden können. Ältere Pflanzen bringen im Frühsommer oder Sommer grünliche Aronstab-Blüten, deren Blütenscheide (Spatha) innen purpurrot ist und der Pflanze zu dem sonst kaum verständlichen deutschen Namen »Purpurtute« verholfen hat.
Pflege Buntblättrige Sorten benötigen einen helleren Standort als grüne. Allerdings mögen alle *Syngonium*-Arten keine Sonne! Auch sollte die Temperatur das ganze Jahr nicht unter 18° C absinken. Die Pflanze braucht hohe Luftfeuchtigkeit und Bodenwärme, deshalb öfter besprühen. Gegossen wird mit warmem, enthärtetem Wasser. Von März bis August alle 14 Tage einen Volldünger geben.
Vermehrung Kopfstecklinge bewurzeln leicht in feuchter oder bodenwarmer Erde (25° C).

Tetrastigma voinierianum, Kastanienwein, Familie Vitaceae/Weinrebengewächse.

Tetrastigma voinierianum
Kastanienwein

Schon der deutsche Name »Kastanienwein« läßt als Vergleichsmaßstab für die Größe der Blätter darauf schließen, daß es sich hier um eine Pflanze von nicht geringem Ausmaß handelt. In einem Jahr kann sie bis zu 5 m Zuwachs bekommen.

Herkunft Vom tropischen Asien bis hinunter nach Neuguinea und Nordost-Australien gibt es an die 100 Arten. Aber nur *Tetrastigma voinierianum,* das im Gebiet von Tonking wächst und deshalb auch »Tonkingwein« genannt wird, ist in gärtnerischer Kultur.

Pflanzengestalt Ihrer Wuchsform nach zählt die Pflanze zu den immergrünen Lianen, hat fünfzählige gezähnte, oben dunkelgrüne, unten rotbraun-filzige Blätter, die bis 25 cm lang werden und an 5–7 cm langen Stielen sitzen. Ausgepflanzt im Kleingewächshaus treibt sie innerhalb eines Jahres ohne weiteres Ranken von mehreren Metern Länge. Blüte kommt kaum vor.

Pflege Standort Sommer wie Winter hell bis halbschattig, keine pralle Sonne, Wintertemperatur nicht unter 12–15° C.
Gegossen wird über Sommer nach Trockenwerden der Töpfe reichlich, im Winter sparsamer. Man kann sogar kalkhaltiges Wasser verwenden. Der Kastanienwein verträgt trockene Zimmerluft gut. Gedüngt wird über Sommer wöchentlich kräftig mit einem Volldünger, der Guano enthält. Alljährliches Umtopfen fördert das Wachstum entschieden.

Vermehrung Im Frühjahr kann man Blattstecklinge zum Bewurzeln bringen, aber die Bodenwärme sollte mindestens 25° C betragen.

Tillandsia Tillandsie

Nach Professor Elias Tillands, der von 1640–1693 lebte und als Botaniker an der finnischen Universität Abo lehrte, heißt diese Gattung. Dank ihrer Mannigfaltigkeit und Schönheit dürfte sie heute bei den Blumenfreunden unter allen Bromelien die Spitze halten. Tillandsien-Sammler sind keine Seltenheit mehr.

HERKUNFT Mit rund 400 Arten ist die Gattung *Tillandsia* nicht nur zahlenmäßig am stärksten, sondern hat auch mit die größte Verbreitung. Sie reicht vom Süden der USA über Mittelamerika bis weit nach Südamerika hinein und umfaßt tropische Regenwälder, Wüsten und subtropische Steppen, kühle Bergregionen und Trockengebiete.
PFLANZENGESTALT Dieses unterschiedliche Vorkommen erklärt ihre Vielgestaltigkeit: Neben epiphytisch wachsenden Baumtillandsien gibt es die terrestrischen Formen aus den versteppten Küstengebieten und den felsigen Hochflächen der Anden. Tillandsien wachsen – so sonderbar das klingt – vom Flachland am Meer bis hinauf in Höhen von 4000 m. Unter den epiphytisch lebenden Arten gibt es größere und kleinere Rosetten mit schmalen, pfriemen- bis grasartigen, dicht mit Saugschuppen besetzten Blättern und breitährigen, aufrechten Blütenständen. Sehr geringe Wurzelbildung bestätigt dabei die Lebensweise als Aufsitzerpflanze, die sie auch für unsere Epiphytenstämme in Tropenfenstern so geeignet macht. Einige Arten haben den Verzicht auf Wurzeln bis zum äußersten getrieben und leben ausschließlich durch Nahrungsaufnahme mit Hilfe ihrer Saugschuppen. Bekanntestes Beispiel dafür ist *Tillandsia usneoides,* das »Louisianamoos«. In Trockenzeiten löschpapierartig dürr, schwillt es in Regenzeiten zu zentnerschweren Gehängen, die Bäume und Telegraphenmasten als »Wasserpest der Luft« gefährden. Attraktiv ist auch *T. ionantha*, denn wenn sie blüht, färben sich auch die Blattspitzen leuchtendrot. Die Blü-

Tillandsia usneoides (oben) und *T. cyanea* (links), Tillandsie, Familie Bromeliaceae/Ananasgewächse.

ten selbst sind lila. *T. argentea* hat nadeldünne, silbriggraue Blätter und lange Blütenstiele.
Pflege Tillandsien sollten bei etwa 20° C und hoher Luftfeuchtigkeit gehalten werden. Je nach Art werden sie auf Ästen oder Moos drapiert. Sie werden ausschließlich besprüht, auch gedüngt wird über das Sprühen. Dafür gibt es Tillandsienspezialdünger im Handel.
Vermehrung Über Kindel, aber besser vom Fachmann machen lassen.
Auch durch frischen Samen kann man Tillandsien mit ein wenig Glück vermehren. Man legt die Samen in eine feuchte Schale auf Fließpapier oder direkt an die Rinde des Ephiphytenstammes, den man dann sofort und ständig besprüht. Die Samenflughaare haften bei Feuchtigkeit und keimen bei etwa 22° C schon nach wenigen Tagen. Allerdings darf man sie zwischendurch niemals vertrocknen lassen.

Tolmiea menziesii Henne mit Küken

Man braucht nur ihre vielen Kosenamen zu nennen, um die Eigenart dieser »Kinderstubenpflanze« zu umschreiben. In den USA wird sie »Tausendmütterchen« oder »Piggy-back-plant« genannt; die Holländer sagen »Kindchen in Mutters Schoß«, während man sich in Österreich mit »Kindchen im Schoß« begnügt.

Herkunft Als einzige Art reicht ihre Verbreitung von Alaska bis nach Nord-Kalifornien.
Pflanzengestalt Der deutsche Name »Henne mit Küken« kommt daher, daß dieses frischgrüne, nur 20–30 cm hohe Steinbrechgewächs in den Buchten seiner zimmerlindenähnlichen Blätter Brutknospen entwickelt, aus denen bewurzelte kleine Pflänzchen entstehen. Wie andere Brutblätter fallen sie mit erreichter Reife ab und wachsen weiter.
Der Blütenstand ist eine 15–20 cm lange Traube grünbrauner Blütchen mit orangefarbenen Kappen.

Pflege Einen hellen und luftigen Platz, aber keine pralle Sonne möchte die *Tolmiea menziesii* das ganze Jahr über. Im Sommer kann man die Pflanze sogar ins Freie bringen. Im Winter sollte sie kühl bei 10° C stehen. Gegossen und gedüngt wird nur von März bis August reichlich, im Winter gar nicht düngen und die Pflanzen mäßig feucht halten.
Vermehrung Die kleinen Pflänzchen werden mit dem Mutterblatt, das dann eingeht, in feuchte Erde zum Bewurzeln gesteckt.

Tolmiea menziesii, Henne mit Küken, Familie Saxifragaceae/ Steinbrechgewächse.

Tradescantia zebrina (oben) und *T. fluminensis* (unten), Tradeskantie, Familie Commelinaceae/ Commeliengewächse.

Tradescantia fluminensis 'Rochfort'.

Tradescantia Tradeskantie

Taufpaten waren zwei flämische Gärtner: John Tradescant-Vater, weiland Hofgärtner bei König Karl I. von England, gestorben 1637, und John Tradescant-Sohn, erst Gärtner, dann Botaniker und Forschungsreisender, gestorben 1662. Mindestens seit jenen Zeiten sind auch die Tradeskantien in Europa bekannt.

Herkunft Es gibt über 30 Arten. Die winterharten – bei uns unter dem Namen »Dreimasterblumen« als Gartenpflanzen geschätzt – kamen schon um 1600 aus Nordamerika herüber. Die Nicht-Winterharten wurden erst rund 200 Jahre später im tropischen Südamerika entdeckt; allen voran um 1825 wohl *Tradescantia crassula.*

Pflanzengestalt Ausdauernde, hängende oder niederliegende Kräuter mit langen, saftreichen Stengeln, die durch Blattknoten (Nodien) unterteilt sind. Die meist spitz-eirunden, längsgeäderten, häufig ebenfalls sehr saftreichen Blätter legen sich tütenförmig um ihren Blattknoten. Es gibt grüne und buntblättrige, auch sukkulente Arten. Die Blütenstände sind oft von laubblattähnlichen Hochblättern umgeben, erscheinen endständig oder aus den Blattwinkeln der obersten Blätter; Blütezeit Spätwinter und Frühling.

Als Topf- und Ampelpflanze überall bekannt und beliebt: *Tradescantia fluminensis,* die einfache grünblättrige Art. *T. cerinthoides,* eine nur 20 cm hohe kriechende Staude aus Argentinien, ist zottig behaart. Die Blätter sind oberseits

bräunlich, unterseits rot; die zahlreichen Blüten sind rosa mit weiß. Die Pflanze ist wärmebedürftig. Die sehr schöne *T. crassula* wächst aufrecht bis 40 cm hoch; große, glänzende, am Rand bewimperte Blätter; große weiße Blüten. *T. zebrina*, früher *Zebrina pendula*, ist grün-weiß und eignet sich als Ampelpflanze oder Bodendecker.
Pflege Schattiger Platz das ganze Jahr; normale Wohnwärme wird vertragen. Unterkühlungsschäden entstehen bei weniger als 10–12° C. Immer gleichmäßig feucht halten. Gedüngt wird alle 14 Tage im Sommer. Dann wachsen Tradeskantien sehr rasch. Da ältere Pflanzen leicht verkahlen, empfiehlt es sich, jährlich neue Jungpflanzen heranzuziehen. Als Substrat wird normale Blumenerde verwendet.
Vermehrung Stecklinge bewurzeln sehr leicht in Wasser oder Erde. Man setzt sie am besten zu fünft in einen Topf.

Yucca Palmlilie

Diese robuste, weit verbreitete Zimmerpflanze wird wegen ihrer spitz auslaufenden Blätter auch »Spanisches Bajonett« genannt. Sie ist zweifellos nach wie vor eine exotische Pflanze. Doch dies ist nicht gleichzusetzen mit pflegeaufwendig. Im Gegenteil, die *Yucca* ist dankbar, langlebig und pflegearm.

Herkunft Die *Yucca* kommt aus dem Südosten der USA und von den Kanarischen Inseln.
Pflanzengestalt Als »Wunderholz« ist die *Yucca* bekannt und beliebt, sie wird vermutlich deshalb so genannt, weil sie die Fähigkeit besitzt, aus einem Stück Stamm Blätter zu treiben, ehe sie beginnt, Wurzeln zu entwickeln. Dies führt bis heute zum Raubbau am Naturstandort. Dort werden riesige Stämme einfach abgeholzt, nach Europa exportiert und hier kurze Zeit nach dem Eintopfen zum Blattaustrieb gebracht. Wenn die *Yucca* keinen bodenwarmen Platz hat, kann es passieren, daß sie eingeht, weil sie einfach keine Wurzeln besitzt. Am häufigsten werden im Zimmer *Y. aloifolia* und *Y. elephantipes* gehalten.
Pflege Beim Kauf nicht die preisgünstigen Angebote wählen, sie sind mit Sicherheit noch nicht bewurzelt! Denn die ersten Nährstoffe holen sich die Blätter aus dem Stamm. Wassergaben haben dann noch wenig Sinn, weil keine Wurzeln da sind, die das Wasser weiterleiten. Im Zimmer ist die *Yucca* unproblematisch zu halten. Sie verträgt trockene Luft, Sonne und auch Halbschatten. Wegen ihrer Wasserspeicherung im Stamm braucht man sie auch nicht zu häufig gießen. Im Sommer sollte sie alle 3 Wochen eine Düngerlösung erhalten.
Vermehrung *Yucca* wird durch die kleinen Ableger, die sich am Schopf bilden, vermehrt. Diese vorsichtig abtrennen und im Topf bewurzeln lassen.

Yucca elephantipes, Palmlilie, Familie Agavaceae/Agavengewächse.

Zamia pumila Zamia

Diese interessante Pflanze wird oft mit einer Palme verwechselt. Tatsächlich aber ist sie mit der *Cycas* aus der Familie der Palmfarngewächse verwandt. Ihre Geschichte reicht Millionen Jahre zurück; im Handel ist sie selten zu finden.

Herkunft Aus Mexiko, Westindien und aus dem Südosten Floridas kommt die *Zamia*.

Pflanzengestalt Es gibt 12 Arten, doch nur *Zamia pumila* ist handelsüblich, alle anderen zählen zu den Raritäten. Die *Zamia* besitzt eine Stammknolle und sattgrüne, kräftige Wedel. Ihre Blätter sind groß und abgerundet wie ein Löffel. Vor der Verdunstung schützen sie sich mit einer Wachsschicht, die zudem behaart ist.

Pflege Die Pflanze sollte eher zu wenig als zu viel gegossen werden. Im Zimmer behagt ihr ein heller und luftiger Platz, obwohl sie auch im Schatten noch gedeiht. Im Winter sollte man die *Zamia* etwas kühler stellen und dann sollte sie noch weniger gegossen werden. Bei zu trockener Luft und zu viel Wärme im Winter stellen sich leicht Spinnmilben ein, deshalb sollte man die *Zamia* ruhig öfters besprühen. Im Sommer wird sie alle 3–4 Wochen mit einem Flüssigdünger gedüngt.
Als Substrat verwendet man leichte, sandhaltige Erde. Über Sommer kann die *Zamia* durchaus im Freien stehen, wenn der Platz nicht zu sonnig ist. Allerdings sollte man bei Dauerregen dafür sorgen, daß das Wasser gut ablaufen kann, sonst kommt es zu Fäulnis im Wurzelbereich. Auch sollte man die Pflanze erst allmählich ans Freie gewöhnen. Nur stundenweise im Schatten aufstellen. Nach etwa 14 Tagen dann den ganzen Tag und die Nacht hindurch.

Vermehrung *Zamia* wird durch Aussaat vermehrt.

Zamia pumila, Zamia, Familie Cycadaceae/Palmfarngewächse.

Palmen

Archontophoenix Herrscherpalme

Der deutsche Name kommt aus dem Griechischen; archon bedeutet Herrscher und phoenix steht für Palme. Diese schöne Palme mit den im Alter erscheinenden korallenroten Früchten hat der deutsche Palmenspezialist Hermann Wandland (1825–1903) benannt. Man kennt 2 Arten, die bei uns als Zimmerpalmen im Angebot sind.

Herkunft Die Herrscherpalme ist in den tropischen und subtropischen Regionen Australiens zu Hause. Es gibt 4 Arten der Gattung *Archontophoenix*.

Pflanzengestalt Diese Palme gehört zu den schnellwüchsigen, schlanken und hohen Fiederpalmen. Sie besitzt am Ende des säulenförmigen Stammes eine Wedelkrone bogig überhängender Fiederblätter. Der Baum erreicht in seiner Heimat eine Höhe von etwa 20 m, die Wedel werden über 4 m lang. Diese Palme wird in den Tropen gern in Parks, auf Grünflächen und in Gärten gepflanzt. Unter der Wedelkrone entwickeln sich die Blütenstände. *A. alexandrae* hat einen schlanken Stamm, der an der Basis verdickt ist. Ihre Blattfiedern sind unterseits etwas grau. *A. cunninghamiana* hat einen geraden, unverdickten Stamm. Die Blattfiedern sind unterseits grün und etwas zugespitzt.

Pflege Die Herrscherpalme benötigt das ganze Jahr über sehr viel Licht. In sehr warmen Sommern fühlt sie sich besonders wohl. Dafür muß es aber am Winterstandort kühl sein. Temperaturen um 15° C sind dann völlig ausreichend. Regelmäßiges Gießen ist vonnöten, doch stauende Nässe im Wurzelbereich sollte man vermeiden. Die Wedel werden öfters abgeduscht; danach die Pflanze aber nicht in die Sonne stellen, sonst gibt es Brandflekken! Als Substrat verwendet man die handelsübliche Palmenspezialerde.

Vermehrung Die Palme wird durch Aussaat vermehrt. Die Keimung des Samens wird beschleunigt, wenn dieser zuvor etwa 2 Tage im Wasser gequollen wurde.

Archontophoenix cunninghamiana, Herrscherpalme, Familie Palmae/Palmen (links).

Areca catechu, Betelpalme, Familie Palmae/Palmen (rechts).

Areca catechu Betelpalme

Im Handel wird die Goldfruchtpalme (*Chrysalidocarpus*) oft als *Areca* bezeichnet, sie hat mit jener jedoch nichts zu tun. Die echte *Areca* ist in ihrer Heimat eine Nutzpflanze und liefert Früchte, die von den Einheimischen gekaut werden.

Herkunft Im tropischen Asien, in Australien, auf Neuguinea und im Malaiischen Archipel ist die Betelpalme zu Hause.

Pflanzengestalt Es gibt von *Areca* etwa 50 Arten, doch nur *A. catechu* ist als Zimmerpflanze verbreitet. Die eleganten Wedel sind sattgrün, die Fieder stehen kammförmig ab und sind lanzettlich geformt.
Pflege Als wärmeliebende Palme sollte die Temperatur niemals unter 18° C abfallen. Außerdem braucht *Areca* ständig Feuchtigkeit und muß täglich besprüht werden. Der Topf kann im wassergefüllten Untersatz stehen, wenn Bodenwärme vorhanden ist. Die Betelpalme ist als Jungpflanze leicht an dem noch auf der Erde befindlichen Samenkorn zu erkennen. Doch sollte man es nicht voreilig abnehmen. Erst wenn es sich löst, versorgt es die Pflanze nicht mehr mit Nährstoffen.
Vermehrung Betelpalmen werden durch Aussaat vermehrt.

Arecastrum romanzoffianum
Romanzoffianische Kokospalme

Früher wurde diese Palme der Gattung *Cocos* zugeordnet, dies tat auch ihr Entdecker, der Dichter und Botaniker Adalbert von Chamisso (1781–1838). Er benannte sie nach dem russischen Fürsten M.P. Romanzoff, den Chamisso verehrte. Erst später wurde sie als eigenständige Gattung geführt. Sie sollte auf keinen Fall in einer Sammlung exotischer Gewächse fehlen und ist auch gar nicht so problematisch in der Pflege.

Herkunft Aus Südamerika kommt diese Palme, sie wird dort 10 m hoch. In den Tropen ist sie viel als Parkbaum in den Grünanlagen zu finden.
Pflanzengestalt Diese Fiederpalme entwickelt einen schlanken Stamm. Die Fiederbüschel stehen beiderseits der Mittelrippe des Wedels und biegen sich in der Mitte nach unten. Diese Eigenart ist sehr dekorativ und machte die Palme bei den Pflanzenfreunden so begehrt.
Pflege Im Sommer kann die Palme einen sonnigen Platz im Freien bekommen. Auch im Zimmer benötigt sie einen hellen Standort. Temperaturen um 18° C sind für sie ausreichend. Im Winter reichen sogar 12° C; dann allerdings weniger gießen. Im Sommer sollte die Palme öfter abgeduscht werden. Aber auch im Winter muß man für eine hohe Luftfeuchtigkeit in Pflanzennähe sorgen. Im Sommer braucht sie viel Feuchtigkeit und alle 14 Tage eine Düngergabe mit Blumenvolldünger. Die Erde muß nährstoffreich und wasserdurchlässig sein.
Die Romanzoffianische Kokospalme topft man so gut wie gar nicht um. Lediglich die oberste Bodenschicht wird erneuert.
Vermehrung Diese Palme wird durch Aussaat vermehrt. Der Samen keimt nach 8 Wochen.

Arecastrum romanzoffianum, Romanzoffianische Kokospalme, Familie Palmae/Palmen.

Butia capitata Butiapalme

Diese Palmengattung nennt man auch »Geleepalme«, weil man aus ihrer Beere ein köstliches Gelee bereiten kann. Auch für alkoholische Getränke lassen sich die Beeren verwenden. Der italienische Palmenspezialist Odoardo Beccari (1843–1920) benannte diese interessante Palmengattung.

Herkunft Diese Palme kommt vom südamerikanischen Kontinent. Dort wird sie etwa 5 m hoch.
Pflanzengestalt Am Grund des Wedelstiels der Fiederpalme sitzen Dornen. Die dicht gefiederten Wedel sind elegant gebogen, wobei die blaugrünen Fiedern sehr hart sind. Über 15 Arten sind bekannt, die aber nicht so leicht auseinanderzuhalten sind. Am Stammgrund bleiben die Reste abgestorbener Blattwedel deutlich sichtbar. Die Wedelstiele sind nicht bis zum Stamm mit Fiedern besetzt.

Brahea armata, Braheapalme, Familie Palmae/Palmen (links).

Butia capitata, Butiapalme, Familie Palmae/Palmen (unten).

Pflege Die Butiapalme ist so leicht zu halten wie die Zwergpalme. *Butia* bevorzugt Kühle; vor allem im Winter muß sie bei höchstens 10° C gehalten werden, da sich sonst Schädlinge einstellen und es zu schwachen, hellen Austrieben kommt. Ein heller Platz ist im Winter ebenso wichtig wie im Sommer. *Butia* möchte viel Feuchtigkeit im Wurzelbereich. Trockene Topfballen schaden sehr dem Aussehen der Pflanze. Zu empfehlen ist es, die Butiapalme im Sommer ins Freie zu stellen. Als Substrat verwendet man lehmhaltige Blumenerde. Gedüngt wird die *Butia* über Sommer alle 4 Wochen einmal. Umzutopfen braucht man sie nur alle 4 Jahre.
Vermehrung *Butia* wird durch Aussaat vermehrt, es dauert aber ein halbes Jahr, bis sich der Keimling zeigt.

Brahea Braheapalme

Der Amerikaner Sereno Watson (1826–1892) benannte diese Palme einst nach der kleinen Insel *Erythea*, die im Golf von Cádiz liegt. Inzwischen hat die moderne Nomenklatur sie der Gattung *Brahea* zugeordnet. Sie ist die Palme für den Wintergarten oder das größere Gewächshaus. Kleinere Exemplare lassen sich aber auch im Zimmer mit Erfolg halten.

Herkunft Diese Palmengattung kommt in vielen Arten in Mittelamerika vor.
Pflanzengestalt Braheapalmen sind Fächerpalmen, die einen kräftigen, über 10 m hohen Stamm entwickeln. Am Grunde des verdickten Stammes bilden sich Adventivwurzeln. Die fächerförmigen Blätter sind fast kreisrund, filzig überzogen und werden in der Heimat etwa 1,5 m lang.
Die Art *B. armata* nimmt eine blaugrüne Färbung an, bis zur Mitte sind die Blätter in gleichmäßig große Fiedern gespalten. Die Früchte der *B. edulis* sollen süß schmecken. Erst vor 100 Jahren entdeckte man diese Pflanze in Mittelamerika. Ihre Blätter sind von hellgrüner Farbe.

Pflege Braheapalmen wachsen auch bei uns sehr gut, wenn sie genügend Licht bekommen und in nährstoffreicher Erde wurzeln. Allerdings sollte man die pralle Mittagssonne vermeiden. Der Topfballen darf niemals längere Zeit völlig trocken stehen. Die Pflanze muß regelmäßig gegossen werden.
Nachts sollte die Temperatur nicht unter 15° C abfallen, auch im Winter nicht. *Brahea* gehört zu den unempfindlichsten Palmen; sie verträgt Trockenheit, trockene Luft und sogar Kälte.
Vermehrung Sie werden durch Aussaat vermehrt, zumeist dauert es über 2 Monate, bis sich der erste Keimling zeigt.

Caryota Fischschwanzpalme

Zweifellos gehört diese Palmengattung zugleich zu den attraktivsten, aber auch eigenartigsten Palmen. Der große schwedische Pflanzensystematiker Carl von Linné (1707–1778) nahm die Bestimmung dieser Gattung anhand eines Blattstückes vor, das ihm Reisende sandten. Bedauerlicherweise ist nicht mehr zu ergründen, welche Art ihm dabei vorlag.

Herkunft *Caryota*-Palmen kommen in 27 Arten im tropischen Asien, in Malaysia, in Australien und auf Neuguinea und Neukaledonien vor.
C. urens – die Brennpalme – kommt aus Vorderindien und Malaysia, sie entwickelt kirschgroße Früchte, deren Fruchtfleisch brennt. *C. mitis* gedeiht in Burma, Malakka, auf Java und auch auf den Philippinen. Dort wächst sie wegen ihrer Seitensprosse – im Gegensatz zur Brennpalme – in Gruppen.

Pflanzengestalt Diese Fiederpalme besitzt als einzige Palmengattung doppelt gefiederte Blätter, das heißt von ihren Hauptblattstielen zweigen kleine Stiele ab, an denen jeweils mehrere Fiedern sitzen. Wegen der ungewöhnlichen abgerissenen Form der Spitze ihrer Blattfiedern werden sie als Fischschwanzpalmen bezeichnet.
In ihrer Heimat leben die Fischschwanzpalmen höchstens 20 Jahre, sobald sie geblüht und gefruchtet haben, sterben sie ab.

Pflege Für Palmenliebhaber ist diese Palme immer eine begehrte Zimmerpflanze. Sie möchte aber liebevoll gepflegt werden. So verlangt sie einen hellen Standort und Temperaturen über 22° C; nachts dürfen sie nicht unter 16° C abfallen. Reichliche Wassergaben wie hohe Luftfeuchtigkeit sind ebenso wichtig für ein gutes Wachstum.
Als Substrat bevorzugt sie durchlässige, nährstoffreiche Erde.
Vermehrung Vermehrt wird diese Palme durch Samen oder durch Seitensprosse, die sich an der Pflanzenbasis meistens zahlreich bilden.

Chamaedorea Bergpalme

Die Bergpalme ist als Zimmerpflanze sehr verbreitet. Sie paßt sich vorzüglich Wohnraumbedingungen an, wird nicht allzu groß, findet also in jedem Raum Platz und blüht sogar im Zimmer!

Herkunft Die Gattung umfaßt etwa 120 Arten, die alle in Mittel- und Südamerika zu Hause sind.
Pflanzengestalt Alle sind unbestachelte, kleine Pflanzen mit rohrartigem Stamm und meist gefiederten, seltener nur an der Spitze zweigespaltenen Blättern. Die Blüte ist immer zweihäusig. Die einfachen oder rispig verzweigten gelben Blütenstände sitzen unter oder zwischen den Blättern, sehr ähnlich den Blütenständen der Mimosen. Aus den Blüten können sich erbsengroße, beerenartige Früchte entwickeln. Schon kleine Pflanzen im Zehner-Topf bieten im Nachwinter das ungewohnte,

Caryota mitis, Fischschwanzpalme, Familie Palmae/Palmen (links).

Chamaedorea elegans, Bergpalme, Familie Palmae/Palmen (unten).

aber auf Jahre hinaus regelmäßig wiederkehrende Schauspiel der »blühenden Palme«.

Pflege Bergpalmen dürfen absolut keine Sonne bekommen! Sie nehmen sogar mit einem schattigen Platz vorlieb, obwohl ihnen ein heller Standort lieber ist. Während der Wachstumszeit von Frühjahr bis Juli und in den Herbst hinein ist jede normale Zimmertemperatur recht. Zu der winterlichen Ruhezeit von Oktober bis Februar sollte wenigstens über Nacht die Temperatur nicht mehr als 12–14° C betragen. Lufttrockenheit schadet nichts, aber die Wärme vollbeheizter Räume wirkt sich nachteilig aus. Gegossen wird im Sommer reichlich, im Winter nur den Topfballen gerade feucht halten. Das Wasser sollte nicht zu hart sein. Gedüngt wird am besten mit Flüssigdünger in mäßiger Konzentration von März bis Juli wöchentlich, dann einstellen. Besser geeignet und fast noch zuverlässiger blühend wachsen die Pflanzen in Hydrokultur.

Vermehrung Aus Samen möglich; bei hoher Bodenwärme (24–26° C) geht die Keimung langsam vonstatten. Kernchen zu dritt in kleine Töpfchen legen, später vereinzeln – Vorsicht, Wurzeln sind ziemlich brüchig! Keimlinge und Jungpflanzen vertragen keine direkte Besonnung; in den beiden ersten Lebensjahren warm, schattig und feucht halten; im dritten Standjahr erscheint meist die erste Blüte. Ähnlich wie beim *Ficus* ist auch hier ein Verjüngen durch Abmoosen möglich.

Pflanzenschutz Schildläuse und Rote Spinne können vorkommen.

Chamaerops humilis, Zwergpalme, Familie Palmae/Palmen (rechts).

Chamaedorea seifrizii, Bergpalme, Familie Palmae/Palmen (unten).

Chamaerops humilis Zwergpalme

Die Zwergpalme ist ideal für den Platz im Freien. Balkon, Terrasse und Sitzplätze im Garten erhalten durch die Zwergpalme eine besondere Attraktivität. Aber auch für kühlere Räume im Haus ist sie geeignet. Sie ist übrigens eine europäische Palmengattung. Man kennt nur diese eine Art, die lediglich noch einige Varietäten und Formen besitzt, die sich geringfügig in Größe und Form der Blätter unterscheiden.

Herkunft *Chamaerops humilis* ist im westlichen Mittelmeergebiet verbreitet, kultiviert auch am Schwarzen Meer.

Pflanzengestalt Die Zwergpalme ist eine typische Fächerpalme, die meist buschig wächst. Sie bleibt verhältnismäßig klein. Lediglich im Alter bildet sie auch einen Stamm aus, der bis zu 7 m hoch werden kann. Dieser Stamm ist von braunen Fasern umgeben, aus denen das »vegetarische Roßhaar« gewonnen wird, das unter anderem als Polstermaterial dient. Die Fächerblätter stehen steif von einer halbkreisförmigen Blattspreite ab. An den Wedelstielen befinden sich scharfe Dornen; sie sind am Grund netzfaserig, ebenso wie der Stamm. Aus den Wurzelknospen entwickeln sich oft zahlreiche Bodentriebe.

Pflege Die Zwergpalme gehört zu jenen Palmen, die einen kühlen Standort lieben. Sie gedeiht besonders gut, wenn sie von Mai bis September im Freien steht. Hier möchte sie einen hellen Platz. Auch in voller Sonne kann sie stehen, ebenso im Schatten. Sie ist schier unverwüstlich. Bei relativ trockenem Wurzelballen machen ihr Temperaturen unter dem Gefrierpunkt kurzzeitig auch nichts aus. Das ganze Jahr über braucht sie einen luftigen Platz. Im Winter reichen 8° C, wenn sie relativ trocken gehalten wird. Im Sommer muß sie reichlich gegossen, gelegentlich übersprüht und alle 10 Tage mit einem Volldünger gedüngt werden. Alle 3 Jahre nur in nährstoffreiche, sandhaltige Erde umtopfen.

Vermehrung Die Zwergpalme wird durch Samen oder durch Seitensprosse vermehrt.

Chrysalidocarpus Goldfruchtpalme

Die Farbe der Früchte ist es, die der Pflanze ihren Namen gaben, allerdings sind auch die Stiele golden überhaucht. Erstmals entdeckt hat sie der französische Naturforscher Jean Baptist Geneviève Marcellin Bory de St. Vincent (1780–1846). Später nahm Hermann Wendland, ein deutscher Palmenspezialist (1825–1903) eine detaillierte Beschreibung dieser schönen Palme vor.

Chrysalidocarpus lutescens, Goldfruchtpalme, Familie Palmae/ Palmen.

Herkunft Die Goldfruchtpalme ist auf Madagaskar und den umliegenden Inseln zu Hause.

Pflanzengestalt In ihrer Heimat erreicht die Goldfruchtpalme eine Höhe von 15 m. Sie wächst in Gruppen, da aus Ausläufern mehrere Pflanzen entspringen. Der schlanke Stamm hat an den Sproßknoten ringförmige Blattnarben. Er endet in einer Krone dekorativer, elegant überhängender Fiederblätter, die manchmal grünlich schimmern. Verbreitet ist bei uns die einzige Art *C. lutescens*, die fälschlicherweise als *Areca* gehandelt wird.

Pflege Im Zimmer bevorzugt die Goldfruchtpalme einen etwas schattigen, aber warmen Platz. Man muß bedenken, daß es sich hierbei immer um Jungpflanzen handelt, die weitaus empfindlicher als ältere Exemplare sind. Goldfruchtpalmen werden bei uns meistens nicht höher als 3 m. Dennoch ist diese Palme eine der schönsten für feuchtwarme Räume – die Temperatur darf allerdings nicht unter 15° C absinken. Da der Ballen stets feucht sein muß, sollte die Goldfruchtpalme im Zimmer in einem wassergefüllten Untersatz stehen. Als Substrat verwendet man Palmenspezialerde. Auf keinen Fall sollte man versuchen, die beim Kauf zu fünft oder mehr im Topf stehenden Palmen zu teilen – sie gehen unweigerlich ein! Goldfruchtpalmen werden auch nur dann umgetopft, wenn der Topf wirklich zu klein geworden ist. Man sollte sie im Sommer alle 10 Tage einmal düngen.

Vermehrung Zwar können die Seitensprosse für die Vermehrung genützt werden, doch die Palme liebt nun einmal Gesellschaft im Wurzelbereich. Die Vermehrung durch Samen dauert etwa einen Monat.

Cocos nucifera Kokospalme

Dies ist eine der am weitesten verbreiteten Nutzpflanzen tropischer Länder. Fast alle Pflanzenteile der Kokospalme können verwendet werden. Vor allem aber wird sie wegen der riesigen Früchte, den Kokosnüssen, angebaut. Diese können etwa 4500 Kilometer im salzigen Meerwasser schwimmen, ohne daß sie ihre Keimfähigkeit verlieren. Das erklärt auch die enorme Verbreitung der Kokospalme an den tropischen Meeresküsten.

Cocos nucifera, Kokospalme, Familie Palmae/ Palmen.

Herkunft Vermutlich stammt die Kokospalme aus Südostasien oder auch von den Inseln des Stillen Ozeans. Heute ist sie an allen Meeresküsten der Tropen zu Hause.

Pflanzengestalt Diese Fiederpalme kann in einem Alter von 100 Jahren bis zu 30 m hoch werden. Der schlanke, braune Stamm endet in einem Schopf mit 20–30 schwungvoll geneigten Fiedern, die bis zu 6 m lang werden. Die rispenförmigen Blütenstände entspringen den Blattachseln.

Pflege Die Kokospalme möchte einen hellen Platz, ohne jedoch in der direkten Sonne zu stehen. Die Palme ist wärmeliebend und bevorzugt Temperaturen von über 20° C. Im Winter sind 15–18° C ausreichend. So kann man einige Jahre im Zimmer Freude an einer Kokospalme haben. Wichtig ist allerdings auch hohe Luftfeuchtigkeit. Deshalb sollte die Palme im Sommer täglich mit lauwarmem Wasser besprüht werden. Und viel frische Luft ist für ein gutes Gedeihen ebenfalls erforderlich. Auch das Gießen darf nicht vernachlässigt werden. Die Kokospalme hat in den Sommermonaten einen hohen Wasserbedarf. Dann kann auch alle 14 Tage ein Blumenvolldünger verabreicht werden.

Vermehrung Die Kokospalme wird durch Aussaat vermehrt. Ein Experiment lohnt sich auf jeden Fall: Die Nuß wird zur Hälfte in einen Topf mit Erde quer gelegt und feucht und warm gehalten. Nach 4–6 Monaten zeigt sich der Keimling.

Euterpe Euterpepalme, Kohlpalme

Nicht ohne Grund trägt eine Art der Euterpepalme den Namen »Kohlpalme«, denn die jungen Blätter und die Blattknospen werden gekocht und als Gemüse zubereitet. Auch roh ergeben sie einen schmackhaften Salat. Die Euterpepalme erhielt ihren Namen zu Ehren der griechischen Schutzgöttin Euterpe, die auch als eine der neun Musen für Flötenspiel, Tonkunst und lyrischen Gesang galt.

Herkunft In sumpfigen Gebieten Südamerikas, in Brasilien und Guayana wächst die Euterpepalme.

Pflanzengestalt Auffällig ist ihr glatter, schlanker und biegsamer Stamm, der bis zu 35 m hoch werden kann. Die Fiedern sind breit und überhängend. Die Früchte dieser Palme sind eßbar. *Euterpe edulis* stammt aus Paraguay und Brasilien und wird auch Assaipalme genannt. Sie wurde berühmt durch ihre aromatischen Früchte, die zu dem Getränk Assai verarbeitet werden. Ihre Fiedern sind leicht überhängend.
E. oleracea, die Kohlpalme, hat überhängende Fiedern von etwa 3 m Breite. Sie ist als junge Pflanze gut für die Wohnung geeignet.

Pflege Euterpepalmen möchten immer schön warm und hell stehen. Die Temperatur darf nicht unter 18° C absinken. Ebenso ist eine hohe Luftfeuchtigkeit für ein gutes Gedeihen notwendig. Hat man genug Bodenwärme, so sollte man die Pflanze in einen Untersatz oder Übertopf mit Wasser stellen. Sie gedeiht auch gut im Hydrogefäß. Alle 4 Wochen sollte man der Palme einen Blumenvolldünger verabreichen. Übrigens: Volle Sonne verträgt sie nicht; es kommt leicht zu Brennflecken.

Vermehrung Durch Samen, die bereits nach etwa 4 Wochen keimen.

Euterpe edulis, Euterpepalme, Familie Palmae/Palmen.

Howeia Kentiapalme

In der Jahrhundertwende war die Kentia eine ausgesprochene Modepalme und hat von ihrer Beliebtheit bis heute nichts eingebüßt. Und das mit Recht, denn sie ist eine der schönsten Palmen. Ihre Wedel neigen sich im eleganten Schwung nach außen.

Herkunft Die Kentia stammt von den Lord-Howe-Inseln östlich von Australien. Ältere Pflanzen werden dort zu schönen 12 m hohen Bäumen.

Pflanzengestalt 2 Arten sind bisher bekannt. Sie haben viel Ähnlichkeit miteinander, unterscheiden sich aber vor allem in ihrer Größe: *Howeia belmoreana* erreicht 8–10 m Höhe; *H. forsteriana* bringt es jedoch auf über 15 m. Die Forstersche Kentia wächst jedoch nicht so breit ausladend wie die Belmoreanische Kentia.

Pflege Nicht zuletzt wegen ihrer Anspruchslosigkeit ist die Kentia eine der häufigsten Zimmerpalmen. Sie hat ein sehr geringes Lichtbedürfnis; es heißt, dies käme daher, daß Jungpalmen im Urwald wie eine Art Unterholz leben und sich deshalb mit Schattenlagen abfinden müssen. Palmen sind keine Durstkünstlerinnen, und da sie im Winter auch keine eigentliche Ruhezeit durchmachen, muß man sie – dem mehr oder weniger kühlen Standort angepaßt – das ganze Jahr über ausreichend, im Winter auf jeden Fall sparsamer gießen. Zudem verträgt sie gut trockene Zimmerluft.Gedüngt wird von März bis Juli wöchentlich mit einem Volldünger – allerdings nur auf feuchten Boden, nie auf trockenen. Umgetopft wird selten, nur wenn der Topf von den Wurzeln wirklich »gesprengt« wird.

Vermehrung Nur aus zuverlässig frischen Samen, die je nach dem Termin ihres Imports 2–9 Monate bis zur Keimung brauchen. Frühester und bester Aussaattermin ist der März bei einer Keimtemperatur von 25 bis 30° C – diese muß unbedingt eingehalten werden.

Pflanzenschutz Bei zu sonnigem Stand oder Kälte treten verschiedene Blattkrankheiten auf. Befall mit Schildläusen, Wolläusen, Roter Spinne und Thrips kann bei zuviel Sonne im Sommer auftreten.

Howeia forsteriana, Kentiapalme, Familie Palmae/Palmen.

Hyophorbe Flaschenpalme

Die wohl skurrilsten Geschöpfe in der Familie der Palmen sind die Flaschenpalmen. Vielfach sind sie auch unter dem Namen *Mascarena* im Handel. Es ist nicht so einfach, ihre typischen Erkennungszeichen schon bei der Jungpflanze auszumachen. Aber im Alter sind sie von großer Attraktivität.

Herkunft Die Flaschenpalme stammt von den Maskarenen, einer Inselgruppe im Indischen Ozean, die östlich von Madagaskar liegt.

Pflanzengestalt Die Eigenart dieser Palmen ist der flaschenförmige Stamm, an dessen Ende eine Krone ungewöhnlich breiter Wedel sitzt. *Hyophorbe* gehört zu den Fiederpalmen. *H. lagenicaulis* ist die typische Flaschenpalme. Als Jungpflanze sieht ihr Stamm einer Zwiebel ähnlich. Die Palme wird über 1 m hoch. Die Fiedern sind lang zugespitzt. *H. verschaf-*

Hyophorbe lagenicaulis, Flaschenpalme, Familie Palmae/Palmen.

feltii hat einen nicht so ausgeprägten flaschenförmigen Stamm. Die Wedel sind zierlich gebogen, ihre Stiele etwas rötlich gefärbt. Ihre Unterseite ziert ein gelber Mittelstreifen.

Pflege Die Temperaturen sollten niemals unter 18° C abfallen. Sie benötigen einen hellen, aber nicht sonnigen Platz und viel Feuchtigkeit. Tägliches Gießen ist absolut wichtig. Gelegentliches Abbrausen tut der Flaschenpalme auf jeden Fall gut. Gedüngt wird den Sommer über, alle 2 Wochen einmal. Die Art *H. lagenicaulis* verträgt sogar kurzzeitige Trockenheit. Beide Arten dürfen nicht der vollen Sonne ausgesetzt werden, da es sich auf jeden Fall bei unseren Palmen um Jungpflanzen handelt.

Vermehrung Flaschenpalmen kann man durch Aussaat vermehren. Man muß allerdings mindestens 2 Monate Geduld haben, bis sich der erste Keimling zeigt. Junge Flaschenpalmen lassen sich auch auf Hydrokultur umstellen. Dies muß aber vorsichtig geschehen, und die Nährlösung sollte stets Zimmertemperatur haben. Frisch vermehrte Palmen werden am besten in einer Vitrine oder einem geschlossenen Blumenfenster untergebracht. Es schadet ihnen nämlich, wenn sie Zugluft oder Temperaturschwankungen ausgesetzt werden. Auch muß die Luftfeuchtigkeit stets gleichmäßig sein.

Latania lontaroides, Lataniapalme, Familie Palmae/Palmen.

Latania Lataniapalme

Diese schöne Palme wird auch Sammetpalme genannt. Der französischen Naturwissenschaftler Philibert Commerson (1727–1773) gab dieser Palmengattung ihren Namen.

Herkunft In Ostafrika und auf den Maskarenen kommen diese Palmen vor; dort werden sie über 10 m hoch. Die großen Blätter erreichen oft einen Durchmesser von 1,5 m.

Pflanzengestalt Latanen sind Fächerpalmen mit leicht rötlich oder gelblich gefärbten Wedelstielen. Die Art. *Latania loddigesii* kommt von der Insel Mauritius. Die Fächer sind leicht blaugrau gefärbt. *L. lontaroides* ist wohl am häufigsten zu finden. Sie wird in Südostasien und in Südamerika als Schmuckpalme geschätzt und häufig in Gärten und Grünanlagen ausgepflanzt. *L. verschaffeltii* ist auf der Insel Rodrigues zu Hause. Ihre filzigen Wedelstiele und ihre Blattadern sind goldgelb gefärbt.

Pflege Die empfindlichen Latanen brauchen Wärme. Die Temperatur sollte auch im Winter nicht unter 18° C abfallen. Außerdem wachsen sie nur gut, wenn sie im Halbschatten gehalten werden und sehr feucht stehen. Der Wurzelballen darf niemals über längere Zeit trocken stehen. Der Topf sollte sich deshalb in einem mit Wasser gefüllten Untersatz befinden. Während viele Palmen eine schwere Erde bevorzugen, möchte die Latane in lockerem, leichtem Substrat stehen. Latanen sind überaus dekorative Palmen, doch sie bleiben nur schön, wenn sie es feuchtwarm haben.

Vermehrung Nach etwa 2 Monaten keimt der Samen von *Latania*, wenn man ihn in feuchte Erde legt und sehr warm hält.

Licuala Strahlenpalme

In ihrer Heimat wächst die herrliche Fächerpalme im Unterwuchs des tropischen Regenwaldes auf sehr feuchtem Boden. Ihre riesigen Fächer sind fast kreisrund. Aus diesen Blättern stellen sich die Bewohner der Region Sonnenhüte her. Bekannt sind über 80 Arten, von denen viele von Carl Peter Thunberg (1743–1828), einem Schüler Linnés, beschrieben wurden.

Herkunft Diese breitfächrige Palme kommt aus Ostasien.
Pflanzengestalt Die runden oder spiraligen Fächer entspringen vielen strahlenartigen Fiedern. Die Blätter sind von leuchtendgrüner Farbe, die Wedelstiele sind bei manchen Arten bedornt. *Licuala grandis* ist die wohl bekannteste Art. Der Wedelstiel wird 1 m lang. Die Palme hat große, glänzende, flächige Blätter. Die Blätter sind fast ungeteilt und nur außen gezähnt. Im Raum sollte diese Palme allein stehen. *L. peltata* ist in Indien und Burma zu Hause. Dort wird sie 5 m hoch.

Ihre fast runden Fächer sind fingerartig geteilt. Sie benötigt ganzjährig einen feuchtwarmen Platz. *L. spinosa* kommt aus Java und bildet dort Blätter mit fast 1 m Durchmesser. Die recht großen Fächer sind in viele Abschnitte tief geteilt und am Rand etwas gezackt. Der Wedelstiel hat große gekrümmte Dornen.
Pflege Sehr feucht, schattig und warm muß es sein, will man mit dieser schönen Palme Erfolg haben. Auch nachts oder im Winter darf die Temperatur nicht unter 18° C absinken. Am besten steht sie in einem mit Wasser gefüllten Untersatz, wenn sie genügend Bodenwärme bekommt. Im Sommer braucht sie alle 2 Wochen einen eisenhaltigen Volldünger.

Licuala grandis, Strahlenpalme, Familie Palmae/Palmen (oben).

Auch in Hydrokultur gedeiht diese Palme gut, wenn sie genügend Bodenwärme hat.
Vermehrung Die Strahlenpalme wird durch Aussaat vermehrt; der Samen keimt erst nach einigen Monaten.

Livistona Schirmpalme

Eine Fächerpalme par excellence ist diese Palme, die sich schon als recht junges Exemplar großer Beliebtheit erfreut und auch sehr attraktiv ist. Sie kann als Zimmerpflanze sehr alt werden, da sie recht robust und pflegearm ist.

Herkunft Man kennt 24 Arten der *Livistona*, die aus Südostasien, Malaysia, Australien und Neuguinea stammen. Davon sind 3 bei uns als Zimmerpalmen verbreitet.
Pflanzengestalt Ein Erkennungszeichen der Schirmpalme ist der mit Dornen besetzte Stiel, der die herrlichen Fächer trägt. *L. australis* ist eine besonders widerstandsfähige und robuste Art. Sie ist in den feuchten Regenwäldern Südostaustraliens beheimatet und möchte daher auch im

Zimmer öfter ein Brausebad. Die breiten Blätter sind dunkelgrün und glänzend. *L. chinensis* wird in ihrer Heimat 15 m hoch. Die glänzend grünen Blätter werden nicht rund wie bei der australischen Schirmpalme, sondern elliptisch. Die blaugrünen, schmackhaften Früchte werden als Latanenäpfel bezeichnet, was irreführend ist, denn die *Latania* ist eine ganz andere Palmengattung. *L. rotundifolia* stammt aus Indonesien und von den Philippinen; sie ist bei uns im Handel und schon als Jungpflanze sehr attraktiv. Die Stiele sind braun, bedornt, die Fächer rund. Als einzige Art möchte sie einen sandhaltigen Boden.

Pflege Die Schirmpalme wächst rasch, bei guter Pflege bildet sie jährlich 3 neue Fächer. Sie möchte einen hellen Platz bei mäßigen Temperaturen. Im Winter reichen ihr 14–18° C; dann allerdings weniger gießen. Steht sie wärmer, muß sie reichlich Wasser haben, weil sie auch viel verdunstet. Im Sommer alle 14 Tage eine Düngergabe verabreichen, sonst hellen die Blätter zu stark auf.

Vermehrung Auch diese Palme wird durch Aussaat vermehrt, doch es kann bis 4 Monate dauern, ehe sich der erste Keimling zeigt.

Livistona rotundifolia, Schirmpalme, Familie Palmae/Palmen (oben).

Microcoelum weddellianum, Kokospälmchen, Familie Palmae/Palmen. (unten).

Microcoelum weddellianum
Kokospälmchen

Dies ist wohl die zierlichste und zarteste Palme überhaupt. Sie wurde früher der Gattung *Cocos* zugeordnet, denn sie wird nur 1,5 m hoch und ihr Stämmchen erreicht nur eine Dicke von 3 cm. Es ist nur eine Art bekannt.

Herkunft Das Kokospälmchen kommt aus den Tropen Brasiliens.

Pflanzengestalt Die zierlichen Wedel dieser Fiederpalme können 1 m lang werden und beugen sich in sanftem Schwung. Gleichmäßig in Paaren sitzen die Fiederblättchen an beiden Seiten der Mittelrippe. Auf der Unterseite sind die Fiedern grauweiß angelaufen. Dadurch erscheint das Kokospälmchen in einem bläulichen Schimmer. Die Blütenstände bringen in der Reife orangerote Früchte hervor.

Pflege Wenngleich das elegante Kokospälmchen sich längst seinen Platz in den Wohnungen erobert hat, so ist doch seine Pflege nicht ganz einfach. Im Gegensatz zu den meisten Zimmerpalmen verlangt das Kokospälmchen das ganze Jahr über einen Platz mit hoher Luftfeuchtigkeit. Jedoch ist dabei direkte Sonneneinstrahlung zu vermeiden. Bei Temperaturen,

die nicht unter 18° C sinken dürfen, muß die Palme ständig im wassergefüllten Untersatz stehen, um den Mangel an feuchter Raumluft auszugleichen. Auch Besprühen tut ihr gut. Bei zu trockener Luft färben sich die Wedel gelb. Im Sommer wird alle 3 Wochen ein Blumenvolldünger verabreicht. Zugluft und direkte Sonne sind gleichermaßen schädlich. Kokospälmchen sollten nur alle 4 Jahre ganz vorsichtig umgetopft werden; sie dürfen nicht am alten Wurzelballen beschädigt werden.

VERMERHUNG Aus Samen kann man *Microcoelum* vermehren, er keimt allerdings erst nach etwa 2 Monaten.

Phoenix Dattelpalme

Die bekannteste Zimmerpalme ist zweifellos die Dattelpalme. Diese robuste Fiederpalme spielt von alters her in ihrer Heimat eine bedeutende Rolle, nicht nur als Nutzbaum, sondern auch als Symbol in den Mythen und Bräuchen der Menschen des Vorderen Orients.

HERKUNFT Die Echte Dattelpalme (*Phoenix dactylifera*) wächst vor allem in Arabien und dem übrigen Nordafrika an Wüstenrändern als Oasenbaum, am Persischen Golf ist sie ein verbreiteter Nutzbaum. Andere Vertreter der Gattung stammen von den Kanarischen Inseln und aus Laos, aber auch in den tropischen Regionen Mittel- und Südamerikas sowie in Indien und auf Madagaskar sind sie kultiviert. *Phoenix theophrastii* gedeiht auf Kreta.

PFLANZENGESTALT Niedere oder höhere Fiederpalmen ohne oder mit Stamm, der im oberen Teil von den restlichen Blattstielen bedeckt ist. Die Wedel sind sehr unterschiedlich: teils steif aufgerichtet, teils in zierlichen Bögen übergeneigt. Kolbenförmige Blütenstände entstehen nur im höheren Alter und kommen bei Zimmerkultur kaum vor.

P. canariensis, die Kanarische Dattelpalme, ist die härteste Zimmerform; sie kommt wildwachsend nur auf den Kanarischen Inseln vor. Wegen ihrer Robustheit ist sie aber zum beliebten Zier- und Parkbaum milder Regionen Europas geworden. Ihren Stamm entwickelt sie erst im Alter, in der Jugend wächst sie buschig.

P. dactylifera, die Echte Dattelpalme, ist insgesamt kräftiger und schneller im Wuchs. Sie besitzt dunklere Fiederblätter als die Kanarische Dattelpalme. Diese Art läßt sich mit etwas Geduld leicht aus Samen heranziehen. Am Heimatstandort in Nordafrika und den arabischen Ländern wird sie über 20 m hoch.

P. roebelenii aus Laos, die Zierliche Dattelpalme, ist die schönste und anspruchsvollste Art. Sie wächst langsam, bleibt klein, gedeiht am besten in Warmhauskultur und will ganzjährig im Raum stehen.

PFLEGE *P. canariensis*, typische Dekorationspalme für Terrasse und Garten, übersommert am sonnigen Platz im Freien; Winterstandort hell und frostfrei bei etwa 4°C. Viel Frischluft ist auch im Winterquartier wichtig. Jungpflanzen von *P. dactylifera* werden zunächst wärmer überwintert. (8–10 °C). *P. roebelenii* verlangt volle Wärme, auch nachts nicht unter 16 °C, viel Luftfeuchtigkeit, sowie einen schattigeren Stand. Palmen zunächst trocknen lassen und dann durchdringend wässern, da sich die Hauptwurzeln am Topfboden befinden; bei gutem Wasserabzug über Sommer reichlich gießen, im Winter jedoch entsprechend dem Standort weniger.

Ab März bis Juli sollte man wöchentlich mit einer Volldüngerlösung düngen.

Erst wenn die Palme den Topf zu sprengen droht, wird umgetopft. Dabei sollte man nicht den Topfballen zerbröseln, sondern diesen vorsichtig in einen nur 2 cm größeren Topf einbetten. Die Erde muß nährstoffreich und gut durchlässig sein.

VERMEHRUNG Nur durch Samen; an sich einfach, doch oft sehr langwierig.

PFLANZENSCHUTZ Schild- und Schmierlausbefall durch veränderten luftigen Standort vermeiden. Auch sollte man die Luftfeuchtigkeit in Pflanzennähe durch Besprühen erhöhen. Schildläuse absammeln (Erde abdecken!). Schmierläuse mit einem ölgetränkten Pinsel ersticken und dann mit Seifenlauge abwaschen. Hauptursache ist ein zu warmer Winterstandort. Frischluftmangel fördert das Auftreten von Pilzinfektionen. Kleine gelbe Flecken entstehen oft durch Lichtmangel und extreme Temperaturschwankungen.

Phoenix roebelenii, Dattelpalme, Familie Palmae/Palmen.

Phoenix canariensis, Kanarische Dattelpalme, Familie Palmae/Palmen.

Wichtig Braune Blattspitzen entstehen zumeist durch Luft- oder längere Ballentrockenheit. Aber auch stauende Nässe und »kalter Fuß« können die Ursache sein. Zu hartes Wasser führt ebenfalls zu braunen Blattspitzen, deshalb mit Regenwasser gießen. Bei Entfernung dürrer Blattspitzen unbedingt immer eine kleine braune Kante stehen lassen, nicht ins gesunde Gewebe schneiden, da sonst das Zurücktrocknen weitergeht. Ganze Wedel sollte man stets mit scharfem Schnitt wegnehmen.

Rhapis Steckenpalme

Schon vor etwa 230 Jahren wurde diese Fächerpalme aus Südostasien nach Europa eingeführt und in den Gärtnereien mit Erfolg weiterkultiviert. Der botanische Name leitet sich vom griechischen rhapis = Rute ab. Diese Palme heißt im Volksmund deshalb auch Stecken- oder Reitgertenpalme. Die rohrartigen Stämmchen werden zu Stöcken und Schirmen verarbeitet – in England heißt die Steckenpalme deshalb lady palm.

Herkunft Die beiden als Zimmerpflanzen bei uns bekannten Arten *R. excelsa* und *R. humilis* stammen aus China und Thailand. Letztere wächst vermutlich nur in Südchina wild. Ihren Weg nach Europa nahmen sie über Japan.
Pflanzengestalt Die Steckenpalme wächst buschig und entwickelt schlanke Stämmchen, an deren Spitze sich verhältnismäßig kleine Fächer von nur 20 cm Größe befinden. Die Blätter sind von tief dunkelgrüner Farbe. Steckenpalmen bleiben klein, auch in ihrer Heimat werden sie nicht größer als 4 m. Sie wachsen in Gruppen, da sie Ausläufer bilden. Die höhere Art ist *R. excelsa* (auch unter *R. flabelliformis* bekannt). Im Zimmer wird sie allerdings auch nicht größer als 1,5 m. Die derben Fächer dieser Palmenart sind tief eingeschnitten und etwas bogig. Die niedrigbleibende Art *R. humilis* ist zwar gedrungen, aber dennoch eleganter im Aussehen als *R. excelsa*. Der Stamm ist mit feinen Fasern umhüllt, die Fächer sind kleiner.
Pflege Steckenpalmen sind denkbar robust. Sie benötigen einen schattigen Platz, vertragen auch trockene Zimmerluft. Im Sommer kann man sie ins Freie stellen, wenn sie dort keinerlei Sonnenstrahlen ausgesetzt sind. Im Winter sollten sie kühl, bei nur 10 °C stehen, dann allerdings weniger gießen. Über Sommer reichlich gießen und alle 2 Wochen eine Volldüngerlösung verabreichen. Steckenpalmen bekommen kaum braune Spitzen. Sie gedeihen auch gut in Hydrokultur. Diese Palme braucht man nur alle 3 Jahre umzutopfen. Dann verwendet man eine lehmhaltige und nährstoffreiche Erde. Auf den Topfboden unbedingt eine Schicht Tonscherben, Kiesel oder Perlit legen, um die Wasserführung zu verbessern.
Vermehrung Steckenpalmen bekommen reichlich Ausläufer, so daß sie sich einfach durch Teilung vermehren lassen. Jedoch sollte

Rhapis excelsa, Steckenpalme, Familie Palmae/Palmen (unten).

man bedenken, daß sie auf jeden Fall dekorativer sind, wenn sie zu dritt oder noch mehr in einem Topf stehen. Auch aus Samen ist die Vermehrung möglich, doch sind Samen selten zu bekommen, weil die Palmen überall vegetativ vermehrt werden. Es dauert 3 Monate bis die Samen keimen.

Pflanzenschutz Mit Krankheiten und Schädlingen braucht man bei den Steckenpalmen nicht zu rechnen. Sie leiden nur unter Kulturfehlern wie Sonnenschäden oder Nährstoffmangel. Auch stauende Nässe – besonders bei Fußkälte – kann zu Wurzelschäden und Gelbwerden der Blätter führen.

Sabal Sabalpalme

Der französische Botaniker Michael Adanson (1727–1806) benannte diese Palmengattung, die etwa 20 Arten umfaßt, aber nur 2 sind bei uns als Zimmerpalmen verbreitet. Sie bleiben auch kleiner als jene, die an ihrem Heimatstandort manchmal 20 m hoch werden. Obwohl sie recht pflegeaufwendig sind, sollte man einen Versuch wagen.

Herkunft Auf dem amerikanischen Kontinent sind die Sabalpalmen zu Hause, vor allem in den südöstlichen Staaten der USA.
Pflanzengestalt Die Sabalpalme ist eine stammbildende Fächerpalme. Der Stamm der *Sabal minor* steckt in der Erde und ragt nur wenig darüber hinaus, deshalb erscheint diese als stammlos. Die blaugrünen Fächer sind fast rund. *Sabal palmetto* – auch Palmettopalme genannt – ist am Stamm eigenartig gemustert: Die Wedelstiele platzen nämlich an der Basis auf. Die Blattspreite ist gebogen und tief eingeschnitten. Die vielen Fächerstrahlen des Blattes sind bis zur Hälfte des Blattes miteinander verbunden.
Pflege Sabalpalmen verlangen einen halbschattigen Platz im Zimmer und ausreichend Feuchtigkeit im Wurzelbereich, dürfen jedoch nicht in einem wassergefüllten Untersatz stehen, denn gegen stauende Nässe sind sie sehr empfindlich. Im Winter bevorzugt die Palme einen kühlen Platz um 15° C, die Zimmerluft darf dabei nicht zu trocken sein. Allerdings sollte man das Gießen mäßigen. Die Palmettopalme darf ruhig kühler stehen, sie verträgt sogar 10° C. Über Sommer können Sabalpalmen an einem schattigen Platz im Freien stehen.
Vermehrung Diese Palmengattung keimt bei der Aussaat relativ rasch. Schon nach 8 Wochen zeigt sich der Keimling, wenn die Aussaatschale genügend Wärme und Feuchtigkeit hatte.

Sabal minor (oben) und *S. palmetto* (unten), Sabalpalme, Familie Palmae/Palmen.

Trachycarpus fortunei Hanfpalme

Es gibt kaum eine Palme, die so widerstandsfähig ist wie diese. Sogar bis -5° C hält sie aus, ohne Schaden zu nehmen. Deshalb ist sie in Europa eine beliebte Parkpalme. Im Sommer sollte sie unbedingt im Freien stehen.

Herkunft Die Hanfpalme ist in Asien zu Hause und dort sogar in den hohen Lagen des Himalaja zu finden. Inzwischen ist sie zu einer südeuropäischen Palme der Parks und Gärten geworden, die ohne Probleme den Winter übersteht.
Pflanzengestalt Die Hanfpalme ist eine stabile Palme mit knorrigem Stamm und etwas starren, dunkelgrünen Fächern. Im Alter zeigt der Stamm wollige Haare.
Pflege Am wohlsten fühlt sich diese Palme im Sommer draußen im Freien.
Dort kann sie sogar in voller Sonne stehen. Im Zimmer neigt sie zum Befall von Läusen. Gedüngt wird sie alle 2 Wochen einmal mit einem Blumenvolldünger. Als Substrat bevorzugt diese Palme eine schwere lehmhaltige nährstoffreiche Erde. Allerdings sollte sie höchstens alle 5 Jahre einmal umgetopft werden, weil es der *Trachycarpus* überhaupt nicht bekommt, wenn sie in ihrem Wachstum gestört wird. Jedes Frühjahr kann man die oberste Bodenschicht lockern und auswechseln. In den Sommermonaten wird die Hanfpalme reichlich gegossen, im Winter bei frostfreiem Standort entsprechend weniger. Überwintert man die Palme im Freien, so sollte man sie ringsherum einpacken. Laub und Rohrmatten sind geeignet. Gefährlich ist es, wenn die jungen Herzblätter Schnee, Regen und Frost ausgesetzt werden. Sie beginnen dann zu faulen.
Vermehrung Hanfpalmen werden durch Samen vermehrt. Es dauert aber 1–2 Monate, bis der Samen aufläuft.

Wallichia densiflora, Wallichiapalme, Familie Palmae/Palmen (rechts).

Trachycarpus fortunei, Hanfpalme, Familie Palmae/-Palmen (unten).

Wallichia densiflora Wallichiapalme

Diese Palme wurde von William Roxburgh (1751–1851) entdeckt, einem schottischen Botaniker, der viele Jahre hindurch Direktor des Botanischen Gartens von Kalkutta war. Sie ähnelt in vielem der Gattung *Caryota.*
Man unterscheidet 9 Arten, jedoch nur eine ist bei uns als Zimmerpalme bekannt.

Herkunft Diese Fiederpalme kommt aus Indien und dem subtropischen Himalaja. Dort ist sie in den schattigen, feuchten Tälern zu Hause.
Pflanzengestalt Der Stamm ist rohrartig und klein oder er fehlt völlig. Die Wedel tragen flossenähnliche Fiedern, die oberseits schön dunkelgrün sind und unterseits weißlich angehaucht erscheinen. Die Palme ähnelt in ihrem Wuchs einem Farn. Ihre Blüten stehen dicht beieinander. Die Wedel können 3 m lang werden.
Pflege Für alle nicht zu sonnigen Räume ist die Wallichiapalme geeignet. Sie stellt keine so großen Ansprüche, wie man wegen ihrer Seltenheit im Handel vermuten könnte. Im Gegenteil, an schattigen Plätzen wächst sie relativ rasch. Temperaturen nicht unter 12° C. Als Substrat verwendet man nährstoffreiche Erde mit etwas Lehm.

die Blätter gelb, fehlt entweder Wasser oder sie steht zu dunkel. Auch beim Standortwechsel kann die Palme so reagieren. Sie erholt sich aber sehr schnell. Man schneidet die gelben Blätter einfach zurück, die Palme treibt aus dem Stamm sofort wieder neu aus. Im Sommer wird die Pflanze mit einem Volldünger, der viel Eisen enthält, alle 2 Wochen einmal gedüngt. Reichliche Wassergaben sind über Sommer ebenso wichtig. Im Winter muß sie kühl und luftig stehen, bei 10° C. Sie wird dann auch nicht mehr so reichlich gegossen.

Vermehrung Nach etwa 1 Monat keimt der Samen, wenn man ihn feucht und warm hält.

Washingtonia filifera, Priesterpalme, Familie Palmae/ Palmen (oben und unten).

Wichtig ist auch eine hohe Luftfeuchtigkeit. Häufiges Abbrausen und Besprühen tut der Palme gut. Gedüngt wird in den Sommermonaten alle 2 Wochen einmal mit einem Volldünger. Im Winter, bei kühlem Stand, muß das Gießen reduziert werden. Im Sommer sollte die Wallichiapalme ausreichend mit Wasser versorgt werden.

Vermehrung Man kann die Palme durch Aussaat vermehren oder durch Ausläuferpflanzen, die sich recht zahlreich bilden und rasch bewurzeln lassen.

Washingtonia Priesterpalme

Wegen ihrer Attraktivität und auch Unverwüstlichkeit hat man die *Washingtonia* als Parkpflanze in den Grünanlagen der Mittelmeerländer angesiedelt. Sie bekam ihren Namen zu Ehren des ersten Präsidenten der USA, George Washington. Im Zimmer steht sie am besten an einem kühlen Platz für sich allein, um so richtig zur Wirkung zu kommen. Ihre Blätter sind von hellem, leuchtendem Grün.

Herkunft Diese Fächerpalme kommt aus Kalifornien, Arizona und Mexiko. *Washingtonia filifera* ist im südlichen Kalifornien zu Hause, *W. robusta* in Mexiko.

Pflanzengestalt Die breiten Fächer hängen am Stamm etwas herunter. Die zierenden Randfasern entstehen beim Entfalten der Blätter. In ihrer Heimat kann die Palme etwa 20 m hoch werden. Die Blattstiele sind flach gewölbt und am Rande bedornt. *W. filifera* hat starke herabhängende Fasern an den Blattspreiten, *W. robusta* nur als junge Pflanze, ihre Fächer hängen stark über.

Pflege Im Zimmer ist es der *Washingtonia* im Sommer oftmals nicht luftig genug, deshalb sollte man sie in dieser Zeit ins Freie stellen. Sie muß stets einen feuchten Wurzelballen haben. Werden

Kakteen und andere Sukkulenten

Adromischus Kurzstiel

Diese reizende Sukkulente aus der Familie der Dickblattgewächse kann es nicht hell genug haben. Es gibt etwa 50 Arten, von denen *Adromischus maculatus* besonders reizend ist. *Adromischus* wurde von dem französischen Kakteenkenner Antoine Charles Lemaire (1800–1871) beschrieben und benannt.

Herkunft Wie die meisten sukkulenten Pflanzen, so stammt auch der *Adromischus* aus Südafrika.
Pflanzengestalt Es sind kurzstämmige, kleine Pflanzen mit dickfleischigen Blättern, die sich bei dieser Art besonders durch die kräftige Rotfärbung auszeichnen. Die Intensität der Blattfärbung ist um so größer, je heller und sonniger die Pflanze steht.
Pflege Diese Pflanze kann den ganzen Sommer über am sonnigen Fenster sein. Auch im Winter bereitet sie kaum Probleme. Man kann ihr einen kühlen Platz bis zu 5° C geben, gießt sie dann entsprechend sparsam oder beläßt sie im warmem Zimmer bei reichlichen Wassergaben. Als Substrat verwendet man Kakteenerde. Gedüngt wird über Sommer alle 3 Wochen einmal mit Kakteenvolldünger. *Adromischus* verlangt mäßige Feuchtigkeit. Keine stauende Nässe, aber auch keine Trockenheit während der Wachstumszeit, da sonst die Haut der fleischigen Blätter aufreißt. Deshalb jedesmal, wenn die Erde völlig abgetrocknet ist, gießen.
Umgetopft wird die Pflanze höchstens alle 2 Jahre einmal.
Vermehrung Die fleischigen Blätter kann man leicht zur Vermehrung nutzen, wenn man sie einige Tage trocken an die Luft legt, um einen Wundverschluß zu erreichen. Erst dann werden sie in feuchten Sand gesteckt.

Adromischus cooperi, Kurzstiel, Familie Crassulaceae/Dickblattgewächse.

Aeonium arboreum Rosettenbäumchen

Ein interessanter Vertreter aus der Familie der Dickblattgewächse ist *Aeonium,* und hierbei besonders die stammbildende Art. Die grünen oder rötlichen Rosetten sitzen auf sich verzweigenden Stämmchen wie Blüten, und man hat sehr lange Freude an ihnen, da es eine äußerst unproblematische Pflanze ist. Im Sommer fühlt sie sich sogar ausgepflanzt im Garten wohl und wächst üppig heran.

Herkunft *Aeonium arboreum* stammt von den Kanarischen Inseln und aus Marokko. Inzwischen hat man diese Pflanze auch in Portugal eingebürgert.
Pflanzengestalt Die Blätter dieser Sukkulente sind rosettenförmig angeordnet und sitzen auf kleinen Ästen, die zu einem Stämmchen führen. Die Äste und Stämmchen sind mehr oder weniger stark gebogen, wenngleich sie aufwärtsstreben. Die Sorte 'Atropupureum' hat dunkelrotes Laub, das aber im Winter oder bei zu dunklem Stand ins Grüne zurückfällt. Bei verbesserten Bedingungen setzt die Rotfärbung wieder ein, die alle Blätter umfaßt.
Pflege Ein sonniger Platz ist das Beste. Im Sommer kann *Aeonium* in den Garten gebracht werden. Mäßig gießen, allerdings niemals so wenig, daß die Blätter

schrumpfen. Von Mai bis September kann man alle 14 Tage einen Kakteendünger verabreichen. Im Winter bei kühlem Stand, etwa um 10° C, noch sparsamer gießen.
VERMEHRUNG Die Blattrosetten oder auch die einzelnen Blätter lassen sich als Stecklinge relativ leicht bewurzeln. Allerdings sollte man die Schnittflächen einige Tage an der Luft trocknen lassen.

Aeonium arboreum, Rosettenbäumchen, Familie Crassulaceae/Dickblattgewächse.

Agave americana, Agave, Familie Agavaceae/Agavengewächse.

Agave Agave

Diese unverwüstliche Pflanze aus der Familie der Agavengewächse kann sehr groß und bei einigen Arten sehr alt werden. In Europa wurde sie bereits im Jahre 1561 eingeführt und ist seitdem aus den Gärten und Parks der Mittelmeerländer nicht mehr wegzudenken.

HERKUNFT In mehr als 300 Arten sind die Agaven vom südlichen Nordamerika bis zum nördlichen Südamerika verbreitet. Dort gedeihen sie oft in Trockengebieten und auf steinigem Boden.
PFLANZENGESTALT Agaven sind meist stammlose, seltener stammbildende Rosettenpflanzen mit unterschiedlich stark ausgeprägter Blattsukkulenz. Die linealischen oder kurz zugespitzten Blätter tragen häufig Randdornen und meist einen sehr harten Enddorn. Die Rosetten blühen nur einmal und sterben danach ab, doch die meisten brauchen 30 Jahre, bis sie blühen. In der Zwischenzeit haben sie sehr viele Kindel gebildet, so daß man sich um die Fortdauer seiner Pflanze nicht zu sorgen braucht. Einige Arten kommen aber schon nach 10 Jahren zur Blüte, unter Raumbedingungen ist dies aber sehr selten.
Die »Hundertjährige Aloe« – so nennt man die *Agave americana*, von der besonders die gelbrandige Form 'Marginata' sehr attraktiv ist. Sie wird rasch groß und ist dann die ideale Kübelpflanze.
A. filifera bildet eine blattreiche Rosette, die Blätter bleiben flach und biegsam, vom verdornten Rand lösen sich zahlreiche weiße Fasern ab. Sie ist eine sehr hübsche, nicht groß werdende Art.
A. stricta hat schmale Blätter, die in halbkugeliger Rosette sehr zahlreich erscheinen. *A. yuccifolia* weist feine rote Punkte auf den grünen Blättern auf.
PFLEGE Die Agave braucht so gut wie keine Pflege! Ein heller Platz, mäßiges Gießen, wenig Dünger, sandhaltige Erde – das ist schon alles. Die verschiedenen Arten sind in der Pflege ähnlich, auch können sie im Sommer getrost im Freien in der Sonne stehen. Im Winter brauchen Agaven allerdings unbedingt einen hellen und kühlen Platz.
VERMEHRUNG Denkbar einfach ist es, die zahlreichen Kindeln abzutrennen und in einen separaten Topf mit sandreicher Komposterde zu setzen. Die abgetrennten Kindel müssen dann noch einige Tage an der Luft abtrocknen, damit die Schnittstellen nicht zu faulen beginnen. Auch die Mutterpflanze sollte einige Wochen sehr sorgsam behandelt werden, besonders mit dem Gießen muß man einige Zeit zurückhaltend sein. Die jungen Ableger werden die erste Zeit nicht zu reichlich gegossen, denn auf diese Weise werden sie gezwungen, »Wasser zu suchen« und bilden rascher neue Wurzeln.

Aloë Aloe, Bitterschopf

Aus alten Zeiten volkskundlicher Spruchweisheit stammt der Vers »Die Aloe tut bitter weh, doch schafft sie rote Wangen«, was auf ihre einstige Bedeutung als Abführ-, Gallen- und Wundheilmittel zurückgeht. Da man Wunden mit dem Saft abgeschnittener Aloeblätter betupfte, wurde sie auch »Wundkaktus« genannt.

Herkunft Aus den Tropen Afrikas kommt dieses Liliengewächs. Es gibt etwa 250 Arten, wobei die Art *Aloë vera,* die Echte Aloe, medizinisch genutzt wird. *A. arborescens* gehört zu den höheren, stammbildenden Arten. Für Zimmerkultur am geeignetsten ist *A. variegata,* die Baumartige Aloe. Sie verträgt bei sehr sparsamem Gießen auch trockene Zimmerluft.

Pflanzengestalt Es gibt baum- und kranzförmige Arten mit meist rosettenartig gestellten, oft bunt gefleckten, dicken Blättern. Die Blätter sind – wie bei allen sukkulenten Pflanzen – fleischig. Die Blüten erscheinen im Januar an Blütenähren.

Aloë longistyla, Aloe, Familie Liliaceae/ Liliengewächse.

Pflege Im Sommer kann eine Aloe im Freien (nicht in voller Sonne!) stehen. Im Winter sollte sie einen kühlen Platz haben, damit sich keine Läuse einstellen. Temperaturen von 4–6° C sind völlig ausreichend.
Beim Gießen darauf achten, daß kein Wasser zwischen den Blättern stehenbleibt, da sonst leicht Fäulnis auftreten kann.
Umgetopft wird alle 2 Jahre in schwere, nährstoffreiche Erde.

Vermehrung Aloe bilden Kindel und Wurzelausläufer, die bereits von den Mutterpflanzen abgetrennt werden können, wenn sie 2 cm lang sind.

Aporocactus Schlangenkaktus

Früher gehörte es vor allem auf dem Land beinahe zum guten Ton, daß im Kreise anderer beliebter Zimmerpflanzen auch ein Schlangen- oder Peitschenkaktus irgendwo im Fenster hing. Sicher war er als eine Handvoll Stecklinge ins Haus gekommen, denn zu kaufen gab es diese bescheidene Ampelpflanze kaum.

Herkunft Seine Urahnen stammten aus Mexiko, wo der *Aporocactus flagelliformis,* epiphytisch oder auf Felsen wachsend, Gebirgsgegenden bis in 2500 m Höhe bewohnt. Kein Wunder, daß er da nicht gerade verwöhnt ist und ob seiner Anspruchslosigkeit als eine der besten Anfängerpflanzen für werdende Kakteenliebhaber gilt.

Pflanzengestalt Die bleistiftstarken und bis 1,5 m langen Triebe sollen schön gleichmäßig und dicht bei dicht aus ihrem Topf herabhängen. Dann entwickeln sie schon im Frühjahr Blütenknospen in großer Zahl. Pflegefehler und vor allem Lichtmangel lassen die Triebe dünn und spillerig werden. Auf Blüten wartet man da vergebens. Sie bilden sich nur, wenn der Schlangenkaktus nach einer sehr hell, kühl, aber nicht völlig trocken verbrachten Ruhezeit bereits im Februar wieder wärmer, noch heller und womöglich sonnig gestellt wird. Blütezeit:

Astrophytum Bischofsmütze

Aus Ostmexiko und Texas kommt diese rundliche, flach-kugelige oder säulenförmige Gattung, die 1839 von dem Franzosen Antoine Charles Lemaire entdeckt wurde. Ihrem vier- bis neunkantigen Pflanzenkörper verdankt diese Pflanze ihren deutschen Namen.

HERKUNFT Die bei den Kakteenfreunden beliebten Arten stammen aus Mexiko. Die Art *Astrophytum asterias* ist bis nach Texas und zum Rio Grande verbreitet.
PFLANZENGESTALT Astrophyten haben eine schöne gelbe Blüte, die genau auf dem Schopf erscheint und mehrere Tage hält. Die Rippen ihres Pflanzenkörpers sind meist bereift oder weißlich beflockt. Wenige Dornen, diese sind aber interessant, lang und geschwungen wie beispielsweise bei *A. capricorne*.
PFLEGE Die Pflanzen wachsen gern in einem mit Lehm und Bimskies angereicherten, also mehr mineralischen als humosen Boden. Unbedornte Formen, wie die Bischofsmütze, *A. myriostigma*,

Astrophytum myriostigma var. *tubense*, Bischofsmütze, Familie Cactaceae/Kakteen.

Aporocactus flagelliformis, Schlangenkaktus, Familie Cactaceae/Kakteen (oben).

Aloë-Hybride (links).

Frühjahr. Blüten bei starken Exemplaren bis 10 cm lang, weit offen, rosenrot, ähnlich den Blüten des Weihnachts- und Osterkaktus.
PFLEGE In der Hauptwachstumszeit sollte man den Schlangenkaktus reichlich gießen und auch jede Woche einmal mit einem stickstoffarmen Dünger versorgen. Ab August beginnt die Ruhezeit. Dann wird weniger gegossen und gar nicht mehr gedüngt. Allerdings sollte ein Schlangenkaktus auch in der Ruhezeit nie völlig trocken stehen.
VERMEHRUNG Aus abgeschnittenen Triebteilen, deren Schnittfläche aber erst antrocknen muß.

und der Seeigelkaktus, *A. asterias*, brauchen einen halbschattigen Platz. Bedornte und Träger weißer Wollflöckchen sollen nur im Frühjahr vor zuviel Sonne geschützt werden, über Sommer aber möglichst hell und warm stehen. Blütezeit: meist Sommer; Blühwilligkeit groß.
Auch im Sommer sollte man sparsam gießen und kaum düngen. Ab Herbst ist ein kühler Stand notwendig.
VERMEHRUNG Aus Samen kann man leicht selbst Astrophyten heranziehen, die schon nach wenigen Jahren blühen.

Browningia hertlingiana Browningia

Eine herrliche blaubereifte Säule ist dieser Kaktus, der als Jungpflanze kräftig bedornt ist. Früher war diese Säule unter dem Namen *Azureocereus* bekannt. Heute hat man beide Gattungen zu *Browningia* vereinigt. Der berühmte Kakteenforscher Curt Backeberg (1894-1966) machte sich um die Erforschung dieser schönen Kakteengattung verdient.

HERKUNFT In den Trockentälern der peruanischen Anden findet man *Browningia* in Exemplaren von 10 m Höhe. Dann sind sie auch verzweigt und nicht mehr so stark bedornt.
PFLANZENGESTALT Blaubereifter Säulenkaktus mit Rippen, an denen dichte Dornenbüschel spitz auslaufen. Ein Dorn ist meist länger, 6–7 Dorne umranden ihn, sie sind kleiner. Dieser Kaktus zählt im Alter und am Heimatstandort zu den eigenartigsten Pflanzen. Denn der hohe Stamm windet um sich mehr oder weniger gebogene Triebe. Diese sind unbedornt, die langen Dornen befinden sich nur am Hauptstamm. Die nachtblühenden Kakteen locken mit ihren weißen, beschuppten Blüten durch leichten Duft nachtfliegende Insekten zum Befruchten an.
PFLEGE Volle Sonne ist hier angesagt, denn steht der Kaktus schattig, verliert er unweigerlich seinen Reiz, die blaue Bereifung. Im Winte sollten die Temperaturen 12° C nicht unterschreiten. Dann wird der Kaktus auch völlig trocken gehalten. Er schrumpelt kaum sichtbar ein, aber erholt sich sofort im Frühjahr wieder.
Gegossen wird er auch im Sommer nur dann, wenn die Erde völlig ausgetrocknet ist. Auf keinen Fall besprühen, weil sonst der blaue Reif zerstört wird. Im Sommer alle 3 Wochen einmal mit einem Kakteendünger gießen. Umgetopft wird der Kaktus nur alle 3 Jahre in übliche Kakteenerde.
VERMEHRUNG Durch Samen kann man den Kakus vermehren, doch er ist ein Lichtkeimer, darf also nicht mit Erde bedeckt werden. Bei etwa 22° C Bodentemperatur keimt er am besten.

Astrophytum ornatum.

Carnegiea Riesenkaktus

Dieser riesige Kaktus ist vom Aussterben bedroht, weil eine Bakterienart ihn befällt, die von einem Nachtfalter übertragen wird. Die wohl gewaltigste Kakteenart ist eines der »United States National Monuments«; die Blüte ist die Wappenblume des Staates Arizona. Benannt wurde die *Carnegiea* zu Ehren eines Förderers der Wissenschaften, Andrew Carnegie (1835–1919).

HERKUNFT In Mexiko und vor allem in Arizona bis zu einer Höhe von 1500 m über dem Meeresspiegel ist diese Art zu finden.
PFLANZENGESTALT Dieser Säulenkaktus wird über 12 m hoch, seine Äste haben einen Durchmesser von etwa 50 cm, er ist verzweigt. 2 cm lange Randdornen sind strahlenförmig angeordnet. Die Blüte ist weiß, die Früchte sind rot, bei Reife klappen diese auf.
PFLEGE Die Carnegie wird zwar mit Sicherheit unter Wohnraumbedingungen nicht so schön wie in ihrer Heimat, vor allem nicht so groß, aber dennoch ist sie eine interessante Bereicherung. Als Substrat verwendet man Kakteenerde. Auf den Topfboden unbedingt Scherben oder andere Dränageschichten legen, um ein »Fußbad« zu vermeiden. Gedüngt wird die Carnegie zweimal im ganzen Sommer mit einem Kakteendünger. Im Winter sollte sie einen kühlen und hellen Platz bekommen und dann fast trocken gehalten werden. Ansonsten kann sie das ganze Jahr über in voller Sonne stehen.
VERMEHRUNG Durch Samen, die relativ schnell bei ausreichender Bodenwärme keimen.

Carnegiea gigantea, Riesenkaktus, Familie Cactaceae/Kakteen (rechts).
Browningia hertlingiana, Browningia, Familie Cactaceae/Kakteen (unten).

Cephalocereus senilis Greisenhaupt

Einer der reizvollsten kleinen Säulenkakteen ist bei uns der *Cephalocereus*, dessen einzige Art heute wieder – nach langem nomenklatorischen Hin und Her – *C. senilis* ist.

HERKUNFT Aus der Mitte Mexikos stammt *C. senilis*.
PFLANZENGESTALT In seiner Heimat ist er ein riesiger, bis 15 m hoher Säulenkaktus, dessen Haupt von langen, lockigen Borstenhaaren umwallt ist. Das einzelne Haar erreicht 12 cm Länge. Ein Greisenhaupt blüht erst bei 5–6 m Höhe – kein Wunder, daß der Kakteenfreund dergleichen im eigenen Heim nie zu sehen bekommt. Selbst kleine Sämlinge tragen schon ihren weißen Schopf und das bis zum Boden reichende lockige Haarkleid.
PFLEGE Ein solches Unikum darf einige Ansprüche stellen. Das Greisenhaupt ist sehr lichtbedürftig, verlangt während der sommerlichen Wachstumszeit – trotz Herkunft von heißen, mit kalkrei-

Cephalocereus senilis,
Greisenhaupt,
Familie Cactaceae/Kakteen.

chem Schiefer bedeckten Hängen in Mexiko – feuchte Hitze durch häufiges Einnebeln. Die Temperatur während seiner winterlichen Trockenruhe darf nicht unter 15° C absinken. Das weiße Haarkleid muß vor Zugluft und – durch Abdeckung des Bodens mit sauberen Steinchen – vor Verschmutzung geschützt werden. Über Sommer normal gießen. Von November bis Februar mit Übergangszeiten im Herbst und Frühjahr trocken halten. Die Pflanze verträgt hartes Wasser. Beim Düngen nicht so reichlich vorgehen, denn zuviel Stickstoff bremst den Haarwuchs.
Umgetopft werden jüngere Pflanzen zunächst jährlich, dann in immer größeren Abständen. Pflanzgefäße jeweils nur wenig größer. Wurzelballen schonen, die Pflanze nach Umsetzen mit Stäbchen abstützen.
Vermehrung Aus Samen sehr leicht und interessant.
Pflanzenschutz Versäumnisse beim Einnebeln im Sommer bringen Rote Spinne und Wolläuse; bei zuviel Nässe im Winter drohen verschiedene Kakteenfäulen durch pilzliche und bakterielle Erreger, vor allem im Bereich des Wurzelhalses.

Cereus peruvianus Säulenkaktus, Wachsfackel-Kaktus

Dieser schöne Säulenkaktus hat unzählige Arten und Formen, doch ist die Art *Cereus peruvianus* die wohl verbreitetste. Von ihr gibt es eine Sorte 'Monstrosus', der sogenannte »Felsenkaktus«. Der *Cereus*, auch als Unterlage für Kakteenveredlungen sehr gefragt, gehört in jede Kakteensammlung.

Herkunft Schon 1753 wurde er nach Europa eingeführt, allerdings nicht, wie der Artname vermuten läßt, aus Peru, sondern aus Brasilien.
Pflanzengestalt Dieser Kaktus bildet eine Säule und wird etwa 3 m hoch. Von unten verzweigt er sich buschig, die Triebe haben einen Durchmesser von etwa 10–20 cm. Im ersten Jahr ist er hellgrün, verfärbt sich später und wird im Alter blaugrün. *C. peruvianus* besitzt meist 7 Rippen, die nur 3 cm hoch sind; in den braunen Areolen befinden sich 5–6 Dornen von heller Farbe.

Cereus peruvianus, Säulenkaktus,
Familie Cactaceae/Kakteen.

Im hohen Alter kann ein *Cereus* auch blühen, er bildet dann eine weiße, große Blüte. Die Früchte sind sehr attraktiv; sie leuchten korallenrot.
C. peruvianus 'Montrosus' ist eine aufgelöste Säule, der Pflanzenkörper formt sich in höckrige Felsen, die oft mehrarmig und geteilt sind und daher sehr bizarr wirken. Diese Sorte ist auch schon als junges Exemplar sehr dekorativ.
Pflege Im Sommer kann man den Kaktus unbeschadet ins Freie stellen, nachdem man ihn anfangs stundenweise an Frischluft und Sonne gewöhnt hat. Im Zimmer braucht er auch im Winter Temperaturen um 12° C und für einen Kaktus relativ viel Feuchtigkeit; niemals austrocknen lassen! Gedüngt wird im Sommer alle 10 Tage einmal mit einem Kakteendünger. Bei zu dunklem Stand verlieren die Cereen bald ihren bläulichen Schimmer und bilden nur dünne Säulen. Umgetopft wird *Cereus* alle 2 Jahre einmal, am besten in Kakteenerde oder in normale Blumenerde, der man etwas Sand beimischt.
Vermehrung Am einfachsten ist die Stecklingsvermehrung. Die Schnittfläche sollte allerdings zuvor abgetrocknet sein, ehe man den Steckling im feuchten Sand bei 20° C Bodentemperatur bewurzeln läßt.

Cereus peruvianus 'Monstrosus' (oben).

Cleistocactus strausii, Silberkerze, Familie Cactaceae/Kakteen (rechts).

Cleistocactus strausii Silberkerze

Wenngleich in moderner botanischer Nomenklatur dieser Kaktus unter diesem Namen nicht mehr auftaucht, so ist er doch in jedem guten Fachgeschäft erhältlich und jedem Kakteenfan kein Unbekannter. 1904 schickte der Botaniker und Reisende Karl Fiebrig (1869–1951) die Pflanze an den Botanischen Garten Berlin-Dahlem, dieser gab ihn an den Kakteenkenner Emil Heese, der ihn 1907 wissenschaftlich beschrieb. Die erste Blüte konnte er nicht mehr bestaunen, sie kam erst 10 Jahre später, als er schon verstorben war.

Herkunft In 1750 m Höhe in den Bergen von Argentinien und Bolivien ist *Cleistocactus* zu Hause und ragt silbrig aus der Erde.
Pflanzengestalt Dieser Säulenkaktus wird mehrere Meter hoch, er ist sehr schlank und dicht mit weißen Borsten besetzt. Größere Mittelborsten sind gelb gefärbt. Die Blüten sind röhrenförmig und weinrot bis braun behaart, auch verblüht sehen sie schön aus.
Pflege Im Sommer sollte der Kaktus nicht zu trocken gehalten werden. Er gedeiht am besten in Komposterde, der wegen der Wasserführung etwas Sand beigemischt wird. Im Winter steht

C. strausii am besten kühl und hell, 10° C sind ausreichend. Dann sollte er allerdings nur sparsam gegossen werden. Im Sommer will dieser Kaktus einen vollsonnigen Platz. Auch sollte man ihm alle 2 Wochen einmal einen Kakteendünger verabreichen.
Anders als alle anderen Kakteen, darf der *Cleistocactus* im Winter nicht schrumpfen, davon erholt er sich nicht wieder. Deshalb besondere Sorgfalt auf das Winterquartier legen!
Vermehrung Die Samen keimen relativ schnell bei Bodentemperaturen von 22° C. Dabei dürfen sie nicht mit Erde bedeckt werden, da sie Lichtkeimer sind.
Aus Stecklingen, die allerdings an der Schnittfläche abtrocknen müssen, läßt sich der *Cleistocactus* auch vermehren, wenn man sie in feuchten Sand steckt.

Conophytum Blühende Steine

Unter den durch seltsame Formen und oft noch merkwürdigere Lebensgewohnheiten auffallenden Aizoaceen oder Mittagsblumengewächsen ist die Gattung *Conophytum* eine der artenreichsten. *Conophytum* wächst immer in dichten Gruppen.

Herkunft Diese Gattung stammt aus Südafrika.
Pflanzengestalt Man unterscheidet bei diesen sukkulenten Pflanzen zwischen »biloben« und »kugeligen« Arten. Bei den biloben, *C. incurvum,* sind 2 Blätter, aus denen die Blüte kommt, deutlich erkennbar; bei den kugeligen, *C. velutinum*, sind die Blätter fast gänzlich zusammengewachsen.
Pflege In der Ruhezeit schrumpft der Pflanzenkörper zu dünnen Häutchen zusammen, in deren Innerem bereits der neue Blattkörper entsteht. Das Wachstum der biloben Arten beginnt im Juni, das der kugeligen erst im Juli. Bis zu diesem Zeitpunkt werden die Pflanzen trocken gehalten und dann zuerst sehr vorsichtig gegossen. Ab Februar/März das Gießen einstellen. Gedüngt wird von September bis November mit einem Kakteendünger. Als Standort empfiehlt sich ein heller, aber nicht sonniger Platz.
Vermehrung Größere Gruppen können durch Teilen vermehrt werden.

Conophytum-Arten, Blühende Steine, Familie Aizoaceae/Mittagsblumengewächse.

Copiapoa cinerea Copiapoa

Werden *Copiapoa* von heimischen Gärtnern aus Samen herangezogen, besitzen diese Pflanzen nicht die graue, dicke Wachsschicht wie importierte Kakteen. Trotzdem sollte man auf die durch Aussaat in unseren Breiten kultivierten Pflanzen zurückgreifen, denn sie sind robuster und wüchsiger.

Herkunft Aus dem Norden Chiles stammen die 40 Arten der Kakteengattung *Copiapoa.*
Pflanzengestalt Die Bedornung ist sehr auffällig, da zumeist dunkelbraune Dornen vorherrschen. Die Kakteen bilden kugelige Körper, die im Alter in kleine Säulen übergehen.
Pflege Der Standort sollte so hell wie möglich sein, auch Sonne wird vertragen, allerdings in Maßen. Direkte Mittagssonne sollte man vermeiden, da diese zu Verbrennungen führt. Man kann die Pflanzen mit einem Bogen Seidenpapier über Mittag schützen. Im Winter möchte *Copiapoa* bei mindestens 10° C stehen. Dann wird natürlich sehr sparsam gegossen. Doch auch über Sommer sollte man erst dann gießen, wenn die Erde vollständig ausgetrocknet ist. Als Substrat verwendet man handelsübliche Kakteenerde. Gedüngt wird im Sommer nur alle 4 Wochen einmal mit Kakteenflüssigdünger.

Vermehrung Man kann *Copiapoa* durch Samen vermehren. Bisher war dies Sache von Spezialisten, denn man muß darauf achten, daß der Samen ganz frisch ist, da er schnell seine Keimfähigkeit verliert. *Copiapoa* ist ein Lichtkeimer, der Samen sollte also nicht mit Erde bedeckt werden und hell und warm stehen.

Coryphantha Koryphante

Im Sortiment des Kakteensammlers spielt die Gattung *Coryphanta* eine besondere Rolle. Manche meinen, sie seien nicht ganz leicht zu pflegen, andere wieder sind begeistert von ihrem willigen Gedeihen, ihrer aparten Bedornung und ihrer Blütenschönheit ohne Rückschläge.

Herkunft Nicht jeder weiß, daß man es hier mit 2 in ihren Lebensbedingungen recht verschiedenen Gruppen zu tun hat. Zwar stammen die Coryphanten durchweg aus dem Südwesten der USA und Mexiko. Doch während die einen »extremen Wüstenbewohnern« zugeordnet werden und wirklich nicht ganz leicht zu halten sind, gehören die anderen den mehr »normal« gearteten Graslandbewohnern an.

Pflanzengestalt Die *Mammillaria*-ähnlichen Kugelkakteen werden 8–12 cm groß; *Coryphanta elephantidens,* eine leichter pflegliche Art, erreicht sogar bis etwa 18 cm Durchmesser. Alle sind mit Warzen bedeckt, aus deren Mitte die kräftigen, farbigen, vom Körper abstehenden Dornen sprießen. Die seidig glänzenden, zitronengelben oder rosa Blüten erscheinen im Scheitel.

Copiapoa cinerea, Copiapoa, Familie Cactaceae/Kakteen (links).

Coryphantha-Hybride, Koryphante, Familie Cactaceae/Kakteen (unten).

Pflege Die Wüstenbewohner (Kennzeichen: stärkere Bedornung) verlangen kargen, steinigen, humusfreien Boden; Wurzelhals zwischen Bimskiesstücke einbetten; sehr zurückhaltend gießen! Die Arten aus dem Grasland – dickfleischig und weniger bedornt – lieben einen etwas humosen Boden und während der Wachstumszeit mehr Feuchtigkeit. Im Winter alle Coryphanten hell, kühl und trocken halten.

Vermehrung Manche Arten, z. B. *C. elephantidens,* bilden Kindel, die man abtrennen und an der Luft trocknen kann und dann in feuchten Sand steckt. Andere werden aber durch Samen vermehrt, der nicht mit Erde abgedeckt wird und bei einer Bodentemperatur von 20–25° C keimt.

Crassula Dickblattgewächs

Über 300 Arten gibt es in der Gattung *Crassula,* die zudem so verschieden sind, daß man nur schwer eine Verwandtschaft erkennt.

Herkunft Die meisten *Crassula*-Arten komen aus Südafrika.
Pflanzengestalt *Crassula coccinea,* auch unter *Rochea* bekannt, ist eine herrlich rotblühende Art, die klein bleibt. *C. perfoliata* var. *falcata,* das »Sichel-Dickblatt«, ist in seiner Heimat ein meterhoher Halbstrauch. Die Pflanze bringt auch im Zimmer schirmartige Blütenstände.
C. arborescens, die »Deutsche Eiche«, kann riesig groß werden und mit kleinen, weißen Blüten aufwarten. *C. muscosa* hat dachziegelartig übereinanderliegende Triebe mit winzigen Blättchen, die die aufrecht wachsenden, vierkantigen Triebe völlig einhüllen.
Pflege Alle *Crassula*-Arten wollen einen hellen und sonnigen Platz das ganze Jahr über. Im Winter sollten die Temperaturen nicht über 15° C liegen. Als Substrat wird eine leichte, aber nährstoffreiche Erde bevorzugt. Im Sommer *Crassula*-Gewächse nicht völlig austrocknen lassen, im Winter sehr sparsam gießen. Gedüngt wird im Sommer alle 2 Wochen einmal mit einem Kakteendünger. Umtopfen jeweils nach Bedarf; es ist aber sicherlich nicht jedes Jahr notwendig.
Vermehrung Die meisten Arten lassen sich leicht durch Kopfstecklinge vermehren, die in feuchtem, sandigem Substrat sehr rasch bewurzeln. Bevor man die Stecklinge in das Substrat steckt, werden sie einige Tage an der Luft getrocknet. Auf diese Weise verhindert man, daß die Schnittstellen faulen.
Pflanzenschutz Bei zu warmem und lufttrockenem Stand im Winter stellen sich leicht Wolläuse und Wurzelläuse ein, deshalb ruhig wöchentlich einmal die Pflanzen gründlich absuchen.
Am besten ist es, wenn man einen kühlen und hellen Überwinterungsraum findet. Notfalls kann man auch das Treppenhaus wählen.

Crassula coccinea, Dickblattgewächs, Familie Crassulaceae/Dickblattgewächse (oben).

Crassula- und *Sedum*-Arten (links).

Echeveria Echeverie

Jeder Blumen- und Gartenfreund kennt wohl die hübschen, sukkulenten Rosettenpflanzen. Wer aber meint, der etwas gelehrt klingende Name *Echeveria* komme aus dem Lateinischen, ist auf dem Holzweg. Denn Atanasio Echeverria, ein mexikanischer Pflanzenzeichner des 19. Jahrhunderts, war der botanische Pate.

Herkunft Über 150 Arten von Echeverien wachsen in dem verhältnismäßig begrenzten Gebiet von Kalifornien im Norden über Mexiko bis Peru im Süden. Die ersten Echeverien fand man vor 1800 in Mittel-Kalifornien, weshalb die Pflanze *Echeveria californica* genannt wurde.

Pflanzengestalt Meist grundständig in Rosettenform wachsende Stauden mit schöner Blattfärbung in Grün und Braunrot, oft interessant behaart, mannigfaltig in Form und Größe. Die Blüten erscheinen in ährigen Dolden, die ständig von unten nachwachsen und dadurch viele Wochen halten. Blütenfarbe überwiegend orangegelb, auch rosen- und scharlachrot. Blütezeit der Zimmerformen artverschieden, meist zwischen Winter und Frühjahr; vereinzelt gibt es auch Sommerblüher. Für einfache Kultur am Zimmerfenster werden die fast oder ganz stammlosen Arten bevorzugt. Dazu gehören *E. agavoides,* die Agaven-Echeverie, die mit ihren spitzen, graublauen Blättern ansehnliche Rosetten bildet; *E. carnicolor,* die »Fleischfarben Blühende« mit lockerem Wuchs – sie bildet so viele Ausläufer, daß sie als Ampelpflanze verwendet werden kann; *E. setosa* hat weiße Behaarung und im Sommer langstielige, leuchtend rote Blüten mit gelben Spitzen. Die stammbildenden vielästigen Halbsträucher und Sträucher, die bis 70 cm hoch werden, eignen sich mehr für bodennahe Blumenfenster oder niedrig stehende Pflanzgefäße: *E. coccinea,* 50–70 cm hoch, weich behaart, Sommerblüher aus Mexiko; *E. gibbiflora,* große, dichte Rosetten auf 30–50 cm hohen Stämmchen, hellrote, weiß bereifte Blüten an hoher Trugdolde im Herbst. Dazu kommen noch einige staunenswerte Sorten: 'Caruncuata' mit Auswüchsen auf den Blättern. *E. nodulosa* ist der niedrigste Rosettenstrauch mit nur 20 cm Stammhöhe; Blätter rot gerändert, unterseits rot gefleckt, rotbraune Blütchen mit gelben Spitzen ab März. Dazu viele reichblühende Sorten.

Pflege Sehr heller Standort im Sommer wie im Winter. Übersommern im Freien an geschütztem Platz. Überwinterungstemperatur bei hellem Stand 6–10° C, Winterblüher wollen es wärmer. Gegossen wird im Sommer wenig, im Winter noch weniger – möglichst trocken halten.
Von März bis Juli einmal monatlich düngen, dann nicht mehr.

Echeveria derenbergii, Echeverie, Familie Crassulaceae/Dickblattgewächse (oben).

Echeveria agavoides (links).

Umgetopft werden nur junge Pflanzen jährlich, ältere nach Bedarf in ein Gemisch von Einheits- und Kakteenerde.
Vermehrung Es genügt oft, ein Blatt zum Bewurzeln auf feuchte Erde zu legen. Manche Sorten bringen keine keimfähigen Samen und können daher nur vegetativ aus Kindeln (Seitenrosetten) oder auch aus Stecklingen vermehrt werden.

Echinocactus Schwiegermutterstuhl

Mit sehr harten Dornen wartet dieser saftiggrüne Kugelkaktus auf. Er erreicht eine immense Größe und blüht erst nach 25 Jahren, aber auch dann muß er erst einmal einen Sommer im Freien verbracht haben.

Herkunft Die meisten Arten sind in Mexiko und im Süden der USA daheim. Sie wachsen in steinigem Gelände, auch auf höher gelegenen Geröllhalden mit starker Sonneneinstrahlung und nächtlicher Abkühlung. Daher ihre Härte.
Pflanzengestalt Die verhältnismäßig rasch zu mächtigen Kugeln oder Zylindern heranwachsenden Arten sind in fast jeder Kakteensammlung zu finden, besonders *Echinocactus grusonii*. Die im wolligen Scheitel erscheinenden gelben oder rosa Blüten lassen meist sehr lange auf sich warten. Sie bringen dann schuppige Früchte mit schwarzen Samenkörnern.
E. grusonii, der Goldkugelkaktus, bildet die weltberühmten hellgrünen Bälle im goldgelben Dornenkleid über scharfen Rippen.

Echinocereus pectinatus, Igel-Säulenkaktus, Familie Cactaceae/Kakteen (oben).

Echinocactus grusonii, Schwiegermutterstuhl, Familie Cactaceae/Kakteen (links).

E. platyacanthus, der Riesen-Igelkaktus, produziert mattgrüne bis blaugraue Walzen, die bei 1 m Durchmesser bis zu 2 m Höhe erreichen. Als Jungpflanzen mit roten Querbändern sind sie für Heimkultur noch gut geeignet.
Pflege Alle Echinocacteen verlangen während der sommerlichen Wachstumszeit hohe Wärme und viel Sonne, im Winter aber unbedingt kühlen Stand bei 8–10° C. *E. grusonii* darf jedoch beim Austreiben im Frühjahr nicht der prallen Sonne ausgesetzt werden. Während der Wachstumszeit bis etwa Mitte August gleichmäßig feucht halten, jedoch vor jeder stauenden Nässe hüten. Gießen ab August allmählich einstellen, Pflanzen über Winter völlig trocken halten. Feuchtigkeit wirkt verderblich.
Während der Wachstumszeit reichlich Kakteendünger verabreichen; ab August allmählich einstellen. Ab März langsam wieder beginnen.
Wegen Brüchigkeit der Wurzeln ein Umtopfen tunlichst vermeiden. Der Wurzelgrund ist sehr porös zu halten: Die Kakteenerde wird jeweils nur vorsichtig aufgelockert.
Vermehrung Aus Samen wegen Weiterkultur nach Pikieren für Liebhaber schwierig, da Wurzelschäden kaum vermeidbar.
Pflanzenschutz Zu wenig Gießen im Sommer bringt durch Trockenheit Rote Spinne und Wolläuse. Bei zuviel Gießen im Winter entsteht Kakteenfäule am Wurzelhals.

Echinocereus Igel-Säulenkaktus

Er wurde von der Sammelgattung *Cereus* abgespalten und bildet seither mit etwa 60 Arten einen eigenen Clan. Das praktische Kleinformat und die um so größeren Blüten sowie geringe Ansprüche haben die Echinocereen zu Lieblingen der Kakteenfreunde gemacht.

Herkunft Ihre Heimatgebiete liegen im Südwesten der USA und im nördlichen bis mittleren Mexiko. Die meisten Echinocereen sind Wüstenbewohner, einige leben zwischen Grasbüscheln in der Prärie, andere im Gebüsch von Berghängen.

Pflanzengestalt Die selten über 20 cm hohen, weichfleischigen Pflanzen verzweigen sich zu kleinen Säulen. Die grünen Formen müssen von den weißen, dichtbedornten oder behaarten Arten in der Pflege unterschieden werden. Eine kaum oder gar nicht bedornte Art ist beispielsweise *Echinocereus knippelianus.* Er blüht rosa. Sein Pflanzenkörper ist fast blau. Am bekanntesten ist *E. triglochidiatus.* Er kann über Sommer unbedingt ins Freie.

Pflege Grüne Arten über Sommer ungeschützt im Freien; Dornen- und Haarträger warm, sonnig, luftig, etwas feucht halten. Im Winter kühl und trocken, dabei hell und sonnig stellen. Als Substrat wird eine lehmig-sandige Erde bevorzugt. Stehen die Kakteen im Sommer im Freien, so genügen die normalen Niederschläge.

Vermehrung *Echinocereus* bildet reichlich Kindel. Man nimmt sie ab, läßt sie 2 Tage an der Luft trocknen und steckt sie dann in feuchte Erde zum Bewurzeln.

Echinopsis Seeigelkaktus

Als »Bauernkakteen« sind Echinopsen weit verbreitet. Denn sie sind pflegeleicht und belohnen schon geringe Fürsorge alljährlich durch eine prächtige Blüte. Übrigens gehören viele *Lobivia*-Arten nun zur Gattung *Echinopsis*.

Herkunft *Echinopsis*-Arten stammen durchweg aus Südamerika, wo man sie in Argentinien wie in Bolivien und Brasilien, in Paraguay und Uruguay findet.

Pflanzengestalt Die kleinen Kugelkakteen werden seit über 100 Jahren als Anfänger- und Sammlerkakteen kultiviert; sie sind deshalb überwiegend nur noch in Zuchtformen verbreitet. Die herrlichen, in langen Trichtern seitlich des Scheitels erscheinenden, breit sich öffnenden, duftenden Blüten sind weiß, blaßrosa, gelb oder rot. Kugelkakteen werden im Alter säulenförmig. *E. calochlora* hat helle, grasgrüne Kugeln mit kurzen Dornen; die Blüten sind bis 16 cm lang und haben einen Durchmesser bis 10 cm, sie sind weiß und öffnen sich tellerförmig; diese Art gilt als eine der schönsten. *E. mamillosa* var. *kermesina* hat bis 15 cm Durchmesser, ist vielrippig und bunt bedornt; karminrote Blüten von 15–18 cm Länge und 8–9 cm Durchmesser; sehr schön.

Pflege Einfach, wenn der Unterschied in der Erdmischung beachtet wird. Sie soll durchlässig, zugleich kräftig und humos sein.

Echinopsis-Arten, Seeigelkaktus, Familie Cactaceae/Kakteen.

Dazu reiche Ernährung über Sommer. Im Winter kühl und völlig trocken halten, sonst wartet man vergeblich auf eine Blüte.
Vermehrung Entweder aus Samen oder aus Kindeln läßt sich diese Kakteengattung leicht vermehren.

Echinopsis chamaecereus (rechts).

Euphorbia grandicornis, Großhörnige Wolfsmilch, Familie Euphorbiaceae/Wolfsmilchgewächse (unten).

Euphorbia grandicornis
Großhörnige Wolfsmilch

Verblüffende Ähnlichkeit mit Kakteen hat die Großhörnige Wolfsmilch – lediglich durch den für Wolfsmilchgewächse typischen Milchsaft ist sie von diesen zu unterscheiden. Da sie aber eben nicht zu den Kakteen gehört, sondern zur Gattung *Euphorbia* – wie auch der Weihnachtsstern und der Christusdorn –, haben wir sie unter der Rubrik »Blütenpflanzen« vorgestellt (siehe Seite 88).

Faucaria Tigerrachen

Die ungemein dekorative Kleinsukkulente aus der Familie der Aizoaceen oder Mittagsblumengewächse gehört zu den leicht kultivierbaren Gattungen, die man auch außerhalb einer sorgsam aufgebauten Spezialsammlung am Zimmerfenster halten kann. Heute kennt man etwa 35 Arten.

Herkunft Wie die meisten Sukkulenten, die zu den Mittagsblumengewächsen gehören, stammt auch die *Faucaria* aus Südafrika.
Pflanzengestalt Die dickfleischigen, am Rande mit aufrechten »Zähnen« besetzten Blätter stehen sich paarweise gegenüber und sind am Grund so zusammengewachsen, daß der Eindruck eines offenen Tiermaules entsteht. Diese Ähnlichkeit wird noch durch Weißfleckigkeit der Blätter erhöht. Die zauberhaft schönen,

Ferocactus latispinus, Teufelszunge, Familie Cactaceae/Kakteen (oben).

Faucaria tigrina, Tigerrachen, Familie Aizoaceae/Mittagsblumengewächse (links).

goldgelben Strahlenblüten erscheinen ab August aus den einköpfigen Rosetten.
Zu *F. tigrina,* dem Tigerrachen, gibt es noch *F. felina,* den Katzenrachen, mit undeutlich punktierten Blättern; *F. lupina,* den Wolfsrachen mit drohenden Zähnen und *F. tuberculosa,* deren Blätter oberseits mit Höckern oder Warzen geziert sind. Alle blühen im Herbst gelb.
Pflege Wachstumszeit im Sommer erleichtert zügiges Wachstum und reiche Blüte. Übersommern im Freien bei vollsonnigem Stand sehr erwünscht.
Faucaria möchte in kleinen Töpfen stehen. Die Ruhezeit signalisieren die Pflanzen von ganz allein; dann weniger gießen.
Vermehrung Durch Teilen oder aus Samen.

Ferocactus Teufelszunge

In ihrer Heimat erreichen einige der 35 Arten der Gattung *Ferocactus* ein Alter von mehr als 100 Jahren. Dann sind sie auch keine Kugeln mehr, sondern meterdicke und mehrere Meter hohe Säulen.

Herkunft In den südlichen Staaten der USA und in Mexiko findet man Ferocacteen.
Pflanzengestalt Es handelt sich bei dieser Gattung um Kugelkakteen, die zuerst flachrund und erst im hohen Alter säulenförmig sind. Sie bilden Gruppen, ihre Rippen sind kräftig und die Dornen sehr stark, meist gebogen und von auffälliger Farbe. Die Blüten sind rot oder gelb und gedrungen und erscheinen im Frühjahr.
Beliebteste Art für Kakteenliebhaber ist *Ferocactus latispinus,* die Teufelszunge. Sie erreicht bis 40 cm Durchmesser; eine Kugel mit 23 Rippen und wunderschöner, blaßrötlicher bis hellbrauner Bedornung. Sie ist jedoch nur selten zur Entfaltung ihrer kleinen rötlichen, sogar duftenden Blüten zu bewegen. Im Gegensatz dazu stehen *F. hamatacanthus* und *F. pilosus,* die beide nicht weniger prachtvoll bedornt, aber dazu noch ausgesprochen blühwillig sind. Ihr Besitz ist meist eine echte Freude.
Pflege Sommerstandort sehr hell, im Freiland vollsonnig, recht warm. Normal gießen, bei Hitze öfter sprühen. Ab Oktober kühl stellen, Ruhezeit (»Trockenruhe«) von November bis Februar, Besttemperatur 8–10° C ohne Gießen und Düngen.
Vermehrung Vor allem durch Samen; auch Kindel und Veredelungen sind beim *Ferocactus* durchführbar.
Pflanzenschutz Sommertrockenheit bringt Rote Spinne und Verlausung; Winternässe dagegen bewirkt mit Sicherheit tödliche Fäule am Wurzelhals.

Gasteria Gasterie

Die Gasterien bilden eine große Gattung sukkulenter Liliengewächse mit vielen hübschen, für einfache Zimmerkultur bestens geeigneten Arten. In ihrer Anspruchslosigkeit kann man sie mit den Sansevierien vergleichen.

Herkunft Gasterien sind wie so viele Sukkulenten in Südafrika zu Hause; dort wachsen sie an warmen, sonnigen Plätzen.
Pflanzengestalt Dicke, fleischige Blätter, teils mit weißen Flecken, teils mit Perlwarzen, rosettig oder zweizeilig. Blütenglöckchen bräunlichrot, in lockeren Trauben oder Rispen auf hohem Schaft. Die Pflanze blüht vom Frühjahr bis zum Sommer.
Kleinformen: *Gasteria armstrongii,* 4–6 zweizeilige, dicke Blätter, dunkelgrün, beiderseits runzelig mit Höckerchen. *G. liliputana,* Blätter zweizeilig, später rosettig, nur 3–6 cm lang, weißlich gefleckt, wegen dem blasigen Blütenkelch und dem bitteren Saft 'Bitterbauch' genannt. *G. humilis,* Blätter rosettig, 8–10 cm lang, weißliche Flecken in unregelmäßigen Querreihen. Größere Arten: *G. candicans,* Blätter rosettig geordnet, 25–30 cm lang, weiß punktiert, Blütenstand bis meterhoch, seit 1821 in Kultur. *G. picta,* Blätter zweizeilig, in spiralig gedrehter Rosette. *G. verrucosa,* Hirschzungenkaktus, Blätter zweizeilig, große Perlwarzen, eine der schönsten Arten.
Pflege Gasterien können am Südfenster ebenso stehen wie im Zimmerinneren an schattiger Stelle. Sie sind praktisch nicht umzubringen, wenn man vorsichtig mit dem Gießen ist. Im Winter sollten sie nicht unter 10° C stehen; dann aber nur selten gießen.
Vermehrung An den Pflanzen bilden sich Kindel, die man abnehmen und in durchlässige Erde (Kakteenerde) setzen kann.

Gasteria verrucosa,
Gasterie, Familie Liliaceae/ Liliengewächse.

Gymnocalycium Gymnocalycium

Diese ungewöhnlich artenreiche Gattung ist allen Kakteenfreunden bekannt. Schon als kleiner Kaktus kommt die Pflanze willig zum Blühen und öffnet trichterförmige Blüten in vielen Pastelltönen.

Herkunft Die Gattung *Gymnocalycium* ist mit über 50 Arten in Südamerika zu Hause. Vor allem in Argentinien gedeihen sie an sehr unterschiedlichen Standorten: vom nahrhaften Boden in voller Sonne bis zu den Spalten ungeschützter Felswände nahe der Frostgrenze. Daher ihre Zähigkeit.
Pflanzengestalt Alle sind reizende kleine Kugelkakteen. Der

Durchmesser beträgt je nach Art 5–15 cm; meist haben sie wenige, dicke Rippen mit großen, oft schön gefärbten Dornen. Die Blüten erscheinen auf langen Röhren und sind oft so groß oder gar größer als die ganze Pflanze.
Zu den schönsten und interessantesten Arten gehören *G. denudatum,* seiner spinnenähnlichen, hellgelben Bestachelung wegen »Spinnenkaktus« genannt; die weißen Blüten werden bis 5 cm lang. Als unverwüstlich gilt *G. gibbosum,* ebenfalls weißblühend. Star aller Kleinkakteen: *G. mihanovichii* mit der rosablühenden Varietät *friederichii.* Aus ihr entstanden 1941 in Japan jene weltberühmten chlorophyllfreien Formen, die in Rot nur den Pflanzenfarbstoff Karotin enthalten (*G. mihanovichii* forma *rubra* 'Hibotan') oder in Gelb den Farbstoff Xanthophyll (*G. m.* forma *aurea*). Beide leben nur durch die grünen Unterlagen, können aber blühen und Samen bilden.

Pflege Stand je nach Art sehr hell bis halbschattig; im Winter trocken bei 8–10° C. Empfindlich reagieren Gymnocalycien auf Nässe, deshalb niemals zu feucht halten, lieber nur besprühen.

Vermehrung Aus Samen; Saatgut zahlreicher Arten im Handel.

Gymnocalycium-Hybriden, Gymnocalycium, Familie Cactaceae/Kakteen.

G. mihanovichii (rechts).

Harrisia jusbertii Harrisia

Wegen ihrer schnellwüchsigen langen, Sprosse wird die Gattung *Harrisia* gern als Pfropfunterlage genommen. Dennoch ist sie auch an sich nicht ohne. Ihre cremefarbige Blüte ist so groß wie die von *Schlumbergera*-Hybriden und öffnet sich nur nachts.

Herkunft Die meisten Arten dieser Gattung stammen aus Argentinien. Von der bedeutendsten, *H. jusbertii,* weiß man bis heute nicht den genauen Fundort. Dennoch kann man davon ausgehen, daß ebenfalls Argentinien ihr Ursprungsland ist.

Pflanzengestalt Die langen Sprosse klettern oder hängen herab. Sie sind dunkelgrün und haben an den Kanten dunkelbraune, kleine Dornenbüschel. Die Blüte ist eine Pracht.

Pflege Es gibt wenige Kakteen, die das ganze Jahr hindurch einen warmen Standort benötigen. Die *Harrisia* gehört dazu. Im Winter sollte sie nicht unter 10° C stehen. Auch braucht dieser Kaktus viel Feuchtigkeit und in den Sommermonaten alle 2 Wochen eine Düngerlösung. Man kann die Harrisia sonnig stellen, im Sommer auch an geschützter Stelle im Freien. Ein Stützgerüst braucht sie allerdings, wenn man ihre Triebe klettern lassen möchte. Die *Harrisia* ist, wenn sie erst einmal »Fuß gefaßt hat«, sehr wüchsig, besonders, wenn man sie in Schalen auspflanzt. Daher auch ihr großes Nährstoffbedürfnis. Die Gattung ist unter den Kakteen eine Aus-

Harrisia jusbertii, Harrisia, Familie Cactaceae/Kakteen (links).

nahme, ihr behagt ein Sand-Erd-Gemisch gar nicht. Sie will zwar sandhaltige, aber auch kräftige Erde. Als Substrat verwendet man deshalb gute, nährstoffreiche Blumenerde.

Vermehrung Aus Stecklingen läßt sich die *Harrisia* leichter vermehren als aus Samen. Die Stecklinge müssen aber einige Tage an der Luft trocknen, bevor sie in die Erde gesteckt werden. Dann bewurzeln sie bei guter Bodenwärme sowie kräftiger, nährstoffreicher Erde und reichlich Feuchtigkeit relativ leicht.

Hatiora Osterkaktus

Der Osterkaktus wird oft mit dem Weihnachtskaktus (*Schlumbergera*-Hybriden) in einen Topf geworfen. In Wahrheit sind es aber 2 verschiedene Gattungen, die zwar viel Gemeinsames haben, sich jedoch schon durch deutliche Unterschiede ihrer Blüten- und Blattformen abgrenzen: Die Sproßglieder des Osterkaktus sind niemals gezähnt, sondern abgerundet und in der Regel rötlich gefärbt.

Herkunft Als Heimat wird für beide recht großzügig meist Brasilien angegeben. Doch liegen zwischen den ostbrasilianischen Gebieten um Rio de Janeiro, woher der Weihnachtskaktus kommt, und den südbrasilianischen Tropenwäldern als Ursprungsland des Osterkaktus Hunderte von Kilometern mit beträchtlichen klimatischen Unterschieden.

Pflanzengestalt Epiphytisch wachsende kleine Sträucher mit gleichmäßig gegliederten, flachen bis leicht kantigen Sprossen, die sich im Alter runden und borkig werden; die Glieder sind im Schnitt 5 cm lang und 2 cm breit; zahlreiche Verzweigungen. Die weit offenen Blüten stehen in großer Zahl an den Enden der Glieder; die Blütenhüllblätter sind spitz, gespreizt, nach außen aufgebogen. Die 2 Monate lange Blütezeit beginnt meist im April.

In Kultur sind *Hatiora gaertneri,* der eigentliche Osterkaktus mit scharlachroten Blüten, und *H. x graeseri* mit außen siegellackroten, innen karminrosa Blüten. Nur 25 cm hoch wird *H. rosea,* ein anmutiges Pflänzchen mit reichem rosa Flor im April – leider nicht häufig.

Pflege Es heißt zwar immer, Osterkakteen und Weihnachtskakteen seien in der Pflege gleich. Tatsächlich sind aber Osterkakteen empfindlicher und brauchen mehr feuchte Wärme als die *Schlumbergera*-Hybriden. Kenner sagen, man solle sie wie Baumorchideen im Tropenfenster oder Kleingewächshaus halten.

Ihr Versagen in einfacher Zimmerkultur kommt jedoch weniger von mangelnder Luftfeuchtigkeit als vom Trockenwerden des Topfballens bei ungeschütztem Herumstehen ohne Einbettung in ein feuchtigkeitshaltendes Substrat und Gießen mit zu hartem Wasser. Noch dringender als der Weihnachtskaktus verlangen folglich die Osterkakteen auch kalkarme Erde und enthärtetes Gießwasser. Der Standort – ganzjährig im geschlossenen Raum – sei über Sommer halbschattig, ohne direkte Besonnung; ab Januar muß ihr Platz bei 10–12° C hell sein. Sobald sich Knospenansatz zeigt, wieder wärmer stellen, Lichteinfall nicht mehr ändern.

Vermehrung Ausgereifte Triebspitzen wurzeln bei 22° C im Mai/Juni leicht.

Pflanzenschutz Bei Lufttrockenheit im Sommer Rote Spinne, Wolläuse.

Hatiora-Hybriden, Osterkaktus, Familie Cactaceae/Kakteen (unten).

Hatiora salicornioides Hatiore

In ihrer Heimat wird diese zur Familie der Kakteengewächse zählende Pflanze meterhoch. Ihre bei uns verbreiteten 2 Arten bleiben aber klein. Man kann sie leicht mit dem Binsenkaktus (*Rhipsalis*) verwechseln. Allerdings wachsen die Sprosse bei der Hatiore aufrecht, beim Binsenkaktus hängen sie herab. Dornenlos sind beide Gattungen.

Herkunft Aus dem östlichen Brasilien kommt dieser mehr an eine Sukkulente als an einen Kaktus erinnernde Strauch.
Pflanzengestalt Rundliche, kleine, hellgrüne Stäbchen wachsen mit stumpfer Spitze aufrecht empor. Oft bilden sie dichte Büschel. Eine dekorative Pflanze für Sukkulentensammlungen oder auch für Flaschengärten.
Pflege Diese kleinen Pflanzen benötigen einen hellen, aber nicht vollsonnigen Platz. Sie möchten stets viel Feuchtigkeit, dürfen aber nicht stauender Nässe ausgesetzt werden, da sie dann faulen. Lieber etwas trockener halten als zu feucht! Allerdings muß man für eine hohe Luftfeuchtigkeit sorgen, sonst schrumpeln die Sprosse. Als Substrat verwendet man eine nährstoffreiche Blumenerde, der etwas Sand beigemischt wird. Zugluft, überhaupt alle Extreme wie Temperaturschwankungen etc. sind zu vermeiden. Andernfalls werden Sproßglieder abgeworfen. Das ist aber nicht so schlimm. Wenn man die Kulturfehler beseitigt, treiben die Pflanzen wieder neu aus. Allerdings sind sie dann nicht mehr so buschig.
Vermehrung Ähnlich wie bei *Rhipsalis* kann man auch die Hatiore einfach durch Stecklinge vermehren. Bei 20° C bewurzeln sie recht leicht. Immer mehrere in einen Topf stecken, sie sehen dann üppiger und schöner aus.

Hatiora salicornioides, Hatiore, Familie Cactaceae/Kakteen (rechts).

Haworthia Haworthie

In der riesengroßen Familiengemeinschaft der Liliengewächse gibt es – wie es auch in diesem Rahmen viele Beispiele zeigen – zahlreiche sukkulente Pflanzen aller Formate. Mit zu den hübschesten Lilien-Kleinsukkulenten gehören die Haworthien – nach dem englischen Botaniker A. H. Haworth (1768–1833) benannt, der ein berühmter Sukkulentensammler war.

Herkunft Rund 100 Arten wachsen in Südafrika, die meisten im Kapland. Bereits um 1700 kamen erste Importe nach Europa, doch gab es noch in unserem Jahrhundert Entdeckungen.
Pflanzengestalt Alle Haworthien sind niedrige oder halbstrauchige

Pflanzen mit dicken, fleischigen Blättern in rosettiger Anordnung. Ausgesprochenes Kleinformat macht sie für Liebhaber mit wenig Platz besonders geeignet. Daß die im Frühling bis Frühsommer an langen, dünnen Stengeln erscheinenden Blütenglöckchen mehr unscheinbar als dekorativ sind, kann im Vergleich mit der Vielfalt von Arten und ihren inzwischen entwickelten Zuchtformen wohl verschmerzt werden.
Am schönsten und auch am haltbarsten sind die Arten mit weißen Perlwarzen auf den dunkelgrünen Blatt-Unterseiten. Sie brauchen keine eigentliche Ruhezeit. Den Reigen beginnt *Haworthia fasciata* mit kugeliger, weit offener Rosette; Blätter dreieckig, spitz zulaufend, unterseits ziemlich große Warzen. Mit größeren Warzen ausgestattet ist *H. pumila*. Schmal-walzenförmig, aufrecht wachsend, mit 10–15 cm hohen Stämmen und vielen kleinen Perlwarzen auf den Blatt-Unterseiten präsentiert sich *H. reinwardtii*. Etwas empfindlicher als die derbblättrigen Warzenträger sind die Arten mit einseitig oder beidseitig durchscheinenden, warzenlosen Blättern. Hierher gehören vor allem *H. cymbiformis* mit kurzen, aufrecht-abstehenden, saftig graugrünen Blättern.
Pflege Alle diese reizenden Kleinsukkulenten brauchen ganzjährig sehr viel Licht, aber keine pralle Sonne. Sie sollen nur im geschlossenen Raum gehalten werden. Haworthien mit Perlwarzen haben von Oktober bis Februar Ruhezeit, die möglichst bei 10–12° C verbracht werden sollte. Die Haworthien mit durchscheinenden Blättern dagegen ruhen von April bis September und müssen ohne Düngung in dieser Zeit trockener gehalten werden. Dafür brauchen sie bei fortlaufendem Wachstum im Winter mehr Wärme (14–16° C), mehr Bodenfeuchtigkeit und leichte Düngung (alle 2 Wochen etwas Kakteendünger). Der unterschiedliche Wachstumsrhythmus ist interessant zu beobachten und leicht in die Pflege einzubeziehen. Die Pflanze hat kein Verlangen nach Luftfeuchtigkeit.
Beim Umtopfen alle 2 Jahre flache Gefäße und Kakteenerde verwenden.
Vermehrung Durch Abtrennen der Seitensprosse oder aus Samen gelingt eine Jungpflanzenanzucht sehr leicht.

Lithops Lebende Steine

Man nennt sie auch »Lebende Kiesel«, weil die kugeligen Körper dieser besonders interessanten und artenreichen Gattung in ihrer vielgestaltigen Musterung bunten Kieselsteinen so ähnlich sind. Ihre zarten, mittagsblumenähnlichen, pastellfarbenen Blüten sind oft größer als der kleine Pflanzenkörper.

Herkunft Wie alle Mittagsblumen stammen auch die Lebenden Steine aus Süd- und Südwestafrika, wo trockene Geröll- und Sandwüsten mit lehmigem Boden und Gesteinsspalten ihnen erwünschte Lebensbedingungen bieten.
Während ihrer Trocken- und Ruheperiode, die bei uns zur Winterzeit stattfindet, sterben die vorjährigen Blätter ab, jedes Jahr werden neue gebildet; die alten bleiben als trockener Rest an der Pflanze.

Pflanzengestalt Die fleischigen Blätter sind dicht zusammengewachsen und ähneln in Form und

Haworthia-Hybride, Haworthie, Familie Liliaceae/Liliengewächse (ganz links).

Lophophora williamsii Schnapskopf

Ein überaus interessanter, aber nicht ungefährlicher Einzelgänger, dessen Wesensart sogleich ersichtlich wird, wenn man seinen »Zweitnamen« *Anhalonium* nennt. Die niedrige, flachkugelige Pflanze ist nämlich der berühmte Rauschgiftkaktus, den die Indianer auch »Peyote« oder »Mescalbutton« nennen.

HERKUNFT Von den südlichen USA bis nach Nordmexiko reicht die Heimat dieser Gattung, von der 4 Arten von Bedeutung sind.
PFLANZENGESTALT Man kann *Lophophora* weder von seinem Äußeren noch von seiner Blüte her als attraktiv bezeichnen. Dennoch reizt der Ruf als »Rauschgiftkaktus« alle Kakteenfreunde, um ihn in ihre Sammlung aufzunehmen. Doch keine Bange, bei nassen Bedingungen dürften nur schwache Spuren von Mescalin im Pflanzenkörper sein. Der Kaktus wächst kugelig, ist nicht bedornt, hat dafür weißliche Flocken auf seinem höckrigen Körper. Auffallend ist seine lange Pfahlwurzel. »Mescalbutton« heißt wörtlich »Schnapskopf«. Dieser gebräuchlichere Name weist wohl auf die durch seinen Mescalingehalt ausgelösten Rauschzustände und Halluzinationen hin. Hauptlieferant für die Droge ist *Lophophora williamsii.*
PFLEGE Kakteenkenner empfehlen einen sehr sonnigen, heißen Stand mit genügend Feuchtigkeit im Sommer, über Winter aber Kühle und völlige Trockenheit. Der Boden soll überwiegend mineralisch und locker sein. Im übrigen keine Ansprüche.
VERMEHRUNG Die Anzucht aus Samen ist relativ einfach.

Lithops, Lebende Steine, Familie Aizoaceae/Mittagsblumengewächse (links).
Lophophora williamsii, Schnapskopf, Familie Cactaceae/Kakteen (unten).

Farbe sehr den umgebenden Geröllsteinen. Die schöne Maserung auf dem grauen, rundlichen Pflanzenkörper ist sehr verschieden. In der Mitte kommt die Blüte heraus. Danach ziehen die alten Blätter ein und verschrumpeln, es bilden sich aber sofort 2 neue. Zu den Arten, die Steinen wirklich zum Verwechseln ähneln, gehören *Lithops ruschiorum* und *L. pseudotruncatella. Lithops optica* hat weiße Blüten mit rosa angehauchten Blütenblättern.
PFLEGE Wie bei allen Hochsukkulenten ist richtiges Gießen das Wichtigste. Hier beschränkt es sich auf die Triebzeit der Sommermonate, muß aber auch dann so sparsam geschehen, daß die Blätter vom Überangebot an Flüssigkeit nicht platzen. Ab September bis zur Bildung neuer Körperchen völlig trocken halten. *Lithops* benötigen einen sonnigen bis hellen Standort. Als Substrat empfiehlt es sich, kieshaltige Erde zu verwenden.
VERMEHRUNG Am leichtesten aus Samen; erste Blüte nach 2–3 Jahren. Bodenwärme 20° C.

Mammillaria Warzenkaktus

Eine der artenreichsten Gattungen ist *Mammillaria.* Ihr dichtes Dornenkleid sitzt auf kleinen Warzen, die ebenso dicht aneinanderliegen. Auffallend schön sind die Blütenkränze sowie die Beeren.

Herkunft Ihre Heimat reicht vom Süden der USA über Mittelamerika bis Kolumbien.
Die meisten Arten sind aber in Mexiko zu Hause.
Pflanzengestalt Überwiegend Kugelkakteen, die einzeln oder in Gruppen wachsen. Es bilden sich aber auch kurze, zylindrische Körper. Typisch für alle sind die in immer neuen Variationen und »Mustern« angeordneten Warzen und deren gleichfalls ungemein variable Bedornung, die ganz kurz und der Körperfläche dicht anliegend, aber auch überlang mit Widerhaken sein kann, oder sie wird durch ein greisenhauptähnliches Wollkleid ersetzt. Im Vergleich zu der auch farbig hochinteressanten Bedornung sind die meist im Kranz um den Scheitel erscheinenden Sommer-Blütchen zwar farbig reizvoll, aber doch klein und bescheiden. Viele bilden bis zum nächsten Frühjahr keulenförmige, rote Früchte, die ebenso schmücken wie die Blüten. Ausgereift stoßen sie sich von selbst ab oder lassen sich leicht herausziehen. Einige Arten neigen auch zu Cristata-Bildung: Das ist eine abnorme »Hahnenkammform«, bei der sich das sonst punktförmige Vegetationszentrum linien- oder bandförmig verbreitert; der Botaniker nennt diesen Vorgang »Fasziation«.
Alle Mammillarien sind pflegeleicht und für das Zimmer geeignet. Hier eine winzige Auswahl der allerschönsten: *M. bocasana* bildet mit Kügelchen von nur 5 cm Durchmesser reizende Gruppen mit teils haarfeinen weißen, teils gelblich-bräunlichen Dornen; Blüten gelblichweiß mit rosa Mittelstreifen; Früchte bis 4 cm lang, auffallend hellkarminrot. *M. geminispina* bildet bis 8 cm dicke, weiß bedornte Kugeln, die sehr schön blühen, aber auch zu Cristata-Bildung neigen. *M. hahniana* gehört zu den schönsten weißhaarigen Arten, Blüten karminrot. *M. pennispinosa* wächst einzeln auf dicker Rübenwurzel, hat seltsame »Fiederstacheln«; blasse gelblich-rosa Blütchen mit rosa Schlund, 2 cm lange, karminrote Früchte. *M. plumosa,* der berühmte »Flaumfederkaktus«, ist von noch längeren und weicheren Fiederdornen ganz eingehüllt; er bildet Familien entzückender kleiner Federbällchen; Blüten unscheinbar, Früchte rötlichgrün. *M. prolifera* gilt als unverwüstliche Anfängerart, die noch unter ungünstigsten Bedingungen blüht und fruchtet. *M. schiedeana,* mit seidig glänzender Bedornung, weißlichen Blütchen sowie hellkarminroten und bis 2 cm langen Keulenfrüchten, gehört zu den erklärten Lieblingen der Kakteenkenner. *M. wildii* bildet gern Gruppen ihrer hellgrünen, kurzen, zylindrischen Einzelkörper; sehr schöne Bedornung; reich und sicher blühend, bräunlich-rote Keulenfrüchte; völlig anspruchslos und hart. *M. zeilmanniana* gehört ebenfalls zu den unkomplizierten Anfängerarten; sie bringt dichte, dunkelrosa Blütenkränze.
Pflege Außer den weichfleischigen grünen Arten wie *M. wildii,* die keine pralle Sonne vertragen, wollen alle Arten über Sommer einen recht sonnigen Stand, denn davon hängt die Schönheit und Farbigkeit der Bestachelung ab. Die starke Lichtabhängigkeit der Mammillarien zeigt sich auch in einer erstaunlichen Sonnenwen-

Mammillaria bocasana var. *rosea,* Warzenkaktus, Familie Cactaceae/Kakteen (links).

M. zeilmanniana u.a. (unten).

digkeit selbst älterer Exemplare. Um Schiefwuchs zu verhüten, sollten die Pflanzen öfter gedreht werden; dies ist ohne Nachteil für Blühen und Fruchten. Der Winterstandort muß hell sein, mit einer Temperatur von 6–8° C. Pflanzgrund vorwiegend mineralisch, dabei sehr nahrhaft.
Über Sommer wird reichlich gegossen; über Winter aber die Pflanze fast ganz trocken halten. Auch darf man das Düngen im Sommer mit Spezial-Kakteendünger nicht vergessen.
Möglichst selten umtopfen, und wenn doch, müssen die Gefäße der Wurzelbildung (Rübenwurzel!) angepaßt sein.
Vermehrung Durch Gruppenteilung oder aus Samen, der aber oft recht langsam keimt.

Matucana Matucana

Ein Kaktus mit Blühproblemen ist dieser kugelige bis kurzsäulige, stark bedornte Freund. Einige Arten sind fast ohne Dornen und leuchtend grün, andere haben ein so dichtes Dornenkleid von bräunlicher bis schwärzlicher Färbung, daß man nichts mehr vom Pflanzenkörper sieht.

Herkunft Die Kakteengattung *Matucana* kommt nur in Peru vor. In den Höhenlagen findet man die bedornten Arten, die sich ja so vor der Austrocknung schützen, in den Ebenen hingegen sind die empfindlicheren schwach bedornten oder kahlen Arten, die dort genügend Feuchtigkeit haben, zu finden.
Pflanzengestalt Als Blüte erscheint aus wolliger Scheitelmitte eine leuchtendrote Blüte, die oft zu dritt oder zu fünft recht groß herausragt.
Pflege Grüne Arten brauchen mehr Feuchtigkeit und dürfen keiner Sonne ausgesetzt werden; bedornte Arten können in der Sonne stehen und brauchen nicht so regelmäßig gegossen zu werden. Im Winter wollen es beide kühl, wobei die Bedornten sogar 5° C aushalten, die ohne Dornen allerdings nicht weniger als 10° C. Im Sommer werden die Pflanzen alle 2 Wochen mit einem Kakteendünger versorgt.
Als Substrat bevorzugen sie normale Blumenerde, der man etwas Sand beimischt.
Vermehrung Von sprossenden Arten kann man Kindel abtrennen. Auch eine Aussaat ist möglich; der Samen keimt bei etwa 20° C Bodenwärme recht gut.

Matucana myriacantha, Matucana, Familie Cactaceae/Kakteen.

Opuntia Feigenkaktus, Opuntie

In keiner Kakteensammlung sollten Opuntien fehlen. Sie haben eine gänzlich andere Form als übliche Kakteen, sie sind keine Säule und keine Kugel. Ihre »Ohren« machen sie besonders attraktiv. Es gibt sogar winterharte Arten, die bei uns im Garten blühen können.

Herkunft Urheimat der mit über 200 Arten vertretenen Gattung sind beide Amerika, wo winterharte und nicht winterharte Arten zwischen Kanada und Patagonien tief im Süden vorkommen. Manche Arten wurden auch in andere Erdteile verschleppt, so daß man unkrautartig verwilderte Opuntien längst schon in Australien, Südafrika und Südeuropa findet.
Pflanzengestalt Am weitesten verbreitet und auch bei den Arten für Zimmerkultur am häufigsten ist die Scheibenopuntie mit den bekannten scheibenförmigen Flachsprossen, die sich wie Kettenglieder zu zweigartigen Gebilden aneinander reihen. Zu dieser Gruppe gehören vor allem die starkwüchsigen Arten, die in ihren tropischen Heimat- und Nachbaugebieten auch als Hecken- und Fruchtpflanzen (»Feigenkaktus!«) geschätzt werden.
Viele Opuntien sind interessant bedornt; alle tragen – auch an den Früchten – Büschel von Glochiden oder Angelborsten, deren Widerhaken in die Haut eindringen und schmerzhafte Verletzungen hervorrufen können. Vorsicht: Beim Umgang mit Opuntien Handschuhe anziehen, Splitterpinzette bereithalten, Gurkenzange benutzen!
Die Blüten der Opuntien sind eine Pracht, sie sind groß, seidig glänzend, in leuchtenden Farben, bei Scheibenopuntien an den Kanten der Flachsprosse. Blütezeit: Frühjahr bis Sommer.
Opuntia basilaris ist dornenlos, doch glochidenreich; purpurrosa Blüten nicht häufig. *O. bergeriana* ist sehr blühwillig, ziegelrot, neigt zu Kübelmaß. *O. microdasys*, Goldopuntie, mit hübschen Kleinformen wie 'Minima'; gelb.

Opuntia ficus-indica, Feigenkaktus, Familie Cactaceae/Kakteen (oben).

Opuntia, Cristata-Form (unten).

Pflege Am sonnigen, warmen, luftigen Standort ist die Pflege im Sommer sehr einfach. Boden durchlässig-nahrhaft; ab Austriebsbeginn bis Mitte August normal gießen, dann bis Beginn der Ruhezeit immer sparsamer; Düngen (Kakteendünger!) bis Mitte Juli zweimal die Woche, dann zwecks Triebabschluß einstellen. Sollte es notwendig sein umzutopfen, so macht man dies im Frühjahr. Im Winter sollten Opuntien bei 6–8° C kühl, hell und trocken stehen.
Vermehrung Aus Stecklingen, deren Schnittfläche 14 Tage abtrocknen soll. Anzucht aus Samen möglich.
Pflanzenschutz Auf Wolläuse an Glochidenbüscheln achten!

Pachypodium Madagaskarpalme

Palmenähnlich ist die Madagaskarpalme. Sie ist aber ein Vertreter der Hundsgiftgewächse und mit dem Oleander verwandt. Dennoch ist sie wegen ihres sukkulenten Stammes in diesem Kapitel zu finden, denn auch in ihrer Pflege ist die Madagaskarpalme den Sukkulenten ähnlicher als anderen Pflanzen.

HERKUNFT *Pachypodium geayi* stammt aus Trockengebieten des südwestlichen Madagaskar, *P. lamieri* wird wegen seiner herrlichen, freilich nur in der Heimat erscheinenden Blüten auch »Stern der Steppe« genannt. Beide wachsen in ihrer Heimat zu mächtigen, 5–8 m hohen Bäumen heran. Die sukkulenten, bedornten Stämme können über 1 m Durchmesser erreichen.

PFLANZENGESTALT Die dunkelgrünen, länglichen Blätter stehen in einem runden Schopf auf der Spitze des mit Dornen besetzten Stammes.

PFLEGE Was wir am Zimmerfenster pflegen, sind also nur Jungpflanzen, dabei mit gegenläufigem Wachstumsrhythmus: Ihre Ruhezeit mit sparsamstem Gießen und ohne Düngung fällt bei uns in die Sommermonate; die Weiterentwicklung im Winterhalbjahr soll ohne Nachtabsenkung bei Temperaturen um 18° C – sparsam gegossen und kaum gedüngt – erfolgen. Die Madagaskarpalme nimmt es aber nicht übel, wenn sie auch etwas weniger gegossen wird. Zudem treiben die Blätter stets wieder neu aus.

VERMEHRUNG Durch Samen kann man *Pachypodium* bei hoher Bodentemperatur (22° C) selbst vermehren.

Opuntia microdasys (links).

Pachypodium lamieri, Madagaskarpalme, Familie Apocynaceae/ Hundsgiftgewächse (rechts).

Parodia Parodie

Große Gattung reizender Kugelkakteen, die sich wegen auffallend schöner Bedornung und schon in früher Jugend einsetzender prachtvoller Blüte bei den Kakteenfreunden besten Ansehens erfreut. Hervorzuheben ist auch ihr langsames Wachstum, das leichte Unterbringung auf lange Sicht erlaubt. Übrigens: die Gattung *Notocactus* gehört heute zu den Parodien.

HERKUNFT Parodien kommen aus Südamerika. Die meisten bei uns kultivierten Arten stammen von trockenen Berghalden und aus hügeligem Gelände in Nord-Argentinien; weitere Heimatländer: Bolivien, Paraguay und Südbrasilien.

PFLANZENGESTALT Kugeln je nach Art 5–15 cm Durchmesser oder mehr, einige werden im Alter auch zylindrisch. Rippen oft spiralig gestellt, warzig oder höckerig, reich und farbig bedornt, vielfach lange Hakendornen. Blüten in Rottönen zwischen Lachs und Karmin, aber auch in Gelb, meist 4–5 cm Durchmesser, oft in

ganzen Sträußen um den Scheitel; bis 10 Tage haltbar. Alle Parodien sind bildschön, wachsen langsam und sind gut unterzubringen; für rascheres Wachstum werden sie oft auch gepfropft.

Parodia chrysacanthion, Parodie, Familie Cactaceae/Kakteen (oben). *P. penicillata* (links unten).

Rebutia senilis, Rebutie, Familie Cactaceae/Kakteen (unten).

Pflege Allgemein wie die anderen Kleinkakteen. Jedoch besondere Vorsicht beim Gießen, weil der Wurzelhals sehr nässeempfindlich ist; auch Sommertrockenheit wird schlecht vertragen. Erde locker, nahrhaft. Winterstand bei 8–12° C, hell, trocken.

Vermehrung Saatgut im Handel; Anzucht jedoch schwierig, da der Samen sofort seine Keimfähigkeit vermindert. Sprossende Arten lassen sich leicht aus Kindeln heranziehen.

Rebutia Rebutie

Alle Kakteenfreunde und solche, die es werden wollen, sind sich einig: Mit schuldigem Respekt vor den Lobivien und den Mammillarien schenken sie ihr Herz den Rebutien. Ihre Kleinheit erleichtert das Zusammentragen einer Sammlung selbst bei beschränktem Raum, und viele blühen sogar zweimal im Jahr überreich.

HERKUNFT Die Rebutien kommen aus Nordargentinien und den benachbarten Grenzgebieten Boliviens. Dort wachsen sie oft unter

den kärglichsten Bedingungen bis in Höhen von 3600 m in Felsenspalten zusammen mit dürren Gräsern. Was aber nicht heißen will, daß man sie in Heimkultur als Hungerkünstler halten und dann noch große Blühleistungen von ihnen erwarten kann.
Sie heißen übrigens nach einem französischen Kakteengärtner namens Rebut, der 1898 in Paris verstorben ist.

PFLANZENGESTALT Der Fachmann bezeichnet die Rebutien als »zwergige, kugelige oder etwas verlängerte Pflanzen«. Im Gegensatz zu vielen anderen Kleinkakteen entspringen ihre oft erstaunlich großen, überwiegend scharlachroten, aber auch gelben, orangefarbenen oder violett-rosa Blüten nicht im Bereich des Scheitels, sondern unweit der Basis.
Es gibt Dutzende von Arten und Varietäten, von denen nur einige der hervorragendsten genannt seien: *Rebutia marsoneri,* Nordargentinien, ist wohl eine der größten Arten; sie erreicht bis 8 cm Durchmesser, ist ziemlich dicht mit gelben bis bräunlichen, oft mit über 3 cm langen Dornen besetzt; prachtvolle gelbe Blüten, deren Knospen zuerst karminrot erscheinen.
R. minuscula, Stammform Nordargentiniens, ist stark sprossend, mit kleinen, weißlichen Dornen.
R. pygmaea, die Zwergrebutie, ist die Kleinste der Kleinen.
R. senilis, Nordargentinien, dagegen erreicht wie *R. marsoneri* die für Rebutien stattliche Größe von 8 cm Höhe und ungefähr den gleichen Durchmesser; sie ist dicht von schneeweißen, langen, feinen Dornen umhüllt; die Blüte ist hell karmin- bis gelblich-rot mit hellerem Schlund. Sie ist eine besonders formenreiche Art. *R. xanthocarpa,* Bolivien, ist eine der kleinsten Arten; sie wird nur 3 cm hoch und hat feine, weiche, 3-6 mm lange Dornen.

PFLEGE Wie sehr viele Kleinkakteen im Sommer luftiger Stand am Fenster, auf Tischbeet oder im sachgemäß angelegten Kakteenbeet mit Verglasung im Freien. Prallsonne unerwünscht, Luftfeuchtigkeit bei Hitze günstig, deshalb öfter sprühen. Winter: nach Übergangszeit ab November absolute Ruhe bis Februar, Standort hell, kühl (6–8° C), trocken (Trockenruhe!).
Gegossen wird im Sommer normal, nicht trocken stehen lassen; November bis Februar gar nicht gießen, in den Übergangszeiten jeweils langsam umgewöhnen.

VERMEHRUNG Durch Teilen, vor allem aus Samen, die häufig in Selbstaussaat um die Mutterpflanze keimen oder im Exotenhandel zu beziehen sind. Lichtkeimer, also nicht mit Erde bedecken.

Rebutia xanthocarpa.

Rhipsalis teres Binsenkaktus

Dieser Kaktus sieht einem Kaktus nun gar nicht ähnlich. Wir vermissen die Dornen ebenso wie eine kugelige oder säulenförmige Form. Auch wächst er nicht in Wüsten, wie die meisten Kakteen, sondern tummelt sich als Epiphyt in den feuchten Baumachseln. Dennoch ist er als hängende Pflanze von besonderem Reiz und aus einem Tropenfenster mit Epiphytenstamm nicht wegzudenken.

HERKUNFT Der Binsenkaktus kommt aus Brasilien, wo er in den großen Bäumen im feuchten Milieu seinen Platz hat.

PFLANZENGESTALT Ob zierlich, fast fadendünn oder fingerdick – die Sprosse haben eines gemeinsam: Sie sind in langen Gliedern aneinandergefügt, verzweigen sich quirlig und ranken üppig herab. Ein schöner Schmuck sind nicht die unscheinbaren Blüten, sondern die folgenden Samenkapseln, die wie Perlen die leuchtendgrünen Schnüre säumen.

PFLEGE Ein heller Standort, ohne direkte Sonne ist das Beste für den Binsenkaktus. Steht er lange in der Sonne, bekommt er eine rötliche Färbung, ohne jedoch ernsthaft Schaden zu nehmen. Zimmertemperaturen sind ausreichend, viel frische Luft ist angesagt. Im Winter genügen 10–15° C. Als Substrat wird – in der Tat – nicht etwa Kakteenerde verwendet, sondern Orchideenspezialerde, denn diese kommt den epiphytischen Ansprüchen am besten entgegen. *Rhipsalis* möch-

Ab Austriebsbeginn bis August gleichmäßig feucht halten, dann je nach mehr oder weniger kühlem Standort sparsamer gießen. 'Tricolor' im warmen Zimmer braucht natürlich mehr Bodenfeuchtigkeit. Keine Wasserenthärtung! Umgetopft wird jedes Frühjahr in kleine Töpfe. Pflanzgrund durchlässig: gute Scherbeneinlage, Erde nahrhaft, humos, mit Beigabe von etwas Sand.
Vermehrung Durch Abnehmen der Ausläuferpflänzchen in den Sommermonaten; zu mehreren eintopfen.

Rhipsalis pilocarpa, Binsenkaktus, Familie Cactaceae/Kakteen (links).

te stets feucht gehalten werden, ohne jedoch stauender Nässe ausgesetzt zu sein. Im Winter zwar wesentlich weniger gießen, aber nicht so sparsam wie sonst bei den Kakteen, denn die Sprosse dürfen nicht einschrumpfen – sie erholen sich nicht. Häufiges Besprühen fördert das Wachstum. Umgetopft wird *Rhipsalis* nur alle 2 Jahre einmal.
Vermehrung Sproßglieder und Blattstecklinge bewurzeln sehr leicht im bodenwarmen Substrat.

Saxifraga Steinbrech

Saxifraga, die Hauptgattung der gleichnamigen Familie, umfaßt ungefähr 315 Arten, die meist in Hochgebirgen der gemäßigten Zone beheimatet sind und von dort als Steingartenpflanzen zu uns kamen.

Herkunft Zu Hause ist *Saxifraga stolonifera,* der Hängende Steinbrech oder »Judenbart« in China und Japan. 1771 wurde er bei uns eingeführt. *S. cotyledon,* der Rosettensteinbrech, wächst wild im Urgestein von Gebirgen der Schweiz, Norwegens, Islands und in den Pyrenäen. Er ist eine Gartenstaude, wird jedoch seiner prächtigen Juniblüte wegen im Frühsommer auch getopft für Zimmer und Balkon angeboten.
Pflanzengestalt Wörtlich heißt *Saxifraga stolonifera* »Ausläufertreibender Steinbrech«. Die fadenartigen, rotstieligen Ausläufer tragen an ihren bis halbmeterlangen Triebenden niedliche Jungpflänzchen. Die Blätter erscheinen an roten Stielen, sind rundlich-nierenförmig, etwas wellenförmig-gelappt, oberseits dunkelgrün mit weißen Adern, unterseits rot und punktiert. Die Blüten erscheinen in 20–30 cm hohen traubigen Rispen, haben im Aufblühen oft auch rote Spitzchen. Wärmebedürftiger, langsamer wachsend, weniger reich blühend, aber in ihrem weiß-bunten Blätterkleid nicht minder reizend ist die Zuchtform *S. stolonifera* 'Tricolor', deren Jungblätter meist auch die rote Farbe ins Spiel bringen. Sie eignet sich bestens für Zimmerkultur.
Pflege Der Judenbart braucht viel Licht bei halbschattigem Stand oder entsprechender Aufhängung als Ampelpflanze. Bei Lichtmangel verlieren die Blätter ihre straffe Form und bleichen aus. Viel Frischluft ohne einengende Nachbarschaft ist ebenfalls erwünscht. Während der winterlichen Ruhezeit von Oktober bis Februar genügen 8–12° C, doch werden notfalls auch höhere Temperaturen hingenommen. 'Tricolor' liebt volle Wohnwärme, wächst gut in Zimmerluft, wenn dazu etwas Luftfeuchtigkeit geboten wird.

Schlumbergera-Hybriden
Weihnachtskaktus

Die *Schlumbergera*-Hybriden heißen zwar Weihnachtskaktus, können aber auch zu anderen Zeiten im Jahr noch einmal blühen und werden so ihrem Namen nicht mehr gerecht. Ob und wann sie zur Blüte kommen, ist vom Licht, von der Temperatur und auch von der Sorte abhängig. Gleichwie, *Schlumbergera*-Hybriden sind auf jeden Fall eine Blütenpracht unter den Kakteen.

Schlumbergera-Hybride, Weihnachtskaktus, Familie Cactaceae/Kakteen.

Herkunft Die Heimat der Urform der Weihnachtskakteen ist Brasilien, in den Gebirgen an der Küste, wo sie in einer Höhe von 900–2800 m ü.d. M. wachsen und dort auch regelmäßig mit Feuchtigkeit versorgt sind.
Pflanzengestalt Die Weihnachtskakteen sind Kakteen ohne Dornen. Sie haben dunkelgrüne, platte, außen leicht mehr oder weniger gezähnte Sproße, die als Glieder aneinandergereiht sind. An der Triebspitze erscheinen große, glockenförmige Blüten in allen Rottönen. Der typische Weihnachtskaktus ist *S. truncata*, früher *Zygocactus truncata*.
Pflege *Schlumbergera*-Hybriden brauchen einen hellen, aber nicht sonnigen Platz. Wer im Herbst oder Winter einen nur mäßig warmen Raum zur Verfügung hat, braucht sich um Blüten bei diesen Pflanzen keine Sorgen zu machen. In dieser Jahreszeit benötigen *Schlumbergera*-Hybriden Temperaturen von 10–15° C. Das Gießen erfordert ein wenig Gefühl. Auf zu viel Feuchtigkeit reagieren die Pflanzen ebenso negativ wie auf lange Trockenperioden.
Gedüngt wird in der Hauptwachstumszeit mit einem Volldünger alle 2 Wochen einmal. Als Substrat bevorzugen diese Kakteen nährstoffreiche Erde, der nur wenig Sand beigemischt wird.
Vermehrung Im Frühjahr oder auch im Sommer kann man Stecklinge schneiden, die bei 20° C Bodentemperatur leicht bewurzeln.

Saxifraga stolonifera, Steinbrech, Familie Saxifragaceae/Steinbrechgewächse (unten).

Sedum Fetthenne

Es heißt, daß schon die alten Römer diese Pflanzen kannten und sie zum »Abhalten« – lateinisch *sedare* – von Gewittern auf Mauerkronen und Hausdächer setzten. Daß die gute alte Fetthenne wegen solcher architektonischen Beziehungen bei uns seit eh und je auch »Mauerpfeffer« heißt, paßt genau.

Herkunft Natürlich kannten die alten Römer noch keine Blattsukkulenten aus Mexiko wie wir. Sie hatten jene einfachen Freilandarten, die in allen gemäßigten Zonen der Erde verbreitet sind. Immerhin ist ja die Gattung *Sedum* mit über 500 Arten die größte innerhalb der Familie *Crassulaceae* oder Dickblattgewächse.
Pflanzengestalt Die nicht winterharten, für einfache Zimmerkultur geeigneten Arten sind so vielgestaltig und schön, daß man sich leicht eine reizende Sammlung zusammenstellen könnte. *Sedum bellum*, dessen rahmweiße Blütchen das Laubwerk fast völlig verdecken, ist ein bewährter Winterblüher, halbhängend für Ampeln und Schalen. Eine hervorragende Ampelpflanze ist auch *S. morganianum*, in den USA allgemein als »Monkey Tail« = Affenschwanz bekannt. Seine rundum dicht mit stielrunden, grünlichgrauen Blättchen besetzten Sprosse hängen bald mehr als meterlang herab, brachten bei mir auch schon niedliche rosa Blütchen.
S. pachyphyllum hört auf den deutschen Namen »Schnapsnase«, was wohl genug über seine Gestalt aussagt; es wächst kräftig aufwärts, hat runde Blätter mit roter Spitze. *S. x rubrotinctum* wird bis 20 cm hoch, ist vom Grund auf verzweigt, Blätter stielrund, gelbe Blüten, sehr apart.
S. sieboldii aus Japan, seiner rosa Herbstblüte wegen in Süddeutschland »Oktoberle« genannt, ist schon mehr Balkon- und Gartenpflanze; winterhart, im Herbst Blätter abwerfend, Blätter der Art sind blau bereift.
Pflege Alle tropischen Zimmerformen des *Sedum* brauchen sehr

Sedum morganianum, Fetthenne, Familie Crassulaceae/ Dickblattgewächse.

viel Licht, im Südfenster oder luftig im Freien. Dann im Herbst rechtzeitig einräumen, am besten kühl, bei 8–10° C, überwintern. Doch werden auch mehr Wärme und trockene Zimmerluft vertragen.

Gegossen wird über Sommer normal; während der winterlichen Ruhezeit vor allem im kühlen Raum trocken halten.
Gedüngt wird so gut wie gar nicht. Nach Bedarf wird in nur wenig größere flache Gefäße mit sandiger Erde umgetopft.
Vermehrung Durch Trieb- und Blattstecklinge, die man nach dem Brechen oder Schneiden einige Tage zum Abtrocknen liegen läßt und dann flach in Anzuchterde steckt. Aussaat (frischer Samen) ist möglich.

Selenicereus Königin der Nacht

Wenn die Zeitung meldet, daß irgendwo in Stadt oder Land Ihre Majestät (*Selenicereus grandiflorus*) sich zum Blühen entschlossen hat, oder wenn man gar in einer Schausammlung dem Ereignis beiwohnen kann, so ist das für die Blumenfreunde jedesmal eine kleine Sensation. Aber man kann das nächtliche Wunder auch im eigenen Heim erleben.

Herkunft Die »Königin« ist in ihrer texanischen bis argentinischen Heimat ein halbepiphytisch wachsender Kletterstrauch, dessen 2,5 cm dicke, bis 5 m lange rippige Triebe mit gelben Dornen besetzt sind. Die 20–30 cm lange, duftende Blüte hat 20 cm Durchmesser, hält aber nur eine Nacht. Allerdings bringt die »Königin« viele Blüten hervor.
Pflanzengestalt Die Pflanze entwickelt bei uns 2 cm dicke, oft mehrere Meter lange Triebe, die ein Gerüst brauchen. Die Triebe sind kantig und haben kleine, borstenähnliche, gelbe Dornen. Die Blüte ist auffallend groß, duftet nach Vanille und hat cremefarbene Blütenblätter; außen sind sie bräunlich gefärbt.
Pflege Viel Wärme während der sommerlichen Wachstumszeit, jedoch nicht zuviel Sonne; Überwinterung bei 10–12° C, recht hell. Gießen im Sommer reichlich, im Winter sparsam; bis zur Blüte öfter sprühen.
Gedüngt wird über Sommer jede Woche einmal mit einem Kakteendünger. Beim Umtopfen älterer Pflanzen sollte man die langen Triebe in eine alte Decke einhüllen. Zum Aufbinden der langen Triebe verwendet man am besten ein Rundgestell aus Bambusstäben. Flachspalier nur für Wandberankungen. Im Schnitt kann man schon an vierjährigen Pflanzen mit der Blüte rechnen.
Vermehrung Aus Stecklingen in Erde wie in Hydrokultur einfach; ebenso aus Samen.

Selenicereus grandiflorus, Königin der Nacht, Familie Cactaceae/ Kakteen.

Senecio Kreuzkraut

Senecio, das Kreuzkraut, stellt mit über 2000 Arten die größte Gattung der Familie der Compositae oder Korbblütler. Kein Wunder, daß es da außer altbekannten Kräutern, Sträuchern und Bäumen in aller Welt auch eine Gruppe zum Teil höchst seltsam geformter sukkulenter Pflanzen gibt: Entzücken für jeden Spezialsammler.

HERKUNFT Die meisten Arten sind wohl auf Madagaskar zu Hause, wo sie im tropischen Hochlandklima noch in 1500–2000 m Höhe dichte Teppiche bilden. Andere stammen aus Süd- und Südwestafrika.

PFLANZENGESTALT Es gibt niederliegende oder in Topfkultur herabhängende Arten, deren stielrunde Sprosse mit kugeligen Blättern besetzt sind. Haben diese seltsamen, eher wie kleine Stachelbeeren wirkenden Blätter auf der Oberseite noch durchsichtige »Fenster« in Längsrichtung, so ist dies *Senecio herreanus*. Sind die Blätter mehr kugelig-zugespitzt, zitronenähnlich, blaugrau, dabei wächsern bereift mit durchscheinenden Nerven, so heißt die Pflanze *S. citriformis* und stammt aus dem Kapland. Bei Kennern ist sie seit 150 Jahren sehr beliebt.
S. haworthii ist ein reich verzweigter Busch mit dick-zylindrischen Sprossen, die mit weiß-filzig behaarten, ebenfalls zylindrisch-runden Blättern besetzt sind. Alle diese und andere *Senecio*-Arten können auch – meist in unscheinbaren gelben Köpfchen – Blüten bilden; sie tun es aber nicht immer.

PFLEGE Am sehr sonnigen, hellen Platz fühlen sich die *Senecio*-Pflanzen am wohlsten. Im Sommer immer dann gießen, wenn die Erde völlig abgetrocknet ist. Im Winter bei kühlem Platz völlig trocken lassen. Als Substrat Kakteenerde verwenden. Gedüngt wird alle 2 Wochen einmal mit einem Kakteendünger.

VERMEHRUNG Stecklinge und Aussaat.

Senecio herreanus, Kreuzkraut, Familie Compositae/ Korbblütler.

Stapelia Ordensstern

Feine Leute nennen sie »Ordensstern«, nüchterne Naturen nennen das Ding beim Namen und heißen sie ihres nur für Schmeißfliegen angenehmen Geruchs wegen »Aasblume«. Wer den nur kurzfristig unfeinen Duft der Blüte nicht scheut, sollte eine Sammlung dieser interessanten »Stammsukkulenten« anlegen, denn die Blüten sind von herrlicher Schönheit.

Stapelia grandiflora, Ordensstern, Familie Asclepiadaceae/Seidenpflanzengewächse.

HERKUNFT Aus Afrika kommt diese interessante Sukkulente zu uns.
Mit über 100 Arten reicht ihr Verbreitungsgebiet vom südafrikanischen Kapland über Zimbabwe bis nach Sambia. Benannt wurde sie nach dem holländischen Arzt Johannes Bodaeus van Stapel, der 1636 starb.

PFLANZENGESTALT Stapelien entwickeln verzweigte, graugrüne Sprosse; die Blüten sind fünfzeilig, interessant gemustert und locken mit ihrem Geruch Insekten zum Befruchten an.

PFLEGE Stapelien wurzeln flach und wachsen deshalb gut in Schalen, die mit sandiger Komposterde gefüllt sind. Zuoberst sollte sich eine dünne Kiesschicht befinden, damit die Sprosse beim Aufliegen nicht faulen.
Nur wenig gießen, im Winter bei 8° C fast gar nicht.
Im Knospenstadium Zugluft vermeiden, sonst öffnen sich die Blüten nicht.

VERMEHRUNG Die Sprosse einfach abnehmen, 3 Tage an der Luft trocknen lassen und wieder in frische Erde stecken. Sie bewurzeln leicht und wachsen schnell an. Die Erde muß sandreich sein.

Orchideen

Cattleya Cattleye

Die Gattung *Cattleya* mit einem riesigen Aufgebot an Arten und Züchtungen gehört zweifellos zu unseren prunkvollsten Orchideen. Ein solches Pflanzenwunder selbst zu besitzen, ist deshalb sehr verlockend. Dennoch – den Anfänger muß man dringend warnen, sich darauf einzulassen. Es bliebe eine Enttäuschung.

Herkunft Die *Cattleyen* stammen sämtlich aus Südamerika. Viele wurden im Gebiet zwischen Amazonas und Rio Grande entdeckt, manche sind in Kolumbien, Venezuela und Ecuador zu Hause. Die dadurch bedingten klimatischen Unterschiede müssen bei der Pflege berücksichtigt werden. Mr. William Cattley aus Barnet in England besaß schon um 1820 eine der größten privaten Orchideensammlungen. Deshalb trägt die *Cattleya* seinen Namen.

Pflanzengestalt Scheinbulben (zwiebelähnlich verdickte Stengel) lang-zylindrisch bis spindelförmig; dickledrige Blätter einzeln oder seltener zu zweit an einer Bulbe; kräftig ausgebildete Wurzel-Rhizome. Der je nach Art oder Zuchtform zu den verschiedensten Zeiten – meist zwischen April und September – erscheinende Blütenstand bricht aus einer Scheide hervor. Die Anzahl der Blüten ist wiederum sehr verschieden; sie schwankt zwischen 2 und 12, bei den kleinblütigen Trauben noch mehr. Große Einzelblüten können bis 20 cm breit sein. Es gibt eine Vielzahl von Sorten, Arten und Hybriden sowie Bastarde. So ist *Cattleya intermedia* aus Südost-Brasilien eine der bekanntesten, ihre Blüte ist 10 cm groß und weißlichrosa gefärbt. Die Lippenplatte ist intensiv rot. Ihre Haltbarkeit als Schnittblume beträgt über 10 Tage. Nur sollte sie auch in der Vase täglich frisches Wasser bekommen, schattig und kühl und nicht neben der Obstschale stehen. Denn reifes Obst bringt Blüten durch Gase zum Welken!

Pflege Bei den meisten Cattleyen ist die Winterpflege schwieriger als die Sommerpflege. Deshalb gehören diese epiphytisch lebenden Tropenpflanzen der reinen Arten und deren Hybriden weder in Zimmerkultur noch in ein Tropenfenster, sondern ins warme Kleingewächshaus, dessen technische Einrichtungen sowohl die hohen Temperaturen und die sehr hohe Luftfeuchtigkeit der Wachstumszeit als auch die entgegengesetzten Anforderungen der kühl und bedingt trocken verbrachten Ruhezeit bieten.
Cattleyen mögen einen hellen, aber nicht sonnigen Platz. Ostfenster sind am geeignetsten; sie sollten als geschlossenes Tropenfenster umgebaut werden, um dem hohen Bedarf an Luftfeuchtigkeit gerecht zu werden. Gegossen wird nach dem oberflächlichem Abtrocknen (nie ganz austrocknen lassen!) mit enthärtetem Wasser. Im Winter allerdings erst bei völliger Trockenheit gießen, gerade so viel, daß die Pseudobulben nicht schrumpfen.
Umgetopft wird nur alle 2–3 Jahre in Spezialorchideenerde. Sparsam düngen.

Vermehrung Durch Teilung, doch die einzelnen Stücke sollten mindestens 3 Pseudobulben haben.

Cattleya-Hybride, Cattleye, Familie Orchidaceae/Orchideen.

Coelogyne Hohlnarbe

Wer den Kopf schüttelt, wenn von Orchideen in Zimmerkultur die Rede ist, wird oft nicht leicht eines Besseren zu belehren sein. Aber allein in der Gruppe der herrlich blühenden Coelogynen gibt es einige der wichtigsten und vom Orchideenliebhaber – auch Anfänger – begehrtesten Pflanzen. Der Versuch lohnt unbedingt!

Herkunft Die Hauptart *Coelogyne cristata* wurde um 1830 in Nepal am Himalaja gefunden. Sie gedeiht dort auf feuchten Felsen und abgestorbenen Bäumen bis 2000 m Höhe und mehr. Andere Coelogynen leben in den Monsungebieten von Ceylon bis zur Südseeinsel Samoa. *C. fimbriata,* eine ebenfalls für Zimmerkultur bestens geeignete Zwergform, kam 1825 aus Südchina nach Europa. *C. dayana* und *C. massangeana* sind auf den Inseln des Malayischen Archipels – Sumatra, Java, Borneo – zu Hause.

Pflanzengestalt Insgesamt gibt es 120 Arten, die teils terrestrisch als Erdorchideen, teils epiphytisch als Baumorchideen leben. *C. cristata* bildet eiförmige bis kugelige, etwa 6 cm hohe Pseudobulben mit je 2 Blättern von etwa 30 cm Länge. *C. dayana* und *C. massangeana* können Bulben bis 12 cm Höhe und halbmeterlange Blätter

Coelogyne-Hybride, Hohlnarbe, Familie Orchidaceae/Orchideen.

entwickeln. Je größer und kräftiger die zartgrünen Bulben, desto schöner, gesünder und blühwilliger die Pflanzen.
C. cristata bringt bis 10 cm große Einzelblumen in hängenden Trauben. Da sich die Blüten – cremeweiß mit gelben Kämmen auf der Lippe – immer gleichzeitig öffnen, bieten große, ältere Pflanzen, die Dutzende von Blüten tragen können, einen herrlichen Anblick. Gleiches gilt für die bis meterlang herabhängenden Blütentrauben der beiden anderen Arten, deren bis 5 cm große, insgesamt zierlichere Einzelblüten ebenfalls cremeweiß sind, aber noch gelbgerandete und sepiabraun gezeichnete Lippen haben. Alle Coelogynenblüten sind zwar wegen mangelnder Haltbarkeit zum Schnitt nicht geeignet, jedoch an der Pflanze erstaunlich lange haltbar. *C. cristata* blüht schon im Januar, die anderen Arten blühen später, aber bis in den Sommer hinein.

Pflege Kultur im Orchideenkörbchen – sehr gut auch in Hydrokultur. Aufhängung über Sommer luftig, dabei mäßig feucht halten; bei kühlerem Winterplatz (14–16° C) ziemlich trocken halten. Zusätzliche Luftfeuchtigkeit nur während des Triebwachstums und der Blüte.
Umgetopft wird bei Bedarf in leichte, wasserdurchlässige Erde. Sparsam düngen. Im Winter unbedingt die Ruhezeit einhalten, dann fast gar nicht gießen, häufig besprühen.

Vermehrung Durch Teilen, allerdings sollte jedes Stück Bulben haben.

Cymbidium Kahnorchidee

Botanischer und deutscher Name verweisen auf die Gestalt der Lippe. Die heute im Handel angebotenen Cymbidien sind durchweg Erdorchideen für Kalthauskultur. Ihre Eignung für einfachere Zimmerpflege ergab sich, seit die Züchtung der reizenden *Cymbidium*-Mini-Hybriden gelang. Sie entstanden durch Einkreuzen besonders zierlicher Formen aus Asien.

Herkunft *Cymbidium* kommen in Asien ebenso vor wie in Australien; dort von Neusüdwales bis nach Queensland.

Pflanzengestalt Riesen wie *C. giganteum* oder *C. grandiflorum,* die in unbändiger Wuchskraft Töpfe sprengen und über meterlange Blütenstiele entwickeln, sind beim Liebhaber außer Kurs.

Pflege Aufstellung sehr hell und luftig mit »kaltem Fuß«, keinesfalls auf Fensterbänken über Zentralheizung. Freier Stand ohne beengende Nachbarschaft ergibt sich, wenn man größere Blumentöpfe umgestülpt auf ein Kiesbett setzt und obenauf die Cymbidien postiert. Überwinterungstemperatur 7–12° C; Übersommern ab Ende Mai am halbschattigen Platz unter Bäumen im Garten wird sehr geschätzt. Einräumen vor den ersten kühleren Nächten unter 8° C.
Cymbidien blühen meistens im Frühjahr, manche im Herbst; bei den Hybriden erscheinen 6–8 Blüten in der Traube.
Gegossen wird während der Wachstumszeit über Sommer reichlich, besonders bei heißem, sonnigem Wetter. Nur chlor- und kalkfreies Wasser mit Raumtemperatur verwenden. Nach Trieb-

Cymbidium-Hybride, Kahnorchidee, Familie Orchidaceae/Orchideen.

abschluß im Herbst Gießen einschränken, während der Ruhezeit nur soviel netzen, daß die wasserspeichernden Pseudobulben nicht schrumpfen.
Gedüngt wird so gut wie gar nicht. Umgetopft wird nur, wenn der letztjährige Trieb den Topfrand erreicht hat. Für Erdorchideen nicht zu große, normale Tontöpfe nehmen. Als Substrat keine Spezial-Pflanzstoffe verwenden, sondern Rasenerde mit Sand und Sphagnum zu gleichen Teilen mischen.
Vermehrung Die kleinen Rückbulben lassen sich bei etwa 20° C zum Austrieb bringen. Auch kann man diese Orchideen beim Umpflanzen teilen, wenn man an jedem Teil mindestens 4 Pseudobulben beläßt.

Dendrobium Baumwucherer

Zu den für Liebhaberkultur geeigneten, in ihren Ansprüchen freilich sehr verschiedenen Orchideen gehört auch die artenreiche Gattung der Dendrobien. Während die einen »temperiert« gehalten werden können und mit einem einfachen Blumenfenster zufrieden sind, verlangen andere Warmhausklima im Tropenfenster.

Herkunft Diese Mannigfaltigkeit wird verständlich, wenn man die Herkunft der besonders üppig blühenden Pflanzen bedenkt: Ihre Gebiete reichen im Norden bis Japan, im Süden bis Neuguinea. Mit die schönsten Arten stammen teils aus den feuchtwarmen Tälern am Fuße des Himalaja, teils aber auch aus anderen tropischen Zonen des ostasiatischen Raumes.

Pflanzengestalt Dendrobien besitzen typische Orchideenblüten in vielen Farben; sie sind vor allem als Schnittblumen verbreitet. Die Gattung umfaßt ca. 900 Arten, so daß nur einige wenige hier erwähnt werden können. *Dendrobium nobile* – wohl eine der beliebtesten Arten auch für Zimmerkultur – verlangt nur während der Wachstumszeit höhere Temperaturen (um 24° C) und einen sehr hellen Platz, am besten in Südlage. Die Blütenbildung dagegen hängt von einer streng innegehaltenen Ruhezeit im kühlen Raum (8–10° C) ab. Blütezeit zwischen März und Juni.
D. pierardii als Gegenbeispiel: ein tropischer Epiphyt ohne Ruhezeit, verlangt ganzjährig viel Wärme, viel Licht und während des Treibens hohe Luftfeuchtigkeit. Als echter Baumwucherer hat er abwärts weisende Bulben, so daß hier Korkrinde oder schräg nach unten hängende Orchideenkörbchen nicht zu entbehren sind.
D. phalaenopsis, die »Nachtfalterähnliche«, wird ihrer größeren, farbig sehr verschiedenen und besonders haltbaren Blüten wegen als Schnittblume geschätzt. Ihre Herkunft aus südlichen Tropengebieten (Queensland, Süd-Neuguinea) verlangt unbedingt Warmhauskultur.
Pflege Alle Dendrobien schätzen kleine Pflanzgefäße, wollen dafür lieber öfter (bis zweimal im Jahr) umgesetzt werden. Als Pflanzstoff nur Osmunda, Polypodium und Sphagnum ohne Zusätze verwenden. Außer richtiger Temperatur und Luftfeuchtigkeit sind Helligkeit und Frischluft notwendig. Die meisten Dendrobien mögen einen hellen Platz, aber keine direkte Sonne. Ab Herbst wird nur soviel gegossen, daß die Pflanzen nicht schrumpfen. Überhaupt sollte man auch im Sommer stauende Nässe vermeiden.
Vermehrung Durch Teilen der Pflanzen mit je 3 Bulben, oder bei kindelbildenden Arten diese abtrennen und umtopfen.

Dendrobium-Hybride, Baumwucherer, Familie Orchidaceae/ Orchideen (links).

Laelia purpurata Laelia

Diese Orchideengattung ist mit der *Cattleya* nahe verwandt, und nur der Fachmann unterscheidet beide voneinander. Doch sie sind nicht ganz so anspruchsvoll in der Pflege wie die *Cattleya* und lassen sich daher gut im Zimmer halten, wenn man ihnen einen Platz mit hoher Luftfeuchtigkeit gibt. Aus *Cattleya* und *Laelia* entstanden Hybriden und Sorten, die eine große Farbenvielfalt aufweisen.

Herkunft Mit etwa 60 Arten ist *Laelia* von Mexiko bis Mittelamerika und vom Norden Südamerikas bis Brasilien und Peru verbreitet. In der Wuchsform bestehen Unterschiede, sie reichen von kleinwüchsigen bis zu 80 cm hohen Pflanzen.

Pflanzengestalt An *Cattleya* erinnert *Laelia* auf jeden Fall, auch in der Blütenfarbe gibt es viele Varianten. So *L. purpurata,* eine weiße Form mit roter Lippe; *L. harpophylla,* eine sattgelbe Blüte; *L. anceps* blüht rosa und *L. xanthina* weißlich-gelb.

Pflege Die Blütezeit der Arten ist unterschiedlich, manche blühen im Frühjahr bis in den Sommer hinein, andere beginnen erst im Herbst und im Winter mit ihrem Flor. Alle brauchen einen hellen bis halbschattigen Platz bei hoher Luftfeuchtigkeit. Sonne vertragen sie nicht. In der Ruhezeit sollten die Temperaturen 18° C auf keinen Fall überschreiten – nachts dürfen es sogar nur 15° C sein. Stets muß für mäßige Feuchtigkeit gesorgt werden, auch hier ist abgestandenes, kalkfreies Wasser zum Gießen das Richtige. Als Substrat wird Orchideenspezialerde verwendet. Gedüngt wird in der Hauptwachstumszeit im Abstand von 2 Wochen mit einem Blumenvolldünger in halber Konzentration. Man sollte diese Orchidee nur in größeren Abständen umtopfen, dann allerdings mit Beginn der Wurzelbildung im Frühjahr.

Vermehrung Beim Umtopfen kann man die Rückstände mit mindestens 3 Pseudobulben abtrennen.

Laelia purpurata, Laelia, Familie Orchidaceae/Orchideen.

Miltonia-Hybride, Miltonie, Familie Orchidaceae/Orchideen.

Miltonia Miltonie

Die bildschöne Südamerikanerin trägt ihren Namen nach dem englischen Orchideenfreund Lord Fitzwilliam, Viscount of Milton; beide haben mit dem berühmten englichen Dichter gleichen Namens (1608–1674) nichts zu tun. Die Miltonie wurde erstmals 1837 beschrieben. Sie ist nicht gerade eine Anfängerpflanze.

Herkunft Etwa 20 epiphytisch wachsende Arten werden in die beiden Gruppen der brasilianischen und der kolumbianischen Miltonien aufgeteilt. Einige Arten wurden auch westlich in Costa Rica und südlich in Paraguay entdeckt. Sie gehören alle zu den geschützten Arten (nach dem Washingtoner Artenschutzübereinkommen).

Pflanzengestalt Die meisten Arten entwickeln viele Scheinbulben, die – von Scheiden umgeben – teils oval oder zugespitzt, lang gestreckt, teils stark zusammengedrückt erscheinen. Sie werden 6–10 cm lang. Blätter dünn, lang, riemenförmig und so weich, daß sie bei Halbmeterlänge umgebogen herabhängen.
Die Blüten sind wegen ihrer Schönheit, Größe und Vielgestaltigkeit hochgeschätzt. Zudem sind sie an der Pflanze wochenlang haltbar, aber als Schnittblumen dagegen leider sehr rasch verwelkend.
Als eine der schönsten gilt *Miltonia candida* mit reinweißen Blüten, deren Lippe zwei purpurviolette Grundflecke trägt. Sie blüht von August bis November. *M. clowesii* bringt im September Schäfte

Odontoglossum-Hybride, Zahnzunge, Familie Orchidaceae/Orchideen.

mit 8–10 herrlichen Einzelblüten, die oft bis zu 8 cm groß sind. Zeichnung kastanienbraun mit gelben Spitzen und dunkelpurpurroten Querbändern; Lippe weiß, untere Hälfte violett.

Pflege Das Substrat – am besten ist Orchideenspezialerde geeignet – muß stets gleichmäßig feucht gehalten werden. Allerdings läßt zuviel Wasser die Wurzeln verfaulen.

Als Standort möchte sie einen hellen, sonnengeschützten, mäßig warmen Platz.

Miltonia benötigt eine hohe Luftfeuchtigkeit, verträgt aber ein direktes Besprühen der Blätter gar nicht. Daher muß man für sogenannte indirekte Luftfeuchtigkeit sorgen, indem man den Topf auf eine Schale mit feuchtem Blähton plaziert.

Mit dem Düngen sollte man sehr vorsichtig sein, da alle Miltonien sehr salzempfindlich sind.

Vermehrung Miltonien lassen sich durch Teilung vermehren.

Odontoglossum Zahnzunge

Die Gattung *Odontoglossum* ist wohl jedem bekannt, der sich für Orchideen und ihre Pflege interessiert. Sind doch einige ihrer vielen Arten und erst recht deren Hybriden – vor allem auch die Gattungskreuzungen mit dem nah verwandten *Oncidium* – bewährte Liebhaber- und Anfängerpflanzen.

Herkunft Man kennt rund 250 Arten, die alle – wiederum ebenso wie die Oncidien – meist in Höhen über 1500 m als Epiphyten und typische Nebelwaldorchideen an den bewaldeten Hängen und Hochebenen tropischer Gebirge von Mexiko bis ins nördliche Südamerika vorkommen. Manche leben in bis zu 3000 m Höhe und bestätigen damit den Ruf der ganzen Gattung als Kalthauspflanzen mit relativ geringen Ansprüchen.

Pflanzengestalt Ähnlich wie *Miltonia* besitzt auch *Odontoglossum* eiförmige, flach zusammengedrückte, dicht gedrängt beieinandersitzende Scheinbulben, die geradezu Nester bilden und jeweils 2 schmale Blätter entwickeln; bei Jungtrieben findet man auch ganze Blattschöpfe. Aus den jungen Scheidenblättern der Scheinbulbe entspringt der lange bis sehr lange Blütenschaft.

Er ist – aufrecht oder hängend – oft mit ganzen Trauben oder Dolden herrlichster und sehr vielgestaltiger, großer Blüten besetzt, die – erstaunlicherweise in trockener Luft – am Stock wochenlang haltbar sind.

Aus der Palette des Angebotes eignen sich für Zimmerkultur besonders einige der als »mexikanische Arten« geführten Gruppe und deren Hybriden: *Odontoglossum bictoniense,* Bulben 10 cm hoch; meterhoher Schaft mit zehnblütiger Traube, jede Blüte bis 5 cm Durchmesser; Blütezeit Herbst, übersommern sonnig im Freien. *O. cervantesii* mit nur taubeneigroßen Bulben, Blütenstiel hängend, Blüten in sechsblütiger Traube, jede 6 cm breit, duftend; Blütezeit Winter, gut kultivierbar. *O. citrosmum,* Scheinbulben bis 12 cm hoch, Blütentrauben bis 90 cm herabhängend, mit 30 Blüten besetzt; Blütezeit Mai bis Juni. *O. pulchellum,* Nachwinterblüte. *O. rossii,* reizende Zwergform, Winterblüte. *O. uro-skinneri,* Frühsommerblüte, ähnlich wie *O. bictoniense.*

Pflege Schon die über das ganze Jahr verteilten Blütezeiten lassen Unterschiede in der Behandlung erkennen. Hinzu kommt, daß einige Arten sich »gegenläufig« verhalten: Sie wollen es im Sommer kühl und sehr luftfeucht, im Winter warm und trocken haben. Daher Kulturanleitung bei Erwerb jeder neuen Pflanze anfordern; für Gießen und Düngen allgemeine Regeln der Orchideenkultur beachten.

Vermehrung Durch Teilen der Scheinbulben.

Oncidium-Hybride 'Golden Shower', Schwielenorche, Familie Orchidaceae/Orchideen.

Oncidium Schwielenorche

Warum nur haben die herrlichsten Blütenpflanzen oft so absonderliche, unpoetische Namen? In vielen Fällen sind es wissenschaftliche Bezeichnungen, die der botanischen Systematik dienen. Im übrigen schenkt uns die Gattung *Oncidium* einige bildschöne Arten auch für Zimmerkultur in Erde und Hydro.

Herkunft Der Schwede Olof Peter Schwartz, Professor in Stockholm, entdeckte um 1800 die ersten Oncidien auf einer Reise durch die Westindischen Inseln. Mit der Zeit fanden sich in dem großen Verbreitungsgebiet zwischen Mexiko, Bolivien und Paraguay noch so viele weitere Arten, daß man heute über 350 kennt und damit eine der größten Gattungen im Familienkreis der Orchideen vor sich haben dürfte.

Pflanzengestalt Fast alle Oncidien sind Epiphyten, aber nur ein Teil von ihnen lebt in feuchtkühlen Nebelwaldgebieten bis zu Höhen über 3000 m; andere bevorzugen warme Küstengebiete mit mehr Sonne und Trockenheit; eine dritte Gruppe ist im tropischen Regenwald zu finden. Sie sind in häuslicher Kultur entsprechend als Warmhauspflanzen zu behandeln.

Zu den für Zimmerkultur geeigneten Arten gehören: *Oncidium bicallosum,* die »zweischwielige« Schwielenorche mit doppelten kleinen Auswüchsen auf der Lippe; dicke, aufrechte Blütenstände bis 40 cm Länge, an den Spitzen verzweigt; Blütezeit Winter; Pflege erfordert etwas Fingerspitzengefühl. *O. forbesii* aus Brasilien mit bis 60 cm langen Blütenständen und schmetterlingsartigen, großen Einzelblüten im Spätherbst. *O. ornithorhynchum,* die »Vogelschnabelähnliche Schwielenorche« mit ihren tänzerisch beschwingten Blütchen ist eine echte Anfängerpflanze. *O. tigrinum* hat in Rispen herabhängende, duftende, große Blüten im Herbst und Winter; nimmt wenig Platz weg. *O. varicosum,* wohl die eleganteste und bekannteste, auch als Schnittblume bewährte Art; Blütenschaft kann bis 1,5 m hoch werden und unzählige Blüten tragen; Blütezeit mit meist zweijährigen Pausen im Winter.

Eine der abenteuerlichsten Gestalten im Orchideenreich ist *O. kramerianum,* deren 3 lang ausgezogene Sepalen (Kelchblätter) wie die Fühler eines Schmetterlings geformt sind; anspruchsvolle Liebhaberpflanze.

Pflege Alle genannten Arten sind Warmhausorchideen und – im Rahmen entsprechender Kulturanleitungen bei Erwerb – als solche am besten im Tropenfenster zu halten. Ihr Standort sollte hell, aber nicht sonnig sein; die Arten mit dickfleischigen Blättern sind allerdings sonnenverträglicher. Im Winter tolerieren Oncidien nachts sogar 12° C, tagsüber sollten es aber mindestens 18° C sein. Im Winter wenig gießen. Allerdings brauchen winterblühende Arten mehr Feuchtigkeit.

Abgeblühte Stiele nicht abschneiden, denn manche Arten (*O. papilio* und *O. kramerianum*) blühen am gleichen Stiel nochmals!

Vermehrung Durch Teilung der Bulben.

Paphiopedilum Venusschuh

Wortwörtlich übersetzt heißt *Paphiopedilum* eigentlich »Venuspantöffelchen«, weil die schöne Göttin – nach der Stadt Paphos auf Zypern – auch den Beinamen »Paphia« führte. Abgesehen von diesen klassischen Hintergründen umfaßt die Gattung zwar nur etwa 60 Arten, doch so unzählig viele Zuchtformen, daß die Pflanze mit dem vielgestaltigen, aufregend geformten Pantoffel zu den volkstümlichsten Orchideen von allen zählt.

Herkunft Die Paphiopedilen stammen durchweg aus dem ostasiatischen Raum und von den pazifischen Inseln: von Südchina und Hinterindien über die Philippinen und Indonesien bis hinab nach Neuguinea.

Pflanzengestalt Immergrüne, büschelförmig oder mit Rhizomen, jedoch ohne Bulben bewurzelte Stauden; Blätter grundständig, ledrig, je nach Art grün oder gefeldert, gefleckt, marmoriert. Blütenschäfte ebenfalls je nach Art 15–50 cm lang, zwischen den Blättern erscheinend, meist einblütig. Die Blüte besteht aus dem oberen, meist sehr breiten, unpaaren mittleren Blütenhüllblatt (Fahne), den beiden seitlich davon abwärts weisenden äußeren Blütenhüllblättern und der pantoffelförmigen, die Bestäubung fördernde Lippe, dahinter das blumenblattartig verbreiterte sogenannte Staminodium – ein unfruchtbar gewordenes Staubblatt, das oft fleischig und schildförmig erscheint. Alle Blütenteile sind je nach Art oder Zuchtform denkbar verschieden geformt und gefärbt. Blütezeit vieler beliebter Arten und Sorten in den Wintermonaten, daneben andere zu den unterschiedlichsten Jahreszeiten, oft über viele Wochen oder Monate andauernd; auch als Schnittblumen sehr haltbar.

Einige der schönsten für Zimmerkultur und einfache Blumenfenster geeigneten Arten und Hybriden: *Paphiopedilum barbatum,* Bärtiger Venusschuh (nach den Randhaaren der äußeren Blütenhüllblätter), Blütezeit Mai bis Juli. *P. callosum,* Schwieliger Venusschuh, Heimat Siam, Vietnam. *P. fairrieanum,* Faires Venusschuh, Heimat Sikkim, Bhutan, westindische Provinzen; Blütezeit Juli bis Oktober; sehr schöne und pflanzengeschichtlich interessante Art. *P. glaucophyllum,* Blaugrünblättriger Venusschuh, Heimat Java; Blütezeit fast das ganze Jahr. *P. hirsutissimum,* Sehr Rauhhaariger Venusschuh, Heimat Assam. Blütezeit April bis Juni, auch März bis Mai. *P. insigne,* Ausgezeichneter Venusschuh, in 1800 bis 2000 m Höhe auf bemoosten Felsen an den Hängen des Himalaja wachsend. Blütezeit November bis März. Sehr anspruchslose Kalthausorchidee; Blüten halten an der Pflanze 2–3 Monate, geschnitten mehrere Wochen lang. *P. niveum,* Schneeweißer Venusschuh, Heimat Tambelan-Inseln westlich von Borneo und Langkawi-Insel westlich von Malakka, dort auf Kalkfelsen wachsend; buntblättrig; Blütezeit April bis Juli. *P. spicerianum,* Spicers Venusschuh, Heimat Assam, Blütezeit Oktober bis Februar. *P. villosum,* Zottiger Venusschuh, Heimat Südburma, an der Westseite des Golfs von Bengalen; epiphytisch wachsend; Blätter grasgrün; Blütezeit November bis April; reiche Hybridisation.

Pflege Die Zuordnung zu den Gruppen der Kalthaus-, Lauwarmhaus- und Warmhausorchideen sollte man vor dem Erwerb einer Pflanze genau unterscheiden. Von den genannten Arten und ihren Hybriden gehören nur *P. hirsutissimum* und *P. insigne* zu den Kalthausorchideen mit kühler Überwinterung bei 12–15° C. Alle anderen brauchen – da ohne eigentliche Ruhezeit – gleichmäßige Winterwärme nicht unter 18° C, Nachtwärme und ganzjährig hohe Luftfeuchtigkeit; über Sommer Nachtwärme nicht unter 10° C. Standort ganzjährig hell, jedoch ohne direkte Besonnung. Ausreichende Boden- und Luftwärme ist besonders für das Gedeihen der buntblättrigen Formen unabdingbare Voraussetzung. Wärme und Luftfeuchtigkeit sind besonders während der unterschiedlichen Wachstums- und Blütezeiten wichtig. Kulturfehler auf diesem Gebiet rächen sich schwer. Gegossen wird nur mit angewärmtem, enthärtetem Wasser mit Ausnahme kalkliebender Arten wie *P. niveum.* Während Wachstums- und Blütezeit normal gießen, nur 2–3 Wochen nach der Blüte etwas sparsamer. Ballentrockenheit unbedingt meiden. Bei terrestrischen Orchideen unter Anwendung üblicher Nährstoffkombinationen düngen; empfehlenswert auch die ballastfreien Flüssigkonzentrate der Hydrokultur. Anwendung nur während der Wachstums- und Blütezeit. Umgetopft werden die Warmhausarten jährlich; Kalthausarten nur alle 2 Jahre; beide jeweils kurz vor Wachstumsbeginn; meist im zeitigen Frühjahr. Als Substrat Orchideenspezialerde verwenden.

Vermehrung Durch Teilen beim Verpflanzen. Sonst Gärtnersache.

Pflanzenschutz Blattläuse und Rote Spinne bei Lufttrockenheit.

Paphiopedilum insigne, Venusschuh, Familie Orchidaceae/ Orchideen.

Phalaenopsis Nachtfalter-Orchidee

Ist es nicht seltsam? Schon vor genau 100 Jahren schrieb der große englische Gartenkünder George Nicholson in seinem neunbändigen Werk über das »Gardening« drinnen und draußen anderthalb Seiten über die *Phalaenopsis* und benannte dabei nicht weniger als 34 Arten.

Herkunft Heute kennt man 55 Arten dieser Nachtfalter-Orchideen, die im tropischen Asien, Indonesien und Ozeanien zu Hause sind. Dort wachsen sie meistens als Epiphyten im Schutz großer Bäume.

Pflanzengestalt Die *Phalaenopsis* wächst in ihren Heimatländern epiphytisch, am liebsten in sonnengeschützten Baumkronen an Waldrändern, die 200–400 m hoch liegen und etwas Luftfeuchtigkeit bringen. Die prächtigen dunkelgrünen Blätter entspringen ebenso wie die silbergrauen Luftwurzeln ohne irgendwelche Speicherorgane direkt dem Wurzelhals und umlagern ihn ringsum.

Pflege Die heutigen Hybriden der *Phalaenopsis amabilis* sind dank der gewonnenen Härte für sorgsame Zimmerkultur geeignet. Sie entwickeln sich ausgezeichnet (mit Wiederblüte) in Hydrokultur, wenn man hier wie dort die Abneigung ihrer Wurzeln gegen zuviel Wasser beachtet.
Mit den gärtnerisch gesteuerten Blütezeiten der einzelnen Züchtungen kann man alle 12 Monate des Jahres abdecken. Jeder Flor vom Erschließen der Knospen bis zum Verblühen dauert zudem allein schon viele Wochen. Wichtig bleibt, daß dann die Rispen nicht zu stark eingekürzt werden. Mindestens 12–15 cm lang sollte man die Stengel stehen lassen, weil sie oft Augen zum Austrieb neuer Blütenrispen haben. Gegossen wird während der Wachstumszeit – natürlich stets mit zimmerwarmem, weichem Wasser – die Blattansätze dürfen bis ins Herz hinein nicht benetzt werden. »Gießen« heißt übrigens auch mitten im Sommer nie täglich sondern höchstens zweimal in der Woche, im Winter ein- bis zweimal im Monat. Düngung nur während der Wachstumszeit mit Spezial-Orchideendünger.

Phalaenopsis-Hybriden in Rosa (links) und Weiß (unten), Nachtfalter-Orchidee, Familie Orchidaceae/Orchideen.

Im übrigen richtet sich dies alles wesentlich auch nach der Blütezeit, für die von Fachleuten teils die Monate Juli bis November, teils Oktober bis März angegeben werden. Die Wahrheit liegt insofern tatsächlich in der Mitte, als die Blütenbildung heute im wesentlichen von der Zuchtform und von der gärtnerisch gelenkten Vorkultur abhängt. Spezielle Anweisung ist hier also die beste Pflegehilfe. Die speziellen Orchideenrinden als Standort haben sich besonders für *Phalaenopsis* bewährt, weil sie den fleischigen Wurzeln eine optimale Belüftung gewährleisten. Für hohe Luftfeuchtigkeit sollte man unbedingt sorgen!

Vermehrung Durch Jungpflanzen, die sich an den Blütenschäften bilden.

Pleione bulbocodioides, Tibetorchidee, Familie Orchidaceceae/ Orchideen (links).

Pleione bulbocodioides Tibetorchidee

Eine sehr kleine Orchidee mit großer Blüte ist die Tibetorchidee und zudem recht unproblematisch unter Zimmerbedingungen zu halten. Es gibt etwa 9 Arten, von denen die meisten im Frühjahr blühen, einige erfreuen uns im Herbst mit ihrer Blüte. Ganz die richtige Orchidee für »Orchideen-Anfänger«.

Herkunft Wie der Name schon sagt, kommt die Tibetorchidee aus Tibet, China und Nepal, aber auch auf der Insel Taiwan, in Burma und in Thailand ist sie heimisch.

Pflanzengestalt Manchmal hat sie nur ein Blatt, dafür in der Blütezeit eine sehr schöne, vielfarbige Blüte mit großem trichterförmigem Schlund und andersfarbigen Hochblättern. Die Frühjahrsblüher erkennt man an den grünen Pseudobulben; Herbstblüher haben rötliche Pseudobulben, die mitunter auch gefleckt sind.

Pflege Als Standort empfielt sich ein heller, aber nicht sonniger Platz; bei starker Mittagssonne unbedingt in das Zimmerinnere stellen!

Normale Zimmertemperaturen reichen völlig aus. Das Blatt signalisiert durch Einziehen, wann die Ruhezeit beginnt. Dann wird die Tibetorchidee kühler gestellt und so gut wie gar nicht gegossen. Sobald sich die Knospen strecken, etwa ab Februar, sollte man die Tibetorchidee aus dem Winterquartier holen, in frische Erde setzen und feucht und warm stellen. Diese Orchideenart liebt leicht saure Erde, deshalb stets mit einem Azaleendünger oder anderem kalkfreien Dünger gießen. In der Hauptwachstumszeit sollte man das alle 2 Wochen einmal machen.

Beim Umtopfen darf man die Pseudobulben nur etwa bis zur Hälfte mit Erde bedecken. Auch sollte man dabei vorsichtig vorgehen, weil die Knospen leicht abbrechen.

Vermehrung Jährlich bilden sich einige kleine Pseudobulben, die man abtrennt und neu eintopft. Sie können schon im nächsten Jahr blühen.

Rossioglossum grande Rossioglossum

Eine attraktive Orchidee mit großen, farbenprächtigen, bunten Blüten ist diese Pflanze; sie wurde zu Ehren des italienischen Botanikers M. L. Rossi benannt und ist in unseren Breiten seit Anfang des 19. Jahrhunderts bekannt. In mäßig warmen Zimmern ist sie durchaus zu halten und erfreut uns lange mit ihren äußerst dekorativen Blütenständen.

Herkunft Etwa 6 Arten sind von Mexiko bis Panama verbreitet.

Pflanzengestalt *Rossioglossum* bildet rundliche bis elliptische, abgeflachte Pseudobulben mit 2 Blättern. Die Blüten werden 12 cm groß.

Pflege Von November bis Februar blüht diese herrliche Orchidee, wenn man sie hell stellt (aber nicht sonnig) und bei etwa 15° C im Winter trotzdem recht feucht hält und für eine hohe Luftfeuchtigkeit sorgt. Nachts sollte die Temperatur noch niedriger sein. Als Substrat wird normale Orchideenerde verwendet. In der Blütezeit sollte alle 3 Wochen kalkfreier Dünger verabreicht werden.

Umgetopft wird alle 2 Jahre nach der Blüte in Orchideenerde. Im Sommer kann die Pflanze ruhig im Schatten eines Baumes im Garten stehen.

Vermehrung Diese Orchideengattung läßt sich auch aus Samen vermehren, was aber langwierig und kompliziert ist. Besser ist es, so lange zu warten, bis genügend Rückbulben ausgebildet sind und diese dann neu einzutopfen.

Rossioglossum grande, Rossioglossum, Familie Orchideaceae/ Orchideen.

Sophronitis coccinea Rote Orchidee

Leuchtend rot ist die Blüte dieser Orchideen. Sie gehört zu den Raritäten und dennoch zu den begehrtesten dieser Pflanzen überhaupt. Nahezu zur Modepflanze avancierte sie unter den Orchideenliebhabern. Diese epiphytisch wachsende Orchidee ist aber sehr empfindlich und daher nur mit Mühe im Zimmer zu halten.

HERKUNFT *Sophronitis* kommt mit 7 Arten in Südost-Brasilien vor. Dort wächst sie im Gebirge in etwa 1500 m Höhe ü.d.M.
PFLANZENGESTALT Die kleinen Orchideen entwickeln einblättrige Pseudeobulben. Die Blüten erscheinen je nach Art in allen Rottönen.

PFLEGE Auf der Fensterbank im normalen Blumentopf dürfte man wenig Glück haben. Besser ist es, die Pflanzen auf Rindenstücken aufzubinden. Besonders wichtig ist ein kühler und luftiger Platz im Zimmer. Im Winter sollten die Temperaturen tagsüber 18° C nicht überschreiten, nachts können sie unter 15° C absinken. Ganzjährig muß man für mäßige Feuchtigkeit sorgen. Stauende Nässe führt aber bald zum Eingehen der Pflanzen. Andererseits dürfen sie auch nicht austrocknen. Beim Gießen sollte man nur enthärtetes Wasser verwenden. Eine hohe Luftfeuchtigkeit ist ebenso wichtig für ein gutes Gedeihen. Gedüngt wird nur wenig, alle 2 Monate sollte mit schwacher Blumenvolldüngerlösung gegossen werden.
VERMEHRUNG Größere Exemplare lassen sich beim Umtopfen (alle 2 Jahre im Frühjahr) durch Teilen vermehren. Die Pseudobulben nicht dabei verletzen!

Trichopilia Trichopilia

Diese Orchideen-Gattung duftet und wächst zudem auch unter Zimmerbedingungen rasch und blüht reichlich, wenn man ihr einen relativ kühlen Platz bei hoher Luftfeuchtigkeit bieten kann. Von den 20 bekannten Arten sind bei uns 3 als Zimmerpflanzen verbreitet. Die Gattung *Trichopilia* wächst zumeist epiphytisch.

HERKUNFT *Trichopilia* kommt aus dem tropischen Mittel- und Südamerika. Verbreitet sind die Arten: *Trichopilia fragrans* mit 10 cm großen Blüten, weißlich-grün gefärbt; *T. tortilis* bringt zart süßlich duftende Blüten hervor; *T. suavis* ist rosa angehaucht.
PFLANZENGESTALT Die Pflanzen entwickeln kurze, derbe Blätter und etwas hängende, ebenfalls kurze Blütenstände. Die recht großen Einzelblüten mit den tütenförmigen Lippen sind außerordentlich attraktiv. Die *Trichopilia* erinnert an *Cattleya.*

Sophronites coccinea, Rote Orchidee, Familie Orchidaceae/ Orchideen (oben).

Trichopilia suavis, Trichopilia, Familie Orchidaceae/Orchideen (links).

Pflege *Trichopilia* wächst am besten an einem halbschattigen Platz bei viel frischer Luft und bei Temperaturen um 18° C. Nachts sollte die Temperatur etwas niedriger liegen, 12–15° C sind ausreichend. Da das Substrat bei luftigem Stand schneller austrocknet, darf man das regelmäßige Gießen nicht vergessen. Allerdings übersteht diese Orchidee auch einmal ein kurzzeitiges Austrocknen des Wurzelballens, wenn man sie danach gleich wieder in lauwarmes Wasser taucht. Blühende Pflanzen dürfen nicht überbraust werden, weil sich dann auf den Blüten sofort unschöne Flecken bilden.
Auch während des Neutriebs dürfen die Pflanzen nur vorsichtig befeuchtet werden, da der Neutrieb leicht fault.
Vermehrung Größere Pflanzen werden durch vorsichtiges Teilen vermehrt . Als Substrat verwendet man Orchideenspezialerde.

Vanda-Hybride, Vanda, Familie Orchidaceae/Orchideen.

Vanda Vanda

Sie trägt einen der indischen »Urnamen« für Orchideen und gilt als eine der ungekrönten Königinnen ihres Bereichs: *Vanda coerulea,* die Himmelblaue Vanda. Sie ist die Hauptvertreterin ihrer Gattung mit rund einem halben Hundert hochinteressanter Arten, die seither durch wertvolle Hybriden vermehrt wurden.

Herkunft Die Vandeen stammen samt und sonders aus den Monsungebieten Vorderasiens, über die Philippinen bis hinunter nach Neu-Guinea. *Vanda coerulea* wurde 1837 im Vorfeld des östlichen Himalaja in 1500 m Höhe als Epiphyt in den Kronen 60–80 m hoher Bäume entdeckt.
Pflanzengestalt Der aufrechte Stamm wird 60–80 cm hoch und ist dicht mit lederigen, immergrünen, kurzen, etwas fleischigen Blättern besetzt. Der bis 45 cm hohe Blütenschaft erscheint seitlich und trägt in lockerer Anordnung 7–15 hellblaue oder dunkelblaue, selten auch kräftig blauviolette, duftende Blüten von 7–10 cm Breite mit kleiner, dunkelvioletter Lippe. Blütezeit ist September bis November. *V. coerulea* ist die einzige für Zimmerkultur und auch zum Schnitt bedingt geeignete Art.

Pflege Der Sommerplatz – am besten hängend, im Orchideenkörbchen – sei hell, halbschattig mit wenig Sonne bei etwa 22° C; Überwinterung bei 18–20° C, nachts darf die Lufttemperatur nicht unter 12° C absinken. Empfindlichkeit gegen Temperaturschwankungen und Bedarf an hoher Luftfeuchtigkeit während des Wachstums machen die Unterbringung im Tropenfenster zur Pflicht.
Gegossen wird über Sommer normal mit angewärmtem, enthärtetem Wasser, das auch zum Sprühen verwendet wird. In der Ruhezeit die Pflanzen trockener halten.
Während der Wachstumszeit sehr sparsam, kalk- und salzfrei düngen. Umgetopft wird nach Bedarf im Frühjahr. Die Wurzeln sind sehr spröde, sie brechen und faulen an den Bruchstellen leicht. Pflanzstoff Osmunda mit etwas Sphagnum verwenden.
Vermehrung Wo möglich, durch Teilung. Aus Samen nur in der Orchideen-Spezialgärtnerei.

× *Vuylstekeara*-Hybride, Vuylstekeare, Familie Orchidaceae/Orchideen.

× Vuylstekeara-Hybride Vuylstekeare

Gleich aus 3 Müttern entstand diese wunderschöne Orchideenzüchtung: aus *Cochlioda, Miltonia* und *Odontoglossum.* Ihren Namen erhielt sie zu Ehren des Belgiers Vuylsteke, dem es als erstem gelungen war, solch eine Hybride zu züchten.

Herkunft Ihre Vorfahren stammen allesamt aus dem mittelamerikanischen Regenwald.
Pflanzengestalt Die × *Vuylstekeara* ist mit ihren intensiv roten Blüten, deren untere Lippe weiß gefleckt ist, eine auffällige Erscheinung. Zudem ist sie sehr wüchsig und kann mitunter einen Blütenstand von über einem halben Meter erreichen. Sie blüht willig das ganze Jahr hindurch.
Pflege Als Standort sollte man einen hellen Platz ohne pralle Sonne wählen. Diese Orchidee kommt im Winter mit Temperaturen um 15° C aus. Ganzjährig braucht sie viel Frischluft und auch eine hohe Luftfeuchtigkeit. Beachtet man diese Grundprämissen, so ist sie recht blühwillig und einfach zu pflegen. Sie sollte stets feucht gehalten werden und abgestandenes, kalkarmes Gießwasser erhalten. Umgetopft wird in ein Gemisch von Osmunda, Rindenstücken und leichter Erde.
Vermehrung Durch Teilen der Pseudobulben (jeweils 3 Stück), die man vorsichtig eintopfen muß.

Zygopetalon-Hybride

Als echte Winterblüher sind diese Orchideen-Hybriden mit den gefleckten Blütenblättern bekannt. 20 Arten gibt es von dieser terrestisch wachsenden Orchidee. Ihre einzelnen Arten sind schwer voneinander zu unterscheiden.

Herkunft *Zygopetalon* kommt aus Mittel- und Südamerika.
Pflanzengestalt In vielen Farbnuancen warten die schönen Blüten auf. Doch alle sind deutlich gemustert und oft vielfarbig. *Zygopetalon crinitum* hat rotbraun gefleckte Blüten, die Lippe ist weiß und violettpurpurfarben. Der Blütenstiel wird auch unter Zimmerbedingungen sehr hoch. Die jungen Pseudobulben bringen im Winter die Blüte hervor.
Pflege Auf eine strenge Winterruhe kann man bei *Zygopetalon* verzichten. Aber dennoch möchten die Pflanzen einen hellen (nicht sonnigen) und vor allem luftigen und kühlen Platz. Ganzjährig mäßig feucht halten ist ebenso wichtig wie hohe Luftfeuchtigkeit durch häufiges Besprühen. Gedüngt wird vom Frühjahr bis zum Herbst mit einer schwachen Lösung Flüssigdünger, alle 14 Tage einmal.
Alle 2 Jahre im Frühjahr nach der Blüte wird die Pflanze in Orchideenspezialerde umgetopft.
Vermehrung Beim Umtopfen sollte man die Rückbulben abtrennen und zu mehreren eintopfen.

Zygopetalon-Hybride, Zygopetalon, Familie Orchidaceae/Orchideen.

Farne

Adiantum Frauenhaarfarn

So unentbehrlich *Adiantum* für die Blumenbinderei ist, so zurückhaltend soll man sein, wenn man es zu sich ins Haus holen möchte. Gewiß sind alle Farne – wenn man sie richtig behandelt – wunderschöne Hausgenossen von großem Formenreichtum. Aber auf die richtige Behandlung kommt es halt an!

Herkunft Die meisten *Adiantum*-Arten und ihre Zuchtformen stammen aus Schattenlagen der südamerikanischen Regenwälder. Hohe Luftfeuchtigkeit, Wärme und Schatten, das sind deshalb die 3 Dinge, die *Adiantum* braucht. Zugluft sollte man vermeiden.

Pflanzengestalt Die filigranhafte Anmut der lichtgrünen Wedel wird gesteigert durch ihre braunschwarzen, steifen, drahtig-dünnen Stiele. Mit über 200 Arten umfaßt die Gattung *Adiantum* außerdem eine solche Vielfalt der Erscheinungen, daß etwa der Besitzer eines Kleingewächshauses schon aus dem derzeitigen Sortiment eine stattliche Sammlung machen könnte.

Adiantum caudatum ist eine attraktive Ampelpflanze, die aber empfindlich auf Ballentrockenheit reagiert. Ausgepflanzt wächst sie bodendeckend, da die Blattspitzen Wurzeln bilden.
A. formosum ist eine Art, die bis zu 1 m hoch wird.
A. hispidulum ist ein robuster Kleinfarn, der bei 12–15° C am besten wächst. *A. raddianum* hat am Fuße keilförmige Fiedern; von dieser Art gibt es viele Sorten.

Adiantum reniforme (rechts) und *A. raddianum* (unten), Frauenhaarfarn, Familie Adiantaceae/ Adiantumgewächse.

Pflege An sich braucht *Adiantum* ganzjährig Warmhauskultur und Schatten. Im Winter Luft- und Bodenwärme nicht unter 16° C. Nur mit temperiertem, enthärtetem Wasser in den Topfrand gießen; nasser Busch bedeutet Stocken des Austriebs. Gefährlich: Ballentrockenheit, die das Einrollen sämtlicher Blättchen bewirkt; Heilungsversuch: Einstellen des Topfes in Wasser bis zur Vollsättigung. Trockene Wedel bis zum Grund abschneiden; dann folgt der Neuaustrieb.
Nach Bedarf, zunächst meist alle 1–2 Jahre, umtopfen; Spezialerde erwünscht.
Vermehrung Ältere Pflanzen lassen sich einfach teilen.

Anemia phyllitidis, Anemie, Familie Anemiaceae/Anemiegewächse (oben).

Alsophila australis Becherfarn

Zu den Baumfarngewächsen gehört dieser Farn, denn er wird riesig. In seiner Heimat entwickelt er sich zu einem Riesen von 15 m Höhe. Im Sommer kann er auch in unseren Breiten im Freien stehen. Sir James Edward Smith (1759–1828) gab diesem Farn seinen ehemaligen wissenschaftlichen Namen *Cyathea*.

Herkunft In der südostasiatischen Inselwelt, in Australien und anderen tropischen Gebieten kommt der Becherfarn wild vor. In Südspanien hat man ihn inzwischen eingebürgert.
Pflanzengestalt Dieser sehr widerstandsfähige Farn hat über dem hohen Stamm einen Schopf aus langen (3 m), doppelt bis dreifach gefiederten Blättern. An dem Stamm befinden sich Haare, die mit Widerhaken besetzt sind. Sie können Allergien hervorrufen.
Pflege Der Becherfarn steht am liebsten kühl, er verträgt sogar kurzzeitige Temperaturen unter 10° C. Für eine jüngere Pflanze sollte es aber durchaus warm im Zimmer sein. Die *Alsophila* wächst relativ rasch, wenn der Wurzelballen niemals austrocknet und wenn im Sommer alle 14 Tage dem Gießwasser ein Dünger zugefügt wird. Der Becherfarn gehört zu den wenigen Farnen, die einen sonnigen Standort bevorzugen. In der warmen Jahreszeit muß auch durch häufiges Besprühen für Luftfeuchtigkeit gesorgt werden.
Vermehrung Die Vermehrung erfolgt durch Sporen.

Alsophila australis, Becherfarn, Familie Cyatheaceae/Baumfarngewächse (links).

Anemia phyllitidis Anemie

Dieser reizende Farn entwickelt sich bei richtiger Pflege – und das ist gar nicht so schwer – zu einem stattlichen Exemplar. Der schwedische Botaniker Olof Peter Samuela Swartz (1760–1818) benannte diese Gattung.

Herkunft In den Tropengebieten Amerikas ist die Anemie mit 90 Arten zu Hause.
Pflanzengestalt Die beiden unteren Fiederchen des Wedels sind fertil. Sie sind aufgerichtet und zu 2 langgestielten und verzweigten Sporangienständen umgebildet. Dadurch wirkt der Farn wie eine blühende Pflanze.
Pflege *Anemia* verlangt einen hellen und lufttrockenen Platz. Dies ist an sich unüblich bei Farnen. Bei Temperaturen um 20° C fühlt sich die Pflanze am wohlsten. Sonne mag sie nur kurzzeitig. Beim Gießen sollte man vorsichtig sein, die Blätter dürfen nicht benetzt werden! Der Wurzelballen muß aber ständig feucht sein. In lockerer Erde gedeiht der Farn gut.
Vermehrung Durch Teilen oder Sporen.

A. bulbiferum wird bis zu 1 m hoch, die Wedel sind bis 60 cm lang.
A. daucifolium hat gefiederte Wedel, an deren Oberseite sich neue Pflänzchen entwickeln.
A. dimorphum ist sehr widerstandsfähig und bringt meterlange gefiederte Wedel hervor.
A. nidus ist der bekannteste Vertreter, der typische Nestfarn.
Pflege Im Winter nicht unter 15° C stehen lassen, sonst bilden sich braune Blattränder. Luft und Wurzelballen stets feucht halten. Standort lichter Schatten, keine Sonne!
Vermehrung Durch Sporen oder kleine Pflänzchen, die sich auf der Blattoberseite bilden.

Asplenium nidus, Nestfarn, Familie Aspleniaceae/Streifenfarngewächse (links).

Blechnum gibbum, Rippenfarn, Familie Blechnaceae/Rippenfarngewächse (unten).

Asplenium Nestfarn, Streifenfarn

Wer die heimatliche Mauerraute *Asplenium ruta-muraria* mit ihrem zierlichen, aus jeder Ritze drängenden Blattwerk kennt, wird im tropischen Nestfarn kaum ihren »großen Bruder« vermuten. Und doch gehören beide nicht nur der gleichen Familie, sondern neuerdings auch derselben Gattung der Streifenfarne an.

Herkunft *Asplenium* (700 Arten) ist in allen Regenwäldern Asiens und Afrikas bis hinunter nach Australien zu Hause. Einige sind auch in der mitteleuropäischen Flora heimisch.
Pflanzengestalt Nur der Nestfarn (*Asplenium nidus*) lebt als einer der größten Epiphyten in den Baumkronen und sammelt Nährstoffe in seiner trichterförmigen Rosette, die von den unzerteilten, aufrecht stehenden, glänzend hellgrünen Blättern gebildet wird. Länge bis über 1 m, Breite bis 20 cm. Die anderen Arten sind überwiegend Erd- und Felsenfarne. Die meisten haben ganzrandige Wedel, nur wenige sind gefiedert oder geteilt. Die Blätter sind fast stengellos und entspringen aus der Mitte.

Blechnum Rippenfarn

Er hat die Ehre, selbständiger Vertreter einer Gattung von über 200 Erdfarnen zu sein. Sie sind – den unterschiedlichsten klimatischen Bedingungen zwischen tropisch und gemäßigt angepaßt – in allen Zonen der Erde zu finden und beliebt für viele Zwecke.

Herkunft Eine wunderschöne Pflanze, die vor reichlich 100 Jahren auf Neukaledonien – einer Südseeinsel östlich von Australien – entdeckt und gärtnerischer Kultur zugänglich gemacht wurde. Für die Ansprüche des schönen Farnes als Topfgewächs fraglos von Bedeutung sind die heimatlichen Lebensbedingungen. Er kommt nicht aus feuchtwarmen tropischen Urwäldern, sondern aus einem beinahe gemäßigten, durch ständige Seebrisen frischen Klima. Die Sommertemperaturen liegen zwischen 22–36° C; in der kühlen Jahreszeit bewegt sich das Thermometer zwischen 13–20° C.
Pflanzengestalt Ältere Exemplare stoßen nach und nach die unteren Blätter ab und bilden so einen bis 1 m hohen Stamm. Die Blätter sind meist gefiedert und stehen in einer trichterförmigen Rosette, die Wedel bilden einen palmenähnlichen Schopf.
Pflege Der Rippenfarn läßt sich gut im Zimmer halten, wenn er mäßige Wärme bekommt, nicht zu sonnig steht und stets feucht gehalten wird.
Die Bodentemperatur während der winterlichen Ruhezeit (Oktober bis Februar) sollte 16–18° C nicht unterschreiten.
Blechnum gibbum ist die bekannteste Art und bildet einen Stamm. *B. moorei* hat hellgrüne Blätter und wächst sehr stark. *B. occidentale* bildet Ausläufer, die sich für die Vermehrung nutzen lassen.
Vermehrung Durch Ausläufer, die abgetrennt werden; oder durch Sporen.

Cyrtomium Ilexfarn

Von den Schildfarngewächsen ist dieser robuste Farn (*Cyrtomium falcatum*) wohl der bekannteste. Er verdankt seine Entdeckung dem Tschechen Karl Boriwog Presl (1794–1852). Auch als Schnittgrün ist er sehr beliebt.

Herkunft Etwa 20 Arten sind in Afrika, Amerika und Asien beheimatet.
Pflanzengestalt Der Ilexfarn besitzt einfach gefiederte, ledrige, dunkelgrüne Wedel, die ohne weiteres Ähnlichkeit mit einem Ilex haben.
Pflege Anspruchslosigkeit und Haltbarkeit lassen die sehr dekorative Pflanze in milden Gegenden mit Weinklima unter Laubschutz sogar im Freien überwintern, doch ist das Risiko unerwarteter Kälte dabei natürlich nicht auszuschließen. Im Sommer stets warmer, schattiger Stand; Wintertemperatur 10–12° C.
Reichliches Gießen und etwas Luftfeuchtigkeit während der Wachstumszeit April bis Juli/August erwünscht. Die Ruhezeit liegt zwischen Oktober und Februar. Beim Düngen auf Salzempfindlichkeit achten, nur schwache Lösungen geben. Alte Wedel abzuschneiden fördert den Nachwuchs.
Vermehrung Am einfachsten durch Teilen zu groß gewordener, alter Stöcke oder Aussaat reifer Sporen auf Torf mit viel Feuchtigkeit und Wärme.

Cyrtomium falcatum, Ilexfarn, Familie Aspidiaceae/Schildfarngewächse.

Davallia mariesii Büchsenfarn

Wer Farne mag, dem sei diese Gattung aus der Familie der Davalliengewächse empfohlen. Dieser epiphytisch wachsende Farn ist sehr reizvoll und zudem recht pflegeleicht. Besonders für einen Epiphytenstamm im Blumenfenster eignet er sich. Nicht nur seine Wedel sind sehr schön , sondern auch die behaarten Rhizome, aus denen sich in Abständen die Blattstiele emporschieben.

Herkunft Die über 40 Arten von *Davallia* stammen aus den tropischen Gebieten Ostasiens, Polynesiens und Australiens. Dort wachsen diese Farne vor allem auf Bäumen und Felsen.
Pflanzengestalt *Davallia*-Arten sind sehr zierliche, meist epiphytisch wachsende Pflanzen mit langen, dicken Rhizomen, die mit gewimperten Schuppen besetzt sind. Diese ergeben den Eindruck von dichter Behaarung. Die Blätter sind fein zerteilt.
Pflege Der Büchsenfarn wächst am besten bei Temperaturen um 18° C, bevorzugt einen halbschattigen Platz und eine hohe Luftfeuchtigkeit. Dies ist ebenso dann wichtig, wenn er auf einem Epiphytenstamm oder einem Rindenstück plaziert wurde. Er muß mehrmals täglich besprüht werden. Befindet sich der Büchsenfarn in einem Topf oder besser in einem flachen Holzkübel, so sollte man als Substrat ein Erdgemisch mit Buchenlaub vermengen. Die Erde sollte wasserdurchlässig und grob gefasert sein.
Vermehrung Durch Teilen beim Umtopfen oder durch Sporen kann *Davallia* vermehrt werden.

Dicksonia antarctica, Baumfarn, Familie Dicksoniaceae/Dicksoniengewächse (rechts).

Davallia mariesii, Büchsenfarn, Familie Davalliaceae/Davalliagewächse. (unten).

Dicksonia antarctica Baumfarn

Dieser attraktive Farn wurde von dem französischen Botaniker Charles Louis L´Heritier entdeckt; er ist der Riese unter den Farnen und kann daher auch als Kübelpflanze zum dekorativen Blickfang werden.

Herkunft Aus Australien kommt der Baumfarn. Dort wird er über 10 m hoch und bildet in seiner Heimat ganze Wälder.
Pflanzengestalt Der Farn entwickelt eine Krone, die aus dichten dunkelgrünen Wedeln besteht; der bis zu 1 m starke Stamm ist mit schwarzbraunen Wurzeln besetzt.
Pflege Im Sommer kann der Farn an einem halbschattigen Platz im Garten stehen. Vor dem ersten Frost muß er allerdings wieder ins Zimmer gebracht werden. Dort überwintert er am besten kühl, Temperaturen um 10° C reichen aus.
Wie bei allen Farnen, so muß auch bei *Dicksonia* für ausreichend Feuchtigkeit (enthärtetes Wasser) und für eine hohe Luftfeuchtigkeit gesorgt werden.
Vermehrung Man kann den Baumfarn durch Abmoosen oder durch Sporen vermehren.

Didymochlaena Doppelhüllenfarn

Man sollte sich durch den schwierigen und sicher fast unbekannten Namen nicht abschrecken lassen. Denn die Ansprüche des Doppelhüllenfarns sind nicht groß und so kann man ihn zum prachtvollen Zimmerfarn heranziehen und Freude über Jahre an ihm haben.

Herkunft Dieser Erdfarn kommt in allen Tropenländern vor.
Pflanzengestalt Typisch für diesen Farn (*Didymochlaena truncatula*) sind die langen, etwas bräunlichen und doppelt gefiederten Wedel. Sie glänzen dunkelgrün bis bronzefarben.
Pflege Ganzjährig schattiger Standort. Ab Austriebsbeginn (März) und über Sommer warm und luftfeucht halten. Nur mit enthärtetem Wasser reichlich gießen; während Entfaltung der neuen Wedel (etwa April/August) auch öfter sprühen. Sparsam und möglichst mit salzfreien Nährstoffen (Flüssigdünger der Hydrokultur!) düngen. Ruhezeit Oktober bis Februar unbedingt bei nur mäßiger Wärme (14–16° C) einhalten; dabei trockener halten, nicht düngen, nicht sprühen. Umpflanzen nach Bedarf bei Austriebsbeginn in leichte, humose Erde (Einheitserde). Zur Nachwuchsförderung alte Wedel jeweils am Grunde abschneiden.
Vermehrung *D. truncatula* gehört zu jenen Farnen, deren Fortpflanzung durch Sporen auch in Zimmerkultur gelingen kann. Die staubfeinen Sporen befinden sich in den tüpfelförmigen Sporenbehältern oder Sporangien an den Unterseiten ausgewachsener Wedel. Im Reifezustand fallen sie aus und können wie Samen keimen. Einfachste Methode: Saatschalen mit feuchtem Substrat unter den Wedeln aufstellen, gut warm halten (24–26° C). Oder im Handel käufliche Sporen aussäen.

Doodia caudata, Doodie, Familie Blechnaceae/Rippenfarngewächse (rechts).

Didymochlaena truncatula, Doppelhüllenfarn, Familie Aspidiaceae/Schildfarngewächse (unten).

Doodia Doodie

Aus der Familie der Rippenfarngewächse kommt dieser kleinbleibende Vertreter. Er ist daher der ideale Farn für Vitrine, Terrarium oder auch für die Farnsäule. Benannt wurde er nach dem Apotheker Samuel Doody, der Ende des 17. Jahrhunderts lebte.

Herkunft Auf Neuseeland und den Pazifischen Inseln ist dieser Farn zu Hause.
Pflanzengestalt Auch in seiner Heimat wird er nicht groß. Die gefiederten Blätter sind rauh und scharf gezähnt. Man kennt 2 Arten, die als Zimmerpflanzen von Bedeutung sind: *Doodia caudata* hat schmale, bis 20 cm lange Blätter, die einfach gefiedert sind.
D. media bringt schmale, zierliche Wedel hervor und ist insgesamt wüchsiger als *D. caudata.*
Pflege *Doodia* ist ein recht anspruchsloser Farn. Er bevorzugt einen halbschattigen Standort. Empfindlich ist er aber gegenüber kühlen Temperaturen im Winter. Bei 20° C fühlt er sich am wohlsten. Kann man diese Temperaturen nicht bieten, so sollte man das Gießen ein wenig reduzieren, denn Kühle und Nässe sind Gift für die Pflanze. Umgetopft wird der Farn wegen seiner geringen Wüchsigkeit sehr selten. Als Substrat bevorzugt er eine grobfasrige, wasserdurchlässige Erde mit hohem Humusgehalt. Dann braucht er auch nicht gedüngt zu werden.
Vermehrung Ältere Pflanzen kann man durch Teilen vermehren, ansonsten können wie bei den meisten Farnen durch die Aussaat von Sporen neue Pflänzchen herangezogen werden.

Doryopteris pedata Speerfarn

Der Speerfarn ist äußerst dekorativ und zudem eine botanische Besonderheit: An den Wedelschnittpunkten entwickelt er kleine Brutknospen, die wie kleine Blättchen aussehen. Auch pflegeleicht ist dieser Vertreter aus der Familie der Pelzfarngewächse, der erstmals von dem schottischen Gärtner John Smith (1798–1888) beschrieben wurde.

Herkunft Vom Speerfarn sind etwa 35 Arten bekannt, die im tropischen Amerika, in Hinterindien und auf den Philippinen zu Hause sind.

Pflanzengestalt Der Speerfarn wächst etwa 35 cm hoch und entwickelt kleine, aber ungeteilte Wedel. Die Sori sind ganz oder fast randständig und bilden zumeist eine ununterbrochene Reihe.

Pflege *Doryopteris pedata* ergänzt vortrefflich die Farnsammlung im Zimmer, er gedeiht gut in Vitrinen und im geschlossenen Blumenfenster. Bei etwa 18° C läßt er sich am besten halten, auf keinen Fall längere Zeit unter 15° C stehen lassen. Mäßige Feuchtigkeit ist ebenso wichtig wie eine hohe Luftfeuchtigkeit. Man sollte diesen Farn nur mit abgestandenem Wasser gießen. Als Substrat bevorzugt er leichte, wasserdurchlässige Erde mit vielen Nährstoffen.

Vermehrung Aus den kleinen Brutknospen lassen sich neue Pflanzen heranziehen, allerdings sollte man für ein sogenanntes Mikroklima sorgen und die Töpfe mit einer Folientüte oder einem Glas vor zu rascher Verdunstung schützen. Nie in die Sonne stellen! In Gärtnereien wird über Sporen vermehrt.

Doryopteris pedata, Speerfarn, Familie Sinopteridaceae/ Pelzfarngewächse.

Elaphoglossum crinitum Zungenfarn

Der Zungenfarn gehört zur Familie der Zungenfarngewächse. Es gibt etwa 400 Arten von dieser Gattung, doch nur eine, *Elaphoglossum,* ist als Zimmerfarn bei uns verbreitet. Der Österreicher Heinrich Wilhelm Schott (1794–1865) und der Schotte John Smith (1798–1888) erforschten diese artenreiche Gattung auf ihren Reisen am Heimatstandort.

Herkunft In den tropischen Regionen Amerikas und auf den Antillen ist dieser Farn zu Hause. Manche Arten wachsen auf der Erde, manche wurzeln aber auch auf Bäumen.

Pflanzengestalt Der Zungenfarn besitzt ungeteilte, lanzettliche Wedel. Das Besondere ist, daß seine Wedel mit abstehenden, purpurschwarzen, pfriemförmigen Haaren bedeckt sind.

Pflege Feucht und warm muß es für den Zungenfarn sein, damit er sich gut entwickelt. Ein Übersprühen der Wedel ist aber zu vermeiden. Der Wurzelballen muß gleichmäßig feucht sein, stauende Nässe verträgt dieser Farn jedoch nicht. Deshalb sollte man im Übertopf nachschauen und überschüssiges Wasser wegschütten. Gedüngt wird er so gut wie gar nicht, wenn er in nährstoffreicher Erde steht.

Vermehrung Der Zungenfarn wird ausschließlich durch Sporen vermehrt.

Elaphoglossum crinitum, Zungenfarn, Familie Elaphoglossaceae/ Zungenfarngewächse (rechts).

Fadyenia prolifera Brutfarn

Zu der Familie der Schildfarngewächse gehört dieser interessante Farn. Der englische Botaniker Sir William Jackson Hooker (1785–1865) verfaßte viele Schriften über Farne und benannte diese Pflanze nach dem Naturwissenschaftler James Mal Fadyen.

HERKUNFT Auf den Antillen ist dieser kriechende Zwergfarn zu Hause.
PFLANZENGESTALT Er hat ungeteilte, verschiedenartig geformte, längliche Wedel, die zum Teil in einer verlängerten Spitze auslaufen. Diese Spitzen wurzeln in der Erde und entwickeln neue Pflänzchen. Eine einzelne Pflanze kann so in relativ kurzer Zeit den Erdboden wie mit einem Teppich bedecken. Man sollte als Pflanzgefäß nur flache Schalen verwenden.
PFLEGE Temperaturen über 20° C, eine gleichmäßige Feuchtigkeit des Wurzelballens und ein schattiger Standort sind die besten Voraussetzungen für ein gutes Wachstum. Der Brutfarn sollte wenig besprüht werden. Er gedeiht besonders prächtig, wenn die Erde etwas grob gekörnt ist und damit luft- und wasserdurchlässig bleibt.
VERMEHRUNG Die kleinen Pflänzchen, die der Farn von ganz allein bildet, kann man zur Vermehrung nutzen.

Hemionitis Hemionitisfarn

Der holländische Mediziner und Botaniker Johannes Burman (1706–1779) beschrieb und benannte diese reizende Farngattung, die eine eigene Familie bildet. Die *Hemionitis* ist etwas für Raritätensammler, denn sie ist anspruchsvoll und nur selten im Handel im Angebot. Idealer Farn für die Vitrine.

HERKUNFT In Indien, Ceylon, Malaysia und auf den Philippinen gedeiht dieser kleine Farn.
PFLANZENGESTALT *Hemionitis arifolia* erinnert gar nicht an einen Farn, seine Blätter sind herz- bis nierenförmig und entspringen zarten Sprossen. *H. palmata*, aus dem tropischen Amerika, hat palmenähnliche Blätter.
PFLEGE Als Pflanze der Tropen möchte *Hemionitis* einen schattigen Platz bei viel Wärme. Für hohe Luftfeuchtigkeit muß ständig gesorgt werden, ebenso braucht die Pflanze stets einen feuchten Wurzelballen. Gegossen wird mit kalkfreiem Wasser.
VERMEHRUNG Durch Teilung; allerdings gelingt dies nur bei älteren Pflanzen.

Fadyenia prolifera, Brutfarn, Familie Aspidiaceae/Schildfarngewächse (oben).

Hemionitis arifolia, Hemionitisfarn, Familie Hemionitidaceae/Hemionitisgewächse (unten).

Microlepia speluncae
Kleiner Schuppenfarn

Man sollte sich vom Namen nicht täuschen lassen. Auch wenn er Kleiner Schuppenfarn heißt, so werden seine Wedel doch bis zu 1 m lang. Dieser Farn aus der Familie der Dennstaedtgewächse wurde in der einzigen bei uns verbreiteten Art, *Microlepia speluncae,* schon von Thomas Moore, einem englischen Botaniker, in seiner um 1860 verfaßten Schrift »Index Filicum« beschrieben.

Herkunft Von diesem Farn sind etwa 50 Arten bekannt, die in den tropischen und subtropischen Regionen der Erde zu Hause sind.
Pflanzengestalt Der Kleine Schuppenfarn besitzt behaarte, kriechend wachsende Rhizome. Die gefiederten oder geteilten Wedel sind ebenfalls behaart. Typisch für die Art *M. speluncae* sind die hellgrünen und nur spärlich behaarten Wedel.
Pflege Der Kleine Schuppenfarn bevorzugt eine Temperatur zwischen 16 und 18° C sowie gleichmäßige Feuchtigkeit des Wurzelballens – er braucht viel Wasser, sonst welken die Wedel leicht. Er sollte auch niemals in direkter Sonne stehen. In den Wintermonaten bei kühlen Temperaturen nur mäßig gießen.
Vermehrung Beim Umtopfen größerer Pflanzen kann man diese vorsichtig teilen. Aber auch durch Sporen läßt sich der Farn vermehren.

Microlepia speluncae, Kleiner Schuppenfarn, Familie Dennstaedtiaceae/Dennstaedtgewächse (rechts).

Nephrolepis exaltata, Schwertfarn, Familie Nephrolepidaceae/Schwertfarngewächse (unten).

Nephrolepis Schwertfarn

Sein botanischer Name heißt – wörtlich übersetzt – Nierenschuppenfarn. Aber Schwertfarn klingt fraglos besser und ist »handlicher« im Sprachgebrauch, zumal es sich hier um den besten, widerstandsfähigsten und somit auch beliebtesten Zimmerfarn von allen handelt. Seine Lebenskraft überdauert viele Jahre.

Herkunft Der Schwertfarn ist schon fast seit 200 Jahren in gärtnerischer Kultur. Er bildet eine eigene Familie, die Schwertfarngewächse (Nephrolepidaceae). Etwa 30 Arten sind bekannt, die allesamt in den Tropen und Subtropen über die ganze Erde siedeln.
Pflanzengestalt Typisch für alle ist zweierlei: Es gibt – nicht selten sogar innerhalb derselben Art – Erdfarne und epiphytisch wachsende Formen; einige Arten – darunter die für Zimmerkultur wichtigsten – treiben lange Ausläufer, die nicht nur der einfachsten Vermehrung dienen, sondern auch die Verwendung als sehr dekorative Ampelpflanze möglich machen.
An der Spitze steht *Nephrolepis exaltata,* das heißt »Hochgewachsener Schwertfarn«. Er ist zwar als Art so gut wie verschwunden, lebt aber in vielen für Gartenbau und Zimmergärtnerei bedeutsamen Züchtungen von großer Mannigfaltigkeit weiter. Es gibt mehrfach gefiederte Wedel; bei anderen sind die Fiedern gewellt und gedreht; man unterscheidet sehr harte, starkwüchsige Sorten wie 'Teddy Junior' und Kleinformen wie 'Boston Zwerg', sowie die berühmte Marktsorte 'Whitmannii', der man wegen ihrer dicht gekrausten Belaubung höhere Empfindlichkeit nachsagt. Ferner die ihr äußerlich vergleichbare Sorte 'Bornstedt', die als einzige unter den *N. exaltata*-Zuchtformen nicht nur durch Abtrennen von Ausläufern, sondern auch noch durch Aussaat ihrer fruchtbar gebliebenen Sporen vermehrt

werden kann. Von anderen *Nephrolepis*-Arten ist vor allem die pantropische *N. cordifolia* interessant. Sie ist ebenso wie *N. exaltata* Erdbewohner und Epiphyt zugleich, bildet aber außerdem an ihren wurzelartigen Erdstämmen – ähnlich wie manche Maranten – lange Ausläufer mit im Boden sitzenden schuppigen Knollen.

Pflege Schwertfarne wachsen besonders gut bei hoher Luftfeuchtigkeit, bei Temperaturen um 18° C und an einem nicht zu sonnigen Platz. Stehen die Farne zu dunkel oder zu trocken, fallen die Fiedern ab. Im Sommer sollte alle 14 Tage gedüngt werden.

Vermehrung Durch Ausläufer, Sporen oder auch durch Speicherknollen.

Pellaea, Pellefarn, Familie Sinopteridaceae/Pelzfarngewächse (rechts oben).

Nephrolepis cordifolia (unten).

Pellaea Pellefarn

Der Name soll vom griechischen pellos = schwärzlich kommen und auf die tief dunkelbraunen, fast schwärzlichen Blattstiele einiger Arten hinweisen. Von rund 80 bekannten Arten ist ein halbes Dutzend in Kultur. Sie bewähren sich für Jahre immer wieder als anspruchslose, dabei recht schmucke Wohngefährten.

Herkunft Zum Unterschied von den meisten Farnen, die Schattenlagen und Feuchtigkeit bevorzugen, sind die Pellefarne »xerophytische« oder Trockenpflanzen. Sie wachsen gern an Felsen und besiedeln dabei ausgesprochen trockene Gebiete zwischen dem südlichsten Südamerika und Kanada; einige wachsen auch in Südafrika.

Pflanzengestalt Aus kriechenden Rhizomen wachsen an grundständigen Stielen die Wedel mit gefiederten oder ungefiedert zusammengesetzten Blättern. Sporenhäufchen (*Sori*) bilden sich blattunterseits auf den Enden der Adern, vom fortlaufend umgeschlagenen Blattrand bedeckt. *Pellaea falcata*, der Sichelförmige Pellefarn, wächst in Südasien, im tropischen Australien, Tasmanien und Neuseeland. *P. rotundifolia* – mit dem deutschen Namen Rundblättriger Pellefarn – stammt aus Neuseeland und ist, als reizende Zwergform, die für Gartenbau und Zimmergärtnerei wichtigste Art von allen; ihre Wedel haben lederig-glänzende, dunkelgrüne, 20–30 cm lange, doch nur 3 cm breite Fiedern, die wie rundlich-ovale Blättchen aussehen.
P. viridis mit langen schwarzroten Blattstielen und zwei- bis dreifach gefiederten dreieckigen Blättern gilt als die härteste Art.

Pflege Der Standort sollte frei und luftig sein; Halbschatten wird gerade noch vertragen. Der Winterstandort wird ebenfalls hell und luftig gewünscht, mit Besttemperatur von 12–15° C. Das entspricht etwa einem Fenster in Nordost- bis Ostlage, ohne Heizkörper darunter und mit Stores

Pellaea rotundifolia.

gegen die Wohnwärme des Zimmers abgesichert.

Gegossen wird im Sommer normal, im Winter knapper. Der Pellefarn ist höchst empfindlich gegen zuviel Feuchtigkeit (»xerophytische« Pflanze!); ausgesprochene Ballentrockenheit schadet ebenso. Wasserenthärtung ist im allgemeinen unnötig, da die *Pellaea* kalkfreundlich ist.

Gedüngt wird über Sommer alle 2 Wochen einmal. Umgetopft wird nach Bedarf in normale Blumenerde.

Vermehrung Sie ist aus Sporen schon bei 18° C möglich, jedoch in Zimmerkultur nicht ganz einfach.

Phlebodium Tüpfelfarn

Nur eine Art ist von diesem reizenden Farn bekannt, und die hat der schottische Gärtner John Smith (1798–1888) benannt und beschrieben. Doch eine Vielzahl von Formen und Sorten ist im Handel.

Herkunft Der Tüpfelfarn kommt aus den Tropen Südamerikas, dort wird er riesig groß und hat im Alter tief herabhängende Wedel.

Pflanzengestalt Die Blätter sind in Fiedern gespalten, ihre Färbung ist blaugrün. Außerdem besitzt *Phlebodium aureum* dicke, oberirdische Rhizome, die mit goldbraunen Schuppen besetzt sind. Auf der Wedelunterseite befinden sich goldgelbe, tüpfelförmig angeordnete Sporangien. Der besondere Reiz dieser Blätter besteht in ihrer auffallend blauen Farbe. Der blaue Schimmer ist vielleicht noch stärker bei einigen Züchtungen, die im Jugendalter auch häufig zur Schalenbepflanzung verwendet werden. Am bekanntesten sind 'Glaucum crispum' mit gekrausten und 'Mandaianum' mit gewellt-gekrausten Fiedern.

Pflege Bei einer Jungpflanze muß man damit rechnen, daß sie bei guter Pflege nach den Grundsätzen der Warmhauskultur im Zimmer und selbst im geräumigen Blumenfenster bald zu groß wird. Gut geeignet ist *Phlebodium* dagegen für ein Kleingewächshaus, wo es, auf einem Hochbeet ausgepflanzt, frei herabhängen kann.

Übrigens ist es trotz dieser Neigung zum Hängen kein Epiphyt, sondern ein Erdfarn, der sogar noch in Einheitserde gedeiht. Grobe, brockige Farnerde sagt jedoch mehr zu. Standort warm, schattig, sehr luftfeucht; Wintertemperatur 18–22° C. Gießen mit enthärtetem, vorgewärmtem Wasser, Düngung salzfrei.

Vermehrung Durch Teilen oder Sporen.

Phlebodium aureum, Tüpfelfarn, Familie Polypodiaceae/Tüpfelfarngewächse.

Phyllitis scolopendrium
Hirschzungenfarn

Dieser herrliche großblättrige Farn ist in fast allen Klimazonen unserer Erde anzutreffen. Und so ist er auch bei uns heimisch, steht aber unter Naturschutz. Er gehört zur Familie der Streifenfarngewächse. Als Zimmerpflanze hat er sich bereits einen Namen gemacht, weil er unwahrscheinlich robust ist. Man kann ihn auch bei einem guten Staudengärtner kaufen und unbeschadet ins Zimmer umsiedeln.

Herkunft Die Verbreitung reicht vom Kaukasus über Vorderasien und Nordafrika, Madagaskar, die Kanarischen Inseln und Japan bis hin zu Nordamerika.

Pflanzengestalt Die großen, aufrecht stehenden Blätter sind schwertförmig und von hellem bis sattem Grün. Der Rand ist oft leicht gewellt. Es kommen auch stark gekrauste Sorten vor, wie 'Crispa', 'Cristata', oder mit gekräuselten Blättern, wie 'Ramosa Marginata' und 'Ramosa Cristata'. Die streifenförmigen Sori an der Blattunterseite sind eine zusätzliche Zierde.

Pflege Ideal für diesen Farn ist das Nordfenster, wo er das ganze Jahr ohne Sonne steht und es zudem nicht zu warm hat. Sogar im Sommer reichen ihm 15° C aus. *Phyllitis* braucht im Winter noch etwas mehr Kühle und wird dann auch nicht so reichlich gegossen. 10° C reichen völlig aus. Sie ist eine Farngattung – und das ist fast eine Ausnahme – die in kalkreicher Erde sehr gut gedeiht. Das sollte man beim Gießen beachten (Wasser nicht enthärten) und ebenso beim Düngen und Umtopfen. Das ganze Jahr über braucht die *Phyllitis* mäßige Feuchtigkeit. Sie verträgt auch trockene Zimmerluft, dennoch kann ein Überbrausen nicht schaden. Auch sollte man sie ruhig öfter besprühen.
Umgetopft wird sie alljährlich einmal in normale Blumenerde. Im Sommer düngt man die Hirschzunge wöchentlich einmal.

Vermehrung Eigentlich durch Sporen, was man dem Fachmann überlassen sollte. Man kann aber auch ältere Pflanzen teilen und mit einem Rhizomstück zum Bewurzeln bringen.

Phyllitis scolopendrium, Hirschzungenfarn, Familie Aspleniaceae/Streifenfarngewächse (oben rechts).

Platycerium Geweihfarn

Vor nicht zu langer Zeit war dieses Mitglied der Familie Tüpfelfarngewächse noch ein vielbestaunter Fremdling von exotischer Gestalt. Dieses Aussehen besitzt er zwar immer noch, er hat sich inzwischen aber zu einer echten Heimpflanze mit gern gewährtem Anspruch auf freundschaftliche Bindung entwickelt.

Herkunft Zur Gattung *Platycerium* gehören 17 Arten, deren Heimatgebiete sich von Südchina über Indien bis Australien erstrecken. Aber auch in feuchtwarmen Regenwäldern Mittel- und Südamerikas sowie in Ost- und Westafrika gibt es Geweihfarne.

Pflanzengestalt Alle wachsen epiphytisch, oft riesigen Nestern gleich, hoch oben in den Kronen der Urwaldbäume. Sie halten sich dort in Astgabeln und ähnlichen, mit verrotteten Pflanzenteilen angereicherten Vertiefungen, wobei außer den Wurzeln auch gerippte Schuppen der Nahrungsaufnahme dienen. Alle haben 2 Arten von Blättern: 1. Breite Nischen- oder Mantelblätter liegen mehr oder weniger senkrecht tellerartig übereinander, treiben auf der »Frontseite« aus dem Wachstumszentrum der Pflanze hellgrün aus, während die dahinterliegenden älteren Blätter immer mehr braun werden und an der gerundeten Innenseite von unten her allmählich verrotten. So bilden sie selbst Humus, mit dem die eigenen Wurzeln versorgt werden. Die Nischen- oder Mantelblätter sind steril, das heißt sie können keine Sporen zur Vermehrung bilden. 2. Aus dem Vegetationspunkt des obersten Nischen- oder Mantelblattes entspringen – je nach Art sehr unterschiedlich geformt – die an der Basis stets schmalen, dann sich geweihartig verbreiternden Sporenblätter. Sie werden bei manchen Arten über meterlang und laden weit nach vorn aus. Im Jugendstadium sind sie meist mit weißem Flaum bedeckt, der sich mit zunehmendem Alter vor allem im Bereich der Gabelungen verliert. Den Flaum nicht abwischen!

Am härtesten und am häufigsten ist *Platycerium bifurcatum,* der Zweigabelige Geweihfarn. Er ist im tropischen Australien zu Hause. *P. grande* ist ein sehr großer Geweihfarn von 2 m Länge. *P. hillii* kommt aus Australien. *P. wilhelminae-reginae* ist besonders stark verzweigt und dekorativ. Ebenfalls bewährt hat sich *P. angolense*.

Pflege Gemessen am natürlichen Wuchs der Geweihfarne als Epiphyten in Baumkronen ist das Einpflanzen in Blumentöpfen nicht ideal. Die Platycerien gehören eher in Pflanzgefäße zum Aufhängen, wie man sie für die Kultur der Baumorchideen verwendet, kleinere Exemplare auch auf Epiphytenstämme. Während der Wachstumszeit hohe Luftfeuchtigkeit; im Winter der Raumtemperatur anpassen. Lufttrockenheit voll beheizter Räume wird schlecht vertragen. Beim Sprühen Benetzung der Blätter tunlichst vermeiden; nicht nach 15 Uhr, damit die Pflanze vor Abend trocknet. Bei 16–18° C überwintern; nächtliche Abkühlung bis 15° C ist nicht schädlich.
Im Sommer wird reichlich gegossen, im Winter mäßiger. Niemals den Ballen austrocknen lassen! Übrigens: man kann auch ein wenig getrockneten und zerkleinerten Kuhdung zwischen die Nischenblätter stecken, sollte aber dabei das Gießen nicht vergessen. Das Substrat sollte aus einer Mischung von verrotteter Lauberde, grobbrockigem Rindensubstrat und etwas Sand bestehen.

Vermehrung Sporenbildung in samtbraunen Flächen auf der Unterseite der Geweihblätter in Heimkultur selten. Aussaat und Anzucht ist Gärtnersache.

Pflanzenschutz Zugluft und Lufttrockenheit mit zuviel Wärme im Winter bringt hartnäckige Schildlausplage.

Polystichum Schildfarn

Von dieser Gattung sind über 200 Arten bekannt; die meisten von ihnen sind schöne Gartenfarne. Als Zimmerfarn ist vor allem *Polystichum tsus-simense* verbreitet.

Herkunft Aus Japan, Korea, China und Taiwan kommt der Schildfarn.

Pflanzengestalt Erdfarne, die aus Erdstämmen oder Rhizomen dichte Büschel gestielter, aufrechter Wedel verschiedener Form emporschicken. Die Sporenbehälter sind blattunterseits auf dem Rücken der Adern angeordnet. *Polystichum tsus-simense* ist ein wegen seiner Anspruchslosigkeit in Holland und den nordischen Ländern hochgeschätzter Kalthausfarn, dessen Kleinheit und langsamer Wuchs ihn auch für einfachste Zimmerkultur bei beengtem Raum empfiehlt. Sehr reizend, doch nicht häufig erhältlich sind einige Sorten von *P. setiferum,* wegen vielfältiger Teilung ihrer Fiedern »Filigranfarne« genannt: 'Plumosum densum', der moosgrüne Flaumfeder-Filigranfarn, ist wohl der schönste von ihnen; 'Proliferum', der Brut-Filigranfarn, bildet an seinen schmalen, fein zerteilten Blättern Brutknöllchen; 'Proliferum wollastonii' ist kräftiger im Wuchs.

Pflege Ein halbschattiger Standort bei kühlen Temperaturen ist genau das Richtige für den Schildfarn. Man sollte aber den Ballen niemals trocken werden lassen. Umgetopft wird im Frühjahr, gedüngt wird dann so gut wie gar nicht.

Vermehrung Die Arten aus Sporen, soweit erhältlich; die Zuchtformen nur durch Teilung im Herbst oder mit den erwähnten Brutknöllchen: Blattstücke mit Knöllchen im Sommer auf gut durchfeuchtete Anzuchterde legen, bei 18–22° C zur Bildung von Wurzeln und Jungpflänzchen bringen.

Polystichum tsus-simense, Schildfarn, Familie Aspidiaceae/Schildfarngewächse (oben).

Platycerium angolense, Geweihfarn, Familie Polypodiaceae/Tüpfelfarngewächse (rechts).

Pteris Saumfarn

»Saumfarn« heißt er wegen seiner saum- oder bandartig an den Fiedern sitzenden Sporen. Er wird auch Flügelfarn genannt, weil seine Wedel Flügelform haben. Gleiches drückt auch der aus dem Griechischen abgeleitete botanische Name aus: pteron heißt soviel wie Flügel. Dieser Farn ist eine internationale Größe.

Herkunft Weltgültigkeit besitzt der Saumfarn schon seines Vorkommens wegen: Die Gattung *Pteris* ist mit rund 300 Arten in den Tropen und Subtropen aller Erdteile verbreitet. Alle sind echte Erdfarne, wurzeln also im Boden. Mindestens 50 Arten und Sorten dürften in Kultur sein – in klimatisch günstigeren Ländern als Freilandpflanzen, in kühleren Zonen als hochgeschätzte Zimmerpflanzen.

Pflanzengestalt Aus Erdstämmen oder Rhizomen sprießen buschig wachsend oder an häufig strohgelben bis rötlichbraunen, dünnen, bis 30 cm hohen Stielen die mannigfaltig geformten, auch mit gegabelten Seitenfiedern ausgestatteten Wedel. Dunkelbraune Sporenhäufchen oder Sori bilden durchgehende Linien auf den rückseitigen Rändern der Blattfiedern.

Die bekannteste Art mit vielen, zum Teil buntblättrigen Sorten ist *Pteris cretica.* Am weitesten verbreitet ist wohl *P. cretica* 'Wimsettii'. Sehr beliebt ist auch 'Major' als anspruchslose Marktsorte. Ebenso die besonders hübsche, buschig wachsende 'Rivertoniana' mit feiner gefiederten, dichteren Blättern. Zart weißbunt ist 'Albo-Lineata', deren breitere Fiedern ein grünlich-weißes Mittelband zeigen. Im tropischen Asien, Australien und auf einigen Südseeinseln zu Hause ist *P. ensiformis,* zwar selbst kaum noch in Kultur, dafür aber Stammutter zweier sehr berühmter weißbunter Sorten. 'Victoriae' war lange Zeit das Lieblingskind der Gärtner für Schalenbepflanzung, bis die belgische Züchtung 'Evergemiensis' mit dem Silberschimmer ihr ein wenig den Rang ablief. Beide sind aber als Abkömmlinge ausgesprochener Tropenfarne für einfache Zimmerkultur nicht unbedingt zu empfehlen. Hart und nicht so starkwüchsig ist dagegen *P. multifida* aus dem ostasiatischen Raum mit der hübschen Sorte 'Cristata'. Als große, schnellwüchsige Dekorations- und Zimmerpflanze gilt die Australierin *P. tremula,* deren Wedel auf 30 cm hohen, kastanienbraunen Stielen bis 1,20 m lang werden. Noch härter als *P. cretica* 'Major' ist schließlich *P. umbrosa,* die selbst im tiefsten Schatten gut gedeiht; ihre glänzend-dunkelgrünen Wedel werden bis 60 cm lang, die rotbraunen Stiele bis 50 cm.

Pflege Standort ganzjährig im Raum, nur bei warmem Sommerwetter gelegentlich zum Abregnen ins Freie bringen, aber halbschattig, keine direkte Besonnung! Hauptwachstum März bis Juli, Ruhezeit Oktober bis Februar. Beste Überwinterungstemperatur der härteren grünen Formen 10–12° C; buntblättrige 16–18° C. Zur Unterstützung der Luftfeuchtigkeit und als Schutz vor Ballentrockenheit getopfte Farne möglichst im feuchten Topf eingesenkt halten; dazu weiter Übertopf mit Dränageschicht aus Scherben oder Kies. Besser: Unterbringung im Substrat eines Kastens oder offenen Blumenfensters. Sehr hohe Luftfeuchtigkeit während des Wachstums der neuen Wedel – etwa April bis Juli – ist wichtig. Im Winter, bei kühlen Temperaturen, wird normale Raumluft vertragen. Buntblättrige Pflanzen mit mehr Wärmeansprüchen brauchen dann auch etwas Luftfeuchtigkeit.

Gegossen wird reichlich während der Wachstumszeit; Zimmerwärme und Enthärtung beachten: pH 4,5–5,5: beinahe so kalkfeindlich wie Azaleen, Orchideen u.ä. Im Winter je nach Temperatur sparsamer gießen, doch nie ballentrocken werden lassen, weil die Pflanzen dann rasch verdorren.

Pteris cretica, Saumfarn, Familie Pteridaceae/ Saumfarngewächse.

Alle Farne sind kalkempfindlich, deshalb zum Düngen Spezialdünger ohne Kalk verwenden. Umgetopft wird nach Bedarf in leichte, nährstoffreiche, kalkfreie Erde. Manchmal sogar zweimal jährlich erforderlich.
Vermehrung Am besten aus reifen Sporen, die aus ihren Blättern zu Boden oder in Auffanggefäße mit gut durchfeuchtetem Torf fallen; notwendige Keimtemperatur um 25° C, dann im mäßig warmen Vermehrungskasten weiter kultivieren. *Pteris*-Sporen vieler Arten und Sorten im Fachhandel erhältlich. Stockteilen gelingt nicht immer.

Rumohra adiantiformis (rechts und unten), Lederfarn, Familie Aspidiaceae/Schildfarngewächse.

Rumohra adiantiformis Lederfarn

Rumohra gehört zu den Schildfarngewächsen. Die Wedel dieser Art sind sehr dekorativ und als lange haltbares Schnittgrün im Angebot. Der holländische Botaniker Carl Ludwig Blume (1796–1862) gab diesem Farn seinen ursprünglichen wissenschaftlichen Namen *Arachniodes*. Nach der neuesten Nomenklatur heißt er nun *Rumohra*.

Herkunft Der robuste Lederfarn ist im Süden Afrikas, in Mittel- und Südamerika, in Australien, Polynesien und Neuseeland verbreitet.
Pflanzengestalt Er wächst zum Teil epiphytisch; charakteristisch für diesen Farn ist das langkriechende Rhizom.
Die dreieckigen und außerdem dreifach gefiederten Wedel werden etwa 1 m lang. Die Fiedern sind dickledrig und dunkelgrün bis bräunlich-grün.

Pflege Der Lederfarn bevorzugt ein Substrat-Gemisch aus Laub-, Rasenerde und etwas Rindenmulch zu je einem Drittel. Die Temperaturansprüche sind nicht sehr hoch, er gedeiht gut zwischen 15 und 18° C. Ein halbschattiger Standort und eine hohe Luftfeuchtigkeit von Frühjahr bis zum Herbst sind für das Wachstum ausschlaggebend.
Vermehrung Der Lederfarn wird durch Sporen vermehrt, ältere Pflanzen kann man auch teilen.

Wichtige Fachbegriffe kurz erklärt

Ableger Durch vegetative Vermehrung gewonnene Jungpflanze; man erhält sie, indem man Zweige der Mutterpflanze niederbeugt und flach in die Erde einsenkt.

Abmoosen Möglichkeit der Verjüngung, z. B. bei *Ficus* und *Chamaedorea* (s. **Vermehrung**).

Adventivwurzeln (-sprosse) Sich aus den unteren Teilen der Sproßachsen nachträglich entwickelnde Wurzeln (z. B. bei Palmen).

Areole Als Dornenpolster bezeichneter Kurzsproß, ist direkt mit der Sproßachse verbunden, bringt Dornen, Borsten, Haare oder Blätter hervor (z.B. bei Kakteen).

Art In der Pflanzensystematik Unterbegriff einer Gattung.

Assimilation Aufbau körpereigener organischer Stoffe aus anorganischen Stoffen mit Hilfe der Lichtenergie.

Ausläufer Ober- oder unterirdische Seitentriebe, an denen sich neue bewurzelte Pflänzchen bilden.

Blattachsel Winkel zwischen Stengel und Blattstiel.

Blütenkolben Blütenstand mit verdickter Achse (z. B. bei den Aronstabgewächsen).

Bulbe Fleischiges Speicherorgan der Pflanze (z. B. Orchideen).

Bulbillen Kleine Knollen oder Brutknospen, die sich in der Blattachsel bei einigen Pflanzen entwickeln (z. B. beim Speerfarn).

Chlorophyll Pigment-Molekül (Blattgrün), mit dessen Hilfe die Pflanze Lichtenergie aufnehmen und für ihre Stoffwechselprozesse nutzen kann.

Chlorose Mangel an Blattgrün (Chlorophyll) durch fehlende Nährstoffe und Spurenelemente (u.a. Eisen). Die Blätter verfärben sich dann hellgrün oder gelblich, z. B. bei Citrusgewächsen.

Cristatabildung Abnorme Wuchsform bei Kakteen. Der sonst punktförmige Vegetationsscheitel der Pflanze verbreitet sich linienförmig zu monströsen Gebilden (»Hahnenkamm«). Botanischer Fachbegriff: Fasciation.

Eingeschlechtlich Blüten sind in männliche und weibliche Blütenanlagen getrennt.

Einhäusig Männliche und weibliche Blüten befinden sich auf einer Pflanze.

Endemisch Nur in einem begrenzten Gebiet der Erde vorkommend.

Epiphyten Aufsitzerpflanzen, die den Erdboden nicht berühren und auf einem Baum oder Strauch leben, ohne ihn zu schädigen; sie sind keine Parasiten. Einige Orchideen, Bromelien und Farne sind beispielsweise Epiphyten.

Epiphytenstamm Stamm oder Ast, der mit epiphytisch wachsenden Pflanzen naturnah bepflanzt wird.

Fächerstrahlen Segmente des Blattfächers (z. B. bei *Washingtonia*).

Familie Zusammenfassung von Pflanzengattungen gleicher Abstammung mit ähnlichen Merkmalen.

Fertile Wedel fruchtbare Wedel der Farne; sie tragen Sporangien bzw. Sporen, aus denen sich neue Pflanzen entwickeln.

Fiedern Teilblätter des Blattes.

Gegenständig Stellung der Blätter am Stengel; es stehen sich jeweils zwei Blätter genau gegenüber (z. B. bei *Jasmin*).

Habitus Äußere Erscheinung, Gestalt bzw. Wuchsform der Pflanze.

Hochblatt Blatt zwischen Laub- und Blütenblättern, wird fälschlicherweise oft wegen seiner intensiven Farbe zum Blütenblatt gezählt (z. B. bei *Anthurium*).

Hydrokultur Erdloser Pflanzenanbau in Nährlösung mit neutralem Haltesubstrat.

Hybride Durch Kreuzen zweier verschiedener Arten entstandene Pflanze.

Internodium Blattfreier Sproßteil (Stengel) zwischen zwei Blattknoten.

Kindel Bezeichnung für Sprosse, die nach dem Abtrennen bewurzeln.

Kronblätter Blütenblätter, Teil der Blütenhülle, auch Petalen genannt.

Kryptogame Blütenlose Pflanzen (z. B. Farne).

Lanzettlich Form des Blattes; die Blätter werden an beiden Enden schmaler und laufen zumeist in einer Spitze aus. (z. B. *Aloysia*).

Lippe Unteres, meist auffällig gestaltetes Blütenblatt bei Orchideen, auch Labellum genannt.

Mutterpflanze Übliche Bezeichnung für die zur Vermehrung genutzten älteren Pflanzen.

Nektar Zuckerhaltige Flüssigkeit in der Blüte, dient der Anlockung von Insekten.

Pikieren Vereinzeln junger, frisch ausgesäter Pflanzen, die zu dicht stehen.

Pollen Männliche Keimzellen, die sich als mehlige oder klebrige Masse im Staubbeutel der Blüte befindet und mit Hilfe von Wind, Wasser, Insekten, anderen Tieren oder durch Menschenhand zur Befruchtung auf die Blütennarbe gelangt.

Prothallium Vorkeim, der sich aus den Sporen der Farne entwickelt.

Primärblatt Erstes Blatt des Keimlings; ist noch nicht geteilt oder so geformt wie die Blätter der erwachsenen Pflanze.

Pseudobulben Scheinbulben, als Wasser- und Nährstoffbehälter ausgebildete Blütenstiele bei Orchideen.

Rhizom Unterirdischer, meist waagerecht wachsender Wurzelstock; Speicherorgan der Pflanze.

Rückbulben Bei Orchideen Pflanzenteil mit schlafenden Knospen.

Sori Flächige Ansammlung der Sporenbehälter der Farne.

Sorte Durch Züchtung entstandener Pflanzentyp einer Art.

Spore Keimzelle, die der generativen Fortpflanzung bei Farnen und Moosen dient, sie befindet sich zumeist auf der Wedelunterseite.

Sporangien Sporenbehälter, in dem die Entwicklung der Sporen erfolgt.

Sporophyt Die ersten Farnjungpflanzen.

Steckling Krautiger Pflanzenteil von Trieben, Blättern oder Wurzeln, die von einer Mutterpflanze abgetrennt wurden.

Sterile Wedel Unfruchtbare Wedel; sie tragen keine Sporen.

Sukkulente Pflanze, die über längere Zeit ohne Wasser auskommt, da sie dies in dicken Sprossen und Blättern speichert (z. B. Kakteen, *Echeveria*).

Veredlung Form der Vermehrung und Züchtung. Ein Pfröpfling wird auf eine andere Pflanzengattung aufgesetzt, um die Wuchs- und Blüheigenschaften zu verbessern (z. B. Kakteen, *Citrus*).

Wechselständig Stellung der Blätter am Stengel. Die Blätter stehen sich nicht direkt gegenüber, sondern sind spiralig angeordnet.

Zweigeschlechtlich Männliche und weibliche Blütenorgane befinden sich in einer Blütenanlage.

Zweihäusig Männliche und weibliche Blüten befinden sich jeweils auf zwei verschiedenen Pflanzen.

A
Aasblume 285
Ableger 319
Abmoosen 31, 319
Abutilon 11, 48
Acalypha 49
Achimenes 29, 50
Acorus 152
Adenium 50
Adiantum 19, 302
Adromischus 254
Adventivwurzeln 319
Aechmea 9, 42, 51, 52
Aeonium 254, 255
Aeschynanthus 53
Agapanthus 14
Agave 255
Aglaonema 26, 152, 153
Allamanda 54
Alocasia 153
Aloe 31, 256, 257
Alpenveilchen 82
Alsophila 303
Ameisenpflanze 204
Ampel 36
Ampelopsis 154
Ananas 30, 154, 155
Anastatica 224
Anemie 303
Anhalonium 275
Anigozanthos 55
Anisodontea 55
Anthurium 56
Aphelandra 9, 58
Aporocactus 256
Arachniodes 316
Araucaria 26
Archontophoenix 236
Ardisia 59
Areca 241
Arecastrum 237
Areole 319
Aristolochia 59
Aschenblume 138
Asclepias 60
Asparagus 43, 157, 158
Aspidistra 158
Asplenium 304
Assaipalme 242
Assimilation 319
Astrophytum 257, 258
Aucube 159
Auferstehungspflanze 224
Ausläufer 29, 319
Aussaat 28
Azalee 14, 32, 36
Azureocereus 258

B
Balsamapfel 169
Bambus 160
Banane 203
Banyanbaum 189
Bauernkakteen 267
Baumfarn 306
Baumfreund 213
Baumwucherer 290
Beaucarnea 17, 39
Becherfarn 303
Becherprimel 128
Begonia 29, 61, 62, 63, 64
Begonia-Corallina-Hybriden 63
Begonia-Elatior-Hybride 61, 62
Begonia-Rex-Hybride 64
Beloperone 65
Bergpalme 239
Betelpalme 236
Bilbergia 42
Binsenkaktus 273, 281, 282
Birkenfeige 36, 189
Bischofsmütze 257
Bitterschopf 256
Blähton 25
Blattachsel 319
Blattbegonie 64
Blatteilstecklinge 30
Blattverfärbung 32
Blattlaus 33
Blattschopf 30
Blattsteckling 30
Blechnum 305
Bleiwurz 36, 127
Blühende Steine 262
Blumenfenster 40
Blumenpflege 44
Blutblume 100
Blütenbegonien 61
Bodenwärme 14
Bogenhanf 30, 43, 220
Botrytis 35
Bougainvillee 66
Brachychiton 161
Braheapalme 238
Brautmyrte 204, 205
Brautprimel, 127
Bromelie 16, 42
Brosimum 162
Brotnußbaum 162
Browallie 67
Browningia 258, 259
Brunfelsie 68
Brutblatt 113, 114
Brutfarn 309
Brutknöllchen 121
Brutzwiebel 29
Bryophyllum 113
Bubiköpfchen 42, 43, 225
Büchsenfarn 306
Bulbe 319
Bulbillen 319
Buntnessel 173
Buntwurz 162
Butia 238
Butiapalme 238

C
Caladium 162, 163
Caladium-Bicolor-Hybride 162
Caladium-Schomburgkii-Hybride 163
Calamondine 77
Calathea 15, 163, 164, 199
Calceolaria 14, 69
Calcium 15
Calla 15
Callisia 165
Callistemon 15, 69
Camellia 12, 14, 19, 70
Campanula 71
Capsicum 72
Carex 165
Carnegiea 259
Carnivoren 206
Caryota 239
Catharanthus 73
Cattleye 42, 288, 291
Cephalocereus 259, 260
Cereus 31, 260, 261
Ceropegia 29, 166
Chamaedorea 39, 239
Chamaerops 240
Chamelaucium 74
Chimär-Hybriden 134
Chinarose 102
Chineserprimel 128
Chlorophyll 319
Chlorophytum 15, 29, 39, 167
Chlorose 319
Christusdorn 90
Chrysalidocarpus 236, 241
Chrysantheme 36, 74, 75
Chrysanthemum-Indicum-Hybride 75
Chrysothemis 75
Cinerariien 138
Cissus 15, 26, 36, 168, 219
x Citrofortunella microcarpa 77
Citrus 76, 77
Cleistocactus 261
Clerodendrum 77
Clivia 14, 78
Clusia 169
Coccoloba 170
Cochlioda 299
Cocos 237, 242, 246
Codiaeum 26, 170, 171
Codonanthe 171
Coelogyne 288
Coffea 172
Coleonema 80
Coleus-Blumei-Hybriden 173
Columnea 14, 80, 81
Conophytum 262
Copiapoa 262, 263
Coprosma 173
Cordyline 174, 183
Cornaceae 159
Corynocarpus 175
Coryphantha 263
Crassula 264
Cristatabildung 319
Crossandra 10, 81
Crossandre 81
Cryptanthus 43, 176
Ctenanthe 176, 199
Cupressus 177
Cyathea 303
Cycas 178
Cyclamen 14, 17, 34, 82
Cymbidium 42, 289
Cyperus 17, 39, 179
Cyrtomium 305
Cytisus 83

D
Dalbergia 197
Darlingtonia 180
Dattelpalme 247, 248
Davallia 306
Deckscherben 22
Dendrobium 14, 42, 290
Dichtähre 121, 122
Dickenwachstum 9
Dickmaulrüßler 34
Dicksonia 306
Didymochlaena 307
Dieffenbachie 15, 26, 180
Dionaea 182
Dioscorea 183
Dipladenie 84
Dipteracanthus 85
Dizygotheca 222
Doodie 307
Doppelhüllenfarn 307
Doryopteris pedata 308
Dracaena 10, 11, 39, 183, 184
Drachenlilie 183
Drazäne 183
Drehfrucht 145
Drosera 185
Duchesnea 86
Düngestäbchen 20

E
Echeverie 265
Echinocactus 266
Echinocereus 266, 267
Echinopsis 267
Efeu 41, 43, 193
Efeuaralie 187
Efeupelargonie 125
Efeutute 186, 223
Eidechsenwurz 136
Einblatt 142
Eingeschlechtlich 319
Einhäusig 319
Eisenholzbaum 118
Elaphoglossum 308
Elefantenfuß 160, 183
Elefantenohr 100
Eliator-Begonie 9
Endemisch 319
Ensete 204
Entspitzen 36
Epiphyten 319
Epiphytenbaum 176
Epiphytenstamm 41, 230, 319
Epipremnum 223
Episcia 87
Erde 21
Erdbeere, Indische 86
Erdkultur 26
Erdstern 176
Erica 16, 88
Ernährung 20
Euonymus 186
Euphorbia 91
Eustoma 92
Euterpepalme 242, 243
Exacum 92

F
Fabianie 93
Fächerstrahlen 319
Fadyenia 309
Farn 16, 30, 42
X *Fatshedera lizei* 187
Fatsia 15, 187, 188
Faucaria 268
Federspargel 157
Feige 189
Feigenkaktus 278
Fensterbildung 33
Fensterblatt 201
Ferocactus 269
Fetthenne 283, 284
Fettkraut 215
Ficus 26, 32, 39, 43, 188, 189, 190, 191
Fiederaralie 218
Fiedern 319
Fischschwanzpalme 239
Fittonie 43, 191
Flamingoblume 56
Flaschengarten 43
Flaschenpalme 243
Flaumfederkaktus 276
Fliederprimel, 127
Florfliegenlarve 33
Flügelfarn 315
Form 36
Fortunella 94
Fotosynthese 8
Fototropismus 12
Frauenhaarfarn 302
Fremontodendron 94
Fuchsie 36
Fuß, Kalter 10, 14
Fußkrankheiten 35

G
Gallmücke 33
Gardenie 36, 95
Gasterie 270
Gegenständig 319
Geigenfeige 190
Geißklee 83
Gelbfleckigkeit 33
Geleepalme 238
Geranie 124
Gerbera 96
Gestaltung 6
Geweihfarn 42, 313
Gießen 16
Ginster 83
Glanzkörbchen 58
Globba 96
Glockenblume 71
Glockenheide 88
Gloriosa 97
Gloxinie 32, 139
Goethea 98
Goldfruchtpalme 241
Gomphrena 98
Götterduft 80
Gräser 160, 178, 217
Grauschimmel 35
Greisenhaupt 259, 260
Grevillea 192
Großhörnige Wolfsmilch 91, 268
Grünlilie 29, 30, 43, 167
Gummibaum 31, 189
Guzmanie 99
Gymnocalycium 270, 271
Gynure 193

H
Habitus 319
Haemanthus 100
Hanfpalme 250
Hängegeranien 125
Harfenstrauch 216
Harrisia 271, 272
Hartriegelgewächse 159
Hatiore 273
Haworthie 273, 274
Hebe 101
Hebe-Andersonii-Hybriden 101
Helikonie 101
Heliotrop 36
Helmkraut 137
Hemionitisfarn 309
Henne mit Küken 230
Herrscherpalme 236
Hibiskus 36
Hippeastrum 29, 103
Hirschzungenfarn 313
Hochblatt 89, 319
Hochstämmchen 108, 132
Hoffmannia 195
Hohlnarbe 288, 289
Holzkohle 21
Hornklee 117
Hortensie 107
Howeia 39, 243
Hoya 104, 105
Hüllblatt 149
Hyazinthe 106
Hybride 319
Hydrangea 9, 107
Hydrodünger 25
Hydrokultur 24, 26, 319
Hydropflanzenpflege 26
Hyophorbe 244
Hypocyrta 108
Hypoestes 195

I
Igel-Säulenkaktus 266, 267
Ilexfarn 305
Impatiens Neu-Guinea-Hybriden 109
Insektenfresser 206
Internodium 319
Ionenaustauscher 25
Iresine 196
Ixore 110

J

Jacaranda 197
Jakobine 111
Jakobslilie 143
Japan-Azalee 131
Jasmin 36
Jasmin-Rose 95
Jasminum 112
Jatropha 112, 113
Judenbart 30, 282
Jungfernrebe 210

K

Käthchen, Flammendes 113
Kaffeebäumchen 172
Kahnorchidee 289
Kaktus-Wolfsmilch 91
Kaladie 162
Kalanchoë 17, 113, 114
Kalium 20
Kallisie 165
Kamelie 70
Känguruhblume 55
Kannenpflanze 206
Kannenstrauch 206
Kanonierblume 43, 214
Kapland-Klimme 219
Karakabaum 175
Kastanienwein 228
Katzenschwanz 49
Kentiapalme 243
Keulenlilie 174
Kiefernschälrinde 21
Kiesel 25, 29, 30, 52, 167, 319
Kissenprimeln 128
Kletterfeige 36, 43
Kletterficus 190
Kletterphilodendron 213
Klimme 168
Klivie 78
Kniphofia 147
Knolle 29, 30
Knollenbegonie 9, 31
Knöterichgewächse 170
Kobrapflanze 180
Kohleria 115
Kohleria-Amabilis-Hybriden 115
Kohlpalme 242
-, Romanoffizionische 237
Kokosnuß 242
Kokospälmchen 246
Kokospalme 242
Kolbenfaden 152
Kolumnee 80
Komposterde 21
Königin der Nacht 284
Kopfsteckling 29
Koprosma 173
Korallenbäumchen 141
Korallenmoos 120
Korbblütler 75, 96, 138, 193, 200, 285
Korbmarante 163
Koryphante 263
Kranzschlinge 144
Kreuzblütler 155
Kreuzkraut 285
Kriechfeige 190
Kronblätter 319
Kronenbäumchen 36
Kroton 170
Kryptogame 319
Kugelwolfsmilch 41, 91
Kugelamarant 98
Kuhbaum 162
Kullersenecio 43
Kulturfehler 32
Kumquat 77, 94
Kunstlicht 10, 13
Kurzstiel 254
Kußmäulchen 108
Kußröschen 132

L

Laelia 291
Längenwachstum 9
Lanzenrosette 42, 51
Latania 244
Lataniapalme 244
Lauberde 21
Laurenz-Rose 132
Lecaton 25
Ledebouria 197
Lederfarn 316
Leea 198
Lehmerde 21
Leimtafel 34
Leonotis 116
Leptospermum 116
Leuchterblume 166
Licht 8, 9
Lichtansprüche 8
Lichtenergie 8
Lichtintensität 8
Lichtmangel 32
Lichtmarke 13
Lichtüberschuß 32
Lichtwendigkeit 12
Licuala 245
Lieschen, Blaues 92
-Fleißiges 109
Liliaceae 97, 106, 147, 157, 158, 167, 197, 208, 256, 270, 274
Liliengewächse 97, 106, 147, 157, 158, 167, 197, 208, 256, 270, 274
Lippe 319
Liriope 208
Lithops 274, 275
Livistona 12, 245
Lophophora 275
Lorbeer 36
Lorraine-Begonie 30
Losbaum 77
Lotus 117
Louisianamoos 229
Löwenohr 116
Luftfeuchtigkeit 19, 32

M

Madagaskarpalme 279
Magnesium 16
Mammillaria 276
Marante 43, 198, 199
Marienkäfer 33
Mascarena 243
Matucana 277
Maulwurfshügelerde 21
Medinilla 117
Medinille 117
Medusenhaupt 91
Mescalbutton 275
Mesozoikum 178
Metrosideros 118
Microcoelum 246
Microlepia 310
Mikania 200
Miltonia 291, 299
Milchsaft 91
Miltonie 291
Mimosa 201
Miniaturfarn 43
Mistelfeige 189
Misterde 21
Monstera 15, 26, 39, 201, 202
Moos 42
Mooskraut 224
Mottenkönig 216
Murraya 119
Musa 203, 204
Mutterpflanze 319
Myrmecodia 204
Myrsinengewächse 59
Myrte 36
Myrtus 14

N

Nachtfalter-Orchidee 295
Nährlösung 25
Nektar 319
Nematanthus 108
Nematoden 34
Neoregelie 42, 206
Nepenthes-Hybride 206, 207
Nephrolepis 14, 310, 311
Nerium 15, 36
Nertera 120
Nestfarn 42, 304
Nestrosette 207
Neuseeland-Lorbeer 175
Nickende Simse 223
Nidularium 207
Nierenschuppenfarn 310
Nodie 227, 231
Noisette-Rose 132
Notocactus 279

O

Odontoglossum 292, 299
Ökosubstrate 21
Oleander 29, 36, 119
Oncidium 292, 293
Ophiopogon 208
Opuntia 278, 279
Orangenbäumchen 76
Orangenraute 119
Orchideenspezialerde 294
Ordensstern 285
Osmunda 290
Osterkaktus 272
Otaheite-Orange 77
Oxalis 121

P

Pachira 208
Pachystachys 121, 122
Palisanderbaum 197
Palmen 17, 26, 236, 247, 248
Palmettopalme 249
Palmfarn 178
Palmlilie 232
Pandanus 26, 209
Pantoffelblume 69
Papageien-Bromelie 147
Paphiopedilum 293, 294
Paradiesvogelblume 143
Parodie 279, 280
Parthenocissus 210
Passiflora 15, 122, 123
Passionsblume 29, 36, 122, 123
Pavonie 146
Pelargonium 36, 124, 125
Pelargonium-Grandiflorum-Hybriden 124
Pelargonium-Peltatum-Hybriden 125
Pelargonium-Zonale-Hybriden 125
Pellefarn 311
Pentas 126, 127
Peperomia 211, 212
Perilepta 212, 213
Peyote 275
Pfeffergesicht 211
Pfeifenblume 59
Pfeilwurz 199
Pflanzenkrankheiten 32
Pfropfen 31
pH-Wert 16
Phalaenopsis 42, 295
Philodendron 15, 26, 36, 39, 213, 214
Phlebodium 312
Phoenix 28, 247, 248
Phosphor 20
Phyllitis 313
Pikieren 29, 319
Pilea 43, 214, 215
Pilzkrankheiten 35
Pinguicula 215
Pisonie 216
Plastikkügelchen 25
Platycerium 17, 313
Plectranthus 216
Pleione 296
Plumbago 15, 127
Pogonatherum 217
Poinsettie 89
Pollen 319
Polyethylenborsten 25
Polyscias 218
Polystichum 314, 315
Pomeranze 76, 94
Poncirus 77
Porzellanblume 36
Prärieenzian 92
Priesterpalme 251
Primärblatt 319
Primula 14, 127
Prinzessinenblume 146
Prothallium 319
Pseudobulben 319
Pteris 315
Punktblume 195
Purpurtute 227

R

Radermachera 219
Rankgestell 36
Ranunkel 129
Rasenerde 21
Raubmilbe 34
Raumklima 40
Raumteiler 40
Rebutie 280, 281
Rechsteineria 139
Regenschirmpflanze 179
Reinwardtie 130
Reitgertenpalme 248
Rex-Begonie 30
Rhaphidophora 186
Rhapis 248
Rhipsalis 273, 281, 282
Rhizom 50, 149, 319
Rhododendron 16, 131
Rhododendron 21, 16, 131
Rhoicissus 219
Riemenblatt 78
Riesen-Igelkaktus 266
Riesengranadilla 123
Riesenkaktus 259
Rippenfarn 304, 305
Ritterstern 103
Rochea 264
Rosa 132
Rosa-Noisettiana-Hybriden 132
Rose von Jericho 155, 224
Roseneibisch 102
Rosenholzbaum 197
Rosenjasmin 119
Rosettenbäumchen 254, 255
Rosmarin 36
Rossioglossum 296
Rostpilz 35
Rückbulben 319
Ruellie 85
Ruhmeskrone 97
Rumohra 316
Rußtaupilz 33

S

Saatschale 28
Sabalpalme 249
Saintpaulia 17, 30
Saintpaulia-Ionantha-Hybriden 134
Sammetpalme 244
Sand 21
Sansevieria 17, 26, 220
Sarracenia 221
Sauerklee 121
Säulenkaktus 260
Saumfarn 315
Säuregrad 16
Sauromatum 136
Saxifraga 282
Scadoxus 100
Schadbilder 32
Schädlinge 33
Schamblume 53
Schattenröhre 87
Schefflera 11, 222
Scheinmalve 55
Scheinrebe 154
Schiefblatt 61
Schiefteller 50
Schildfarn 314, 315
Schildkrötenpflanze 183
Schildlaus 33
Schirmpalme 245, 246
Schizanthus-Wisetonensis-Hybriden 136
Schlangenbart 208
Schlangenkaktus 256, 257
Schlauchpflanze 221
Schlumbergera 272, 283
Schlupfwespenlarve 34
Schmierlaus 33
Schnapskopf 275
Schneiden 36
Schönmalve 36
Schraubenbaum 209
Schuppenfarn 310
Schusterpalme 158
Schwert, Flammendes 42
Schwertfarn 310
Schwiegermutterstuhl 266
Schwiegermutterzunge 220
Schwielenorche 292, 293
Scilla 197
Scindapsus 223
Scirpus 10
Scutellaria 137
Sedum 264, 283, 284
Seeigelkaktus 258, 267
Seetraube 170
Segge 165
Selaginella 10, 224
Selenicereus 284
Senecio 43, 285
Senecio-Cruentus-Hybriden 138
Setcreasia 165
Sichel-Dickblatt 264
Silbereiche, Australische 192
Silberkerze 261
Simse 223, 224
Sinningia 9, 17
Sinningia-Hybriden 139
Sinnpflanze 201
Skimmie 140
Smithiantha-Hybriden 141
Smithianthe 141
Solanum 141

Soleirolia 42, 225
Sommersprossengesicht 196
Sonnenglocke 75
Sonnentau 185
Sophronitis 297
Sori 319
Sorte 319
Spaltblume 136
Spanisches Bajonett 232
Sparmannia 225
Spatha 149, 227
Spathiphyllum 142
Speerfarn 308
Spezial-Hydrodünger 25
Sphagnum 290
Spindelstrauch 186
Spinne, Rote 34
Spinnmilbe 34
Spitzblume 59
Sporangien 319
Spore 319
Sporophyt 319
Sprekelia 143
Springschwanz 34
Sproßeinteilungsknoten 227
Standort 10
Stapelia 285
Steckenpalme 248
Stecklinge 29, 30, 319
Steinbrech 282
Steine, Lebende 274, 275
Stelzwurzeln 209
Stephanotis 144
Steppdeckenpeperomie 211
Stickstoff 20
Strahlenaralie 36, 222
Strahlenpalme 245
Strauchbegonie 62
Strauchveronika 101
Streifenfarn 304
Strelitzia 143
Streptocarpus 16, 17, 30, 145
Stromanthe 226
Substrat 21, 25
Südseemyrte 116
Sukkulenten 11, 17, 30, 319
Syngonium 15, 26, 227

T
Teilen 30
Temperatur 14
Testudinaria 183
Tetrastigma 228
Tibetorchidee 296
Tibouchina 146
Tigerrachen 268, 269
Tillandsie 42, 229
Tolmiea 29
Tonkingwein 228
Tonnenkaktus 269
Tontopf 38
Topfchrysantheme 36
Topfprimel 127
Topfrose 132
Torf 21
Trachycarpus 250
Tradeskantie 230, 231
Trennwand 40
Trichopilia 297
Triplochlamys 146
Tüpfelfarn 42, 312

Ü
Übersommern 12
Umpflanzen 21
Umsetzen 21
Umtopfen 21
Unterlage 31
Urgummibaum 190
Urlaub 17
Usambaraveilchen 33, 134, 135

V
Vanda 298
Vanda 298
Veltheimia 147
Veltheimie 147
Venusfliegenfalle 182
Venusschuh 293, 294
Veredeln 31
Veredlung 319
Verfilzung 23
Vermehrung 27
Versteckblüte 176
Vitrine 42
Vriesee 147
Vuylstekeare 298, 299

W
Wachsblume 74, 104
Wachsfackel-Kaktus 260
Wallichia 250
Wallichiapalme 250
Wandelröschen 36
Wärme 14
Wärmeüberschuß 32
Wärmemangel 32
Warzenkaktus 276
Washingtonia 251
Wasser 15
Wassermangel 32
Wasserüberschuß 32
Wasserzusammensetzung 15
Wechselständig 319
Wedel, Fertile 319
-, Sterile 319
Weihnachtsbaum, Neuseeländer 188
Weihnachtskaktus 283
Weihnachtsstern 89
Wein, Russischer 168
Weiße Fliege 34
Whitfieldie 148
Wolfsmilch, Milchweiße 91
Wollaus 33
Wunderstrauch 170
Wundkaktus 256
Wurzeln 23
Wüstenrose 50

Y
Yamswurz 183
Yucca 26, 39, 232

Z
Zahnzunge 292
Zamia 233
Zamia 233
Zantedeschia 149
Zebrina 232
Zierananas 155
Zierbanane 204
Zierefeu 193
Zierpaprika 72
Zierspargel 157
Zimmerahorn 48
Zimmeraralie 188
Zimmerazalee 131
Zimmerbambus 217
Zimmerefeu 193
Zimmeresche 219
Zimmerhafer 42, 65
Zimmerhopfen 65
Zimmerjasmin 112
Zimmerkalla 149
Zimmerlinde 225
Zimmertanne 156
Zimmerwein 29, 36
Zimmerzypresse 177
Zisternenpflanze 52
Zitronenpelargonie 29
Zuckergras 217
Zungenfarn 308
Zusatzlicht 13
Zweigeschlechtlich 319
Zweihäusig 319
Zwergbanane 204
Zwergkalmus 152
Zwergpalme 240
Zwergpfeffer 211
Zwiebel 29
Zygocactus 283
Zygopetalon 299
Zygopetalon 299
Zylinderputzer 69
Zypergras 30, 178, 179

DANKSAGUNG

Wir danken folgenden Firmen für ihre Unterstützung des Fotografen Friedrich Strauß:

Firma »Weber-Haus«
Gutenbergstraße 10
84048 Mainburg

Ikea-Einrichtungshäuser

Gartenbau Wolf
Holzbrünnistraße 17
85410 Haag an der Amper

Korbhaus Freitag
Bahnhofstraße 4
85354 Freising

Firma Hesperiden
Kraftshofer Hauptstraße 156
90427 Nürnberg

Die Deutsche Bibliothek – CIP-Einheitsaufnahme

Wohnen mit Blumen: der umfassende BLV-Ratgeber für mehr als 500 Zimmerpflanzen/Margot Schubert, Bearb.: Elisabeth Manke.
Fotos: Friedrich Strauß. –
17., neubearb. Aufl., (Neuausg.). –
München; Wien; Zürich: BLV, 1994
Bis 16. Aufl. u.d.T.: Schubert, Margot: Wohnen mit Blumen
ISBN 3-405-14138-9
NE: Schubert, Margot; Strauß, Friedrich; Manke, Elisabeth (Bearb.)

BLV Verlagsgesellschaft mbH,
München Wien Zürich
80797 München

17. völlig neubearbeitete Auflage (Neuausgabe).

Umschlaggestaltung:
Studio Schübel, München

Umschlagfotos: Friedrich Strauß und Franz Becherer (Kakteen).
Grafiken: Heidi Janiček

Lektorat: Barbara Kiesewetter
Layout: Anton Walter
Herstellung: Ernst Großkopf

Gedruckt auf chlorfrei gebleichtem Papier

Satz: GAV Gerstetten
Litho: Repro Ludwig, Zell a. See
Druck: Appl, Wemding
Bindung: R. Oldenbourg, Heimstetten

Printed in Germany
ISBN 3-405-14138-9

Bildnachweis:

Alle Fotos von Friedrich Strauß, außer:
Apel 204 o, 278 o, 290/291, 297 o, 297 u
Baldwin/Gibbons 238 o, 250/251
Becherer 257 o, 257 u, 259 u, 259 o, 260 l, 260 r, 261 l, 261 r, 262, 263 l, 263 r, 265 u, 266 l, 266 r, 268 o, 268/269, 269, 270/271, 271, 272, 272/273, 273, 274/275, 275, 276, 276/277, 277, 279, 283, 288, 289 l, 290, 298
Busek 258, 278/279, 285 u
Eisenbeiss 67 r, 182, 281/282, 284 r, 296/297
Henseler 33, 34 o, 34 u, 35 o, 35 u, 40
Laux 62, 130, 205 or, 303, 306 o, 307, 209 o, 309 u, 314/315, 316 o
Morell 89 u, 90 u, 205 ur, 220/221, 221 o, 237, 238 u, 249 u, 308/309, 313
Photoplant 60 o, 60 u, 93 u, 106 l, 165, 169, 170 u, 196 u, 216 u, 254, 308
Reinhard 136, 213, 299
Sammer 205 l
Schmied 143, 182/183, 278 u, 280 o, 280 u
Seidl 77 u, 180, 201, 207, 220, 296
VKC 204 u, 242/243, 316